春秋左氏傳

The Chronicle of Zuo

左丘明

Zuo Qiuming

The Chronicle of Zuo

First Published in Great Britain in 2013 by Jiahu Books – part of
Richardson-Prachai Solutions Ltd, 34 Egerton Gate, Milton Keynes, MK5
7HH
ISBN: 978-1-909669-39-0

A CIP catalogue record for this book is available from the British Library
Visit us at: jiahubooks.co.uk

隱公

隱公元年

傳

惠公元妃孟子，孟子卒，繼室以聲子，生隱公，宋武公生仲子，仲子生而有文在其手，曰為魯夫人，故仲子歸于我，生桓公而惠公薨，是以隱公立而奉之。

經

元年，春，王正月。

三月，公及邾儀父盟于蔑。

夏，五月，鄭伯克段于鄢。

秋，七月，天王使宰咺來歸惠公仲子之賵。

九月，及宋人盟于宿。

冬，十有二月，祭伯來。

公子益師卒。

傳

元年春，王周正月。不書即位，攝也。

三月，公及邾儀父盟于蔑，邾子克也。未王命，故不書爵。曰「儀父」，貴之也。公攝位而欲求好於邾，故為蔑之盟。

夏四月，費伯帥師城郎。不書，非公命也。

初，鄭武公娶于申，曰武姜，生莊公及共叔段。莊公寤生，驚姜氏，故名曰「寤生」，遂惡之。愛共叔段，欲立之。亟請于武公，公弗許。及莊公即位，為之請制。公曰：「制，巖邑也，虢叔死焉，佗邑唯命。」請京，使居之，謂之京城大叔。祭仲曰：「都城過百雉，國之害也。先王之制，大都不過參國之一，中五之一，小九之一。今京不度，非制也，君將不堪。」公曰：「姜氏欲之，焉辟害？」對曰：「姜氏何厭之有？不如早為之所，無使滋蔓！蔓，難圖也。蔓草猶不可除，況君之寵弟乎？」公曰：「多行不義，必自斃，子姑待之。」

既而大叔命西鄙、北鄙貳於己。公子呂曰：「國不堪貳，君將若之何？欲與大叔，臣請事之；若弗與，則請除之。無生民心。」公曰：「無庸，將自及。」大叔又收貳以為己邑，至于廩延。子封曰：「可矣，厚將得眾。」公曰：「不義不暱，厚將崩。」大叔完聚，繕甲兵，具卒乘，將襲鄭，夫人將啟之。公聞其期，曰：「可矣！」命子封帥車二百乘以伐京。京叛大叔段，段入于鄢，公伐諸鄢。五月辛丑，大叔出奔共。

書曰：「鄭伯克段于鄢。」段不弟，故不言弟；如二君，故曰克；稱鄭伯，譏失教也：謂之鄭志。不言出奔，難之也。

遂寘姜氏于城潁，而誓之曰：「不及黃泉，無相見也。」既而悔之。

潁考叔為潁谷封人，聞之，有獻於公，公賜之食，食舍肉。公問之，對曰：「小人有母，皆嘗小人之食矣，未嘗君之羹，請以遺之。」公曰：「爾有母遺，緊我獨無！」潁考叔曰：「敢問何謂也？」公語之故，且告之悔。對曰：「君何患焉？若闕地及泉，隧而相見，其誰曰不然？」公從之。公入而賦：「大隧之中，其樂也融融！」姜出而賦：「大隧之外，其樂也洩洩！」遂為母子如初。

君子曰：「潁考叔，純孝也，愛其母，施及莊公。《詩》曰『孝子不匱，永錫爾類。』其是之謂乎！」

秋，七月，天王使宰咺來歸惠公、仲子之賵。緩，且子氏未薨，故名。天子七月而葬，同軌畢至；諸侯五月，同盟至；大夫三月，同位至；士踰月，外姻至。贈死不及尸，弔生不及哀，豫凶事，非禮也。

八月，紀人伐夷。夷不告，故不書。有蜚。不為災，亦不書。

惠公之季年，敗宋師于黃。公立，而求成焉。九月，及宋人盟于宿，始通也。

冬，十月，庚申，改葬惠公。公弗臨，故不書。惠公之薨也，有宋師，太子少，葬故有闕，是以改葬。衛侯來會葬，不見公，亦不書。

鄭共叔之亂，公孫滑出奔衛。衛人為之伐鄭，取廩延。鄭人以王師、虢師伐衛南鄙。請師於邾。邾子使私於公子豫，豫請往，公弗許，遂行。及邾人、鄭人盟于翼。不書，非公命也。

新作南門。不書，亦非公命也。

十二月，祭伯來，非王命也。

眾父卒。公不與小斂，故不書日。

隱公二年

經

二年，春，公會戎于潛。

夏，五月，莒人入向。

無駭帥師入極。

秋，八月，庚辰，公及戎盟于唐。

九月，紀裂繻來逆女。

冬，十月，伯姬歸于紀。

紀子帛、莒子盟于密。

十有二月乙卯，夫人子氏薨。

鄭人伐衛。

傳

二年春，公會戎于潛，修惠公之好也。戎請盟，公辭。

莒子娶于向，向姜不安莒而歸。夏，莒人入向，以姜氏還。

司空無駭入極，費庈父勝之。

戎請盟。秋，盟于唐，復修戎好也。

九月，紀裂繻來逆女，卿為君逆也。

冬，紀子帛、莒子盟于密，魯故也。

鄭人伐衛，討公孫滑之亂也。

隱公三年

經

三年，春，王二月，己巳，日有食之。

三月，庚戌，天王崩。

夏，四月，辛卯，君氏卒。

秋，武氏子來求賻。

八月庚辰，宋公和卒。

冬十有二月，齊侯，鄭伯盟于石門。

癸未，葬宋穆公。

傳

三年春，王三月，壬戌，平王崩，赴以庚戌，故書之。

夏，君氏卒。——聲子也。不赴於諸侯，不反哭于寢，不祔于姑，故不曰薨。不稱夫人，故不言葬，不書姓。為公故，曰「君氏」。

鄭武公、莊公為平王卿士。王貳于虢，鄭伯怨王，王曰「無之」。故周、鄭交質。王子狐為質於鄭，鄭公子忽為質於周。王崩，周人將畀虢公政。四月，鄭祭足帥師取溫之麥。秋，又取成周之禾。周、鄭交惡。

君子曰：「信不由中，質無益也。明恕而行，要之以禮，雖無有質，誰能間之？苟有明信，澗谿沼沚之毛，蘋蘩蘊藻之菜，筐筥錡釜之器，潢汙行潦之水，可薦於鬼神，可羞於王公，而況君子結二國之信。行之以禮，又焉用質？《風》有《采蘩》、《采蘋》，《雅》有《行葦》、《泂酌》，昭忠信也。」

武氏子來求賻，王未葬也。

宋穆公疾，召大司馬孔父而屬殤公焉，曰：「先君舍與夷而立寡人，寡人弗敢忘。若以大夫之靈，得保首領以沒，先君若問與夷，其將何辭以對？請子奉之，以主社稷，寡人雖死，亦無悔焉。」對曰：「羣臣願奉馮也。」公曰：「不可。先君以寡人為賢，使主社稷，若棄德不讓，是廢先君之舉也。豈曰能賢？光昭先君之令德，可不務乎？吾子其無廢先君之功。」使公子馮出居於鄭。八月庚辰，宋穆公卒。殤公即位。

君子曰：「宋宣公可謂知人矣。立穆公，其子饗之，命以義夫。《商頌》曰：『殷受命咸宜，百祿是荷。』其是之謂乎！」

冬，齊、鄭盟于石門，尋盧之盟也。庚戌，鄭伯之車僨于濟。

衛莊公娶于齊東宮得臣之妹，曰莊姜，美而無子，衛人所為賦《碩人》也。又娶于陳，曰厲嬀，生孝伯，早死。其娣戴嬀，生桓公，莊姜以為己子。

公子州吁，嬖人之子也，有寵而好兵，公弗禁，莊姜惡之。石碏諫曰：「臣聞愛子，教之以義方，弗納于邪。驕、奢、淫、泆，所自邪也。四者之來，寵祿過也。將立州吁，乃定之矣，若猶未也，階之為禍。夫寵而不驕，驕而能降，降而不憾，憾而能眕者，鮮矣。且夫賤妨貴，少陵長，遠間親，新間舊，小加大，淫破義，所謂六逆也。君義，臣行，父慈，子孝，兄愛，弟敬，所謂六順也。去順效逆，所以速禍也。君人者將禍是務去，而速之，無乃不可乎？」弗聽。

其子厚與州吁游，禁之，不可。桓公立，乃老。

隱公四年

經

四年，春，王二月，莒人伐杞，取牟婁。

戊申，衛州吁弒其君完。

夏，公及宋公遇于清。

宋公、陳侯、蔡人、衛人伐鄭。

秋，翬帥師會宋公、陳侯、蔡人、衛人伐鄭。

九月，衛人殺州吁于濮。

冬十有二月，衛人立晉。

傳

四年春，衛州吁弒桓公而立。

公與宋公為會，將尋宿之盟。未及期，衛人來告亂。夏，公及宋公遇于清。

宋殤公之即位也，公子馮出奔鄭，鄭人欲納之。及衛州吁立，將修先君之怨于鄭，而求寵於諸侯，以和其民，使告於宋曰：「君若伐鄭，以除君害，君為主，敝邑以賦與陳、蔡從，則衛國之願也。」宋人許之。於是陳、蔡方睦於衛，故宋公、陳侯、蔡人、衛人伐鄭，圍其東門，五日而還。

公問於眾仲曰：「衛州吁其成乎？」對曰：「臣聞以德和民，不聞以亂。以亂，猶治絲而棼之也。夫州吁，阻兵而安忍。阻兵無眾，安忍無親，眾叛親離，難以濟矣。夫兵猶火也，弗戢，將自焚也。夫州吁弒其君而虐用其民，於是乎不務令德，而欲以亂成，必不免矣。

秋，諸侯復伐鄭。宋公使來乞師，公辭之。羽父請以師會之，公弗許，固請而行。故書曰「翬帥師」，疾之也。諸侯之師敗鄭徒兵，取其禾而還。

州吁未能和其民，厚問定君於石子。石子曰：「王覲為可。」曰：「何以得覲？」曰：「陳桓公方有寵於王，陳、衛方睦，若朝陳使請，必可得也。」厚從州吁如陳。石碏使告于陳曰：「衛國褊小，老夫耄矣，無能為也。此二人者，實弒寡君，敢即圖之。」陳人執之，而請涖於衛。九月，衛人使右宰醜涖殺州吁于濮，石碏使其宰獳羊肩涖殺石厚于陳。

君子曰：「石碏，純臣也，惡州吁而厚與焉。『大義滅親』，其是之謂乎！」

衛人逆公子晉于邢。冬十二月，宣公即位。書曰「衛人立晉」，眾也。

隱公五年

經

五年，春，公矢魚于棠。

夏四月，葬衛桓公。

秋，衛師入郕。

九月，考仲子之宮。初獻六羽。

邾人、鄭人伐宋。

螟。

冬十有二月，辛巳，公子彄卒。

宋人伐鄭，圍長葛。

傳

五年春，公將如棠觀魚者。臧僖伯諫曰：「凡物不足以講大事，其材不足以備器用，則君不舉焉。君，將納民於軌、物者也。故講事以度軌量謂之軌，取材以章物采謂之物，不軌不物謂之亂政。亂政亟行，所以敗也。故春蒐、夏苗、秋獮、冬狩，皆於農隙以講事也。三年而治兵，入而振旅，歸而飲至，以數軍實。昭文章，明貴賤，辨等列，順少長，習威儀也。鳥獸之肉不登於俎，皮革齒牙、骨角毛羽不登於器，則公不射，古之制也。若夫山林川澤之實，器用之資，皁隸之事，官司之守，非君所及也。」公曰：「吾將略地焉。」遂往，陳魚而觀之。僖伯稱疾不從。書曰「公矢魚于棠」，非禮也，且言遠地也。

曲沃莊伯以鄭人、邢人伐翼，王使尹氏、武氏助之。翼侯奔隨。

夏，葬衛桓公。衛亂，是以緩。

四月，鄭人侵衛牧，以報東門之役。衛人以燕師伐鄭。鄭祭足、原繁、洩駕以三軍軍其前，使曼伯與子元潛軍軍其後。燕人畏鄭三軍而不虞制人。六月，鄭二公子以制人敗燕師于北制。君子曰：「不備不虞，不可以師。」

曲沃叛王。秋，王命虢公伐曲沃，而立哀侯于翼。

衛之亂也，郕人侵衛，故衛師入郕。

九月，考仲子之宮，將萬焉。公問羽數於眾仲。對曰：「天子用八，諸侯用六，大夫四，士二。夫舞，所以節八音，而行八風，故自八以下。」公從之。于是初獻六羽，始用六佾也。

宋人取邾田。邾人告於鄭曰：「請君釋憾於宋，敝邑為道。」鄭人以王師會之。伐宋，入其郛，以報東門之役。宋人使來告命。公聞其入郛也，將救之，問於使者曰：「師何及？」對曰：「未及國。」公怒，乃止，辭使者曰：「君命寡人同恤社稷之難，今問諸使者，曰『師未及國』，非寡人之所敢知也。」

冬，十二月辛巳，臧僖伯卒。公曰：「叔父有憾於寡人，寡人弗敢忘。葬之加一等。」

宋人伐鄭，圍長葛，以報入郛之役也。

隱公六年

經

六年，春，鄭人來渝平。

夏，五月，辛酉，公會齊侯盟于艾。

秋，七月。

冬，宋人取長葛。

傳

六年春，鄭人來渝平，更成也。

翼九宗五正頃父之子嘉父，逆晉侯于隨，納諸鄂。晉人謂之鄂侯。

夏，盟于艾，始平于齊也。

五月庚申，鄭伯侵陳，大獲。往歲，鄭伯請成于陳，陳侯不許。五父諫曰：「親仁善鄰，國之寶也。君其許鄭。」陳侯曰：「宋、衛實難，鄭何能為？」遂不許。

君子曰：「善不可失，惡不可長，其陳桓公之謂乎？長惡不悛，從自及也。雖欲救之，其將能乎？《商書》曰：『惡之易也，如火之燎于原，不可鄉邇，其猶可撲滅？』周任有言曰：『為國家者，見惡，如農夫之務去草焉，芟夷蘊崇之，絕其本根，勿使能殖，則善者信矣。』

秋，宋人取長葛。

冬，京師來告饑。公為之請糴於宋、衛、齊、鄭，禮也。

鄭伯如周，始朝桓王也。王不禮焉。周桓公言於王曰：「我周之東遷，晉、鄭焉依。善鄭以勸來者，猶懼不蔇，況不禮焉？鄭不來矣！」

隱公七年

經

七年，春，王三月，叔姬歸于紀。

滕侯卒。

夏，城中丘。

齊侯使其弟年來聘。

秋，公伐邾。

冬，天王使凡伯來聘。戎伐凡伯于楚丘，以歸。

傳

七年春，滕侯卒。不書名，未同盟也。凡諸侯同盟，於是稱名，故薨則赴以名，告終稱嗣也，以繼好息民，謂之禮經。

夏，城中丘，書，不時也。

齊侯使夷仲年來聘，結艾之盟也。

秋，宋及鄭平。七月庚申，盟于宿。公伐邾，為宋討也。

初，戎朝于周，發幣于公卿，凡伯弗賓。冬，王使凡伯來聘。還，戎伐之于楚丘以歸。

陳及鄭平。十二月，陳五父如鄭涖盟。壬申，及鄭伯盟，歃如忘。洩伯曰：「五父必不免，不賴盟矣。」鄭良佐如陳涖盟，辛巳，及陳侯盟，亦知陳之將亂也。

鄭公子忽在王所，故陳侯請妻之。鄭伯許之，乃成昏。

隱公八年

經

八年，春，宋公、衛侯遇于垂。

三月，鄭伯使宛來歸祊。庚寅，我入祊。

夏，六月，己亥，蔡侯考父卒。辛亥，宿男卒。

秋，七月，庚午，宋公、齊侯、衛侯盟于瓦屋。

八月，葬蔡宣公。

九月辛卯，公及莒人盟于浮來。

螟。

冬十有二月，無駭卒。

傳

八年春，齊侯將平宋、衛，有會期。宋公以幣請於衛，請先相見，衛侯許之，故遇于犬丘。

鄭伯請釋泰山之祀而祀周公，以泰山之祊易許田。三月，鄭伯使宛來歸祊，不祀泰山也。

夏，虢公忌父始作卿士于周。

四月甲辰，鄭公子忽如陳逆婦嬀。辛亥，以嬀氏歸。甲寅，入于鄭。陳鍼子送女。先配而後祖。鍼子曰：「是不為夫婦。誣其祖矣，非禮也，何以能育？

齊人卒平宋、衛于鄭。秋，會于溫，盟于瓦屋，以釋東門之役，禮也。

八月丙戌，鄭伯以齊人朝王，禮也。

公及莒人盟于浮來，以成紀好也。

冬，齊侯使來告成三國。公使眾仲對曰：「君釋三國之圖，以鳩其民，君之惠也。寡君聞命矣，敢不承受君之明德。」

無駭卒。羽父請謚與族。公問族於眾仲。眾仲對曰：「天子建德，因生以賜姓，胙之土而命之氏。諸侯以字為謚，因以為族。官有世功，則有官族，邑亦如之。」公命以字為展氏。

隱公九年

經

九年，春，天子使南季來聘。

三月癸酉，大雨，震電。庚辰，大雨雪。

挾卒。

夏，城郎。

秋七月。

冬，公會齊侯于防。

傳

九年春，王三月癸酉，大雨霖以震，書始也。庚辰，大雨雪，亦如之。書，時失也。凡雨，自三日以往為霖。平地尺為大雪。

夏，城郎，書，不時也。

宋公不王。鄭伯為王左卿士，以王命討之，伐宋。宋以入郛之役怨公，不告命。公怒，絕宋使。

秋，鄭人以王命來告伐宋。

冬，公會齊侯于防，謀伐宋也。

北戎侵鄭，鄭伯禦之。患戎師，曰；「彼徒我車，懼其侵軼我也。」公子突曰：「使勇而無剛者，嘗寇而速去之。君為三覆以待之。戎輕而不整，貪而無親，勝不相讓，敗不相救。先者見獲必務進，進而遇覆必速奔，後者不救，則無繼矣。乃可以逞。」從之。

戎人之前遇覆者奔，祝聃逐之。衷戎師，前後擊之，盡殪。戎師大奔。十一月甲寅，鄭人大敗戎師。

隱公十年

經

十年，春，王二月，公會齊侯、鄭伯于中丘。

夏，翬帥師會齊人、鄭人伐宋。

六月，壬戌，公敗宋師于菅。辛未，取郜。辛巳，取防。

秋，宋人、衛人入鄭。宋人、蔡人、衛人伐戴。鄭伯伐取之。

冬，十月，壬午，齊人、鄭人入郕。

傳

十年春，王正月，公會齊侯，鄭伯于中丘。癸丑，盟于鄧，為師期。

夏五月，羽父先會齊侯、鄭伯伐宋。

六月戊申，公會齊侯、鄭伯于老桃。壬戌，公敗宋師于菅。庚午，鄭師入郜。辛未，歸于我。庚辰，鄭師入防。辛巳，歸于我。君子謂：「鄭莊公於是乎可謂正矣。以王命討不庭，不貪其土以勞王爵，正之體也。」

蔡人、衛人、郕人不會王命。

秋七月庚寅，鄭師入郊。猶在郊，宋人、衛人入鄭。蔡人從之伐戴。八月壬戌，鄭伯圍戴。癸亥，克之，取三師焉。宋、衛既入鄭，而以伐戴召蔡人，蔡人怒，故不和而敗。

九月戊寅，鄭伯入宋。

冬，齊人、鄭人入郕，討違王命也。

隱公十一年

經

十有一年，春，滕侯、薛侯來朝。

夏，公會鄭伯于時來。

秋，七月，壬午，公及齊侯、鄭伯入許。

冬十有一月，壬辰，公薨。

傳

十一年春，滕侯、薛侯來朝，爭長。薛侯曰：「我先封。」滕侯曰：「我，周之卜正也。薛，庶姓也，我不可以後之。」

公使羽父請於薛侯曰：「君與滕君辱在寡人。周諺有之曰：『山有木，工則度之；賓有禮，主則擇之。』周之宗盟，異姓為後。寡人若朝于薛，不敢與諸任齒。君若辱貺寡人，則願以滕君為請。」

薛侯許之，乃長滕侯。

夏，公會鄭伯于郲，謀伐許也。鄭伯將伐許，五月甲辰，授兵于大宮。公孫閼與穎考叔爭車，穎考叔挾輈以走，子都拔棘以逐之，及大逵，弗及，子都怒。

秋七月，公會齊侯、鄭伯伐許。庚辰，傅于許，穎考叔取鄭伯之旗蝥弧以先登。子都自下射之，顛。瑕叔盈又以蝥弧登，周麾而呼曰：「君登矣！」鄭師畢登。壬午，遂入許。許莊公奔衛。

齊侯以許讓公。公曰：「君謂許不共，故從君討之。許既伏其罪矣，雖君有命，寡人弗敢與聞。」乃與鄭人。

鄭伯使許大夫百里奉許叔以居許東偏，曰：「天禍許國，鬼神實不逞于許君，而假手于我寡人。寡人唯是一二父兄不能共億，其敢以許自為功乎？寡人有弟，不能和協，而使餬其口於四方，其況能久有許乎？吾子其奉許叔以撫柔此民也，吾將使獲也佐吾子。若寡人得沒于地，天其以禮悔禍于許？無寧茲許公復奉其社稷。唯我鄭國之有請謁焉，如舊昏媾，其能降以相從也。無滋他族實偪處此，以與我鄭國爭此土也。吾子孫其覆亡之不暇，而況能禋祀許乎？寡人之使吾子處此，不唯許國之為，亦聊以固吾圉也。」乃使公孫獲處許西偏，曰：「凡而器用財賄，無寘於許。我死，乃亟去之。吾先君新邑於此，王室而既卑矣，周之子孫日失其序。夫許，大岳之胤也，天而既厭周德矣，吾其能與許爭乎？」

君子謂：「鄭莊公於是乎有禮。禮，經國家、定社稷、序民人、利後嗣者也。許，無刑而伐之，服而舍之，度德而處之，量力而行之，相時而動，無累後人，可謂知禮矣。」

鄭伯使卒出豭，行出犬、雞，以詛射穎考叔者。君子謂：「鄭莊公失政刑矣。政以治民，刑以正邪，既無德政，又無威刑，是以及邪。邪而詛之，將何益矣！」

王取鄔、劉、蔿、邘之田于鄭，而與鄭人蘇忿生之田：溫、原、絺、樊、隰郕、欑茅、向、盟、州、陘、隤、懷。君子是以知桓王之失鄭也。恕而行之，德之則也，禮之經也。己弗能有而以與人，人之不至，不亦宜乎？

鄭、息有違言，息侯伐鄭。鄭伯與戰于竟，息師大敗而還。君子是以知息之將亡也。不度德，不量力，不親親，不徵辭，不察有罪，犯五不韙，而以伐人，其喪師也，不亦宜乎！

冬十月，鄭伯以虢師伐宋。壬戌，大敗宋師，以報其入鄭也。宋不告命，故不書。凡諸侯有命，告則書，不然則否。師出臧否，亦如之。雖及滅國，滅不告敗，勝不告克，不書于策。

羽父請殺桓公，將以求大宰。公曰：「為其少故也，吾將授之矣。使營菟裘，吾將老焉。」羽父懼，反譖公于桓公，而請弑之。公之為公子也，與鄭人戰于狐壤，止焉。鄭人囚諸尹氏，賂尹氏，而禱於其主鍾巫，遂與尹氏歸，而立其主。十一月，公祭鍾巫，齊于社圃，館于寪氏。壬辰，羽父使賊弑公于寪氏，立桓公，而討寪氏，有死者。不書葬，不成喪也。

桓公

桓公元年

經

元年，春，王正月，公即位。

三月，公會鄭伯于垂，鄭伯以璧假許田。

夏，四月，丁未，公及鄭伯盟于越。

秋，大水。

冬，十月。

傳

元年春，公即位，修好于鄭。鄭人請復祀周公，卒易祊田。公許之。三月，鄭伯以璧假許田，為周公、祊故也。

夏，四月，丁未，公及鄭伯盟于越，結祊成也。盟曰：「渝盟，無享國。」

秋，大水。凡平原出水為大水。

冬，鄭伯拜盟。

宋華父督見孔父之妻于路，目逆而送之，曰：「美而艷。」

桓公二年

經

二年，春，王正月戊申，宋督弒其君與夷及其大夫孔父。

滕子來朝。

三月，公會齊侯、陳侯、鄭伯于稷，以成宋亂。

夏，四月，取郜大鼎于宋。戊申，納于大廟。

秋，七月，杞侯來朝。

蔡侯、鄭伯會于鄧。

九月，入杞。

公及戎盟于唐。

冬，公至自唐。

傳

二年春，宋督攻孔氏，殺孔父而取其妻。公怒，督懼，遂弒殤公。

君子以督為有無君之心，而後動於惡，故先書弒其君。會于稷，以成宋亂，為賂故，立華氏也。

宋殤公立，十年十一戰，民不堪命。孔父嘉為司馬，督為大宰，故因民之不堪命，先宣言曰：「司馬則然。」已殺孔父而弒殤公，召莊公于鄭而立之，以親鄭。以郜大鼎賂公，齊、陳、鄭皆有賂，故遂相宋公。

夏四月，取郜大鼎于宋。戊申，納于大廟。非禮也。臧哀伯諫曰：「君人者，將昭德塞違，以臨照百官，猶懼或失之。故昭令德以示子孫。是以清廟茅屋，大路越席，大羹不致，粢食不鑿，昭其儉也。衮、冕、黻、珽，帶、裳、幅、舄，衡、紞、紘、綖，昭其度也。藻、率、鞞、鞛，鞶、厲、游、纓，昭其數也。火、龍、黼、黻，昭其文也。五色比象，昭其物也。鍚、鸞、和、鈴，昭其聲也。

三辰旂旗，昭其明也。夫德，儉而有度，登降有數。文、物以紀之，聲、明以發之，以臨照百官，百官於是乎戒懼，而不敢易紀律。今滅德立違，而寘其賂器於大廟，以明示百官，百官象之，其又何誅焉？國家之敗，由官邪也。官之失德，寵賂章也。郜鼎在廟，章孰甚焉？武王克商，遷九鼎于雒邑，義士猶或非之，而況將昭違亂之賂器於大廟，其若之何？」公不聽。周內史聞之，曰：「臧孫達其有後於魯乎！君違，不忘諫之以德。」

秋七月，杞侯來朝，不敬，杞侯歸，乃謀伐之。

蔡侯、鄭伯會于鄧，始懼楚也。

九月，入杞，討不敬也。

公及戎盟于唐，修舊好也。

冬，公至自唐，告于廟也。凡公行，告于宗廟；反行，飲至、舍爵，策勳焉，禮也。特相會，往來稱地，讓事也。自參以上，則往稱地，來稱會，成事也。

初，晉穆侯之夫人姜氏，以條之役生太子，命之曰仇。其弟以千畝之戰生，命之曰成師。師服曰：「異哉，君之名子也！夫名以制義，義以出禮，禮以體政，政以正民。是以政成而民聽，易則生亂。嘉耦曰妃，怨耦曰仇，古之命也。今君命大子曰仇，弟曰成師，始兆亂矣，兄其替乎？」

惠之二十四年，晉始亂，故封桓叔于曲沃，靖侯之孫欒賓傅之。師服曰：「吾聞國家之立也，本大而末小，是以能固。故天子建國，諸侯立家，卿置側室，大夫有貳宗，士有隸子弟，庶人、工、商各有分親，皆有等衰。是以民服事其上，而下無覬覦。今晉，甸侯也，而建國，本既弱矣，其能久乎？」

惠之三十年，晉潘父弒昭侯而納桓叔，不克。晉人立孝侯。

惠之四十五年，曲沃莊伯伐翼，弒孝侯。翼人立其弟鄂侯。鄂侯生哀侯。哀侯侵陘庭之田。陘庭南鄙啟曲沃伐翼。

桓公三年

經

三年，春，正月，公會齊侯于嬴。

夏，齊侯、衛侯胥命于蒲。

六月，公會杞侯于郕。

秋七月壬辰朔，日有食之，既。

公子翬如齊逆女。

九月，齊侯送姜氏于讙。

公會齊侯於讙。

夫人姜氏至自齊。

冬，齊侯使其弟年來聘。

有年。

傳

三年春，曲沃武公伐翼，次于陘庭，韓萬御戎，梁弘為右，逐翼侯于汾隰，驂絓而止。夜獲之，及欒共叔。

會于嬴，成昏于齊也。

夏，齊侯、衛侯胥命于蒲，不盟也。

公會杞侯于郕，杞求成也。

秋，公子翬如齊逆女。修先君之好。故曰「公子」。

齊侯送姜氏于讙，非禮也。凡公女嫁于敵國，姊妹，則上卿送之，以禮於先君；公子，則下卿送之。於大國，雖公子，亦上卿送之。於天子，則諸卿皆行，公不自送。於小國，則上大夫送之。

冬，齊仲年來聘，致夫人也。

芮伯萬之母芮姜惡芮伯之多寵人也，故逐之，出居于魏。

桓公四年

經

四年，春，正月，公狩于郎。

夏，天王使宰渠伯糾來聘。

傳

四年春，正月，公狩于郎。書，時，禮也。

夏，周宰渠伯糾來聘。父在，故名。

秋，秦師侵芮，敗焉，小之也。

冬，王師、秦師圍魏，執芮伯以歸。

桓公五年

經

五年春正月，甲戌、己丑，陳侯鮑卒。 夏，齊侯鄭伯如紀。 天王使仍叔之子來聘。 葬陳桓公。 城祝丘。 秋，蔡人、衛人、陳人從王伐鄭。 大雩。 螽。 冬，州公如曹。

傳

五年春正月，甲戌，己丑，陳侯鮑卒，再赴也。於是陳亂，文公子佗殺大子免而代之。公疾病而亂作，國人分散，故再赴。

夏，齊侯、鄭伯朝于紀，欲以襲之。紀人知之。

王奪鄭伯政，鄭伯不朝。秋，王以諸侯伐鄭，鄭伯禦之。

王為中軍；虢公林父將右軍，蔡人、衛人屬焉；周公黑肩將左軍，陳人屬焉。

鄭子元請為左拒，以當蔡人、衛人；為右拒，以當陳人，曰：「陳亂，民莫有鬬心，若先犯之，必奔。王卒顧之，必亂。蔡、衛不枝，固將先奔，既而萃於王卒，可以集事。」從之。曼伯為右拒，祭仲足為左拒，原繁、高渠彌以中軍奉公，為魚麗之陳，先偏後伍，伍承彌縫。戰于繻葛，命二拒曰：「旝動而鼓。」蔡、衛、陳皆奔，王卒亂，鄭師合以攻之，王卒大敗。祝聃射王中肩，王亦能軍。祝聃請從之。公曰：「君子不欲多上人，況敢陵天子乎！苟自救也，社稷無隕，多矣。

夜，鄭伯使祭足勞王，且問左右。

仍叔之子來聘，弱也。

秋，大雩，書，不時也。凡祀，啟蟄而郊，龍見而雩，始殺而嘗，閉蟄而烝。過則書。

冬，淳于公如曹。度其國危，遂不復。

桓公六年

經

六年，春，正月，寔來。

夏，四月，公會紀侯于成。

秋，八月，壬午，大閱，蔡人殺陳佗。

九月，丁卯，子同生。

冬，紀侯來朝。

傳

六年，春，自曹來朝。書曰：「寔來」，不復其國也。楚武王侵隨，使薳章求成焉，軍於瑕以待之。隨人使少師董成，鬬伯比言于楚子曰：「吾不得志於漢東也，我則使然。我張吾三軍而被吾甲兵，以武臨之；彼則懼而協以謀我，故難間也。漢東之國，隨為大，隨張，必棄小國。小國離，楚之利也。少師侈，請羸師以張之。」熊率且比曰：「季梁在，何益？」鬬伯比曰：「以為後圖，少師得其君。」王毀軍而納少師。

少師歸，請追楚師。隨侯將許之，季梁止之曰：「天方授楚，楚之羸，其誘我也。君何急焉。臣聞小之能敵大也，小道大淫。所謂道，忠於民而信於神也；上思利民，忠也；祝史正辭，信也。今民餒而君逞欲，祝史矯舉以祭，臣不知其可也。」公曰：「吾牲牷肥腯，粢盛豐備，何則不信？」對曰：「夫民，神之主也。是以聖王先成民，而後致力於神。故奉牲以告曰，博碩肥腯，謂民力之普存也。謂其畜之碩大蕃滋也，謂其不疾瘯蠡也，謂其備腯咸有也。奉盛以告曰『絜粢豐盛』，謂其三時不害，而民和年豐也。奉酒醴以告曰，嘉栗旨酒，謂其上下皆有嘉德，而無違心也。所謂馨香，無讒慝也，故務其三時，脩其五教，親其九族，以致其禋祀。於是乎民和而神降之福，故動則有成。今民各有心，而鬼神乏主，君雖獨豐，其何福之有？君姑脩政而親兄弟之國，庶免於難，隨侯懼而脩政，楚不敢伐。」

夏，會于成。紀來諮謀齊難也。北戎伐齊，齊使乞師于鄭，鄭大子忽帥師救齊。

六月，大敗戎師，獲其二帥，大良，少良。甲首三百，以獻於齊。於是諸侯之大夫戍齊。齊人饋之餼，使魯為其班，後鄭。鄭忽以其有功也，怒。故有郎之師，公之未昏於齊也。齊侯欲以文姜妻鄭大子。大子忽辭，人問其故，大子曰：「人各有耦，齊大，非吾耦也。詩云『自求多福』，在我而已，大國何為？君子曰『善自為謀』」。及其敗戎師也，齊侯又請妻之，固辭。人問其故，大子曰：「無事於齊，吾猶不敢。今以君命，奔齊之急，而受室以歸，是以師昏也。民其謂我何？」遂辭諸鄭伯。

秋，大閱，簡車馬也。

九月，丁卯，子同生。以大子生之禮舉之，接以大牢。卜士負之，士妻食之，公與文姜宗婦命之。公問名於申繻，對曰，名有五：「有信，有義，有象，有假，有類。以名生為信，以德名為義，以類命為象。取於物為假，取於父為類。不以國，不以官，不以山川，不以隱疾，不以畜牲，不以器幣。周人以諱事神，名，終將諱之。故以國則廢名，以官則廢職，以山川則廢主，以畜牲則廢祀，以器幣則廢禮。晉以僖侯廢司徒，宋以武公廢司空，先君獻武廢二山。是以大物不可以命。」公曰：「是其生也，與吾同物，命之曰同。」

冬，紀侯來朝。請王命以求成于齊，公告不能。

桓公七年

經

七年，春，二月己亥，焚咸丘。

夏，穀伯綏來朝，鄧侯吾離來朝。

傳

七年春，穀伯、鄧侯來朝。名，賤之也，

夏，盟、向求成于鄭，既而背之，

秋，鄭人、齊人、衛人伐盟、向。王遷盟、向之民于郟。

冬，曲沃伯誘晉小子侯，殺之。

桓公八年

經

八年，春，正月己卯，烝。天王使家父來聘。

夏，五月丁丑，烝。

秋，伐邾。

冬，十月，雨雪。祭公來，遂逆王后于紀。

傳

八年，春，滅翼。隨少師有寵。楚鬬伯比曰：「可矣。讎有釁，不可失也。

夏，楚子合諸侯于沈鹿。黃隨不會，使薳章讓黃。楚子伐隨，軍於漢淮之間。季梁請下之，弗許而後戰，所以怒我而怠寇也。少師謂隨侯曰：「必速戰，不然，將失楚師。」隨侯禦之，望楚師，季梁曰：「楚人上左，君必左，無與王遇，且攻其右。右無良焉，必敗。偏敗，眾乃攜矣。」少師曰：「不當王，非敵也。」弗從。戰于速杞。隨師敗績，隨侯逸。鬬丹獲其戎車，與其戎右少師。

秋，隨及楚平。楚子將不許。鬬伯比曰：「天去其疾矣，隨未可克也。」乃盟而還。

冬，王命虢仲立晉哀侯之弟緡于晉。祭公來，遂逆王后于紀，禮也。

桓公九年

經

九年，春，紀季姜歸於京師。

夏，四月。

秋，七月。

冬，曹伯使其世子射姑來朝。

傳

九年春，紀季姜歸於京師。凡諸侯之女行，唯王后書。

巴子使韓服告于楚，請與鄧為好。楚子使道朔將巴客以聘于鄧。鄧南鄙鄾人攻而奪之幣，殺道朔及巴行人。楚子使薳章讓于鄧，鄧人弗受。

夏，楚使鬬廉帥師及巴師圍鄾。鄧養甥、聃甥帥師鄾救。三逐巴師，不克。鬬廉衡陳其師于巴師之中，以戰，而北。鄧人逐之，背巴師而夾攻之。鄧師大敗，鄾人宵潰。

秋，虢仲、芮伯、梁伯、荀侯、賈伯伐曲沃。

冬，曹大子來朝，賓之以上卿，禮也。享曹大子，初獻，樂奏而歎。施父曰：「曹大子其有憂乎？非歎所也。」

桓公十年

經

十年，春，王正月。庚申，曹伯終生卒。

夏，五月，葬曹桓公。

秋，公會衛侯於桃丘，弗遇。

冬，十有二月丙午，齊侯、衛侯、鄭伯來戰于郎。

傳

十年春，曹桓公卒。

虢仲譖其大夫詹父于王。詹父有辭，以王師伐虢。夏，虢公出奔虞。

秋，秦人納芮伯萬于芮。

初，虞叔有玉，虞公求旃。弗獻。既而悔之。曰：「周諺有之：『匹夫無罪，懷璧其罪。』吾焉用此，其以賈害也？」乃獻。又求其寶劍。叔曰：「是無厭也。無厭，將及我。」遂伐虞公，故虞公出奔共池。

冬，齊、衛、鄭來戰于郎，我有辭也。

初，北戎病齊，諸侯救之。鄭公子忽有功焉。齊人餼諸侯，使魯次之。魯以周班後鄭。鄭人怒，請師于齊。齊人以衛師助之。故不稱侵伐。先書齊、衛，王爵也。

桓公十一年

經

十有一年，春，正月，齊人、衛人、鄭人盟于惡曹。

夏，五月癸未，鄭伯寤生卒。

秋，七月，葬鄭莊公。九月，宋人執鄭祭仲。突歸於鄭。鄭忽出奔衛。柔會宋公、陳侯、蔡叔盟于折。公會宋公于夫鐘。

冬，十有二月，公會宋公于闞。

傳

十一年春，齊、衛、鄭、宋盟于惡曹。

楚屈瑕將盟貳、軫。鄖人軍于蒲騷，將與隨、絞、州、蓼伐楚師。莫敖患之。鬭廉曰：「鄖人軍其郊，必不誡，且日虞四邑之至也。君次於郊郢，以禦四邑。我以銳師宵加於鄖，鄖有虞心而恃其城，莫有鬥志。若敗鄖師，四邑必離。」莫敖曰：「盍請濟師于王？」對曰：「師克在和，不在衆。商、周之不敵，君之所聞也。成軍以出，又何濟焉？」莫敖曰：「卜之？」對曰：「卜以決疑，不疑何卜？」遂敗鄖師于蒲騷，卒盟而還。

鄭昭公之敗北戎也，齊人將妻之，昭公辭。祭仲曰：「必取之。君多內寵，子無大援，將不立。三公子皆君也。」弗從。

夏，鄭莊公卒。

初，祭封人仲足有寵于莊公，莊公使為卿。為公娶鄧曼，生昭公，故祭仲立之。宋雍氏女于鄭莊公，曰雍姞，生厲公。雍氏宗有寵于宋莊公，故誘祭仲而執之，曰：「不立突，將死。」亦執厲公而求賂焉。祭仲與宋人盟，以厲公歸而立之。

秋九月丁亥，昭公奔衛。己亥，厲公立。

桓公十二年

經

十有二年，春，正月。

夏，六月壬寅，公會杞侯、莒子盟于曲池。

秋，七月丁亥，公會宋公、燕人盟于穀丘。八月壬辰，陳侯躍卒。公會宋公於虛。

冬，十有一月，公會宋公於龜。丙戌，公會鄭伯，盟于武父。丙戌，衛侯晉卒。十有二月，及鄭師伐宋。丁未，戰于宋。

傳

十二年夏，盟于曲池，平杞、莒也。

公欲平宋、鄭。秋，公及宋公盟於句瀆之丘。宋成未可知也，故又會於虛。冬，又會於龜。宋公辭平，故與鄭伯盟于武父。遂帥師而伐宋，戰焉，宋無信也。

君子曰：「苟信不繼，盟無益也。《詩》云：『君子屢盟，亂是用長。』無信也。」

楚伐絞，軍其南門。莫敖屈瑕曰：「絞小而輕，輕則寡謀，請無扞采樵者以誘之。」從之。絞人獲三十人。明日，絞人爭出，驅楚役徒於山中。楚人坐其北門，而覆諸山下，大敗之，為城下之盟而還。

伐絞之役，楚師分涉于彭。羅人欲伐之，使伯嘉諜之，三巡數之。

桓公十三年

經

十有三年，春二月，公會紀侯、鄭伯。己巳，及齊侯、宋公、衛侯、燕人戰。齊師、宋師、衛師、燕師敗績。三月，葬衛宣公。

夏，大水。

秋，七月。

冬十月。

傳

十三年春，楚屈瑕伐羅，鬬伯比送之。還，謂其禦曰：「莫敖必敗。舉趾高，心不固矣。」遂見楚子曰：「必濟師。」楚子辭焉。入告夫人鄧曼。鄧曼曰：「大夫其非眾之謂，其謂君撫小民以信，訓諸司以德，而威莫敖以刑也。莫敖狃于蒲騷之役，將自用也，必小羅。君若不鎮撫，其不設備乎？夫固謂君訓眾而好鎮撫之，召諸司而勸之以令德，見莫敖而告諸天之不假易也。不然，夫豈不知楚師之盡行也？」楚子使賴人追之，不及。

莫敖使徇于師曰：「諫者有刑。」及鄢，亂次以濟。遂無次，且不設備。及羅，羅與盧戎兩軍之。大敗之。莫敖縊于荒谷，群帥囚于冶父以聽刑。楚子曰：「孤之罪也。」皆免之。

宋多責賂于鄭，鄭不堪命。故以紀、魯及齊與宋、衛、燕戰。不書所戰，後也。

鄭人來請修好。

桓公十四年

經

十有四年，春，正月，公會鄭伯于曹。無冰。

夏，五，鄭伯使其弟語來盟。

秋，八月壬申，御廩災。乙亥，嘗。

冬，十有二月丁巳，齊侯祿父卒。宋人以齊人、蔡人、衛人、陳人伐鄭。

傳

十四年春，會于曹。曹人致餼，禮也。

夏，鄭子人來尋盟，且修曹之會。

秋八月壬申，御廩災。乙亥，嘗。書，不害也。

冬，宋人以諸侯伐鄭，報宋之戰也。焚渠門，入，及大逵。伐東郊，取牛首。以大宮之椽歸，為盧門之椽。

桓公十五年

經

十有五年，春，二月，天王使家父來求車。三月乙未，天王崩。

夏，四月己巳，葬齊僖公。五月，鄭伯突出奔蔡。鄭世子忽複歸於鄭。許叔入于許。公會齊侯于艾。邾人、牟人、葛人來朝。

秋，九月，鄭伯突入于櫟。

冬，十有一月，公會宋公、衛侯、陳侯於袲，伐鄭。

傳

十五年春，天王使家父來求車，非禮也。諸侯不貢車、服，天子不私求財。

祭仲專，鄭伯患之，使其婿雍糾殺之。將享諸郊。雍姬知之，謂其母曰：「父與夫孰親？」其母曰：「人盡夫也，父一而已，胡可比也？」遂告祭仲曰：「雍氏舍其室而將享子於郊，吾惑之，以告。」祭仲殺雍糾，屍諸周氏之汪。公載以出，曰：「謀及婦人，宜其死也。」夏，厲公出奔蔡。

六月乙亥，昭公入。

許叔入于許。

公會齊侯于艾，謀定許也。

秋，鄭伯因櫟人殺檀伯，而遂居櫟。

冬，會於袲，謀伐鄭，將納厲公也。弗克而還。

桓公十六年

經

十有六年，春，正月，公會宋公、蔡侯、衛侯于曹。

夏，四月，公會宋公、衛侯、陳侯、蔡侯伐鄭。

秋，七月，公至自伐鄭。

冬，城向。十有一月，衛侯朔出奔齊。

傳

十六年春正月，會于曹，謀伐鄭也。

夏，伐鄭。

秋七月，公至自伐鄭，以飲至之禮也。

冬，城向，書，時也。

初，衛宣公烝于夷姜，生急子，屬諸右公子。為之娶于齊，而美，公取之，生壽及朔，屬壽于左公子。夷姜縊。宣姜與公子朔構急子。公使諸齊，使盜待諸莘，將殺之。壽子告之，使行。不可，曰：「棄父之命，惡用子矣！有無父之國則可也。」及行，飲以酒，壽子載其旌以先，盜殺之。急子至，曰：「我之求也。此何罪？請殺我乎！」又殺之。二公子故怨惠公。

十一月，左公子泄、右公子職立公子黔牟。惠公奔齊。

桓公十七年

經

十有七年，春，正月丙辰，公會齊侯、紀侯盟于黃。二月丙午，公會邾儀父，盟于趡。

夏，五月丙午，及齊師戰于奚。六月丁丑，蔡侯封人卒。

秋，八月，蔡季自陳歸於蔡。癸巳，葬蔡桓侯。及宋人、衛人伐邾。

冬，十月朔，日有食之。

傳

十七年春，盟于黃，平齊、紀，且謀衛故也。

乃邾儀父盟于趡，尋蔑之盟也。

夏，及齊師戰于奚，疆事也。於是齊人侵魯疆，疆吏來告，公曰：「疆場之事，慎守其一，而備其不虞。姑盡所備焉。事至而戰，又何謁焉？」

蔡桓侯卒。蔡人召蔡季于陳。

秋，蔡季自陳歸於蔡，蔡人嘉之也。

伐邾，宋志也。

冬十月朔，日有食之。不書日，官失之也。天子有日官，諸侯有日禦。日官居卿以底日，禮也。日禦不失日，以授百官於朝。

初，鄭伯將以高渠彌為卿，昭公惡之，固諫，不聽，昭公立，懼其殺己也。辛卯，弒昭公，而立公子亹。

君子謂昭公知所惡矣。公子達曰：「高伯其為戮乎？複惡已甚矣。」

桓公十八年

經

十有八年，春，王正月，公會齊侯於濼。公與夫人姜氏遂如齊。

夏，四月丙子，公薨于齊。丁酉，公之喪至自齊。

秋，七月。

冬，十有二月己醜，葬我君桓公。

傳

十八年春，公將有行，遂與姜氏如齊。申繻曰：「女有家，男有室，無相瀆也，謂之有禮。易此，必敗。」

公會齊侯於濼，遂及文姜如齊。齊侯通焉。公謫之，以告。

夏四月丙子，享公。使公子彭生乘公，公薨于車。

魯人告于齊曰：「寡君畏君之威，不敢甯居，來修舊好，禮成而不反，無所歸咎，惡于諸侯。請以彭生除之。」齊人殺彭生。

秋，齊侯師於首止；子亹會之，高渠彌相。七月戊戌，齊人殺子亹而轘高渠彌，祭仲逆鄭子于陳而立之。是行也，祭仲知之，故稱疾不往。人曰：「祭仲以知免。」仲曰：「信也。」

周公欲弑莊王而立王子克。辛伯告王，遂與王殺周公黑肩。王子克奔燕。

初，子儀有寵于桓王，桓王屬諸周公。辛伯諫曰：「並後、匹嫡、兩政、耦國，亂之本也。」周公弗從，故及。

莊公

莊公元年

經

元年春王正月。三月，夫人孫于齊。夏，單伯送王姬。秋，築王姬之館於外。冬十月乙亥，陳侯林卒。王使榮叔來錫桓公命。王姬歸於齊。齊師遷紀、郱、鄑、郚。

傳

元年春，不稱即位，文薑出故也。

三月，夫人孫于齊。不稱薑氏，絕不為親，禮也。

秋，築王姬之館於外。為外，禮也。

莊公二年

經

二年春王二月，葬陳莊公。

夏，公子慶父帥師伐于餘丘。

秋七月，齊王姬卒。

冬十有二月，夫人姜氏會齊侯於禚。乙酉，宋公馮卒。

傳

二年冬，夫人姜氏會齊侯於禚。書，奸也。

莊公三年

經

三年春王正月，溺會齊師伐衛。

夏四月，葬宋莊公。五月，葬桓王。

秋，紀季以酅入于齊。

冬，公次於滑。

傳

三年春，溺會齊師伐衛，疾之也。

夏五月，葬桓王，緩也。

秋，紀季以酅入于齊，紀於是乎始判。

冬，公次於滑，將會鄭伯，謀紀故也。鄭伯辭以難。凡師，一宿為舍，再宿為信，過信為次。

莊公四年

經

四年春王二月，夫人姜氏享齊侯于祝丘。三月，紀伯姬卒。

夏，齊侯、陳侯、鄭伯遇于垂。紀侯大去其國。六月乙丑，齊侯葬紀伯姬。

秋七月。

冬，公及齊人狩於禚。

傳

四年春，王三月，楚武王荊屍，授師孑焉，以伐隨，將齊，入告夫人鄧曼曰：「餘心蕩。」鄧曼歎曰：「王祿盡矣。盈而蕩，天之道也。先君其知 之矣，故臨武事，將發大命，而蕩王心焉。若師徒無虧，王薨于行，國之福也。」王遂行，卒於樠木之下。令尹鬥祁、莫敖屈重除道、梁溠，營軍臨隨。隨人懼，行 成。莫敖以王命入盟隨侯，且請為會於漢汭，而還。濟漢而後發喪。

紀侯不能下齊，以與紀季。夏，紀侯大去其國，違齊難也。

莊公五年

經

五年春王正月。夏，夫人姜氏如齊師。秋，郳犁來來朝。冬，公會齊人、宋人、陳人、蔡人伐衛。

傳

五年秋，郳犁來來朝，名，未王命也。

冬，伐衛納惠公也。

莊公六年

經

六年春王正月，王人子突救衛。夏六月，衛侯朔入于衛。秋，公至自伐衛。螟。冬，齊人來歸衛俘。

傳

六年春，王人救衛。

夏，衛侯入，放公子黔牟于周，放甯跪于秦，殺左公子泄、右公子職，乃即位。

君子以二公子之立黔牟為不度矣。夫能固位者，必度於本末而後立衷焉。不知其本，不謀。知本之不枝，弗強。《詩》云：「本枝百世。」

冬，齊人來歸衛寶，文薑請之也。

楚文王伐申，過鄧。鄧祁侯曰：「吾甥也。」止而享之。騅甥、聃甥、養甥請殺楚子，鄧侯弗許。三甥曰：「亡鄧國者，必此人也。若不早圖，後君噬 齊。其及圖之乎？圖之，此為時矣。」鄧侯曰：「人將不食吾餘。」對曰：「若不從三臣，抑社稷實不血食，而君焉取餘？」弗從。還年，楚子伐鄧。十六年，楚複 伐鄧，滅之。

莊公七年

經

七年春，夫人姜氏會齊侯於防。夏四月辛卯，夜，恒星不見。夜中，星隕如雨。秋，大水。無麥、苗。冬，夫人姜氏會齊侯于穀。

傳

七年春，文姜會齊侯于防，齊志也。

夏，恒星不見，夜明也。星隕如雨，與雨偕也。

秋，無麥苗，不害嘉穀也。

莊公八年

經

八年春王正月，師次於郎，以俟陳人，蔡人。甲午，治兵。夏，師及齊師圍郕，郕降于齊師。秋，師還。冬十有一月癸未，齊無知弒其君諸兒。

傳

八年春，治兵於廟，禮也。

夏，師及齊師圍郕。郕降于齊師。仲慶父請伐齊師。公曰：「不可。我實不德，齊師何罪？罪我之由。《夏書》曰：『皋陶邁種德，德，乃降。』姑務修德以待時乎。」秋，師還。君子是以善魯莊公。

齊侯使連稱、管至父戍葵丘。瓜時而往，曰：「及瓜而代。」期戍，公問不至。請代，弗許。故謀作亂。

僖公之母弟曰夷仲年，生公孫無知，有寵於僖公，衣服禮秩如適。襄公絀之。二人因之以作亂。連稱有從妹在公宮，無寵，使間公，曰：「捷，吾以女為夫人。」

冬十二月，齊侯游于姑棼，遂田于貝丘。見大豕，從者曰：「公子彭生也。」公怒曰：「彭生敢見！」射之，豕人立而啼。公懼，墜于車，傷足喪屨。反，誅屨于徒人費。弗得，鞭之，見血。走出，遇賊於門，劫而束之。費曰：「我奚禦哉！」袒而示之背，信之。費請先入，伏公而出，鬥，死於門中。石之紛如死 於階下。遂入，殺孟陽於床。曰：「非君也，不類。」見公之足於戶下，遂弒之，而立無知。

初、襄公立，無常。鮑叔牙曰：「君使民慢，亂將作矣。」奉公子小白出奔莒。亂作，管夷吾、召忽奉公子糾來奔。

初，公孫無知虐於雍廩。

莊公九年

經

九年春，齊人殺無知。公及齊大夫盟于既。夏，公伐齊納子糾。齊小白入于齊。秋七月丁酉，葬齊襄公。八月庚申，及齊師戰于乾時，我師敗績。九月，齊人取子糾殺之。冬，浚洙。

傳

九年春，雍廩殺無知。

公及齊大夫盟于既，齊無君也。

夏，公伐齊，納子糾。桓公自莒先入。

秋，師及齊師戰于乾時，我師敗績，公喪戎路，傳乘而歸。秦子、梁子以公旗辟於下道，是以皆止。

鮑叔帥師來言曰：「子糾，親也，請君討之。管、召、仇也，請受而甘心焉。」乃殺子糾于生竇，召忽死之。管仲請囚，鮑叔受之，乃堂阜而稅之。歸而以告曰：「管夷吾治于高傒，使相可也。」公從之。

莊公十年

經

十年春王正月，公敗齊師於長勺。二月，公侵宋。三月，宋人遷宿。夏六月，齊師、宋師次於郎。公敗宋師於乘丘。秋九月，荊敗蔡師於莘，以蔡侯獻舞歸。冬十月，齊師滅譚，譚子奔莒。

傳

十年春，齊師伐我。公將戰，曹劌請見。其鄉人曰：「肉食者謀之，又何間焉。劌曰：「肉食者鄙，未能遠謀。」乃入見。問何以戰。公曰：「衣食所安，弗敢專也，必以分人。」對曰：「小惠未遍，民弗從也。」公曰：「犧牲玉帛，弗敢加也，必以信。」對曰：「小信未孚，神弗福也。」公曰：「小大之獄，雖不能察，必以情。」對曰：「忠之屬也，可以一戰，戰則請從。」

公與之乘。戰於長勺。公將鼓之。劌曰；「未可。」齊人三鼓，劌曰：「可矣。」齊師敗績。公將馳之。劌曰：「未可。」下，視其轍，登，軾而望之，曰：「可矣。」遂逐齊師。

既克，公問其故。對曰：「夫戰，勇氣也，一鼓作氣，再而衰，三而竭。彼竭我盈，故克之。夫大國難測也，懼有伏焉。吾視其轍亂，望其旗靡，故逐之。」

夏六月，齊師、宋師次於郎。公子偃曰：「宋師不整，可敗也。宋敗，齊必還，請擊之。」公弗許。自雩門竊出，蒙皋比而先犯之。公從之。大敗宋師於乘丘。齊師乃還。

蔡哀侯娶于陳，息侯亦娶焉。息嬀將歸，過蔡。蔡侯曰：「吾姨也。」止而見之，弗賓。息侯聞之，怒，使謂楚文王曰：「伐我，吾求救于蔡而伐之。」楚子從之。秋九月，楚敗蔡師於莘，以蔡侯獻舞歸。

齊侯之出也，過譚，譚不禮焉。及其入也，諸侯皆賀，譚又不至。冬，齊師滅譚，譚無禮也。譚子奔莒，同盟故也。

莊公十一年

經

十有一年春王正月。夏五月，戊寅，公敗宋師於鄑。秋，宋大水。冬，王姬歸於齊。

傳

十一年夏，宋為乘丘之役故侵我。公禦之，宋師未陳而薄之，敗諸鄑。

凡師，敵未陳曰敗某師，皆陳曰戰，大崩曰敗績，得人雋曰克，覆而敗之曰取某師，京師敗曰王師敗績於某。

秋，宋大水。公使吊焉，曰：「天作淫雨，害于粢盛，若之何不吊？」對曰：「孤實不敬，天降之災，又以為君憂，拜命之辱。」臧文仲曰：「宋其興 乎。禹、湯罪己，其興也悖焉、桀、紂罪人，其亡也忽焉。且列國有凶稱孤，禮也。言懼而名禮，其庶乎。」既而聞之曰公子禦說之辭也。臧孫達曰：「是宜為君， 有恤民之心。」

冬，齊侯來逆共姬。

乘丘之役，公之金僕姑射南宮長萬，公右遄孫生搏之。宋人請之，宋公靳之，曰：「始吾敬子，今子，魯囚也。吾弗敬子矣。」病之。

莊公十二年

經

十有二年春王三月，紀叔姬歸於酅。夏四月。秋八月甲午，宋萬弒其君捷及其大夫仇牧。十月，宋萬出奔陳。

傳

十二年秋，宋萬弒閔公于蒙澤。遇仇牧於門，批而殺之。遇大宰督於東宮之西，又殺之。立子遊。群公子奔蕭。公子禦說奔亳。南宮牛、猛獲帥師圍亳。

冬十月，蕭叔大心及戴、武、宣、穆、莊之族以曹師伐之。殺南宮牛于師，殺子游于宋，立桓公。猛獲奔衛。南宮萬奔陳，以乘車輦其母，一日而至。

宋人請猛獲于衛，衛人欲勿與，石祁子曰：「不可。天下之惡一也，惡于宋而保於我，保之何補？得一夫而失一國，與惡而棄好，非謀也。」衛人歸之。亦請南宮萬于陳，以賂。陳人使婦人飲之酒，而以犀革裹之。比及宋手足皆見。宋人皆醢之。

莊公十三年

經

十有三年春，齊侯、宋人、陳人、蔡人、邾人會於北杏。夏六月，齊人滅遂。秋七月。冬，公會齊侯盟于柯。

傳

十三年春，會於北杏，以平宋亂。遂人不至。

夏，齊人滅遂而戍之。

冬，盟于柯，始及齊平也。

宋人背北杏之會。

莊公十四年

經

十有四年春，齊人、陳人、曹人伐宋。夏，單伯會伐宋。秋七月，荊入蔡。冬，單伯會齊侯、宋公、衛侯、鄭伯于鄄。

傳

十四年春，諸侯伐宋，齊請師于周。夏，單伯會之，取成于宋而還。

鄭厲公自櫟侵鄭，及大陵，獲傅瑕。傅瑕曰：「苟舍我，吾請納君。」與之盟而赦之。六月甲子，傅瑕殺鄭子及其二子而納厲公。

初，內蛇與外蛇鬥于鄭南門中，內蛇死。六年而厲公入。公聞之，問于申繻曰：「猶有妖乎？」對曰：「人之所忌，其氣焰以取之，妖由人興也。人無釁焉，妖不自作。人棄常則妖興，故有妖。」

厲公入，遂殺傅瑕。使謂原繁曰：「傅瑕貳，周有常刑，既伏其罪矣。納我而無二心者，吾皆許之上大夫之事，吾願與伯父圖之。且寡人出，伯父無裏 言，入，又不念寡人，寡人憾焉。」對曰：「先君桓公命我先人典司宗祏。社稷有主而外其心，其何貳如之？苟主社稷，國內之民其誰不為臣？臣無二心，天之制 也。子儀在位十四年矣，而謀召君者，庸非二乎。莊公之子猶有八人，若皆以官爵行賂勸貳而可以濟事，君其若之何？臣聞命矣。」乃縊而死。

蔡哀侯為莘故，繩息嬀以語楚子。楚子如息，以食入享，遂滅息。以息嬀歸，生堵敖及成王焉，未言。楚子問之，對曰：「吾一婦人而事二夫，縱弗能死，其又奚言？」楚子以蔡侯滅息，遂伐蔡。秋七月，楚入蔡。

君子曰：「《商書》所謂『惡之易也，如火之燎于原，不可鄉邇，其猶可撲滅』者，其如蔡哀侯乎。

冬，會于鄄，宋服故也。

莊公十五年

經

十有五年春，齊侯、宋公、陳侯、衛侯、鄭伯會于鄄。夏，夫人姜氏如齊。秋，宋人、齊人、邾人伐郳。鄭人侵宋。冬十月。

傳

十五年春，復會焉，齊始霸也。

秋，諸侯為宋伐郳。鄭人間之而侵宋。

莊公十六年

經

十有六年春王正月。夏，宋人、齊人、衛人伐鄭。秋，荊伐鄭。冬十有二月，會齊侯、宋公、陳侯、衛侯、鄭伯、許男、滑伯、滕子同盟於幽。邾子克卒。

傳

十六年夏，諸侯伐鄭，宋故也。

鄭伯自櫟入，緩告于楚。秋，楚伐鄭，及櫟，為不禮故也。

鄭伯治與于雍糾之亂者。九月，殺公子閼，刖強鉏。公父定叔出奔衛。三年而複之，曰：「不可使共叔無後於鄭。」使以十月入，曰：「良月也，就盈數焉。」

君子謂：「強鉏不能衛其足。」

冬，同盟于幽，鄭成也。

王使虢公命曲沃伯以一軍為晉侯。

初，晉武公伐夷，執夷詭諸。蔿國請而免之。既而弗報。故子國作亂，謂晉人曰：「與我伐夷而取其地。」遂以晉師伐夷，殺夷詭諸。周公忌父出奔虢。惠王立而複之。

莊公十七年

經

十有七年春，齊人執鄭詹。夏，齊人殲於遂。秋，鄭詹自齊逃來。冬，多麋。

傳

十七年春，齊人執鄭詹，鄭不朝也。

夏，遂因氏，頜氏、工婁氏、須遂氏饗齊戍，醉而殺之，齊人殲焉。

莊公十八年

經

十有八年春王三月，日有食之。夏，公追戎於濟西。秋，有蜮。冬十月。

傳

十八年春，虢公、晉侯朝王，王饗醴，命之宥，皆賜玉五珏，馬三匹。非禮也。王命諸侯，名位不同，禮亦異數，不以禮假人。

虢公、晉侯、鄭伯使原莊公逆王后于陳。陳媯歸於京師，實惠後。

夏，公追戎於濟西。不言其來，諱之也。

秋，有蜮，為災也。

初，楚武王克權，使鬬緡尹之。以叛，圍而殺之。遷權於那處，使閻敖尹之。及文王即位，與巴人伐申而驚其師。巴人叛楚而伐那處，取之，遂門于楚。閻敖遊湧而逸。楚子殺之，其族為亂。冬，巴人因之以伐楚。

莊公十九年

經

十有九年春王正月。夏四月。秋，公子結媵陳人之婦於鄄，遂及齊侯、宋公盟。夫人姜氏如莒。冬，齊人、宋人、陳人伐我西鄙。

傳

十九年春，楚子禦之，大敗於津。還，鬻拳弗納。送伐黃，敗黃師於碏陵。還，及湫，有疾。夏六月庚申卒，鬻拳葬諸夕室，亦自殺也，而葬於絰

初，鬻拳強諫楚子，楚子弗從，臨之以兵，懼而從之。鬻拳曰：「吾懼君以皇。兵，罪莫大焉。」遂自刖也。楚人以為大閽，謂之大伯，使其後掌之。君子「鬻拳可謂愛君矣，諫以自納于刑，刑猶不忘納君於善。」

初，王姚嬖于莊王，生子頹。子頹有寵，蒍國為之師。及惠王即位。取蒍國之圃以為囿，邊伯之宮近于王宮，王取之。王奪子禽祝跪與詹父田，而收膳夫 之秩。故蒍國、邊伯、石速、詹父、子禽祝跪作亂，因蘇氏。秋，五大夫奉子頹以伐王，不克，出奔溫。蘇子奉子頹以奔衛。衛師、燕師伐周。冬，立子頹。

莊公二十年

經

二十年春王二月，夫人姜氏如莒。夏，齊大災。秋七月。冬，齊人伐戎。

傳

二十年春，鄭伯和王室，不克。執燕仲父。夏，鄭伯遂以王歸，王處於櫟。秋，王及鄭伯入于鄔。遂入成周，取其寶器而還。

冬，王子頹享五大夫，樂及遍舞。鄭伯聞之，見虢叔，曰：「寡人聞之，哀樂失時，殃咎必至。今王子頹歌舞不倦，樂禍也。夫司寇行戮，君為之不舉，而況敢樂禍乎！奸王之位，禍孰大焉？臨禍忘憂，憂必及之。盍納王乎？」虢公曰：「寡人之願也。」

莊公二十一年

經

二十有一年春，王正月。夏五月辛酉，鄭伯突卒。秋七月戊戌，夫人姜氏薨。冬十有二月，葬鄭厲公。

傳

二十一年春，胥命於弭。夏，同伐王城。鄭伯將王，自圉門入，虢叔自北門入，殺王子頹及五大夫。鄭伯享王于闕西辟，樂備。王與之武公之略，自虎牢以東。原伯曰：「鄭伯效尤，其亦將有咎。」五月，鄭厲公卒。

王巡虢守。虢公為王宮于玤，王與之酒泉。鄭伯之享王也，王以后之鞶鑒予之。虢公請器，王予之爵。鄭伯由是始惡于王。

冬，王歸自虢。

莊公二十二年

經

二十二年春王正月，肆大眚。癸丑，葬我小君文薑。陳人殺其公子禦寇。夏五月。秋七月丙申，及齊高傒盟於防。冬，公如齊納幣。

傳

二十二年春，陳人殺其大子禦寇，陳公子完與顓孫奔齊。顓孫自齊來奔。

齊侯使敬仲為卿。辭曰：「羈旅之臣，幸若獲宥，及於寬政，赦其不閑於教訓而免於罪戾，弛於負擔，君之惠也，所獲多矣。敢辱高位，以速官謗。請以死告。《詩》云：『翹翹車乘，招我以弓，豈不欲往，畏我友朋。』」使為工正。

飲桓公酒，樂。公曰：「以火繼之。」辭曰：「臣卜其晝，未卜其夜，不敢。」君子曰：「酒以成禮，不繼以淫，義也。以君成禮，弗納於淫，仁也。」

初，懿氏卜妻敬仲，其妻占之，曰：「吉，是謂『鳳皇於飛，和鳴鏘鏘，有媯之後，將育于薑。五世其昌，並於正卿。八世之後，莫之與京。』」陳厲 公，蔡出也。故蔡人殺五父而立之，生敬仲。其少也。周史有以《周易》見陳侯者，陳侯使筮之，遇《觀》之《否》。曰：「是謂『觀國之光，利用賓于王。』代陳 有國乎。不在此，其在異國；非此其身，在其子孫。光，遠而自他有耀者也。《坤》，土也。《巽》，風也。《乾》，天也。風為天於土上，山也。有山之材而照之 以天光，於是乎居土上，故曰：『觀國之光，利用賓于王。』庭實旅百，奉之以玉帛，天地之美具焉，故曰：『利用賓于王。』猶有觀焉，故曰其在後乎。風行而著 於土，故曰其在異國乎。若在異國，必薑姓也。姜，大嶽之後也。山嶽則配天，物莫能兩大。陳衰，此其昌乎。」

及陳之初亡也，陳桓子始大於齊。其後亡成，成子得政。

莊公二十三年

經

二十有三年春，公至自齊。祭叔來聘。夏，公如齊觀社。公至自齊。荊人來聘。公及齊侯遇于穀。蕭叔朝公。秋，丹桓宮楹。冬十有一月，曹伯射姑卒。十有二月甲寅，公會齊侯盟于扈。

傳

二十三年夏，公如齊觀社，非禮也。曹劌諫曰：「不可。夫禮，所以整民也。故會以訓上下之則，制財用之節；朝以正班爵之義，帥長幼之序；征伐以討其不然。諸侯有王，王有巡守，以大習之。非是，君不舉矣。君舉必書，書而不法，後嗣何觀？」

晉桓、莊之族逼，獻公患之。士蔿曰：「去富子，則群公子可謀也已。」公曰：「爾試其事。」士蔿與群公子謀，譖富子而去之。

秋，丹桓宮之楹。

莊公二十四年

經

二十有四年春王三月，刻桓宮桷。葬曹莊公。夏，公如齊逆女。秋，公至自齊。八月丁丑，夫人姜氏入。戊寅，大夫宗婦覿，用幣。大水。冬，戎侵曹。曹羈出奔陳。赤歸於曹。郭公。

傳

二十四年春，刻其桷，皆非禮也。禦孫諫曰：「臣聞之：『儉，德之共也；侈，惡之大也。』先君有共德而君納諸大惡，無乃不可乎！」

秋，哀薑至。公使宗婦覿，用幣，非禮也。禦孫曰：「男贄大者玉帛，小者禽鳥，以章物也。女贄不過榛栗棗脩，以告虔也。今男女同贄，是無別也。男女之別，國之大節也。而由夫人亂之，無乃不可乎！」

晉士蔿又與群公子謀，使殺遊氏之二子。士蔿告晉侯曰：「可矣。不過二年，君必無患。

莊公二十五年

經

二十有五年春，陳侯使女叔來聘。夏五月癸丑，衛侯朔卒。六月辛未，朔，日有食之，鼓、用牲於社。伯姬歸於杞。秋，大水，鼓、用牲于社、於門。冬，公子友如陳。

傳

二十五年春，陳女叔來聘，始結陳好也。嘉之，故不名。

夏六月辛未，朔，日有食之。鼓，用牲於社，非常也。唯正月之朔，慝未作，日有食之，於是乎用幣於社，伐鼓於朝。

秋，大水。鼓，用牲于社、於門，亦非常也。凡天災，有幣無牲。非日月之眚，不鼓。

晉士蔿使群公子盡殺游氏之族，乃城聚而處之。

冬，晉侯圍聚，盡殺群公子。

莊公二十六年

經

二十有六年春，公伐戎。夏，公至自伐戎。曹殺其大夫。秋，公會宋人、齊人，伐徐。冬十有二月癸亥，朔，日有食之。

傳

二十六年春，晉士蔿為大司空。

夏，士蔿城絳，以深其宮。

秋，虢人侵晉。冬，虢人又侵晉。

莊公二十七年

經

二十有七年春，公會杞伯姬于洮。夏六月，公會齊侯、宋公、陳侯、鄭伯同盟于幽。秋，公子友如陳，葬原仲。冬，杞伯姬來。莒慶來逆叔姬。杞伯來朝。公會齊侯於城濮。

傳

二十七年春，公會杞伯姬于洮，非事也。天子非展義不巡守，諸侯非民事不舉，卿非君命不越竟。

夏，同盟于幽，陳，鄭服也。

秋，公子友如陳，葬原仲，非禮也。原仲，季友之舊也。

冬，杞伯姬來，歸寧也。凡諸侯之女，歸寧曰來，出曰來歸。夫人歸甯曰如某，出曰歸於某。

晉侯將伐虢，士蔿曰：「不可，虢公驕，若驟得勝於我，必棄其民。無衆而後伐之，欲禦我誰與？夫禮樂慈愛，戰所畜也。夫民讓事樂和，愛親哀喪而後可用也。虢弗畜也，亟戰將饑。

王使召伯廖賜齊侯命，且請伐衛，以其立子頹也。

莊公二十八年

經

二十有八年春，王三月甲寅，齊人伐衛。衛人及齊人戰，衛人敗績。夏四月丁未，邾子瑣卒。秋，荊伐鄭，公會齊人、宋人救鄭。冬，築郿。大無麥、禾，臧孫辰告糴于齊。

傳

二十八年春，齊侯伐衛。戰，敗衛師。數之以王命，取賂而還。

晉獻公娶于賈，無子。烝于齊姜，生秦穆夫人及大子申生。又娶二女於戎，大戎狐姬生重耳，小戎子生夷吾。晉伐驪戎，驪戎男女以驪姬。歸生奚齊。其娣生卓子。驪姬嬖，欲立其子，賂外嬖梁五，與東關嬖五，使言於公曰：「曲沃，君之宗也。蒲與二屈，君之疆也。不可以無主。宗邑無主則民不威，疆埸無主則啟 戎心。戎之生心，民慢其政，國之患也。若使大子主曲沃，而重耳、夷吾主蒲與屈，則可以威民而懼戎，且旌君伐。」使俱曰：「狄之廣莫，于晉為都。晉之啟土，不亦宜乎？」晉侯說之。夏，使大子居曲沃，重耳居蒲城，夷吾居屈。群公子皆鄙，唯二姬之子在絳。二五卒與驪姬譖群公子而立奚齊，晉人謂之二耦。

楚令尹子元欲蠱文夫人，為館于其宮側，而振萬焉。夫人聞之，泣曰：「先君以是舞也，習戎備也。今令尹不尋諸仇讎，而於未亡人之側，不亦異乎！」禦人以告子元。子元曰：「婦人不忘襲仇，我反忘之！」

秋，子元以車六百乘伐鄭，入於桔柣之門。子元、鬭禦彊、鬭梧、耿之不比為旆，鬭班、王孫游、王孫喜殿。眾車入自純門，及逵市。縣門不發，楚言而出。子元曰：「鄭有人焉。」諸侯救鄭，楚師夜遁。鄭人將奔桐丘，諜告曰：「楚幕有烏。」乃止。

冬，饑。臧孫辰告糴于齊，禮也。

築郿，非都也。凡邑有宗廟先君之主曰都，無曰邑。邑曰築，都曰城。

莊公二十九年

經

二十有九年春，新延既。夏，鄭人侵許。秋，有蜚。冬十有二月，紀叔姬卒。城諸及防。

傳

二十九年春，新作延廄。書，不時也。凡馬日中而出，日中而入。

夏，鄭人侵許。凡師有鐘鼓曰伐，無曰侵，輕曰襲。

秋，有蜚，為災也。凡物不為災不書。

冬十二月，城諸及防，書，時也。凡土功，龍見而畢務，戒事也。火見而致用，水昏正而栽，日至而畢。

樊皮叛王。

莊公三十年

經

三十年春王正月。夏，次於成。秋七月，齊人降鄣。八月癸亥，葬紀叔姬。九月庚午朔，日有食之，鼓、用牲於社。冬，公及齊侯遇于魯濟。齊人伐山戎。

傳

三十年春，王命虢公討樊皮。夏四月丙辰，虢公入樊，執樊仲皮，歸於京師。

楚公子元歸自伐鄭，而處王宮，鬬射師諫，則執而梏之。

秋，申公鬬班殺子元，鬬谷於菟為令尹，自毀其家以紓楚國之難。

冬，遇于魯濟，謀山戎也，以其病燕故也。

莊公三十一年

經

三十有一年春，築台于郎。夏四月，薛伯卒。築台于薛。六月，齊侯來獻戎捷。秋，築台于秦。冬，不雨。

傳

三十一年夏六月，齊侯來獻戎捷，非禮也。凡諸侯有四夷之功，則獻于王，王以警於夷。中國則否。諸侯不相遺俘。

莊公三十二年

經

三十有二年春，城小穀。夏，宋公、齊侯遇于梁丘。秋七月癸巳，公子牙卒。八月癸亥，公薨于路寢。冬十月己未，子般卒。公子慶父如齊。狄伐邢。

傳

三十二年春，城小谷，為管仲也。

齊侯為楚伐鄭之故，請會于諸侯。宋公請先見於齊侯。夏，遇于梁丘。

秋七月，有神降於莘。

惠王問諸內史過曰：「是何故也？」對曰：「國之將興，明神降之，監其德也；將亡，神又降之，觀其惡也。故有得神以興，亦有以亡，虞、夏、商、周 皆有之。」王曰：「若之何？」對曰：「以其物享焉，其至之日，亦其物也。」王從之。內史過往，聞虢請命，反曰：「虢必亡矣，虐而聽於神。」

神居莘六月。虢公使祝應、宗區、史嚚享焉。神賜之土田。史嚚曰：「虢其亡乎！吾聞之：國將興，聽於民；將亡，聽於神。神，聰明正直而一者也，依人而行。虢多涼德，其何土之能得！」

初，公築台臨黨氏，見孟任，從之。閟，而以夫人言許之。割臂盟公，生子般焉。雩，講于梁氏，女公子觀之。圉人犖自牆外與之戲。子般怒，使鞭之。公曰：「不如殺之，是不可鞭。犖有力焉，能投蓋於稷門。」

公疾，問後於叔牙。對曰：「慶父材。」問于季友，對曰：「臣以死奉般。」公曰：「鄉者牙曰慶父材。」成季使以君命命僖叔待于金咸巫氏，使金咸季鴆之，曰：「飲此則有後於魯國，不然，死且無後。」飲之，歸及逵泉而卒，立叔孫氏。

八月癸亥，公薨于路寢。子般即位，次於黨氏。冬十月己未，共仲使圉人犖賊子般於黨氏。成季奔陳。立閔公。

閔公

閔公元年

經

元年。春。王正月。齊人救邢。

夏。六月。辛酉。葬我君莊公。

秋。八月。公及齊侯盟于落姑。季子來歸。

冬。齊仲孫來。

傳

元年。春。不書即位。亂故也。狄人伐邢。管敬仲言於齊侯曰。戎狄豺狼。不可厭也。諸夏親暱。不可棄也。宴安酖毒。不可懷也。詩云。豈不懷歸。畏此簡書。簡書。同惡相恤之謂也。請救邢以從簡書。齊人救邢。

夏。六月。葬莊公。亂故。是以緩。

秋。八月。公及齊侯盟于落姑。請復季友也。齊侯許之。使召諸陳。公次于郎以待之。季子來歸。嘉之也。

冬。齊仲孫湫來省難。書曰。仲孫。亦嘉之也。仲孫歸曰。不去慶父。魯難未已。公曰。若之何而去之。對曰。難不已。將自斃。君其待之。公曰。魯可取乎。對曰。不可。猶秉周禮。周禮。所以本也。臣聞之。國將亡。本必先顛。而後枝葉從之。魯不棄周禮。未可動也。君其務寧魯難而親之。親有禮。因重固。間攜貳。覆昏亂。霸王之器也。晉侯作二軍。公將上軍。大子申生將下軍。趙夙御戎。畢萬為右。以滅耿。滅霍。滅魏。還為大子城曲沃。賜趙夙耿。賜畢萬魏。以為大夫。士蔿曰。大子不得立矣。分之都城。而位以卿。先為之極。又焉得立。不如逃之。無使罪至。為吳大伯。不亦可乎。猶有令名。與其及也。且諺曰。心苟無瑕。何恤乎無家。天若祚大子。其無晉乎。卜偃曰。畢萬之後必大。萬。盈數也。魏。大名也。以是始賞。天啟之矣。天子曰兆民。諸侯曰萬民。今名之大。以從盈數。其必有眾。初。畢萬筮仕於晉。遇屯之比。辛廖占之。曰。吉。屯固比入。吉孰大焉。其必蕃昌。震為土。車從馬。足居之。兄長之。母覆之。眾歸之。六體

已缩进行

不易。合而能固。安而能殺。公侯之卦也。公侯之子孫。必復其始。

閔公二年

經

二年。春。王正月。齊人遷陽。

夏。五月。乙酉禘于莊公。

秋。八月。辛丑。公薨。

九月。夫人姜氏孫于邾。公子慶父出奔莒。

冬。齊高子來盟。

十有二月。狄入衛。鄭棄其師。

傳

二年。春。虢公敗犬戎于渭汭。舟之僑曰。無德而祿。殃也。殃將至矣。遂奔晉。

夏。吉禘于莊公。速也。初。公傅奪卜齮田。公不禁。

秋。八月。辛丑。共仲使卜齮賊公于武闈。成季以僖公適邾。共仲奔莒。乃入立之。以賂求共仲于莒。莒人歸之。及密。使公子魚請。不許。哭而往。共仲曰。奚斯之聲也。乃縊。閔公。哀姜之娣。叔姜之子也。故齊人立之。共仲通於哀姜。哀姜欲立之。閔公之死也。哀姜與知之。故孫于邾。齊人取而殺之。于夷以其尸歸。僖公請而葬之。成季之將生也。桓公使卜。楚丘之父卜之。曰。男也。其名曰友。在公之右。間于兩社。為公室輔。季氏亡則魯不昌。又筮之。遇大有之乾。曰。同復于父。敬如君所。及生。有文在其手曰友。遂以命之。

冬。十二月。狄人伐衛。衛懿公好鶴。鶴有乘軒者。將戰。國人受甲者。皆曰使鶴。鶴實有祿位。余焉能戰。公與石祁子玦。與甯莊子矢。使守。曰。以此贊國。擇利而為之。與夫人繡衣。曰。聽於二子。渠孔御戎。子伯為右。黃夷前驅。孔嬰齊殿。及狄人。戰于熒澤。衛師敗績。遂滅衛。衛侯不去其旗。是以甚敗。狄人囚史華龍滑。與禮孔。以逐衛人。二人曰。我大史也。實掌其祭。不先。國不可得也。乃先之。至則告守曰。不可待也。夜與國人出。狄入衛。遂從之。又敗諸河。初。惠公之即位也。少。齊人使昭伯烝於宣姜。不可。強之。生齊子。戴公。文公。宋桓夫人。許穆夫人。文公為衛之多患也。先適齊。及敗。宋桓公逆諸河。宵濟。衛之遺民。男女七百有三十人。益之以共滕之民。為五千人。立戴公以廬于曹。許穆夫人賦載馳。齊侯使公子無虧帥車三百乘。甲士三千人。以戍曹。歸公乘馬。祭服五稱。牛。羊。豕。雞。狗。皆三百。與門材。歸夫人魚軒。重錦三十兩。

鄭人惡高克。使帥師次于河上。久而弗召。師潰而歸。高克奔陳。鄭人為之賦清人。晉侯使大子申生伐東山臯落氏。里克諫曰。大子奉冢祀社稷之粢盛。以朝夕視君膳者也。故曰。冢子。君行則守。有守則從。從曰撫軍。守曰監國。古之制也。夫帥師。專行謀。誓軍旅。君與國政之所圖也。非大子之事也。師在制命而已。稟命則不威。專命則不孝。故君之嗣適。不可以帥師。君失其官。帥師不威。將焉用之。且臣聞臯落氏將戰。君其舍之。公曰。寡人有子。未知其誰立焉。不對而退。見大子。大子曰。吾其廢乎。對曰。告之以臨民。教之以軍旅。不共是懼。何故廢乎。且子懼不孝。無懼弗得立。脩己而不責人。則免於難。大子帥師。公衣之偏衣。佩之金玦。狐突御戎。先友為右。梁餘子養御罕夷。先丹木為右。羊舌大夫為尉。先友曰。衣身之偏。握兵之要。在此行也。子其勉之。偏躬無慝。兵要遠災。親以無災。又何患焉。狐突歎曰。時。事之徵也。衣。身之章也。佩。衷之旗也。故敬其事則命以始。服其身則衣之純。用其衷則佩之度。今命以時卒。閟其事也。衣之尨服。遠其躬也。佩以金玦。棄其衷也。服以遠之。時以閟之。尨涼冬殺。金寒玦離。胡可恃也。雖欲勉之。狄可盡乎。梁餘子養曰。帥師者。受命於廟。受脤於社。有常服矣。不獲而尨。命可知也。死而不孝。不如逃之。罕夷曰。尨奇無常。金玦不復。雖復何為。君有心矣。先丹木曰。是服也。狂夫阻之。曰。盡敵而反。敵可盡乎。雖盡敵。猶有內讒。不如違之。狐突欲行。羊舌大夫曰。不可。違命不孝。棄事不忠。雖知其寒。惡不可取。子其死之。大子將戰。狐突諫曰。不可。昔辛伯諗周桓公云。內寵並后。外寵二政。嬖子配適。大都耦國。亂之本也。周公弗從。故及於難。今亂本成矣。立可必乎。孝而安民。子其圖之。與其危身以速罪也。成風聞成季之繇。乃事之。而屬僖公焉。故成季立之。僖之元年。齊桓公遷邢于夷儀。二年。封衛于楚丘。邢遷如歸。衛國忘亡。衛文公大布之衣。大帛之冠。務材。訓農。通商。惠工。敬教。勸學。授方。任能。元年。革車三十乘。季年。乃三百乘。

僖公

僖公元年

經元年

春。王正月。齊師。宋師。曹伯。次于聶北。救邢。

夏。六月。邢遷于夷儀。齊師。宋師。曹師。城邢。

秋。七月。戊辰。夫人姜氏薨于夷。齊人以歸。楚人伐鄭。

八月。公會齊侯。宋公。鄭伯。曹伯。邾人。于檉。

九月。公敗邾師于偃。

冬。十月。壬午。公子友帥師敗莒師于酈。獲莒拏。

十有二月。丁巳。夫人氏之喪至自齊。

傳元年

春。不稱即位。公出故也。公出復入不書。諱之也。諱國惡。禮也。

諸侯救邢。邢人潰。出奔師。師遂逐狄人。具邢器用而遷之。師無私焉。

夏。邢遷于夷儀。諸侯城之。救患也。凡侯伯。救患。分災。討罪。禮也。

秋。楚人伐鄭。鄭即齊故也。盟于犖。謀救鄭也。

九月。公敗邾師于偃。虛丘之戍將歸者也。

冬。莒人來求賂。公子友敗諸酈。獲莒子之弟拏。非卿也。嘉獲之也。公賜季友汶陽之田。及費。夫人氏之喪至自齊。君子以齊人殺哀姜也。為已甚矣。女子從人者也。

僖公二年

經二年

春。王正月。城楚丘。

夏。五月。辛巳。葬我小君哀姜。虞師。晉師。滅下陽。

秋。九月。齊侯。宋公。江人。黃人。盟于貫。

冬。十月。不雨。楚人侵鄭。

傳二年

春。諸侯城楚丘而封衛焉。不書。所會後也。晉荀息請以屈產之乘。與垂棘之璧。假道於虞以伐虢。公曰。是吾寶也。對曰。若得道於虞。猶外府也。公曰。宮之奇存焉。對曰。宮之奇之為人也。懦而不能強諫。且少長於君。君暱之。雖諫。將不聽。乃使荀息假道於虞。曰。冀為不道。入自顛軨。伐鄍三門。冀之既病。則亦唯君故。今虢為不道。保於逆旅。以侵敝邑之南鄙。敢請假道以請罪于虢。虞公許之。且請先伐虢。宮之奇諫。不聽。遂起師。

夏。晉里克。荀息。帥師會虞師伐虢。滅下陽。先書虞。賄故也。

秋。盟于貫。服江黃也。齊寺人貂始漏師于多魚。虢公敗戎于桑田。晉卜偃曰。虢必亡矣。亡下陽不懼。而又有功。是天奪之鑒。而益其疾也。必易晉而不撫其民矣。不可以五稔。

冬。楚人伐鄭。鬥章囚鄭聃伯。

僖公三年

經三年

春。王正月。不雨。

夏。四月。不雨。徐人取舒。

六月。雨。

秋。齊侯。宋公。江人。黃人。會于陽穀。

冬。公子友如齊涖盟。楚人伐鄭。

傳三年

春。不雨。

夏。六月。雨。自十月不雨。至于五月。不曰旱。不為災也。

秋。會于陽穀。謀伐楚也。齊侯為陽穀之會。來尋盟。

冬。公子友如齊涖盟。楚人伐鄭。鄭伯欲成。孔叔不可曰。齊方勤我。棄德不祥。齊侯與蔡姬乘舟于囿。蕩公。公懼。變色。禁之不可。公怒。歸之。未絕之也。蔡人嫁之。

僖公四年

經四年

春。王正月。公會齊侯。宋公。陳侯。衛侯。鄭伯。許男。曹伯。侵蔡。蔡潰。遂伐楚。次于陘。

夏。許男新臣卒。楚屈完來盟于師。盟于召陵。齊人執陳轅濤塗。

秋。及江人。黃人。伐陳。

八月。公至自伐楚。葬許穆公。

冬。十有二月。公孫茲帥師會齊人。宋人。衛人。鄭人。許人。曹人。侵陳。

傳四年

春。齊侯以諸侯之師侵蔡。蔡潰。遂伐楚。楚子使與師言曰。君處北海。寡人處南海。唯是風馬牛不相及也。不虞君之涉吾地也。何故。管仲對曰。昔召康公命我先君大公曰。五侯九伯。女實征之。以夾輔周室。賜我先君履。東至于海。西至于河。南至于穆陵。北至于無棣。爾貢包茅不入。王祭不共。無以縮酒。寡人是徵。昭王南征而不復。寡人是問。對曰。貢之不入。寡君之罪也。敢不共給。昭王之不復。君其問諸水濱。師進。次于陘。

夏。楚子使屈完如師。師退。次于召陵。齊侯陳諸侯師之。與屈完乘而觀之。齊侯曰。豈不穀是為。先君之好是繼。與不穀同好如何。對曰。君惠徼福於敝邑之社稷。辱收寡君。寡君之願也。齊侯曰。以此眾戰。誰能禦之。以此攻城。何城不克。對曰。君若以德綏諸侯。誰敢不服。君若以力楚國方城以為城。漢水以為池。雖眾。無所用之。屈完及諸侯盟。陳轅濤塗謂鄭申侯曰。師出於陳鄭之間。國必甚病。若出於東方。觀兵於東夷。循海而歸。其可也。申侯曰善。濤塗以告齊侯。許之。申侯見曰。師老矣。若出於東方而遇敵。懼不可用也。若出於陳鄭之間。共其資糧屝屨。其可也。齊侯說。與之虎牢。執轅濤塗。

秋。伐陳。討不忠也。許穆公卒于師。葬之以侯。禮也。凡諸侯薨于朝會。加一等。死王事。加二等。於是有以袞斂。

冬。叔孫戴伯帥師。會諸侯之師侵陳。陳成。歸轅濤塗。初。晉獻公欲以驪姬為夫人。卜之不吉。筮之吉。公曰。從筮。卜人曰。筮短龜長。不如從長。且其繇曰。專之渝。攘公之羭。一薰一蕕。十年尚猶有臭。必不可。弗聽。立之。生奚齊。其娣生卓子。及將立奚齊。既與中大夫成謀。姬謂大子曰。君夢齊姜。必速祭之。大子祭于曲沃。歸胙于公。公田。姬寘諸宮。六日。公至。毒而獻之。公祭之地。地墳。與犬。犬斃。與小臣。小臣亦斃。姬泣曰。賊由大子。大子奔新城。公殺其傅杜原款。或謂大子。子辭。君必辯焉。大子曰。君非姬氏。居不安。食不飽。我辭。姬必有罪。君老矣。吾又不樂。曰。子其行乎。大子曰。君實不察其罪。被此名也以出。人誰納我。

十二月。戊申。縊于新城。姬遂譖二公子曰。皆知之。重耳奔蒲。夷吾奔屈。

僖公五年

經五年

春。晉侯殺其世子申生。杞伯姬來。朝其子。

夏。公孫茲如牟。公及齊侯。宋公。陳侯。衛侯。鄭伯。許男。曹伯。會王世子于首止 。 秋。八月。諸侯盟于首止。鄭伯逃歸。不盟。楚人滅弦。弦子奔黃。

九月。戊申朔。日有食之。

冬。晉人執虞公。

傳五年

春。王正月。辛亥朔。日南至。公既視朔。遂登觀臺以望。而書。禮也。凡分。至。啟。閉。必書雲物。為備故也。晉侯使以殺大子申生之故來告。初。晉侯使士蔿為二公子築蒲與屈。不慎。寘薪焉。夷吾訴之。公使讓之。士蔿稽首而對曰。臣聞之。無喪而慼。憂必讎焉。無戎而城。讎必保焉。寇讎之保。又何慎焉。守官廢命。不敬。固讎之保。不忠。失忠與敬。何以事君。詩云。懷德惟寧。宗子惟城。君其脩德而固宗子。何城如之。三年將尋師焉。焉用慎。退而賦曰。狐裘尨茸。一國三公。吾誰適從。及難。公使寺人披伐蒲。重耳曰。君父之命不校。乃徇曰。校者。吾讎也。踰垣而走。披斬其袪。遂出奔翟。

夏。公孫茲如牟。娶焉。會于首止。會王大子鄭。謀寧周也。陳轅宣仲怨鄭申侯之反己於召陵。故勸之城其賜邑。曰。美城之。大名也。子孫不忘。吾助子請。乃為之請於諸侯而城之。美遂譖諸鄭伯曰。美城其賜邑。將以叛也。申侯由是得罪。

秋。諸侯盟。王使周公召鄭伯曰。吾撫女以從楚。輔之以晉。可以少安。鄭伯喜於王命。而懼其不朝於齊也。故逃歸不盟。孔叔止之曰。國君不可以輕。輕則失親。失親患必至。病而乞盟。所喪多矣。君必悔之。弗聽。逃其師而歸。楚鬬穀於菟滅弦。弦子奔黃。於是江。黃。道。柏。方睦於齊。皆弦姻也。弦子恃之而不事楚。又不設備。故亡。

晉侯復假道於虞以伐虢。宮之奇諫曰。虢。虞之表也。虢亡。虞必從之。晉不可啟。寇不可翫。一之謂甚。其可再乎。諺所謂輔車相依。脣亡齒寒者。其虞虢之謂也。公曰。晉。吾宗也。豈害我哉。對曰。大伯。虞仲。大王之昭也。大伯不從。是以不嗣。虢仲。虢叔。王季之穆也。為文王卿士。勳在王室。藏於盟府。將虢是滅。何愛於虞。且虞能親於桓莊乎。其愛之也。桓莊之族何罪。而以為戮。不唯偪乎。親以寵偪。猶尚害之。況以國乎。公曰。吾享祀豐絜。神必據我。對曰。臣聞之。鬼神非人實親。惟德是依。故周書曰。皇天無親。惟德是輔。又曰。黍稷非馨。明德惟馨。又曰。民不易物。惟德緊物。如是則非德。民不和。神不享矣。神所馮依。將在德矣。若晉取虞。而明德以薦馨香。神其吐之乎。弗聽。許晉使。宮之奇以其族行。曰。虞不臘矣。在此行也。晉不更舉矣。

八月。甲午。晉侯圍上陽問於卜偃曰。吾其濟乎。對曰。克之。公曰。何時。對曰。童謠云。丙之晨。龍尾伏辰。均服振振。取虢之旂。鶉之賁賁。天策焞焞。火中成軍。虢公其奔。

其九月十月之交乎。丙子旦。日在尾。月在策。鶉火中。必是時也。

冬。十二月。丙子朔。晉滅虢。虢公醜奔京師。師還館于虞。遂襲虞。滅之。執虞公。及其大夫井伯。以媵秦穆姬。而脩虞祀。且歸其職貢於王。故書曰。晉人執虞公。罪虞。且言易也。

僖公六年

經六年

春。王正月。

夏。公會齊侯。宋公。陳侯。衛侯。曹伯。伐鄭。圍新城。

秋。楚人圍許。諸侯遂救許。

冬。公至自伐鄭。

傳六年

春。晉侯使賈華伐屈。夷吾不能守。盟而行。將奔狄。郤芮曰。後出同走。罪也。不如之梁。梁近秦而幸焉。乃之梁。

夏。諸侯伐鄭。以其逃首止之盟故也。圍新密。鄭所以不時城也。

秋。楚子圍許。以救鄭。諸侯救許。乃還。

冬。蔡穆侯將許僖公以見楚子於武城。許男面縛銜璧。大夫衰絰。士輿櫬。楚子問諸逢伯。對曰。昔武王克殷。微子啟如是。武王親釋其縛。受其璧而祓之。焚其櫬。禮而命之。使復其所。楚子從之。

僖公七年

經七年

春。齊人伐鄭。

夏。小邾子來朝。鄭殺其大夫申侯。

秋。七月。公會齊侯。宋公。陳世子款。鄭世子華。盟于甯母。曹伯班卒。公子友如齊。

冬。葬曹昭公。

傳七年

春。齊人伐鄭。孔叔言於鄭伯曰。諺有之曰。心則不競。何憚於病。既不能彊。又不能弱。所以斃也。國危矣。請下齊以救國。公曰。吾知其所由來矣。姑少待我。對曰。朝不及夕。何以待君。

夏。鄭殺申侯以說于齊。且用陳轅濤塗之譖也。初。申侯。申出也。有寵於楚文王。文王將死。與之璧。使行。曰。唯我知女。女專利而不厭。予取予求。不女疵瑕也。後之人。將求多於女。女必不免。我死。女必速行。無適小國。將不女容焉。既葬。出奔鄭。又有寵於厲公。子文聞其死也。曰。古人有言曰。知臣莫若君。弗可改也已。
秋。盟于甯毌。謀鄭故也。管仲言於齊侯曰。臣聞之。招攜以禮。懷遠以德。德禮不易。無人不懷。齊侯脩禮於諸侯。諸侯官受方物。鄭伯使大子華聽命於會。言於齊侯曰。洩氏。孔氏。子人氏。三族。實違君命。若君去之以為成。我以鄭為內臣。君亦無所不利焉。齊侯將許之。管仲曰。君以禮與信屬諸侯。而以姦終之。無乃不可乎。子父不奸之謂禮。守命共時之謂信。違此二者。姦莫大焉。公曰。諸侯有討於鄭。未捷。今苟有釁。從之。不亦可乎。對曰。君若綏之以德。加之以訓辭。而帥諸侯以討鄭。鄭將覆亡之不暇。豈敢不懼。若摠其罪人以臨之。鄭有辭矣。何懼。且夫合諸侯以崇德也。會而列姦。何以示後嗣。夫諸侯之會。其德刑禮義。無國不記。記姦之位。君盟替矣。作而不記。非盛德也。君其勿許。鄭必受盟。夫子華既為大子。而求介於大國。以弱其國。亦必不免。鄭有叔詹。堵叔。師叔。三良為政。未可間也。齊侯辭焉。子華由是得罪於鄭。
冬。鄭伯使。請盟于齊。
閏月。惠王崩。襄王惡大叔帶之難。懼不立。不發表。而告難于齊。

僖公八年

經八年

春。王正月。公會王人。齊侯。宋公。衛侯。許男。曹伯。陳世子款。盟于洮。鄭伯乞盟。
夏。狄伐晉。
秋。七月。禘于大廟。用致夫人。
冬。十有二月。丁未。天王崩。

傳八年

春。盟于洮。謀王室也。鄭伯乞盟。請服也。襄王定位而後發喪。晉里克帥師。梁由靡御。虢射為右。以敗狄于采桑。梁由靡曰。狄無恥。從之必大克。里克曰。懼之而已。無速眾狄。虢射曰。期年狄必至。示之弱矣。
夏。狄伐晉。報采桑之役也。復期月。

秋。禘而致哀姜焉。非禮也。凡夫人不薨于寢。不殯于廟。不赴于同。不祔于姑。則弗致也。
冬。王人來告喪。難故也。是以緩。宋公疾。大子茲父固請曰。目夷長且仁。君其立之。公命子魚。子魚辭曰。能以國讓。仁孰大焉。臣不及也。且又不順。遂走而退。

僖公九年

經九年

春。王三月。丁丑。宋公御說卒。
夏。公會宰周公。齊侯。宋子。衛侯。鄭伯。許男。曹伯。于葵丘。
秋。七月。乙酉。伯姬卒。
九月。戊辰。諸侯盟于葵丘。甲子。晉侯佹諸卒。
冬。晉里奚克殺其君之子奚齊。

傳九年

春。宋桓公卒。未葬。而襄公會諸侯。故曰子。凡在喪。王曰小童。公侯曰子。
夏。會于葵丘。尋盟。且脩好。禮也。王使宰孔賜齊侯胙。曰。天子有事于文武。使孔賜伯舅胙。齊侯將下拜。孔曰。且有後命。天子使孔曰。以伯舅耋老。加勞賜一級。無下拜。對曰。天威不違顏咫尺。小白。余敢貪天子之命。無下拜。恐隕越于下。以遺天子羞。敢不下拜。下拜登受。
秋。齊侯盟諸侯于葵丘。曰。凡我同盟之人。既盟之後。言歸于好。宰孔先歸。遇晉侯曰。可無會也。齊侯不務德而勤遠略。故北伐山戎。南伐楚。西為此會也。東略之不知。西則否矣。其在亂乎。君務靖亂。無勤於行。晉侯乃還。
九月。晉獻公卒。里克平鄭。欲納文公。故以三公子之徒作亂。初。獻公使荀息傅奚齊。公疾。召之曰。以是藐諸孤。辱在大夫。其若之何。稽首而對曰。臣竭其股肱之力。加之以忠貞。其濟。君之靈也。不濟。則以死繼之。公曰。何謂忠貞。對曰。公家之利。知無不為。忠也。送往事居。耦俱無猜。貞也。及里克將殺奚齊。先告荀息曰。

三怨將作。秦晉輔之。子將何如。荀息曰。將死之。里克曰。無益也。荀叔曰。吾與先君言矣。不可以貳。能欲復言。而愛身乎。雖無益也。將焉辟之。且人之欲善。誰不如我。我欲無貳。而能謂人已乎。
冬。十月。里克殺奚齊于次。書曰。殺其君之子。未葬也。荀息將死之。人曰。不如立卓子而輔之。荀息立公子卓以葬。
十一月。里克殺公子卓于朝。荀息死之。君子曰。詩所謂白圭之玷。尚可磨也。斯言之玷。不可為也。荀息有焉。齊侯以諸侯之師伐晉。及高梁而還。討晉亂也。令不及魯。故不書。晉郤芮使夷吾重賂秦以求入。曰。人實有國。我何愛焉。入而能民。土於何有。從之。齊隰朋帥師會秦師。納晉惠公。秦伯謂郤芮曰。公子誰恃。對曰。臣聞亡人無黨。有黨必有讎。夷吾弱不好弄。能鬥不過。長亦不改。不識其他。公謂公孫枝曰。夷吾其定乎。對曰。臣聞之。唯則定國。詩曰。不識不知。順帝之則。文王之謂也。又曰。不僭不賊。鮮不為則。無好無惡。不忌不克之謂也。今其言多忌克。難哉。公曰。忌則多怨。又焉能克。是吾利也。宋襄公即位。以公子目夷為仁。使為左師以聽政。於是宋治。故魚氏世為左師。

僖公十年

經十年

春。王正月。公如齊。狄滅溫。溫子奔衛。晉里克弒其君卓。及其大夫荀息。
夏。齊侯許男伐北戎。晉殺其大夫里克。
秋。七月。
冬。大雨雪。

傳十年

春。狄滅溫。蘇子無信也。蘇子叛王即狄。又不能於狄。狄人伐之。王不救。故滅。蘇子奔衛。
夏。四月。周公忌父。王子黨。會齊隰朋。立晉侯。晉侯殺里克以說。將殺里克。公使謂之曰。微子則不及此。雖然。子弒二君與一大夫。為子君者。不亦難乎。對曰。不有廢也。君何以興。欲加之罪。其無辭乎。臣聞命矣。伏劍而死。於是平鄭聘于秦。且謝緩賂。故不及。晉侯改葬共大子。

秋。狐突適下國。遇大子。大子使登僕。而告之曰。夷吾無禮。余得請於帝矣。將以晉畀秦。秦將祀余。對曰。臣聞之。神不歆非類。民不祀非族。君祀無乃殄乎。且民何罪。失刑乏祀。君其圖之。君曰。諾。吾將復請。

七日。新城西偏。將有巫者而見我焉。許之。遂不見。及期而往。告之曰。帝許我罰有罪矣。敝於韓。平鄭之如秦也。言於秦伯曰。呂甥。郤稱。冀芮。實為不從。若重問以召之。臣出晉君。君納重耳。蔑不濟矣。

冬。秦伯使泠至報問。且召三子。郤芮曰。幣重而言甘。誘我也。遂殺平鄭。祁舉。及七輿大夫。左行共華。右行賈華。叔堅。騅歂。纍虎。特宮。山祁。皆里平之黨也平豹奔秦。言於秦伯曰。晉侯背大主而忌小怨。民弗與也。伐之必出。公曰。失眾。焉能殺。違禍。誰能出君。

僖公十一年

經十有一年

春。晉殺其大夫平鄭父。

夏。公及夫人姜氏。會齊侯于陽穀。

秋。八月。大雩。

冬。楚人伐黃。

傳十一年

春。晉侯使以平鄭之亂來告。天王使召武公。內史過。賜晉侯命。受玉惰。過歸告王曰。晉侯其無後乎。王賜之命。而惰於受瑞。先自棄也已。其何繼之有。禮。國之幹也。敬。禮之輿也。不敬則禮不行。禮不行則上下昏。何以長世。

夏。揚拒泉皋伊雒之戎。同伐京師。入王城。焚東門。王子帶召之也。秦晉伐戎以救周。

秋。晉侯平戎于王。黃人不歸楚貢。

冬。楚人伐黃。
僖公十二年
經十有二年。
春。王三月。庚午。日有食之。
夏。楚人滅黃。
秋。七月。
冬。十有二月。丁丑。陳侯杵臼卒。
傳十二年。
春。諸侯城衛楚丘之郛。懼狄難也。黃人恃諸侯之睦于齊也。不共楚職。曰。自郢及我九百里。焉能害我。
夏。楚滅黃。王以戎難故。討王子帶。
秋。王子帶奔齊。
冬。齊侯使管夷吾平戎于王。使隰朋平戎于晉。王以上卿之禮饗管仲。管仲辭曰。臣。賤有司也。有天子之二守國高在。若節春秋。來承王命。何以禮焉。陪臣敢辭。王曰。舅氏。余嘉乃勳。應乃懿德。謂督不忘。往踐乃職。無逆朕命。管仲受下卿之禮而還。君子曰。管氏之世祀也宜哉。讓不忘其上。詩曰。愷悌君子。神所勞矣。

僖公十三年

經十有三年

春。狄侵衛。
夏。四月。葬陳宣公。公會齊侯。宋公。陳侯。衛侯。鄭伯。許男。曹伯。于鹹。
秋。九月。大雩。
冬。公子友如齊。

傳十三年

春。齊侯使仲孫湫聘于周。且言王子帶。事畢。不與王言。歸復命曰。未可。王怒未怠。其十年乎。不十年。王弗召也。
夏。會于鹹。淮夷病杞故。且謀王室也。
秋。為戎難故。諸侯戍周。齊仲孫湫致之。

冬。晉荐饑。使乞糴于秦。秦伯謂子桑與諸乎。對曰。重施而報。君將何求。重施而不報。其民必攜。攜而討焉。無眾必敗。謂百里與諸乎。對曰。天災流行。國家代有。救災恤鄰。道也。行道有福。平鄭之子豹在秦。請伐晉。秦伯曰。其君是惡。其民何罪。秦於是乎輸粟于晉。自雍及絳相繼。命之曰。汎舟之役。

僖公十四年

經十有四年

春。諸侯城緣陵。

夏。六月。季姬及鄫子遇于防。使鄫子來朝。

秋。八月。辛卯。沙鹿崩。狄侵鄭。

冬。蔡侯肸卒。

傳十四年

春。諸侯城緣陵而遷杞焉。不書。其人有闕也。鄫季姬來寧。公怒止之。以鄫子之不朝也。

夏。遇于防。而使來朝。

秋。八月。辛卯。沙鹿崩。晉卜偃曰。期年將有大咎。幾亡國。

冬。秦饑。使乞糴于晉。晉人弗與。慶鄭曰。背施無親。幸災不仁。貪愛不祥。怒鄰不義。四德皆失。何以守國。虢射曰。皮之不存。毛將安傅。慶鄭曰。棄信背鄰。患孰恤之。無信患作。失援必斃。是則然矣。虢射曰。無損於怨。而厚於寇。不如勿與。慶鄭曰。背施幸災。民所棄也。近猶讎之。況怨敵乎。弗聽。退曰。君其悔是哉。

僖公十五年

經十有五年

春。王正月。公如齊。楚人伐徐。

三月。公會齊侯。宋公。陳侯。衛侯。鄭伯。許男。曹伯。盟于牡丘。遂次于匡。公孫敖帥師。及諸侯之大夫救徐。

夏。五月。日有食之。

秋。七月。齊師。曹師。伐厲。八月。螽。

九月。公至自會。季姬歸于鄫。己卯晦。震夷伯之廟。

冬。宋人伐曹。楚人敗徐于婁林。

十有一月。壬戌。晉侯及秦伯戰于韓。獲晉侯。

傳十五年

春。楚人伐徐。徐即諸夏故也。三月。盟于牡丘。尋葵丘之盟。且救徐也。孟穆伯帥師。及諸侯之師救徐。諸侯次于匡以待之。

夏。五月。日有食之。不書朔與日。官失之也。

秋。伐厲。以救徐也。晉侯之入也。秦穆姬屬賈君焉。且曰。盡納群公子。晉侯烝於賈君。又不納群公子。是以穆姬怨之。晉侯許賂中大夫。既而皆背之。賂秦伯以河外列城五。東盡虢略。南及華山。內及解梁城。既而不與。晉饑。秦輸之粟。秦饑。晉閉之糴。故秦伯伐晉。卜徒父筮之。吉。涉河。侯車敗。詰之。對曰。乃大吉也。三敗。必獲晉君。其卦遇蠱。曰。千乘三去。三去之餘。獲其雄狐。夫狐蠱。必其君也。蠱之貞。風也。其悔。山也。歲云秋矣。我落其實。而取其材。所以克也。實落材亡。不敗何待。三敗及韓。晉侯謂慶鄭曰。寇深矣。若之何。對曰。君實深之。可若何。公曰。不孫。卜右。慶鄭吉。弗使。步揚御戎。家僕徒為右。乘小駟。鄭入也。慶鄭曰。古者大事。必乘其產。生其水土。而知其人心。安其教訓。而服習其道。唯所納之。無不如志。今乘異產以從戎事。及懼而變。將與人易。亂氣狡憤。陰血周作。張脈僨興。外彊中乾。進退不可。周旋不能。君必悔之。弗聽。九月。晉侯逆秦師。使韓簡視師。復曰。師少於我。鬥士倍我。公曰。何故。對曰。出因其資。入用其寵。饑食其粟。三施而無報。是以來也。今又擊之。我怠秦奮。倍猶未也。公曰。一夫不可狃。況國乎。遂使請戰。曰。寡人不佞。不能合其眾。而不能離也。君若不還。無所逃命。秦伯使公孫枝對曰。君之未入。寡人懼之。入而未定列。猶吾憂也。苟列定矣。敢不承命。韓簡退曰。吾幸而得囚。壬戌。戰于韓原。晉戎馬還濘而止。公號慶鄭。慶鄭曰。愎諫違卜。固敗是求。又何逃焉。遂去之。梁由靡御韓簡。虢射為右。輅秦伯。將止之。鄭以救公誤之。遂失秦伯。秦獲晉侯以歸。晉大夫反首拔舍。從之。秦伯使辭焉。曰。二三子何其慼也。寡人之從君而西也。亦晉之妖夢是踐。豈敢以至。晉大夫三拜稽首曰。君履后土而戴皇天。皇天后土。實聞君之言。群臣敢在下風。穆姬聞晉侯將至。以大子罃。弘。與女簡璧。登臺而履薪焉。使以免服衰絰逆。且告曰。上天降災。使我兩君匪以玉帛相見。而以興戎。若晉君朝以入。則婢子夕以死。夕以入。則朝以死。唯君裁之。乃舍諸靈臺。大夫請以入。公曰。獲晉侯。以厚歸也。既而喪歸焉用之。大夫其何有焉。且晉人慼憂以重我。天地以要我。不圖晉憂。重其怒也。我食吾言。背天地也。重怒難任。背天不祥。必歸晉君。公子縶曰。不如殺之。無聚慝焉。子桑曰。歸之而質其大子。必得大成。晉未可滅。而殺其君。祇以成惡。且史佚有言曰。無始禍。無怙亂。無重怒。重怒難任。陵人不祥。乃許晉平。晉侯使郤乞告瑕呂飴甥。且召之。子金教之言曰。朝國人而以君命賞。且告之曰。孤雖歸。辱社稷矣。其卜貳圉也。眾皆哭。晉於是乎作爰田。呂甥曰。君亡之不恤。而群臣是憂。惠之至也。將若君何。眾曰。何為而可。對曰。征繕以輔孺子。諸侯聞之。喪君有君。群臣輯睦。甲兵益多。好我者勸。惡我者懼。庶有益乎。眾說。晉於是乎作州兵。初。晉獻公筮嫁伯姬於秦。遇歸妹之睽。史蘇占之。曰。不吉。其繇曰。士刲羊。亦無衁也。女承筐。亦無貺也。西鄰責言。不可償也。歸妹之睽。猶無相也。震之離。亦離之震。為雷為火。為嬴敗姬。車說其輹。火焚其旗。不利行師。敗于宗丘。歸妹睽孤。寇張之弧。姪其從姑。六年其逋。逃歸其國。而棄其家。明年。其死於高梁之虛。及惠公在秦。曰。先君若從史蘇之占。吾不及此夫。韓簡侍曰。龜。象也。筮。數也。物生而後有象。象而後有滋。滋而後有數。先君之敗德。及可數乎。史蘇是占。勿從何益。詩曰。下民之孽。匪降自天。僔沓背憎。職競由人。震夷伯之廟。罪之也。於是展氏有隱慝焉。

冬。宋人伐曹。討舊怨也。楚敗徐于婁林。徐恃救也。

十月。晉陰飴甥會秦伯。盟于王城。秦伯曰。晉國和乎。對曰。不和。小人恥失其君。而悼喪其親。不憚征繕。以立圉也。曰。必報讎。寧事戎狄。君子愛其君。而知其罪。不憚征繕以待秦命。曰。必報德。有死無二。以此不和。秦伯曰。國謂君何。對曰。小人慼。謂之不免。君子恕。以為必歸。小人曰。我毒秦。秦豈歸君。君子曰。我知罪矣。秦必歸君。貳而執之。服而舍之。德莫厚焉。刑莫威焉。服者懷德。貳者畏刑。此一役也。秦可以霸。納而不定。廢而不立。以德為怨。秦不其然。秦伯曰。是吾心也。改館晉侯。饋七牢焉蛾析謂慶鄭曰。盍行乎。對曰。陷君於敗。敗而不死。又使失刑。非人臣也。臣而不臣。行將焉入。

十一月。晉侯歸。丁丑。殺慶鄭而後入。是歲。晉又饑。秦伯又餼之粟。曰。吾怨其君而矜其民。且吾聞唐叔之封也。箕子曰。其後必大。晉其庸可冀乎。姑樹德焉。以待能者。於是秦始征晉河東。置官司焉。

僖公十六年

經十有六年

春。王正月。戊申朔。隕石于宋五。是月。六鷁退飛。過宋都。

三月。壬申。公子季友卒。

夏。四月。丙申。鄫季姬卒。

秋。七月。甲子。公孫茲卒。

冬。十有二月。公會齊侯。宋公。陳侯。衛侯。鄭伯。許男。邢侯。曹伯。于淮。

傳十六年

春。隕石于宋五。隕星也。六鷁退飛。過宋都。風也。周內史叔興聘于宋。宋襄公問焉。曰。是何祥也。吉凶焉在。對曰。今茲魯多大喪。明年齊有亂。君將得諸侯而不終。退而告人曰。君失問。是陰陽之事。非吉凶所生也。吉凶由人。吾不敢逆君故也。

夏。齊伐厲。不克。救徐而還。

秋。狄侵晉。取狐廚。受鐸。涉汾。及昆都。因晉敗也。王以戎難告于齊。齊徵諸侯而戍周。

冬。十一月。乙卯。鄭殺子華。

十二月。會于淮。謀鄫。且東略也。城鄫。役人病。有夜登丘而呼曰。齊有亂。不果城而還。

僖公十七年

經十有七年

春。齊人。徐人。伐英氏。

夏。滅項。

秋。夫人姜氏會齊侯于卞。

九月。公至自會。

冬。十有二月。乙亥。齊侯小白卒。

傳十七年

春。齊人為徐伐英氏。以報婁林之役也。

夏。晉大子圉為質於秦。秦歸河東而妻之。惠公之在梁也。梁伯妻之。梁嬴孕過期。卜招父與其子卜之。其子曰。將生一男一女。招曰。然。男為人臣。女為人妾。故名男曰圉。女曰妾。及子圉西質。妾為宦女焉。師滅項。淮之會。公有諸侯之事。未歸而取項。齊人以為討而止公。

秋。聲姜以公故。會齊侯于卞。

九月。公至。書曰。至自會。猶有諸侯之事焉。且諱之也。齊侯之夫人三。王姬。徐嬴。蔡姬。皆無子。齊侯好內。多內寵。內嬖如夫人者六人。長衛姬生武孟。少衛姬生惠公。鄭姬生孝公。葛嬴生昭公。密姬生懿公。宋華子生公子雍。公與管仲屬孝公於宋襄公。以為大子。雍巫有寵於衛共姬。因寺人貂以薦羞於公。亦有寵。公許之。立武孟。管仲卒。五公子皆求立。

冬。十月。乙亥。齊桓公卒。易牙入。與寺人貂因內寵以殺群吏。而立公子無虧。孝公奔宋。

十二月。乙亥。赴。辛巳。夜殯。

僖公十八年

經十有八年

春。王正月。宋公。曹伯。衛人。邾人。伐齊。

夏。師救齊。

五月。戊寅。宋師及齊師戰于甗。齊師敗績。狄救齊。

秋。八月。丁亥。葬齊桓公。
冬。邢人。狄人。伐衛。

傳十八年

春。宋襄公以諸侯伐齊。
三月。齊人殺無虧。鄭伯始朝于楚。楚子賜之金。既而悔之。與之盟曰。無以鑄兵。故以鑄三鍾。齊人將立孝公。不勝四公子之徒。遂與宋人戰。夏。五月。宋敗齊師于甗。立孝公而還。
秋八月。葬齊桓公。
冬。邢人。狄人。伐衛。圍菟圃。衛侯以國讓父兄子弟。及朝衆曰。苟能治之。燬請從焉。衆不可。而從師于訾婁。狄師還。梁伯益其國而不能實也。命曰新里。秦取之。

僖公十九年

經十有九年

春。王三月。宋人執滕子嬰齊。
夏。六月。宋公。曹人。邾人。盟于曹南。鄫子會盟于邾。己酉。邾人執鄫子用之。
秋。宋人圍曹。衛人伐邢。
冬。會陳人。蔡人。楚人。鄭人。盟于齊。梁亡。

傳十九年

春。遂城而居之。宋人執滕宣公。
夏。宋公使邾文公。用鄫子于次睢之社。欲以屬東夷。司馬子魚曰。古者六畜不相為用。小事不用大牲。而況敢用人乎。祭祀以為人也。民。神之主也。用人。其誰饗之。齊桓公存三亡國。以屬諸侯。義士猶曰薄德。今一會而虐二國之君。又用諸淫昬之鬼。將以求霸。不亦難乎。得死為幸。
秋。衛人伐邢。以報菟圃之役。於是衛大旱。卜有事於山川。不吉。甯莊子曰。昔周饑。克殷而年豐。今邢方無道。諸侯無伯。天其或者。欲使衛討邢乎。從之。師興而雨。宋人圍曹。討不服也。子魚言於宋公曰。文王聞崇德亂而伐之。軍三旬而不降。退脩教而復伐之。

因壘而降。詩曰。刑于寡妻。至于兄弟。以御于家邦。今君德無乃猶有所闕。而以伐人。若之何。盍姑內省德乎。無闕而後動。陳穆公請脩好於諸侯。以無忘齊桓之德。
冬。盟于齊。脩桓公之好也。梁亡。不書其主。自取之也。初。梁伯好土功。亟城而弗處。民罷而弗堪。則曰。某寇將至。乃溝公宮。曰。秦將襲我。民懼而潰。秦遂取梁。

僖公二十年

經二十年

春。新作南門。
夏。郜子來朝。
五月。乙巳。西宮災。鄭人入滑。
秋。齊人。狄人。盟于邢。
冬。楚人伐隨。

傳二十年

春。新作南門。書不時也。凡啟塞從時。滑人。叛鄭。而服於衛。
夏。鄭公子士。洩堵寇。帥師入滑。
秋。齊狄盟于邢。為邢謀衛難也。於是衛方病邢。隨以漢東諸侯叛楚。
冬。楚鬬穀於菟帥師伐隨。取成而還。君子曰。隨之見伐。不量力也。量力而動。其過鮮矣。善敗由己。而由人乎哉。詩曰。豈不夙夜。謂行多露。宋襄公欲合諸侯。臧文仲聞之曰。以欲從人則可。以人從欲鮮濟。

僖公二十一年

經二十有一年

春·狄侵衛。宋人。齊人。楚人。盟于鹿上。
夏。大旱。
秋。宋公。楚子。陳侯。蔡侯。鄭伯。許男。曹伯。會于盂。執宋公以伐宋。

冬。公伐邾。楚人使宜申來獻捷。
十有二月。癸丑。公會諸侯盟于薄。釋宋公。

傳二十一年

春。宋人為鹿上之盟。以求諸侯於楚。楚人許之。公子目夷曰。小國爭盟。禍也。宋其亡乎。幸而後敗。
夏。大旱。公欲焚巫尪。臧文仲曰。非旱備也。脩城郭。貶食省用。務穡勸分。此其務也。巫尪何為。天欲殺之。則如勿生。若能為旱。焚之滋甚。公從之。是歲也。饑而不害。
秋。諸侯會宋公于盂。子魚曰。禍其在此乎。君欲已甚。其何以堪之。於是楚執宋公以伐宋。
冬。會于薄以釋之。子魚曰。禍猶未也。未足以懲君。任。宿。須句。顓臾。風姓也。實司大皞與有濟之祀。以服事諸夏。邾人滅須句。須句子來奔。因成風也。成風為之言於公曰。崇明祀。保小寡。周禮也。蠻夷猾夏。周禍也。若封須句。是崇皞濟而脩祀紓禍也。

僖公二十二年

經二十有二年

春。公伐邾。取須句。
夏。宋公。衛侯。許男。滕子。伐鄭。
秋。八月。丁未。及邾人戰于升陘。
冬。十有一月。己巳。朔。宋公及楚人戰于泓。宋師敗績。

傳二十二年

春。伐邾。取須句。反其君焉。禮也。
三月。鄭伯如楚。
夏。宋公伐鄭。子魚曰。所謂禍在此矣。初。平王之東遷也。辛有適伊川。見被髮而祭於野者。曰。不及百年。此其戎乎。其禮先亡矣。
秋。秦晉遷陸渾之戎于伊川。晉大子圉為質於秦。將逃歸。謂嬴氏曰。與子歸乎。對曰。子。晉大子。而辱於秦。子之欲歸。不亦宜乎。寡君之使婢子侍執巾櫛。以固子也。從子而歸。棄君命也。不敢從。亦不敢言。遂逃歸。富辰言於王曰。請召大叔詩曰。協比其鄰。

昏姻孔云。吾兄弟之不協。焉能怨諸侯之不睦。王說。王子帶自齊復歸于京師。王召之也。邾人以須句故出師。公卑邾。不設備而禦之。臧文仲曰。國無小。不可易也。無備雖眾。不可恃也。詩曰。戰戰兢兢。如臨深淵。如履薄冰。又曰。敬之敬之。天惟顯思。命不易哉。先王之明德。猶無不難也。無不懼也。況我小國乎。君其無謂邾小。蜂蠆有毒。而況國乎。弗聽。

八月。丁未。公及邾師戰于升陘。我師敗績。邾人獲公冑。縣諸魚門。楚人伐宋以救鄭。宋公將戰。大司馬固諫曰。天之棄商久矣。君將興之。弗可赦也已。弗聽。

冬。十一月。己巳。朔。宋公及楚人戰于泓。宋人既成列。楚人未既濟。司馬曰。彼眾我寡。及其未既濟也。請擊之。公曰。不可。既濟而未成列。又以告。公曰。未可。既陳而後擊之。宋師敗績。公傷股。門官殲焉。國人皆咎公。公曰。君子不重傷。不禽二毛。古之為軍也。不以阻隘也。寡人雖亡國之餘。不鼓不成列。子魚曰。君未知戰。勍敵之人。隘而不列。天贊我也。阻而鼓之。不亦可乎。猶有懼焉。且今之勍者。皆吾敵也。雖及胡耇。獲則取之。何有於二毛。明恥教戰。求殺敵也。傷未及死。如何勿重。若愛重傷。則如勿傷。愛其二毛。則如服焉。三軍以利用也。金鼓以聲氣也。利而用之。阻隘可也聲盛致志。鼓儳可也。丙子晨。鄭文夫人芊氏。姜氏。勞楚子於柯澤。楚子使師縉示之俘馘。君子曰。非禮也。婦人送迎不出門。見兄弟不踰閾。戎事不邇女器。丁丑。楚子入饗于鄭。九獻。庭實旅百。加籩豆六品。饗畢。夜出。文芊送于軍。取鄭二姬以歸。叔詹曰。楚王其不沒乎。為禮卒於無別。無別不可謂禮。將何以沒。諸侯是以知其不遂霸也。

僖公二十三年

經二十有三年

春。齊侯伐宋。圍緡。

夏。五月。庚寅。宋公茲父卒。

秋。楚人伐陳。

冬。十有一月。杞子卒。

傳二十三年

春。齊侯伐宋。圍緡。以討其不與盟于齊也。

夏。五月。宋襄公卒。傷於泓故也。

秋。楚成得臣帥師伐陳。討其貳於宋也。遂取焦夷。城頓而還。子文以為之功使為令尹。叔伯曰。子若國何。對曰。吾以靖國也。夫有大功而無貴仕。其人能靖者與。有幾。

九月。晉惠公卒。懷公命無從亡人。期期而不至。無赦。狐突之子毛。及偃。從重耳在秦。弗召。

冬。懷公執狐突曰。子來則免。對曰。子之能仕。父教之忠。古之制也。策名委質。貳乃辟也。今臣之子。名在重耳。有年數矣。若又召之。教之貳也。父教子貳。何以事君。刑之不濫。君之明也。臣之願也。淫刑以逞。誰則無罪。臣聞命矣。乃殺之。卜偃稱疾不出。曰。周書有之。乃大明服。己則不明。而殺人以逞。不亦難乎。民不見德。而唯戮是聞。其何後之有。

十一月。杞成公卒。書曰。子。杞。夷也。不書名。未同盟也。凡諸侯同盟。死則赴以名。禮也。赴以名。則亦書之。不然則否。辟不敏也。晉公子重耳之及於難也。晉人伐諸蒲城。蒲城人欲戰。重耳不可。曰。保君父之命。而享其生祿。於是乎得人。有人而校。罪莫大焉。吾其奔也。遂奔狄。從者狐偃。趙衰。顛頡。魏武子。司空季子。狄人伐廧咎如。獲其二女。叔隗。季隗。納諸公子。公子取季隗。生伯儵。叔劉。以叔隗妻趙衰。生盾。將適齊。謂季隗曰。待我二十五年不來而後嫁。對曰。我二十五年矣。又如是而嫁。則就木焉。請待子。處狄十二年而行。過衛。衛文公不禮焉。出於五鹿。乞食於野人。野

人與之塊。公子怒。欲鞭之。子犯曰。天賜也。稽首受而載之。及齊。齊桓公妻之。有馬二十乘。公子安之。從者以為不可。將行。謀於桑下。蠶妾在其上。以告姜氏。姜氏殺之。而謂公子曰。子有四方之志。其聞之者。吾殺之矣。公子曰。無之。姜曰。行也。懷與安。實敗名。公子不可。姜與子犯謀。醉而遣之。醒以戈逐子犯。及曹。

曹共公聞其駢脅。欲觀其裸。浴。薄而觀之。僖負羈之妻曰。吾觀晉公子之從者。皆足以相國。若以相。夫子必反其國。反其國。必得志於諸侯。得志於諸侯。而誅無禮。曹其首也。子盍蚤自貳焉。乃饋盤飧寘璧焉。公子受飧反璧。及宋。宋襄公贈之以馬二十乘。及鄭。鄭文公亦不禮焉。叔詹諫曰。臣聞天之所啟。人弗及也。晉公子有三焉。天其或者將建諸。君其禮焉。男女同姓。其生不蕃。晉公子。姬出也。而至于今。一也。離外之患。而天下不靖。晉國殆將啟之。二也。有三士足以上人。而從之。三也。晉鄭同儕。其過子弟。固將禮焉。況天之所啟乎。弗聽。及楚。楚子饗之。曰。公子若反晉國。則何以報不穀。對曰。子女玉帛。則君有之。羽毛齒革。則君地生焉。其波及晉國者。君之餘也。其何以報。君曰。雖然。何以報我。對曰。若以君之靈。得反晉國。晉楚治兵。遇於中原。其辟君三舍。若不獲命。其左執鞭弭。右屬櫜鞬。以與君周旋。子玉請殺之。楚子曰。晉公子廣而儉。文而有禮。其從者肅而寬。忠而能力。晉侯無親。外內惡之。吾聞姬姓。唐叔之後。其後衰者也。其將由晉公子乎。天將興之。誰能廢之。違天必有大咎。乃送諸秦。秦伯納女五人。懷嬴與焉。奉匜沃盥。既而揮之。怒曰。秦晉匹也。何以卑我。公子懼。降服而囚。他日。公享之。子犯曰。吾不如衰之文也。請使衰從。公子賦河水。公賦六月。趙衰曰。重耳拜賜。公子降拜稽首。公降一級。而辭焉。衰曰。君稱所以佐天子者命重耳。重耳敢不拜。

僖公二十四年

經二十有四年

春。王正月。

夏。狄伐鄭。

秋。七月。

冬。天王出居于鄭。晉侯夷吾卒。

傳二十四年

春。王正月。秦伯納之。不書。不告入也。及河。子犯以璧授公子曰。臣負羈紲。從君巡於天下。臣之罪甚多矣。臣猶知之。而況君乎。請由此亡。公子曰。所不與舅氏同心者。有如白水。投其璧于河。濟河。圍令狐。入桑泉。取臼衰。

二月。甲午。晉師軍于廬柳。秦伯使公子縶如晉師。師退。軍于郇。辛丑。狐偃及秦晉之大夫盟于郇。壬寅。公子入于晉師。丙午。入于曲沃。丁未。朝于武宮。戊申。使殺懷公于高粱。不書。亦不告也。呂郤畏偪。將焚公宮。而弒晉侯。寺人披請見。公使讓之。且辭焉。曰。蒲城之役。君命一宿。女即至。其後余從狄君以田渭濱。女為惠公來求殺余。命女三宿。女中宿至。雖有君命。何其速也。夫袪猶在。女其行乎。對曰。臣謂君之入也。其知之矣。若猶未也。又將及難。君命無二。古之制也。除君之惡。唯力是視。蒲人狄人。余何有焉。今君即位。其無蒲狄乎。齊桓公置射鉤而使管仲相。君若易之。何辱命焉。行者甚眾。豈唯刑臣。公見之。以難告。

三月。晉侯潛會秦伯于王城。己丑。晦。公宮火。瑕甥。郤芮。不獲公。乃如河上。秦伯誘而殺之。晉侯逆夫人嬴氏以歸。秦伯送衛於晉三千人。實紀綱之僕。初。晉侯之豎頭須。守藏者也。其出也。竊藏以逃。盡用以求納之。及入。求見。公辭焉以沐。謂僕人曰。沐則心覆。心覆則圖反。宜吾不得見也。居者為社稷之守。行者為羈紲之僕。其亦可也。何必罪居者。國君而讎匹夫。懼者甚眾矣。僕人以告。公遽見之。狄人歸季隗于晉。而請其二子。文公妻趙衰。生原同。屏括。摟嬰。趙姬請逆盾。與其母。子餘辭。姬曰。得寵而忘舊。何以使人。必逆之。固請。許之。來。以盾為才。固請于公。以為嫡子。而使其三子下之。以叔隗為內子。而己下之。晉侯賞從亡者。介之推不言祿。祿亦弗及。推曰。獻公之子九人。唯君在矣。惠懷無親。外內棄之。天未絕晉。必將有主。主晉祀者。非君而誰。天實置之。而二三子以為己力。不亦誣乎。竊人之財。猶謂之盜。況貪天之功。以為己力乎。下義其罪。上賞其姦。上下相蒙。難與處矣。其母曰。盍亦求之。以死誰懟。對曰。尤而效之。罪又甚焉。且出怨言。不食其食。其母曰。亦使知之。若何。對曰。言。身之文也。身將隱。焉用文之。是求顯也。其母曰。能如是乎。與女偕隱。遂隱而死。晉侯求之不獲。以綿上為之田。曰。以志吾過。且旌善人。鄭之入滑也。滑人聽命。師還。又即衛。鄭公子士。洩堵俞彌。帥師伐滑。王使伯服。游孫伯。如鄭請滑。鄭伯怨惠王之入。而不與厲公爵也。又怨襄王之與衛滑也。故不聽王命。而執二子。王怒。將以狄伐鄭。富辰諫曰。不可。臣聞之。大上以德撫民。其次親親。以相及也。昔周公弔二叔之不咸。故封建親戚。以蕃屏周。管。蔡。郕。霍。魯。衛。毛。聃。郜。雍。曹。滕。畢。原。酆。郇。文之昭也。邗。晉。應。韓。武之穆也。凡。蔣。邢。茅。胙。祭。周公之胤也。召穆公思周德之不類。故糾合宗族于成周。而作詩。曰。常棣之華。鄂不]]。凡今之人。莫如兄弟。其四章曰。兄弟鬩于牆。外禦其侮。而是則兄弟雖有小忿。不廢懿親。今天子不忍小忿。以棄鄭親。其若之何。庸勳親親。暱。近尊賢。德之大者也。即聾。從昧。與頑。用嚚。姦之大者也。棄德崇姦。禍之大者也。鄭有平惠之勳。又有厲宣之親。棄嬖寵而用三良。於諸姬為近。四德具矣。耳不聽五聲之和為聾。目不別五色之章為昧。心不則德義之經為頑。口不道忠信之言為嚚。狄皆則之。四姦具矣。周之有懿德也。猶曰莫如兄弟。故封建之。其懷柔天下也。猶懼有外侮。扞禦侮者。莫如親親。故以親屏周。召穆公亦云。今周德既衰。於是乎又渝周召。以從諸姦。無乃不可乎。民未忘禍。王又興之。其若文武何。王弗聽。使頹叔。桃子。出狄師。

夏。狄伐鄭。取櫟。王德狄人。將以其女為后。富辰諫曰。不可。臣聞之曰。報者倦矣。施者未厭。狄固貪惏。王又啟之。女德無極。婦怨無終。狄必為患。王又弗聽。初。甘昭公有寵於惠后。惠后將立之。未及而卒。昭公奔齊。王復之。又通於隗氏。王替隗氏。頹叔桃子曰。我實使狄。狄其怨我。遂奉大叔。以狄師攻王。王御士將禦之。王曰。先后其謂我何。寧使諸侯圖之。王遂出。及坎欿。國人納之。

秋。頹叔桃子奉大叔以狄師伐周。大敗周師。獲周公忌父。原伯。毛伯。富辰。王出適鄭。處于氾。大叔以隗氏居于溫。鄭子華之弟子臧出奔宋。好聚鷸冠。鄭伯聞而惡之。使盜誘之。

八月。盜殺之于陳宋之間。君子曰。服之不衷。身之災也。詩曰。彼己之子。不稱其服。子臧之服。不稱也夫。詩曰。自詒伊慼。其子臧之謂矣。夏書曰。地平天成。稱也。宋及楚平。宋成公如楚。還。入於鄭。鄭伯將享之。問禮於皇武子。對曰。宋。先代之後也。於周為客。天子有事膰焉。有喪拜焉。豐厚 可也。鄭伯從之。享宋公有加。禮也。
冬。王使來告難曰。不穀不德。得罪于母弟之寵子帶。鄙在鄭地氾。敢告叔父。臧文仲對曰。天子蒙塵于外。敢不奔問官守。王使簡師父告于晉。使左鄢父告于秦。天子無出。書曰。天王出居于鄭。辟母弟之難也。天子凶服降名。禮也。鄭伯與孔將鉏。石甲父。侯宣多。省視官具于氾。而後聽其私政。禮也。 衛人將伐邢。禮至曰。不得其守。國不可得也。我請昆弟仕焉。乃往得仕。
僖公二十五年
經二十有五年。
春。王正月。丙午。衛侯燬滅邢。
夏。四月。癸酉。衛侯燬卒。宋蕩伯姬來逆婦。宋殺其大夫。
秋。楚人圍陳。納頓子于頓。葬衛文公。
冬。十有二月。癸亥。公會衛子。莒慶。盟于洮。
傳二十五年。
春。衛人伐邢。二禮從國子巡城。掖以赴外。殺之。
正月。丙午。衛侯燬滅邢。同姓也。故名。禮至為銘曰。余掖殺國子。莫余敢止。秦伯師于河上。將納王。狐偃言於晉侯曰。求諸侯莫如勤王。諸侯信之。且大義也。繼文之業。而信宣於諸侯。今為可矣。使卜偃卜之。曰。吉。遇黃帝戰于阪泉之兆。公曰。吾不堪也。對曰。周禮未改。今之王。古之帝也。公曰。筮之。筮之。遇大有之睽。曰吉。遇公用享于天子之卦也。戰克而王饗。吉孰大焉。且是卦也。天為澤以當日。天子降心以逆公。不亦可乎。大有去睽而復。亦其所也。晉侯辭秦師而下。
三月。甲辰。次于陽樊。右師圍溫。左師逆王。
夏。四月。丁巳。王入于王城。取大叔于溫。殺之于隰城。戊午。晉侯朝王。王饗醴。命之宥。請隧。弗許。曰。王章也。未有代德。而有二王。亦叔父之所惡也。與之陽樊。溫原。欑。茅。之田。晉於是始起南陽。陽樊不服。圍之。蒼葛呼曰。德以柔中國。刑以威四夷。宜吾不敢服也。此誰非王之親姻。其俘之也。乃出其民。
秋。秦晉伐鄀。楚鬭克。屈禦寇。以申息之師戍商密。秦人過析。隈入而係輿人。以圍商密。昏而傅焉。宵坎血加書。偽與子儀子邊盟者。商密人懼曰。秦取析矣。戍人反矣。乃降秦師。囚申公子儀。息公子邊。以歸。楚令尹子玉追秦師。弗及。遂圍陳。納頓子于頓。
冬。晉侯圍原。命三日之糧。原不降。命去之。諜出。曰。原將降矣。軍吏曰。請待之。公曰。信。國之寶也。民之所庇也。得原失信。何以庇之。所亡滋多。退一舍而原降。遷原伯貫于冀。趙衰為原大夫。狐溱為溫大夫。衛人平莒于我。
十二月。盟于洮。脩衛文公之好。且及莒平也。晉侯問原守於寺人勃鞮。對曰。昔趙衰以壺飧從徑。餒而弗食。故使處原。

僖公二十六年

經二十有六年

春。王正月。己未。公會莒子。衛甯速。盟于向。齊人侵我西鄙。公追齊師至酅。不及。
夏。齊人伐我北鄙。衛人伐齊。公子遂如楚乞師。
秋。楚人滅夔子歸。
冬。楚人伐宋。圍緡。公以楚師伐齊。取穀。公至自伐齊。

傳二十六年

春。王正月。公會莒茲平公。甯莊子盟于向。尋洮之盟也。齊師侵我西鄙。討是二盟也。
夏。齊孝公伐我北鄙。衛人伐齊。洮之盟故也。公使展喜犒師。使受命于展禽。齊侯未入竟。展喜從之。曰。寡君聞君親舉玉趾。將辱於敝邑。使下臣犒執事。齊侯曰。魯人恐乎。對曰。小人恐矣。君子則否。齊侯曰。室如縣罄。野無青草。何恃而不恐。對曰。恃先王之命。昔周公。大公。股肱周室。夾輔成王。成王勞之。而賜之盟曰。世世子孫。無相害也。載在盟府。大師職之。桓公是以糾合諸侯。而謀其不協。彌縫其闕。而匡救其災。昭舊職也。及君即位。諸侯之望曰。其率桓之功。我敝邑用不敢保聚。曰。豈其嗣世九年。而棄命廢職。其若先君何。君必不然。恃此以不恐。齊侯乃還。東門襄仲。臧文仲。如楚乞師。臧孫見子玉。而道之伐齊宋。以其不臣也。夔子不祀祝融。與鬻熊。楚人讓之。對曰。我先王熊摯有疾。鬼神弗赦。而自竄于夔。吾是以失楚。又何祀焉。

秋。楚成得臣。鬭宜申。帥師滅夔。以夔子歸。宋以其善於晉侯也。叛楚即晉。

冬。楚令尹子玉。司馬子西。帥師伐宋。圍緡。公以楚師伐齊。取穀。凡師。能左右之曰以。寘桓公子雍於穀。易牙奉之。以為魯援。楚申公叔侯戍之。桓公之子七人。為七大夫於楚。

僖公二十七年

經二十有七年

春。杞子來朝。

夏。六月。庚寅。齊侯昭卒。

秋。八月。乙未。葬齊孝公。乙巳。公子遂帥師入杞。

冬。楚人。陳侯。蔡侯。鄭伯。許男。圍宋。十有二月。甲戌。公會諸侯盟于宋。

傳二十七年

春。杞桓公來朝。用夷禮。故曰子。公卑杞。杞不共也。

夏。齊孝公卒。有齊怨。不廢喪紀。禮也。

秋。入杞。責無禮也。楚子將圍宋。使子文治兵於睽。終朝而畢。不戮一人。子玉復治兵於蔿。終日而畢。鞭七人。貫三人耳。國老皆賀子文。子文飲之酒。蔿賈尚幼。後至。不賀。子文問之。對曰。不知所賀。子之傳政於子玉。曰以靖國也。靖諸內而敗諸外。所獲幾何。子玉之敗。子之舉也。舉以敗國。將何賀焉。子玉剛而無禮。不可以治民。過三百乘。其不能以入矣。苟入而賀。何後之有。

冬。楚子及諸侯圍宋。宋公孫固如晉告急。先軫曰。報施救患。取威定霸。於是乎在矣。狐偃曰。楚始得曹。而新昏於衛。若伐曹衛。楚必救之。則齊宋免矣。於是乎蒐于被廬。作三軍。謀元帥。趙衰曰。郤縠可。臣亟聞其言矣。說禮樂而敦詩書。詩書。義之府也。禮樂。德之則也。德義。利之本也。夏書曰。賦納以言。明試以功。車服以庸。君其試之。乃使郤縠將中軍。郤溱佐之。使狐偃將上軍。讓於狐毛而佐之。命趙衰為卿。讓於欒枝。先軫。使欒枝將下軍。先軫佐之。荀林父御戎。魏犨為右。晉侯始入而教其民。二年。欲用之。子犯曰。民未知義。未安其居。於是乎出定襄王。入務利民。民懷生矣。將用之。子犯曰。民未知信。未宣其用。於是乎伐原以示之信。民易資者。不求豐焉。明徵其辭。公曰。可矣乎。子犯曰。民未知禮。未生其共。於是乎大蒐以示之禮。作執秩以正其官。民聽不惑。而後用之。出穀戍。釋宋圍。一戰而霸。文之教也。

僖公二十八年

經二十有八年

春。晉侯侵曹。晉侯伐衛。公子買戍衛。不卒戍。刺之。楚人救衛。

三月。丙午。晉侯入曹。執曹伯。畀宋人。

夏。四月。己巳。晉侯。齊師。宋師。秦師。及楚人戰于城濮。楚師敗績。楚殺其大夫得臣。衛侯出奔楚。

五月。癸丑。公會晉侯。齊侯。宋公蔡侯。鄭伯。衛子。莒子。盟于踐土。陳侯如會。公朝于王所。

六月。衛侯鄭自楚復歸于衛。衛元咺出奔晉。陳侯款卒。

秋。杞伯姬來。公子遂如齊。

冬。公會晉侯。齊侯。宋公。蔡侯。鄭伯。陳子。莒子。邾人。秦人。于溫。天王狩于河陽。壬申。公朝于王所。晉人執衛侯歸之于京師。衛元咺自晉復歸于衛。諸侯遂圍許。曹伯襄復歸于曹。遂會諸侯圍許。

傳二十八年

春。晉侯將伐曹。假道于衛。衛人弗許。還自河南濟。侵曹。伐衛。

正月。戊申。取五鹿。

二月。晉郤縠卒。原軫將中軍。胥臣佐下軍。上德也。晉侯。齊侯。盟于斂盂。衛侯請盟。晉人弗許。衛侯欲與楚。國人不欲。故出其君。

以說于晉。衛侯出居于襄牛。公子買戍衛。楚人救衛。不克。公懼於晉。殺子叢以說焉。謂楚人曰。不卒戍也。晉侯圍曹。門焉多死。曹人尸諸城上。晉侯患之。聽輿人之謀曰。稱舍於墓。師遷焉。曹人兇懼。為其所得者。棺而出之。因其兇也而攻之。

三月。丙午。入曹。數之以其不用僖負羈。而乘軒者三百人也。且曰。獻狀。令無入僖負羈之宮。而免其族。報施也。魏犨。顛頡。怒曰。勞之不圖。報於何有。爇僖負羈氏氏。魏犨傷於胸。公欲殺之。而愛其材。使問。且視之病。將殺之。魏犨束胸。見使者曰。以君之靈。不有寧也。距躍三百。曲踊三百。乃舍之。殺顛頡以徇于師。立舟之僑以為戎右。宋人使門尹般如晉師告急。公曰。宋人告急。舍之則絕。告楚不許。我欲戰矣。齊秦未可。若之何。先軫曰。使宋舍我而賂齊秦。藉之告楚。我執曹君。而分曹衛之田。以賜宋人。楚愛曹衛。必不許也。喜賂怒頑。能無戰乎。公說。執曹伯。分曹衛之田。以畀宋人。楚人入居于申。使申叔去穀。使子玉去宋。曰。無從晉師。晉侯在外。十九年矣。而果得晉國。險阻艱難。備嘗之矣。民之情偽。盡知之矣。天假之年。而除其害。天之所置。其可廢乎。軍志曰。允當則歸。又曰。知難而退。又曰。有德不可敵。此三志者。晉之謂矣。子玉使伯棼請戰。曰。非敢必有功也。願以間執讒慝之口。王怒。少與之師。唯西廣東宮。與若敖之六卒。實從之。子玉使宛春告於晉師。曰。請復衛侯。而封曹。臣亦釋宋之圍。子犯曰。子玉無禮哉。君取一。臣取二。不可失矣。先軫曰。子與之。定人之謂禮。楚一言而定三國。我一言而亡之。我則無禮。何以戰乎。不許楚言。是棄宋也。救而棄之。謂諸侯何。楚有三施。我有三怨。怨讎已多。將何以戰。不如私許復曹衛以攜之。執宛春以怒楚。既戰而後圖之。公說。乃拘宛春於衛。且私許復曹衛。曹衛告絕於楚。子玉怒。從晉師。晉師退。軍吏曰。以君辟臣。辱也。且楚師老矣。何故退。子犯曰。師直為壯。曲為老。豈在久乎。微楚之惠不及此。退三舍辟之。所以報也。背惠食言。以亢其讎。我曲楚直。其眾素飽。不可謂老。我退而楚還。我將何求。若其不還。君退臣犯。曲在彼矣。退三舍。楚眾欲止。子玉不可。

夏。四月。戊辰。晉侯。宋公。齊國歸父。崔夭。秦小子憖。次于城濮。楚師背酅而舍。晉侯患之。聽輿人之誦。曰。原田每每。舍其舊而新是謀。公疑焉。子犯曰。戰也。戰而捷。必得諸侯。若其不捷。表裡山河。必無害也。公曰。若楚惠何。欒貞子曰。漢陽諸姬。楚實盡之。思小惠而忘大恥。不如戰也。晉侯夢與楚子搏。楚子伏己而盬其腦。是以懼。子犯曰。吉。我得天。楚伏其罪。吾且柔之矣。子玉使鬬勃請戰。曰。請與君之士戲。君馮軾而觀之。得臣與寓目焉晉侯使欒枝對曰。寡君聞命矣。楚君之惠。未之敢忘。是以在此。為大夫退。其敢當君乎。既不獲命矣。敢煩大夫。謂二三子。戒爾車乘。敬爾君事。詰朝將見。晉車七百乘。韅靷鞅靽。晉侯登有莘之虛以觀師。曰。少長有禮。其可用也。遂伐其木。以益其兵。己巳。晉師陳于莘北。胥臣以下軍之佐。當陳蔡。子玉以若敖之六卒。將中軍。曰。今日必無晉矣。子西將左。子上將右。胥臣蒙馬以虎皮。先犯陳蔡。陳蔡奔。楚右師潰。狐毛設二旆而退之。欒枝使輿曳柴而偽遁。楚師馳之。原軫。郤溱。以中軍公族橫擊之。狐毛。狐偃。以上軍夾攻子西。楚左師潰。楚師敗績。子玉收其卒而止。故不敗。晉師三日館穀。及癸酉而還。甲午。至于衡雍。作王宮于踐土。鄉役之三月。鄭伯如楚。致其師。為楚師既敗而懼。使子人九行成于晉。晉欒枝入盟鄭伯。
五月。丙午。晉侯及鄭伯盟于衡雍。丁未。獻楚俘于王。駟介百乘。徒兵千。鄭伯傅王。用平禮也。已酉。王享醴。命晉侯宥。王命尹氏。及王子虎。內史叔興父策命晉侯為侯伯。賜之大輅之服。戎輅之服。彤弓一。彤矢百。玈弓矢千。秬鬯一卣。虎賁三百人。曰。王謂叔父。敬服王命。以綏四國。糾逖王慝。晉侯三辭。從命。曰。重耳敢再拜稽首。奉揚天子之丕顯休命。受策以出。出入三覲。衛侯聞楚師敗。懼。出奔楚。遂適陳。使元咺奉叔武以受盟。癸亥。王子虎盟諸侯于王庭。要言曰。皆獎王室。無相害也。有渝此盟。明神殛之。俾隊其師。無克祚國。及其玄孫。無有老幼。君子謂是盟也信。謂晉於是役也。能以德攻。初。楚子玉自為瓊弁玉纓。未之服也。先戰。夢河神謂己曰。畀余。余賜女孟諸之麋。弗致也。大心與子西。使榮黃諫。弗聽。榮季曰。死而利國。猶或為之。況瓊玉乎。是糞土也。而可以濟師。將何愛焉。弗聽。出告二子曰。非神敗令尹。令尹其不勤民。實自敗也。既敗。王使謂之曰。大夫若入。其若申息之老何。子西。孫伯。曰。得臣將死。二臣止之曰。君其將以為戮。及連穀而死。晉侯聞之。而後喜可知也。曰。莫余毒也已。蔿呂臣實為令尹。奉己而已。不在民矣。或訴元咺於衛侯曰。立叔武矣。其子角從公。公使殺之。咺不廢命。奉夷叔以入守。

六月。晉人復衛侯。甯武子與衛人盟于宛濮。曰。天禍衛國。君臣不協。以及此憂也。今天誘其衷。使皆降心以相從也。不有居者。誰守社稷。不有行者。誰扞牧圉。不協之故。用昭乞盟于爾大神。以誘天衷。自今日以往。既盟之後。行者無保其力。居者無懼其罪。有渝此盟。以相及也。明神先君。是糾是殛。國人聞此盟也。而後不貳。衛侯先期入。甯子先。長牂守門。以為使也。與之乘而入。公子歂犬。華仲。前驅。叔孫將沐。聞君至。喜。捉髮走出。前驅射而殺之。公知其無罪也。枕之股而哭之。歂犬走出。公使殺之。元咺出奔晉。城濮之戰。晉中軍風于澤。亡大旆之左旃。祁瞞奸命。司馬殺之。以徇于諸侯。使茅茷代之。師還。壬午。濟河。舟之僑先歸。士會攝右。秋。七月。丙申。振旅愷以入于晉。獻俘授馘。飲至大賞。徵會討貳。殺舟之僑以徇于國。民於是大服。君子謂文公其能刑矣。三罪而民服。詩云。惠此中國。以綏四方。不失賞刑之謂也。

冬。會于溫。討不服也。衛侯與元咺訟。甯武子為輔。鍼莊子為坐。士榮為大士。衛侯不勝。殺士榮。刖鍼莊子。謂甯俞忠而免之。執衛侯。歸之于京師。寘諸深室。甯子職納橐饘焉。元咺歸于衛。立公子瑕。是會也。晉侯召王。以諸侯見。且使王狩。仲尼曰。以臣召君。不可以訓。故書曰。天王狩于河陽。言非其地。也且明德也。壬申。公朝于王所。丁丑。諸侯圍許。晉侯有疾。曹伯之豎侯。獳貨筮史。使曰。以曹為解。齊桓公為會而封異姓。今君為會。而滅同姓。曹叔振鐸。文之昭也。先君唐叔。武之穆也。且合諸侯而滅兄弟。非禮也。與衛偕命。而不與偕復。非信也。同罪異罰。非刑也。禮以行義。信以 守禮。刑以正邪。舍此三者。君將若之何。公說。復曹伯。遂會諸侯于許。晉侯作三行以禦狄。荀林父將中行。屠擊將右行。先蔑將左行。

僖公二十九年

經二十有九年

春。介葛盧來。公至自圍許。

夏。六月。會王人。晉人。宋人。齊人。陳人。蔡人。秦人。盟于翟泉。

秋。大雨雹。

冬。介葛盧來。

傳二十九年

春。葛盧來朝。舍于昌衍之上。公在會。饋之芻米。禮也。

夏。公會王子虎。晉孤偃。宋公孫固。齊國歸父。陳轅濤塗。秦小子憖。盟于翟泉。尋踐土之盟。且謀伐鄭也。卿不書。罪之也。在禮。卿不會公侯。會伯子男可也。

秋。大雨雹。為災也。

冬。介葛盧來。以未見公。故復來朝。禮之。加燕好。介葛盧聞牛鳴。曰。是生三犧。皆用之矣。其音云。問之而信。

僖公三十年

經三十年

春。王正月。

夏·狄侵齊。

秋。衛殺其大夫元咺。及公子瑕。衛侯鄭歸于衛。晉人。秦人。圍鄭。介人侵蕭。冬。天王使宰周公來聘。公子遂如京師。遂如晉。

傳三十年

春。晉人侵鄭。以觀其可攻與否。狄間晉之有鄭虞也。

夏。狄侵齊。晉侯使醫衍酖衛侯。甯俞貨醫。使薄其酖。不死。公為之請。納玉於王。與晉侯。皆十穀。王許之。

秋。乃釋衛侯。衛侯使賂周歂。冶廑。曰。苟能納我。吾使爾為卿。周冶殺元咺。及子適。子儀。公入祀先君。周冶既服將命。周歂先入。及門。遇疾而死。冶廑辭卿。

九月。甲午。晉侯。秦伯。圍鄭。以其無禮於晉。且貳於楚也。晉軍函陵。秦軍氾南。佚之狐言於鄭伯曰。國危矣。若使燭之武見秦君。師必退。公從之。辭曰。臣之壯也。猶不如人。今老矣。無能為也已。公曰。吾不能早用子。今急而求子。是寡人之過也。然鄭亡。子亦有不利焉。許之。夜縋而出。見秦伯曰。秦晉圍鄭。鄭既知亡矣。若亡鄭而有益於君。敢以煩執事。越國以鄙遠。君知其難也。焉用亡鄭以倍鄰。鄰之厚。君之薄也。若舍鄭以為東道主。行李之往來。共其乏困。君亦無所害。且君嘗為晉君賜矣。許君焦瑕。朝濟而夕設版焉。君之所知也。夫晉何厭之有。既東封鄭。又欲肆其西封。若不闕秦。將焉取之。闕秦以利晉。唯君圖之。秦伯說。與鄭人盟。使杞子逢孫楊孫戍之。乃還。子犯請擊之。公曰。不可。微夫人力不及此。因人之力而敝之。不仁。失其所與。不知。以亂易整。不武。吾其還也。亦去之。初。鄭公子蘭出奔晉。從於晉侯伐鄭。請無與圍鄭。許之。使待命于東。鄭石甲父。侯宣多。逆以為大子。以求成于晉。晉人許之。

冬。王使周公閱來聘。饗有昌歜。白。黑。形鹽。辭曰。國君文足昭也。武可畏也。則有備物之饗。以象其德。薦五味。羞嘉穀。鹽虎形。以獻其功。吾何以堪之。東門襄仲將聘于周。遂初聘于晉。

僖公三十一年

經三十有一年

春·取濟西田。公子遂如晉。

夏。四月。四卜郊不從。乃免牲。猶三望。

秋。七月。

冬。杞伯姬來求婦。狄圍衛。

十有二月。衛遷于帝丘。

傳三十一年

春。取濟西田。分曹地也。使臧文仲往。宿於重館。重館人告曰。晉新得諸侯。必親其共。不速行。將無及也。從之。分曹地自洮以南。

東傅于濟。盡曹地也。襄仲如晉。拜曹田也。

夏。四月。四卜郊。不從。乃免牲。非禮也。猶三望。亦非禮也。禮不卜常祀。而卜其牲日。牛卜日曰牲。牲成而卜郊。上怠慢也。望。郊之細也。不郊。亦無望可也。

秋。晉蒐于清原。作五軍似禦狄。趙衰為卿。

冬。狄圍衛。衛遷于帝丘。卜曰。三百年。衛成公夢康叔曰。相奪予享。公命祀相。甯武子不可。曰。鬼神非其族類。不歆其祀。杞鄫何事。相之不享。於此久矣。非衛之罪也。不可以間成王周公之命祀。請改祀命。鄭洩駕惡公子瑕。鄭伯亦惡之。故公子瑕出奔楚。

僖公三十二年

經三十有二年

春。王正月。

夏。四月。己丑。鄭伯捷卒。衛人侵狄。

秋。衛人及狄盟。

冬。十有二月。己卯。晉侯重耳卒。

傳三十二年

春。楚鬬章請平于晉。晉陽處父報之。晉楚始通。

夏。狄有亂。衛入侵狄。狄請平焉。

秋。衛人及狄盟。

冬。晉文公卒。庚辰。將殯于曲沃。出絳。柩有聲如牛。卜偃使大夫拜曰。君命大事。將有西師過軼我。擊之必大捷焉。杞子自鄭使告于秦曰。鄭人使我掌其北門之管。若潛師以來。國可得也。穆公訪諸蹇叔。蹇叔曰。勞師以襲遠。非所聞也。師勞力竭。遠主備之。無乃不可乎。師之所為。鄭必知之。勤而無所。必有悖心。且行千里。其誰不知。公辭焉。召孟明。西乞。白乙。使出師於東門之外。蹇叔哭之曰。孟子。吾見師之出。而不見其入也。公使謂之曰。爾何知。中壽。爾墓之木拱矣。蹇叔之子與師。哭而送之曰。晉人禦師必於殽。殽有二陵焉。其南陵。夏后皋之墓也。其北陵。文王之所辟風雨也。必死是間。余收爾骨焉。秦師遂東。

僖公三十三年

經三十有三年

春。王二月。秦人入滑。齊侯使國歸父來聘。

夏。四月。辛巳。晉人及姜戎敗秦師于殽。癸巳。葬晉文公。狄侵齊。公伐邾。取訾婁。

秋。公子遂帥師伐邾。晉人敗狄于箕。

冬。十月。公如齊。十有二月。公至自齊。乙巳。公薨于小寢。隕霜不殺草。李梅實。晉人。陳人。鄭人。伐許。

傳三十三年

春。晉秦師過周北門。左右免冑而下。超乘者三百乘。王孫滿尚幼。觀之。言於王曰。秦師輕而無禮。必敗。輕則寡謀。無禮則脫。入險而脫。又不能謀。能無敗乎。及滑。鄭商人弦高。將市於周。遇之。以乘韋先。牛十二。犒師。曰。寡君聞吾子。將步師出於敝邑。敢犒從者。不腆敝邑。為從者之淹。居則具一日之積。行則備一夕之衛。且使遽告于鄭。鄭穆公使視客館。則束載。厲兵。秣馬矣。使皇武子辭焉。曰。吾子淹久於敝邑。唯是脯資。餼牽竭矣。為吾子之將行也。鄭之有原圃。猶秦之有具囿也。吾子取其麋鹿。以閒敝邑。若何。杞子奔齊。逢孫楊孫奔宋。孟明曰。鄭有備矣。不可冀也。攻之不克。圍之不繼。吾其還也。滅滑而還。齊國莊子來聘。自郊勞至于贈賄。禮成而加之以敏。臧文仲言於公曰。國子為政。齊猶有禮。君其朝焉。臣聞之。服於有禮。社稷之衛也。晉原軫曰。秦違蹇叔而以貪勤民。天奉我也。奉不可失。敵不可縱。縱敵患生。違天不祥。必伐秦師。欒枝曰。未報秦施而伐其師。其為死君乎。先軫曰。秦不哀吾喪。而伐吾同姓。秦則無禮。何施之為。吾聞之。一日縱敵。數世之患也。謀及子孫。可謂死君乎。遂發命。遽興姜戎。子。墨衰絰。梁弘御戎。萊駒為右。

夏。四月。辛巳。敗秦師于殽。獲百里孟明視。西乞術。白乙丙。以歸。遂墨以葬文公。晉於是始墨。文嬴請三帥。曰。彼實構吾二君。寡君若得而食之。不厭。君何辱討焉。使歸就戮于秦。以逞寡君之志。若何。公許之。先軫朝。問秦囚。公曰。夫人請之。吾舍之矣。

先軫怒曰。武夫力而拘諸原。婦人暫而免諸國。墮軍實而長寇讎。亡無日矣。不顧而唾。公使陽處父追之。及諸河。則在舟中矣。釋左驂。以公命。贈孟明。孟明稽首曰。君之惠。不以纍臣釁鼓。使歸就戮于秦。寡君之以為戮。死且不朽。若從君惠而免之。三年將拜君賜。秦伯素服郊次。鄉師而哭曰。孤違蹇叔。以辱二三子。孤之罪也。不替孟明。孤之過也。大夫何罪。且吾不以一眚掩大德。狄侵齊。因晉喪也。公伐邾。取訾婁。以報升陘之役。邾人不設備。
秋。襄仲復伐邾。狄伐晉。及箕。
八月。戊子。晉侯敗狄于箕。郤缺獲白狄子。先軫曰。匹夫逞志於君。而無討。敢不自討乎。免冑入狄師。死焉。狄人歸其元。面如生。初。臼季使過冀。見冀缺耨。其妻饁之。敬。相待如賓。與之歸。言諸文公曰。敬。德之聚也。能敬必有德。德以治民。君請用之。臣聞之。出門如賓。承事如祭。仁之則也。公曰。其父有罪。可乎。對曰。舜之罪也。殛鯀。其舉也興禹。管敬仲。桓之賊也。實相以濟。康誥曰。父不慈。子不祇。兄不友。弟不共。不相及也。詩曰。采葑采菲。無以下體。君取節焉可也。文公以為下軍大夫。反自箕。襄公以三命命先且居將。中軍。以再命命先茅之縣賞胥臣。曰。舉郤缺。子之功也。以一命命郤缺為卿。復與之冀。亦未有軍行。
冬。公如齊朝。且弔有狄師也。反。薨于小寢。即安也。晉。陳。鄭。伐許。討其貳於楚也。楚令尹子上侵陳蔡。陳蔡成。遂伐鄭。將納公子瑕。門于桔柣之門。瑕覆于周氏之汪。外僕髡屯禽之以獻。文夫人斂而葬之鄶城之下。晉陽處父侵蔡。楚子上救之。與晉師夾泜而軍。陽子患之。使謂子上曰。吾聞之。文不犯順。武不違敵。子若欲戰。則吾退舍。子濟而陳。遲速唯命。不然紓我。老師費財。亦無益也。乃駕以待。子上欲涉。大孫伯曰。不可。晉人無信。半涉而薄我。悔敗何及。不如紓之。乃退舍。陽子宣言曰。楚師遁矣。遂歸。楚師亦歸。大子商臣譖子上曰。受晉賂而辟之。楚之恥也。罪莫大焉。王殺子上。葬僖公緩。作主。非禮也。凡君薨。卒哭而祔。祔而作主。特祀於主。烝嘗禘於廟。

文公

文公元年

經元年

春。王正月。公即位。

二月。癸亥。日有食之。天王使叔服來會葬。

夏。四月。丁巳。葬我君僖公。天王使毛伯來錫公命。晉侯伐衛。叔孫得臣如京師。衛人伐晉。

秋。公孫敖會晉侯于戚。

冬十月。丁未。楚世子商臣弑其君頵。公孫敖如齊。

傳元年

春。王使內史叔服來會葬。公孫敖聞其能相人也。見其二子焉。叔服曰。穀也食子。難也收子。穀也豐下。必有後於魯國。

於是閏三月。非禮也。先王之正時也。履端於始。舉正於中。歸餘於終。履端於始。序則不愆。舉正於中。民則不惑。歸餘於終。事則不悖。

夏。四月。丁巳。葬僖公。王使毛伯衛來錫公命。叔孫得臣如周拜。

晉文公之季年。諸侯朝晉。衛成公不朝。使孔達侵鄭。伐綿訾。及匡。晉襄公既祥。使告于諸侯。而伐衛。及南陽。先且居曰。效尤禍也。請君朝王。臣從師。晉侯朝王于溫。先且居。胥臣。伐衛。

五月。辛酉朔。晉師圍戚。

六月。戊戌。取之。獲孫昭子。衛人使告于陳。陳共公曰。更伐之。我辭之。衛孔達帥師伐晉。君子以為古。古者越國而謀。

秋。晉侯疆戚田。故公孫敖會之。初。楚子將以商臣為大子。訪諸令尹子上。子上曰。君之齒未也。而又多愛。黜乃亂也。楚國之舉。在少者。且是人也。蜂目而豺聲。忍人也。不可立也。弗聽。既又欲立王子職。而黜大子商臣。商臣聞之而未察。告其師潘崇曰。若之何而察之。潘崇曰。享江芊而勿敬也。從之。江芊怒曰。呼。役夫。宜君王之欲殺女而立職也。告潘崇曰。信矣。潘崇曰。能事諸乎。曰。不能。能行乎。曰。不能。能行大事乎。曰。能。

冬。十月。以宮甲圍成王。王請食熊蹯而死。弗聽。丁未。王縊。謚之曰靈。不瞑。曰成。乃瞑。穆王立。以其為大子之室與潘崇。使為大師。且掌環列之尹。穆伯如齊。始聘焉。禮也。凡君即位。卿出並聘。踐脩舊好。要結外援。好事鄰國。以衛社稷。忠信卑讓之道也。忠。德之正也。信。德之固也。卑讓。德之基也。殽之役。晉人既歸秦師。秦大夫及左右皆言於秦伯曰。是敗也。孟明之罪也。必殺之。秦伯曰。是孤之罪也。周芮良夫之詩曰。大風有隧。貪人敗類。聽言則對。誦言如醉。匪用其良。覆俾我悖。是貪故也。孤之謂矣。孤實貪以禍夫子。夫子何罪。復使為政。

文公二年

經二年

春。王二月。甲子。晉侯及秦師戰于彭衙。秦師敗績。丁丑。作僖公主。

三月。乙巳。及晉處父盟。

夏。六月。公孫敖會宋公。陳侯。鄭伯。晉士縠。盟于垂隴。自十有二月不雨。至于秋七月。

八月。丁卯。大事于大廟。躋僖公。

冬。晉人。宋人。陳人。鄭人。伐秦。公子遂如齊納幣。

傳二年

春。秦孟明視帥師伐晉。以報殽之役。

二月。晉侯禦之。先且居將中軍。趙衰佐之。王官無地御戎。狐鞫居為右。甲子。及秦師戰于彭衙。秦師敗績。晉人謂秦拜賜之師。戰于殽也。晉梁弘御戎。萊駒為右。戰之明日。晉襄公縛秦囚。使萊駒以戈斬之。囚呼。萊駒失戈。狼瞫取戈以斬囚。禽之以從公乘。遂以為右。箕之役。先軫黜之。而立續簡伯。狼瞫怒。其友曰。盍死之。瞫曰。吾未獲死所。其友曰。吾與女為難。瞫曰。周志有之。勇則害上。不登於明堂。死而不義。非勇也。共用之謂勇。吾以勇求右。無勇而黜。亦其所也。謂上不我知。黜而宜。乃知我矣。子姑待之。及彭衙既陳。以其屬馳秦師。死焉。晉師從之。大敗秦師。君子謂狼瞫於是乎君子。詩曰。君子如怒。亂庶遄沮。又曰。王赫斯怒。爰整其旅。怒不作亂。而以從師。可謂君子矣。秦伯猶用孟明。孟明增脩國政。重施於民。趙成子言於諸大夫曰。秦師又至。將必辟之。懼而增德。不可當也。詩曰。毋念爾祖。聿脩厥德。孟明念之矣。念德不怠。其可敵乎。丁丑。作僖公主。書不時也。

晉人以公不朝。來討。公如晉。

夏。四月。己巳。晉人使陽處父盟公。以恥之。書曰。及晉處父盟。以厭之也。適晉不書。諱之也。公未至。

六月。穆伯會諸侯。及晉司空士縠盟于垂隴。晉討衛故也。書士縠。堪其事也。陳侯為衛請成于晉。執孔達以說。

秋。八月。丁卯。大事于大廟。躋僖公。逆祀也。於是夏父弗忌為宗伯。尊僖公。且明見曰。吾見新鬼大。故鬼小。先大後小。順也。躋聖賢。明也。明順。禮也。君子以為失禮。禮無不順。祀。國之大事也。而逆之。可謂禮乎。子雖齊聖。不先父食久矣。故禹不先鯀。湯不先契。文武不先不窋。宋祖帝乙。鄭祖厲王。猶上祖也。是以魯頌曰。春秋匪解。享祀不忒。皇皇后帝。皇祖后稷。君子曰禮。謂其后稷親。而先帝也。詩曰。問我諸姑。遂及伯姊。君子曰。禮謂其姊親而先姑也。仲尼曰。臧文仲其不仁者三。不知者三。下展禽。廢六關。妾織蒲。三不仁也。作虛器。縱逆祀。祀爰居。三不知也。

冬。晉先且居。宋公子成。陳轅選。鄭公子歸生。伐秦。取汪及彭衙而還。以報彭衙之役。卿不書。為穆公故。尊秦也。謂之崇德。襄仲如齊納幣。禮也。凡君即位。好舅甥。脩昏姻。娶元妃以奉粢盛。孝也。孝。禮之始也。

文公三年

經三年

春。王正月。叔孫得臣會晉人。宋人。陳人。衛人。鄭人。伐沈。沈潰。

夏。五月。王子虎卒。秦人伐晉。

秋。楚人圍江。雨螽于宋。

冬。公如晉。

十有二月。己巳。公及晉侯盟。晉陽處父帥師伐楚。以救江。

傳三年

春。莊叔會諸侯之師伐沈。以其服於楚也。沈潰。凡民逃其上曰潰。在上曰逃。衛侯如陳。拜晉成也。

夏。四月。乙亥。王叔文公卒。來赴。弔如同盟。禮也。秦伯伐晉。濟河焚舟。取王官及郊。晉人不出。遂自茅津濟。封殽尸而還。遂霸西戎。用孟明也。君子是以知秦穆公之為君也。舉人之周也。舉人之壹也。孟明之臣也。其不解也。能懼思也。子桑之忠也。其知入也。能舉善也。詩曰。于以采蘩。于沼于沚。于以用之。公侯之事。秦穆有焉。夙夜匪解。以事一人。孟明有焉。詒厥孫謀。以燕翼子。子桑有焉

秋。雨螽于宋。隊而死也。楚師圍江。晉先僕伐楚以救江。

冬。晉以江故告于周。王叔桓公。晉陽處父。伐楚。以救江。門于方城。遇息公子朱而還。晉人懼其無禮於公也。請改盟。公如晉。及晉侯盟。晉侯饗公。賦菁菁者莪。莊叔以公降拜。曰。小國受命於大國。敢不慎儀。君貺之以大禮。何樂如之。抑小國之樂。大國之惠也。晉侯降辭。登成拜。公賦嘉樂。

文公四年

經四年

春。公至自晉。

夏。逆婦姜于齊。狄侵齊。

秋。楚人滅江。晉侯伐秦。衛侯使甯俞來聘。

冬。十有一月。壬寅。夫人風氏薨。

傳四年

春。晉人歸孔達于衛。以為衛之良也。故免之。

夏。衛侯如晉拜。曹伯如晉會正。逆婦姜于齊。卿不行。非禮也。君子是以知出姜之不允於魯也。曰。貴聘而賤逆之。君而卑之。立而廢之。棄信而壞其主。在國必亂。在家必亡。不允宜哉。詩曰。畏天之威。于時保之。敬主之謂也。

秋。晉侯伐秦。圍邧新城。以報王官之役。楚人滅江。秦伯為之降服。出次。不舉。過數。大夫諫公曰。同盟滅。雖不能救。敢不矜乎。吾自懼也。君子曰。詩云。惟彼二國。其政不獲。惟此四國。爰究爰度。其秦穆之謂矣。衛甯武子來聘。公與之宴。為賦湛露。及彤弓。不辭。又不荅賦。使行人私焉。對曰。臣以為肄業及之也。昔諸侯朝正於王。王宴樂之。於是乎賦湛露。則天子當陽。諸侯用命也。諸侯敵王所愾。而獻其功。王於是乎賜之。彤弓一。彤矢百。玈弓矢千。以覺報宴。今陪臣來繼舊好。君辱貺之。其敢干大禮以自取戾。冬。成風薨。

文公五年

經五年

春。王正月。王使榮叔歸含。且賵。

三月。辛亥。葬我小君成風。王使召伯來會葬。

夏。公孫敖如晉。秦人入鄀。

秋。楚人滅六。

冬。十月。甲申。許男業卒。

傳五年

春。王使榮叔來含。且賵。召昭公來會葬。禮也。初。鄀叛楚即秦。又貳於楚。

夏。秦人入鄀。六人叛楚。即東夷。

秋。楚成大心。仲歸。帥師滅六。

冬。楚子燮滅蓼。臧文公聞六與蓼滅。曰。皋陶庭堅不祀。忽諸。德之不建。民之無援。哀哉。晉陽處父聘于衛。反過甯。甯嬴從之。及溫而還。其妻問之。嬴曰。以剛。商書曰。沈漸剛克。高明柔克。夫子壹之。其不沒乎。天為剛德。猶不干時。況在人乎。且華而不實。怨之所聚也。犯而聚怨。不可以定身。余懼不獲其利。而離其難。是以去之。晉趙成子。欒貞子。霍伯。臼季。皆卒。

文公六年

經六年

春。葬許僖公。

夏。季孫行父如陳。秋。季孫行父如晉。

八月。乙亥。晉侯驩卒。

冬。十月。公子遂如晉。葬晉襄公。晉殺其大夫陽處父。晉狐射姑出奔狄。

閏月不告月。猶朝于廟。

傳六年

春。晉蒐于夷。舍二軍。使狐射姑將中軍。趙盾佐之。陽處父至自溫。改蒐于董。易中軍。陽子成季之屬也。故黨於趙氏。且謂趙盾能。曰。使能。國之利也。是以上之。宣子於是乎始為國政。制事典。正法罪。辟刑獄。董逋逃。由質要。治舊洿。本秩禮。續常職。出滯淹。既成。以授大傅陽子。與大師賈佗。使行諸晉國。以為常法。臧文仲以陳衛之睦也。欲求好於陳。

夏。季文子聘于陳。且娶焉。秦伯任好卒。以子車氏之三子。奄息。仲行。鍼虎。為殉。皆秦之良也。國人哀之。為之賦黃鳥。君子曰。秦穆之不為盟主也。宜哉。死而棄民。先王違世。猶詒之法。而況奪之善人乎。詩曰。人之云亡。邦國殄瘁。無善人之謂。若之何奪之。古之王者。知命之不長。是以並建聖哲。樹之風聲。分之采物。著之話言。為之律度。陳之藝極。引之表儀。予之法制。告之訓典。教之防利。委之常秩。道之以禮。則使毋失其土宜。眾隸賴之。而後即命。聖王同之。今縱無法以遺後嗣。而又收其良以死。難以在上矣。君子是以知秦之不復東征也。

秋。季文子將聘於晉。使求遭喪之禮以行。其人曰。將焉用之。文子曰。備豫不虞。古之善教也。求而無之。實難。過求何害。

八月。乙亥。晉襄公卒。靈公少。晉人以難故。欲立長君。趙孟曰。立公子雍。好善而長。先君愛之。且近於秦。秦舊好也。置善則固。事長則順。立愛則孝。結舊則安。為難故。故欲立長君。有此四德者。難必抒矣。賈季曰。不如立公子樂。辰嬴嬖於二君。立其子。民必安之趙孟曰。辰嬴賤。班在九人。其子何震之有。且為二嬖。淫也。為先君子。不能求大。而出在小國。辟也。母淫子辟。無威。陳小而遠。無援。將何安焉。杜祁以君故。讓偪姞而上之。以狄故。讓季隗而已次之。故班在四。先君是以愛其子。而仕諸秦。為亞卿焉。秦大而近。足以為援。母義子愛。足以威民。立之。不亦可乎。使先蔑。士會。如秦。逆公子雍。賈季亦使召公子樂于陳。趙孟使殺諸郫。賈季怨陽子之易其班也。而知其無援於晉也。

九月。賈季使續鞫居殺陽處父。書曰。晉殺其大夫。侵官也。

冬。十月。襄仲如晉。葬襄公。

十一月。丙寅。晉殺續簡伯。賈季奔狄。宣子使臾駢送其帑。夷之蒐。賈季戮臾駢。臾駢之人。欲盡殺賈氏以報焉。臾駢曰。不可。吾聞前志有之曰。敵惠敵怨。不在後嗣。忠之道也。夫子禮於賈季。我以其寵報私怨。無乃不可乎。介人之寵。非勇也。損怨益仇。非知也。以私害公。非忠也。釋此三者。何以事夫子。盡具其帑。與其器用財賄。親師扞之。送致諸竟。閏月不告朔。非禮也。閏以正時。時以作事。事以厚生。生民之道。於是乎在矣。不告閏朔。棄時政也。何以為民。

文公七年

經七年

春。公伐邾。

三月。甲戌。取須句。遂城郚。

夏。四月。宋公王臣卒。宋人殺其大夫。戊子。晉人及秦人戰于令狐。晉先蔑奔秦。狄侵我西鄙。

秋。八月。公會諸侯。晉大夫。盟于扈。

冬。徐伐莒。公孫敖如莒莅盟。

傳七年

春。公伐邾。間晉難也。

三月。甲戌。取須句。寘文公子焉。非禮也。

夏。四月。宋成公卒。於是公子成為右師。公孫友為左師。樂豫為司馬。鱗矔為司徒。公子蕩為司城。華御事為司寇。昭公將去群公子。樂豫曰。不可。公族。公室之枝葉也。若去之。則本根無所庇陰矣。葛藟猶能庇其本根。故君子以為比。況國君乎。此諺所謂庇焉。而縱尋斧焉者也。必不可。君其圖之。親之以德。皆股肱也。誰敢攜貳。若之何去之。不聽。穆襄之族。率國人以攻公。殺公孫固。公孫鄭。于公宮。六卿和公室。樂豫舍司馬。以讓公子卬。昭公即位而葬。書曰。宋人殺其大夫。不稱名。眾也。且言非其罪也。秦康公送公子雍于晉。曰。文公之入也。無衛。故有呂郤之難。乃多與之徒衛。穆嬴日抱太子以啼于朝。曰。先君何罪。其嗣亦何罪。舍適嗣不立。而外求君。將焉寘此。出朝則抱以適趙氏。頓首於宣子曰。先君奉此子也。而屬諸子曰。此子也才。吾受子之賜。不才。吾唯子之怨。今君雖終。言猶在耳。而棄之。若何。宣子與諸大夫皆患穆嬴。且畏偪。乃背先蔑而立靈公。以禦秦師。箕鄭居守。趙盾將中軍。先克佐之。荀林父佐上軍。先蔑將下軍。先都佐之。步招御戎。戎津為右。及堇陰。宣子曰。我若受秦。秦則賓也。不受。寇也。既不受矣。而復緩師。秦將生心。先人有奪人之心。軍之善謀也。逐寇如追逃。軍之善政也。訓卒利兵。秣馬蓐食。潛師夜起。戊子。敗秦師于令狐。至于刳首。己丑。先蔑奔秦。士會從之。先蔑之使也。荀林父止之曰。夫人大子猶在。而外求君。此必不行。子以疾辭。若何。不然。將及。攝卿以往。可也。何必子。同官為寮。吾嘗同寮。敢不盡心乎。弗聽。為賦板之三章。又弗聽。及亡。荀伯盡送其帑。及其器用財賄於秦。曰。為同寮故也。士會在秦三年。不見士伯。其人曰。能亡人於國。不能見於此。焉用之。士季曰。吾與之同罪。非義之也。將何見焉。及歸。遂不見。狄侵我西鄙。公使告于晉。趙宣子使因賈季問酆舒。且讓之。酆舒問於賈季。曰。趙衰。趙盾。孰賢。對曰。趙衰。冬日之日也。趙盾。夏日之日也。

秋。八月。齊侯。宋公。衛侯。鄭伯。許男。曹伯。會晉趙盾。盟于扈。晉侯立故也。公後至。故不書所會。凡會諸侯。不書所會。後也。後至不書其國。辟不敏也。穆伯娶于莒。曰。戴己。生文伯。其娣聲己。生惠叔。戴己卒。又聘于莒。莒人以聲己辭。則為襄仲聘焉。
冬。徐伐莒。莒人來請盟。穆伯如莒涖盟。且為仲逆。及鄢陵。登城見之。美。自為娶之。仲請攻之。公將許之。叔仲惠伯諫曰。臣聞之。兵作於內為亂。於外為寇。寇猶及人。亂自及也。今臣作亂。而君不禁。以啟寇讎。若之何。公止之。惠伯成之。使仲舍之。公孫敖反之。復為兄弟如初。從之。晉郤缺言於趙宣子曰。日衛不睦。故取其地。今已睦矣。可以歸之。叛而不討。何以示威。服而不柔。何以示懷。非威非懷。何以示德。無德。何以主盟。子為正卿。以主諸侯。而不務德。將若之何。夏書曰。戒之用休。董之用威。勸之以九歌。勿使壞。九功之德。皆可歌也。謂之九歌。六府三事。謂之九功。水。火。金。木。土。穀。謂之六府。正德。利用。厚生。謂之三事。義而行之。謂之德禮。無禮不樂。所由叛也。若吾子之德。莫可歌也。其誰來之。盍使睦者歌吾子乎。宣子說之。

文公八年

經八年

春。王正月。

夏。四月。

秋。八月。戊申。天王崩。

冬。十月。壬午。公子遂會晉趙盾。盟于衡雍。乙酉。公子遂會雒戎。盟于暴。公孫敖如京師。不至而復。丙戌。奔莒。螽。宋人殺其大夫司馬。宋司城來奔。

傳八年

春。晉侯使解揚歸匡戚之田于衛。且復致公婿池之封。自申至于虎牢之竟。

夏。秦人伐晉。取武城。以報令狐之役。

秋。襄王崩。晉人以扈之盟來討。

冬。襄仲會晉趙孟。盟于衡雍。報扈之盟也。遂會伊雒之戎。書曰。公子遂。珍之也。穆伯如周弔喪。不至。以幣奔莒。從已氏焉。宋襄夫人。襄王之姊也。昭公不禮焉。夫人因戴氏之族。以殺襄公之孫孔叔。公孫鍾離。及大司馬公子卬。皆昭公之黨也。司馬握節以死。故書以官。司城蕩意諸來奔。效節於府人而出。公以其官逆之。皆復之。亦書以官。皆貴之也。夷之蒐。晉侯將登箕鄭父。先都。而使士縠。梁益耳。將中軍。先克曰。狐趙之勳。不可廢也。從之。先克奪蒯得田于堇陰。故箕鄭父。先都。士縠。梁益耳。蒯得。作亂。

文公九年

經九年

春。毛伯來求金。夫人姜氏如齊。

二月。叔孫得臣如京師。辛丑。葬襄王。晉人殺其大夫先都。

三月。夫人姜氏至自齊。晉人殺其大夫士縠。及箕鄭父。楚人伐鄭。公子遂會晉人。宋人。衛人。許人。救鄭。

夏。狄侵齊。

秋。八月。曹伯襄卒。

九月。癸酉。地震。

冬。楚子使椒來聘。秦人來歸僖公成風之隧。葬曹共公。

傳九年

春。王正月。己酉。使賊殺先克。乙丑。晉人殺先都。梁益耳。毛伯衛來求金。非禮也。不書王命。未葬也。

二月。莊叔如周葬襄王。

三月。甲戌。晉人殺箕鄭父。士縠。蒯得。范山言於楚子曰。晉君少。不在諸侯。北方可圖也。楚子師于狼淵以伐鄭。囚公子堅。公子尨。及樂耳。鄭及楚平。公子遂會晉趙盾。宋華耦。衛孔達。許大夫。救鄭。不及楚師。卿不書。緩也。以懲不恪。

夏。楚侵陳。克壺丘。以其服於晉也。

秋。楚公子朱自東夷伐陳。陳人敗之。獲公子茷。陳懼。乃及楚平。

冬。楚子越椒來聘。執幣傲。叔仲惠伯曰。是必滅若敖氏之宗。傲其先君。神弗福也。秦人來歸僖公成風之禭。禮也。諸侯相弔賀也。雖不當事。苟有禮焉

。書也。以無忘舊好。

文公十年

經十年

春。王三月。辛卯。臧孫辰卒。

夏。秦伐晉。楚殺其大夫宜申。自正月不雨。至于秋七月。及蘇子盟于女栗。

冬。狄侵宋。楚子。蔡侯。次于厥貉。

傳十年

春。晉人伐秦。取少梁。

夏。秦伯伐晉。取北徵。初楚范巫矞似。謂成王。與子玉。子西。曰。三君皆將強死。城濮之役。王思之。故使止子玉曰。毋死。不及。止子西。子西縊而縣絕。王使適至。遂止之。使為商公。沿漢泝江。將入郢。王在渚宮。下見之。懼而辭曰。臣免於死。又有讒言。謂臣將逃。臣歸死於司敗也。王使為工尹。又與子家謀弒穆王。穆王聞之。

五月。殺鬥宜申。及仲歸。

秋。七月。及蘇子盟于女栗。頃王立故也。陳侯。鄭伯。會楚子于息。

冬。遂及蔡侯。次于厥貉。將以伐宋。宋華御事曰。楚欲弱我也。先為之弱乎。何必使誘我。我實不能。民何罪。乃逆楚子。勞且聽命。遂。道以田孟諸。宋公為右盂。鄭伯為左盂。期思公復遂。為右司馬。子朱及文之無畏。為左司馬。命夙駕載燧。宋公違命。無畏抶其僕以徇。或謂子舟曰。國君不可戮也。子舟曰。當官而行。何彊之有。詩曰。剛亦不吐。柔亦不茹。毋縱詭隨。以謹罔極。是亦非辟彊也。敢愛死以亂官乎。厥貉之會。麇子逃歸。

文公十一年

經十有一年

春。楚子伐麇。

夏。叔仲彭生。會晉郤缺于承筐。

秋。曹伯來朝。公子遂如宋。狄侵齊。

冬。十月。甲午。叔孫得臣敗狄于鹹。

傳十一年

春。楚子伐麇。成大心敗麇師於防渚。潘崇復伐麇。至于錫穴。

夏。叔仲惠伯會晉郤缺于承筐。謀諸侯之從於楚者。

秋。曹文公來朝。即位而來見也。襄仲聘于宋。且言司城蕩意諸而復之。因賀楚師之不害也。鄋瞞侵齊。遂伐我。公卜使叔孫得臣追之。吉。侯叔夏御莊叔。綿房甥為右。富父終甥駟乘。

冬。十月。甲午。敗狄于鹹。獲長狄僑如。富父終甥椿其喉。以戈殺之。埋其首於子駒之門。以命宣伯。初。宋武公之世。鄋瞞伐宋。司徒皇父帥師禦之。耏班御皇父充石。公子穀甥為右。司寇牛父駟乘。以敗狄于長丘。獲長狄緣斯。皇父之二子死焉。宋公於是以門賞耏班。使食其征謂之耏門。晉之滅潞也。獲僑如之弟焚如。齊襄公之二年。鄋瞞伐齊。齊王子成父獲其弟榮如。埋其首於周首之北門。衛人獲其季弟簡如。鄋瞞由是遂亡。郕大子朱儒。自安於夫鍾。國人弗徇。

文公十二年

經十有二年

春。王正月。郕伯來奔。杞伯來朝。

二月。庚子。子叔姬卒。

夏。楚人圍巢。

秋。滕子來朝。秦伯使術來聘。

冬。十有二月。戊午。晉人。秦人。戰于河曲。季孫行父帥師。城諸及鄆。

傳十二年

春。郕伯卒。郕人立君。大子以夫鍾與郕邽來奔。公以諸侯逆之。非禮也。故書曰。郕伯來奔。不書地。尊諸侯也。杞桓公來朝。始朝公也。且請絕叔姬。而無絕昏。公許之。

二月。叔姬卒。不言杞。絕也。書叔姬。言非女也。楚令尹大孫伯卒。成嘉為令尹。群舒叛楚。夏。子孔執舒子平。及宗子。遂圍巢。

秋。滕昭公來朝。亦始朝公也。秦伯使西乞術來聘。且言將伐晉。襄仲辭玉曰。君不忘先君之好。照臨魯國。鎮撫其社稷。重之以大器。寡君敢辭玉。對曰。不腆敝器。不足辭也。主人三辭。賓客曰。寡君願徼福于周公。魯公。以事君。不腆先君之敝器。使下臣致諸執事。以為瑞節。要結好命。所以藉寡君之命。結二國之好。是以敢致之。襄仲曰。不有君子。其能國乎。國無陋矣。厚賄之。秦為令狐之役故。

冬。秦伯伐晉。取羈馬。晉人禦之。趙盾將中軍。荀林父佐之。郤缺將上軍。臾駢佐之。欒盾將下軍。胥甲佐之。范無恤御戎。以從秦師于河曲。臾駢曰。秦不能久。請深壘固軍以待之。從之。秦人欲戰。秦伯謂士會曰。若何而戰。對曰。趙氏新出其屬曰臾駢。必實為此謀。將以老我師也。趙有側室曰穿。晉君之婿也。有寵而弱。不在軍事。好勇而狂。且惡臾駢之佐上軍也。若使輕者肆焉。其可。秦伯以璧祈戰于河。十二月。戊午。秦軍掩晉上軍。趙穿追之不及。反。怒曰。裹糧坐甲。固敵是求。敵至不擊。將何俟焉。軍吏曰。將有待也。穿曰我不知謀。將獨出。乃以其屬出。宣子曰。秦獲穿也。獲一卿矣。秦以勝歸。我何以報。乃皆出戰。交綏。秦行人夜戒晉師曰。兩君之士。皆未憖也。明日請相見也。臾駢曰。使者目動而言肆。懼我也。將遁矣。薄諸河。必敗之。胥甲。趙穿。當軍門呼曰。死傷未收而棄之。不惠也。不待期而薄人於險。無勇也。乃止。秦師夜遁。復侵晉。入瑕。城諸及鄆。書時也。

文公十三年

經十有三年

春。王正月。

夏。五月。壬午。陳侯朔卒。邾子蘧蒢卒。自正月不雨。至于秋七月。大室屋壞。

冬。公如晉。衛侯會公于沓。狄侵衛。

十有二月。己丑。公及晉侯盟。公還自晉。鄭伯會公于棐。

傳十三年

春。晉侯使詹嘉處瑕。以守桃林之塞。晉人患秦之用士會也。

夏。六卿相見於諸浮。趙宣子曰。隨會在秦。賈季在狄。難日至矣。若之何。中行桓子曰。請復賈季。能外事。且由舊勳。郤成子曰。賈季亂。且罪大。不如隨會。能賤而有恥。柔而不犯。其知足使也。且無罪。乃使魏壽餘偽以魏叛者。以誘士會。執其帑於晉。使夜逸。請自歸于秦。秦伯許之。履士會之足於朝。秦伯師于河西。魏人在東。壽餘曰。請東人之能與夫二三有司言者。吾與之。先使士會。士會辭曰。晉人虎狼也。若背其言。臣死。妻子為戮。無益於君。不可悔也。秦伯曰。若背其言。所不歸爾帑者。有如河。乃行。繞朝贈之以策。曰子無謂秦無人。吾謀適不用也。既濟。魏人譟而還。秦人歸其帑。其處者為劉氏。邾文公卜遷于繹。史曰。利於民而不利於君。邾子曰。苟利於民。孤之利也。天生民而樹之君。以利之也。民既利矣。孤必與焉。左右曰。命可長也。君何弗為。邾子曰。命在養民。死之短長。時也。民苟利矣。遷也。吉莫如之。遂遷于繹。五月。邾文公卒。君子曰知命。

秋。七月。大室之屋壞。書不共也。

冬。公如晉朝且尋盟。衛侯會公于沓。請平于晉。公還。鄭伯會公于棐。亦請平于晉。公皆成之。鄭伯與公宴于棐。子家賦鴻鴈。季文子曰。寡君未免於此。文子賦四月。子家賦載馳之四章。文子賦采薇之四章。鄭伯拜。公荅拜。

文公十四年

經十有四年

春。王正月。公至自晉。邾人伐我南鄙。叔彭生帥師伐邾。

夏。五月。乙亥。齊侯潘卒。

六月。公會宋公。陳侯。衛侯。鄭伯。許男。曹伯。晉趙盾。癸酉。同盟于新城。

秋。七月。有星孛入于北斗。公至自會。晉人納捷菑于邾。弗克納。

九月。甲申。公孫敖卒于齊。齊公子商人弒其君舍。宋子哀來奔。

冬。單伯如齊。齊人執單伯。齊人執子叔姬。

傳十四年

春。頃王崩。周公閱與王孫。蘇爭政。故不赴。凡崩薨。不赴則不書。禍福不告亦不書。不懲敬也。邾文公之卒也。公使弔焉。不敬。邾人來討。伐我南鄙。故惠伯伐邾子叔姬妃齊昭公。生舍。叔姬無寵。舍無威。公子商人驟施於國。而多聚士。盡其家。貸於公有司以繼之。

夏。五月。昭公卒。舍即位。邾文公元妃齊姜。生定公。二妃晉姬。生捷菑。文公卒。邾人立定公。捷菑奔晉。

六月。同盟于新城。從於楚者服。且謀邾也。

秋。七月。乙卯夜。齊商人弒舍而讓元。元曰。爾求之久矣。我能事爾。爾不可使多蓄憾。將免我乎。爾為之。有星孛入于北斗。周內史叔服曰。不出七年。宋齊晉之君。皆將死亂。晉趙盾以諸侯之師八百乘。納捷菑于邾。邾人辭曰。齊出貜且長。宣子曰。辭順而弗從。不祥。乃還。周公將與王孫蘇訟于晉。王叛王孫蘇。而使尹氏與聃啟。訟周公于晉。趙宣子平王室而復之。楚莊王立。子孔。潘崇。將襲群舒。使公子燮與子儀守。而伐舒蓼。二子作亂。城郢。而使賊殺子孔。不克而還。

八月。二子以楚子出。將如商密。廬戢黎及叔麇誘之。遂殺鬥克。及公子燮。初。鬥克囚于秦。秦有殽之敗。而使歸求成。成而不得志。公子燮求令尹而不得。故二子作亂。穆伯之從己氏也。魯人立文伯。穆伯生二子於莒。而求復。文伯以為請。襄仲使無朝聽命。復而不出。二年而盡室以復適莒。文伯疾。而請曰。穀之子弱。請立難也。許之。文伯卒。立惠叔。穆伯請重賂以求復。惠叔以為請。許之。將來。

九月。卒于齊。告喪。請葬。弗許。宋高哀為蕭封人。以為卿。不義宋公而出。遂來奔。書曰。宋子哀來奔。貴之也。齊人定懿公。使來告難。故書以九月。齊公子元。不順懿公之為政也。終不曰公。曰夫己氏。襄仲使告于王。請以王寵。求昭姬于齊。曰。殺其子。焉用其母。請受而罪之。

冬。單伯如齊。請子叔姬。齊人執之。又執子叔姬。

文公十五年

經十有五年

春。季孫行父如晉。

三月。宋司馬華孫來盟。

夏。曹伯來朝。齊人歸公孫敖之喪。

六月。辛丑。朔。日有食之。鼓用牲于社。單伯至自齊。晉郤缺帥師伐蔡。戊申。入蔡。

秋。齊人侵我西鄙。季孫行父如晉。

冬。十有一月。諸侯盟于扈。

十有二月。齊人來歸子叔姬。齊侯侵我西鄙。遂伐曹。入其郛。

傳十五年

春。季文子如晉。為單伯與子叔姬故也。

三月。宋華耦來盟。其官皆從之。書曰。宋司馬華孫。貴之也。公與之宴。辭曰。君之先臣督。得罪於宋殤公。名在諸侯之策。臣承其祀。其敢辱君。請承命於亞旅。魯人以為敏。

夏。曹伯來朝。禮也。諸侯五年再相朝。以脩王命。古之制也。齊人或為孟氏謀。曰。魯爾親也。飾棺寘諸堂阜。魯必取之。從之。卞人以告。惠叔猶毀以為請。立於朝以待命。許之。取而殯之。齊人送之書曰。齊人歸公孫敖之喪。為孟氏。且國故也。葬視共仲。聲己不視。帷堂而哭。襄仲欲勿哭。惠伯曰喪。親之終也。雖不能始。善終可也。史佚有言曰。兄弟致美。救乏。賀善。弔災。祭敬。喪哀。情雖不同。毋絕其愛親之道也。子無失道。何怨於人。襄仲說。帥兄弟以哭之。他年。其二子來。孟獻子愛之。聞於國。或譖之曰。將殺子。獻子以告。季文子二子曰。夫子以愛我聞。我以將殺子聞。不亦遠於禮乎。遠禮不如死。一人門于句鼆。一人門于戾丘。皆死。

六月。辛丑朔。日有食之。鼓用牲于社。非禮也。日有食之。天子不舉。伐鼓于社。諸侯用幣于社。伐鼓于朝。以昭事神。訓民事君。示有等威。古之道也。齊人許單伯請而赦之。使來致命。書曰。單伯至自齊。貴之也。新城之盟。蔡人不與。晉郤缺以上軍下軍伐蔡。曰。君弱。不可以怠。戊申。入蔡。以城下之盟而還。凡勝國。曰滅之。獲大城焉。曰入之。

秋。齊人侵我西鄙。故季文子告于晉。

冬。十一月。晉侯。宋公。衛侯。蔡侯。鄭伯許男。曹伯。盟于扈。尋新城之盟。且謀伐齊也。齊人賂晉侯。故不克而還。於是有齊難。是以公不會。書曰。諸侯盟于扈。無能為故也。凡諸侯會。公不與不書。諱君惡也。與而不書。後也。齊人來歸子叔姬。王故也。齊侯侵我西鄙。謂諸侯不能也。遂伐曹。人其郛。討其來朝也。季文子曰。齊侯其不免乎。己則無禮。而討於有禮者。曰。女何故行禮。禮以順天。天之道也。己則反天。而又以討人。難以免矣。詩曰。胡不相畏。不畏于天。君子之不虐幼賤。畏于天也。在周頌曰。畏天之威。于時保之。不畏于天。將何能保。以亂取國。奉禮以守。猶懼不終。多行無禮。弗能在矣。

文公十六年

經十有六年

春。季孫行父會齊侯于陽穀。齊侯弗及盟。

夏。五月。公四不視朔。

六月。戊辰。公子遂及齊侯。盟于郪丘。

秋。八月。辛未。夫人姜氏薨。毀泉臺。楚人。秦人。巴人。滅庸。

冬。十有一月。宋人弒其君杵臼。

傳十六年

春。王正月。及齊平。公有疾。使季文子會齊侯于陽穀。請盟。齊侯不肯。曰。請俟君間。

夏。五月。公四不視朔。疾也。公使襄仲納賂于齊侯。故盟于郪丘。有蛇自泉宮出。入于國。如先君之數。

秋。八月。辛未。聲姜薨。毀泉臺。楚大饑。戎伐其西南。至于阜山。師于大林。又伐其東南。至于陽丘。以侵訾枝。庸人帥群蠻以叛楚。麇人率百濮聚於選。將伐楚。於是申息之北門不啟。楚人謀徙於阪高。蒍賈曰。不可。我能往。寇亦能往。不如伐庸。夫麇與百濮。謂我饑不能師。故伐我也。若我出師。必懼而歸。百濮離居。將各走其邑。誰暇謀人。乃出師。旬有五日。百濮乃罷。自廬以往。振廩同食。次于句澨。使廬戢黎侵庸。及庸方城。庸人逐之。囚子揚窗。三宿而逸。曰。庸師眾。群蠻聚焉。不如復大師。且起王卒。合而後進。師叔曰。不可。姑又與之遇。以驕之。彼驕我怒。而後可克。先君蚡冒所以服陘隰也。又與之遇。七遇皆北。唯裨。儵。魚。人實逐之。庸人曰。楚不足與戰矣。遂不設備。楚子乘馹。會師于臨品。分為二隊。子越自石溪。子貝自仞。以伐庸。秦人巴人從楚師。群蠻從楚子盟。遂滅庸。宋公子鮑禮於國人。宋饑。竭其粟而貸之。年自七十以上。無不饋詒也。時加羞珍異。無日不數於六卿之門。國之材人。無不事也。親自桓以下。無不恤也。公子鮑美而豔。襄夫人欲通之。而不可。夫人助之施。昭公無道。國人奉公子鮑以因夫人。於是華元為右師。公孫友為左師。華耦為司馬。鱗鱹為司徒。蕩意諸為司城。公子朝為司寇。初。司城蕩卒。公孫壽辭司城。請使意諸為之。既而告人曰。君無道。吾官近。懼及焉。棄官則族無所庇。子。身之貳也。姑紓死焉。雖亡子。猶不亡族。既。夫人將使公田孟諸而殺之。公知之。盡以寶行。蕩意諸曰。盍適諸侯。公曰。不能其大夫。至于君祖母。以及國人。諸侯誰納我。且既為人君。而又為人臣。不如死。盡以其寶賜左右。以使行。夫人使謂司城去公。對曰。臣之而逃其難。若後君何。

冬。十一月。甲寅。宋昭公將田孟諸。未至。夫人王姬使帥甸攻而殺之。蕩意諸死之。書曰。宋人弒其君杵臼。君無道也。文公即位。使母弟須為司城。華耦卒。而使蕩虺為司馬。

文公十七年

經十有七年

春。晉人。衛人。陳人。鄭人。伐宋。

夏。四月。癸亥。葬我小君聲姜。齊侯伐我西鄙。

六月。癸未。公及齊侯盟于穀。諸侯會于扈。
秋。公至自穀。
冬。公子遂如齊。

傳十七年

春。晉荀林父。衛孔達。陳公孫寧。鄭石楚。伐宋。討曰。何故弒君。猶立文公而還。卿不書。失其所也。

夏。四月。癸亥。葬聲姜。有齊難。是以緩。齊侯伐我北鄙。襄仲請盟。

六月。盟于穀。晉侯蒐于黃父。遂復合諸侯于扈。平宋也。公不與會。齊難故也。書曰諸侯。無功也。於是晉侯不見鄭伯。以為貳於楚也。鄭子家使執訊而與之書。以告趙宣子。曰。寡君即位三年。召蔡侯而與之事君。九月。蔡侯入于敝邑以行。敝邑以侯宣多之難。寡君是以不得與蔡侯偕。

十一月。克減侯宣多。而隨蔡侯以朝于執事。

十二年。六月。歸生佐寡君之嫡夷。以請陳侯于楚。而朝諸君。

十四年。七月。寡君又朝。以蕆陳事。

十五年。五月。陳侯自敝邑往朝于君。往年正月。燭之武往朝夷也。八月。寡君又往朝。以陳蔡之密邇於楚。而不敢貳焉。則敝邑之故也。雖敝邑之事君。何以不免。在位之中。一朝于襄。而再見于君。夷與孤之二三臣。相及於絳。雖我小國。則蔑以過之矣。今大國曰。爾未逞吾志。敝邑有亡。無以加焉。古人有言曰。畏首畏尾。身其餘幾。又曰。鹿死不擇音。小國之事大國也。德。則其人也。不德。則其鹿也。鋌而走險。急何能擇。命之罔極。亦知亡矣。將悉敝賦。以待於儵。唯執事命之。

文公二年。六月。壬申。朝于齊。

四年。二月。壬戌。為齊侵蔡。亦獲成於楚。居大國之間。而從於強令。豈其罪也。大國若弗圖。無所逃命。晉鞏朔行成於鄭。趙穿。公婿池。為質焉。

秋。周甘歜敗戎于邥垂。乘其飲酒也。

冬。十月。鄭大子夷。石楚。為質于晉。襄仲如齊。拜穀之盟。復曰。臣聞齊人將食魯之麥。以臣觀之。將不能齊君之語偷。臧文仲有言曰。民主偷必死。

文公十八年

經十有八年

春。王二月。丁丑。公薨于臺下。秦伯罃卒。

夏。五月。戊戌。齊人弒其君商人。

六月。癸酉。葬我君文公。

秋。公子遂。叔孫得臣。如齊。

冬。十月。子卒。夫人姜氏歸于齊。季孫行父如齊。莒弒其君庶其。

傳十八年

春。齊侯戒師期。而有疾。醫曰。不及秋。將死。公聞之。卜曰。尚無及期。惠伯令龜。卜楚丘占之。曰。齊侯不及期。非疾也。君亦不聞。令龜有咎。二月。丁丑。公薨。齊懿公之為公子也。與邴歜之父爭田。弗勝。及即位。乃掘而刖之。而使歜僕。納閻職之妻。而使職驂乘。

夏。五月。公游于申池。二人浴于池。歜以扑抶職。職怒。歜曰。人奪女妻而不怒。一抶女庸何傷。職曰。與刖其父而弗能病者何如。乃謀弒懿公。納諸竹中。歸舍爵而行。齊人立公子元。

六月。葬文公。

秋。襄仲。莊叔。如齊。惠公立故。且拜葬也。文公二妃。敬嬴生宣公。敬嬴嬖。而私事襄仲。宣公長。而屬諸襄仲。襄仲欲立之。叔仲不可。仲見于齊侯而請之。齊侯新立。而欲親魯。許之。

冬。十月。仲殺惡及視。而立宣公。書曰。子卒。諱之也。仲以君命召惠伯。其宰公冉務人止之。曰。入必死。叔仲曰。死君命可也。公冉務人曰。若君命可死。非君命何聽。弗聽。乃入。殺而埋之馬矢之中。公冉務人奉其帑以奔蔡。既而復叔仲氏。夫人姜氏歸于齊。大歸也。將行哭而過市。曰天乎。仲為不道。殺適。立庶。市人皆哭。魯人謂之哀姜。莒紀公子生大子僕。又生季佗。愛季佗而黜僕。且多行禮於國。僕因國人以弒紀公。以其寶玉來奔。納諸宣公。公命與之邑。曰。今日必授。季文子使司寇出諸竟。曰。今日必達。公問其故。季文子使大史克對曰。先大夫臧文仲。教行父事君之禮。行父奉以周旋。弗敢失隊。曰。見有禮於其君者事之。如孝子之養父母也。見無禮於其君者誅之。如鷹鸇之逐鳥雀也。先君周公制周禮曰。則以觀德。德以處事。事以度功。功以食民。作誓命曰。毀則為賊。掩賊為藏。竊賄為盜。盜器為姦。主藏之名。賴姦之用。為大凶德。有常無赦。在九刑不忘。行父還觀莒僕。莫可則也。孝敬忠信為吉德。盜賊藏姦為凶德。夫莒僕。則其孝敬。則弒君父矣。則其忠信。則竊寶玉矣。其人。則盜賊也。其器。則姦兆也。保而利之。則主藏也。以訓則昏。民無則焉。不度於善。而皆在於凶德。是以去之。昔高陽氏有才子八人。蒼舒。隤敳。檮戭。大臨。尨降。庭堅。仲容。叔達。齊聖廣淵。明允篤誠。天下之民。謂之八愷。高辛氏有才子八人。伯奮。仲堪。叔獻。季仲。伯虎。仲熊。叔豹。季貍。忠肅共懿。宣慈惠和。天下之民。謂之八元。此十六族也。世濟其美。不隕其名。以至於堯。堯不能舉。舜臣堯。舉八愷。使主后土。以揆百事。莫不時序。地平天成。舉八元。使布五教于四方。父義。母慈。兄友。弟共。子孝。內平。外成。昔帝鴻氏有不才子。掩義隱賊。好行凶德。醜類惡物。頑嚚不友。是與比周。天下之民。謂之渾敦。少皞氏有不才子。毀信廢忠。崇飾惡言。靖譖庸回。服讒蒐慝。以誣盛德。天下之民。謂之窮奇。顓頊有不才子。不可教訓。不知話言。告之則頑。舍之則嚚。傲很明德
。以亂天常。天下之民。謂之檮杌。此三族也。世濟其凶。增其惡名。以至于堯。堯不能去。縉雲氏有不才子。貪于飲食。冒于貨賄。侵欲崇侈。不可盈厭。聚斂積實。不知紀極。不分孤寡。不恤窮匱。天下之民。以比三凶。謂之饕餮。舜臣堯。賓于四門。流四凶族。渾敦。窮奇。檮杌。饕餮。投諸四裔。以禦螭魅。是以堯崩而天下如一。同心戴舜。以為天子。以其舉十六相。去四凶也。故虞書數舜之功曰。慎徽五典。五典克從。無違教也。曰。納于百揆。百揆時序。無廢事也。曰賓于四門。四門穆穆。無凶人也。舜有大功二十而為天子。今行父雖未獲一吉人。去一凶矣。於舜之功。二十之一也。庶幾

免於戾乎。宋武氏之族道昭公子。將奉司城須以作亂。

十二月。宋公殺母弟須。及昭公子使戴。莊。桓。之族。攻武氏於司馬子伯之館。遂出武穆之族。使公孫師為司城。公子朝卒。使樂呂為司寇。以靖國人。

宣公

宣公元年

經元年

春。王正月。公即位。公子遂如齊逆女。

三月。遂以夫人婦姜至自齊。

夏。季。孫行父如齊。晉放其大夫胥甲父于衛。公會齊侯于平州。公子遂如齊。

六月。齊人取濟西田。

秋。邾子來朝。楚子。鄭人。侵陳。遂侵宋。晉趙盾帥師救陳。宋公。陳侯。衛侯。曹伯。會晉師于棐林。伐鄭。

冬。晉趙穿帥師侵崇。晉人。宋人。伐鄭。

傳元年

春。王正月。公子遂如齊逆女。尊君命也。

三月。遂以夫人婦姜至自齊。尊夫人也。

夏。季文子如齊。納賂。以請會。晉人討不用命者。放胥甲父于衛。而立胥克。先辛奔齊。會于平州。以定公位。東門襄仲如齊拜成。

六月。齊人取濟西之田。為立公故。以賂齊也。宋人之弒昭公也。晉荀林父以諸侯之師伐宋。宋及晉平。宋文公受盟于晉。又會諸侯于扈。將為魯討齊。皆取賂而還。鄭穆公曰。晉不足與也。遂受盟于楚。陳共公之卒。楚人不禮焉。陳靈公受盟于晉。

秋。楚子侵陳。遂侵宋。晉趙盾帥師救陳宋。會于棐林。以伐鄭也。楚蒍賈救鄭。遇于北林。囚晉解揚。晉人乃還。晉欲求成於秦。趙穿曰。我侵崇。秦急崇必救之。吾以求成焉。

冬。趙穿侵崇。秦弗與成。晉人伐鄭。以報北林之役。於是晉侯侈。趙宣。子為政。驟諫而不入。故不競於楚。

宣公二年

經二年

春。王二月。壬子。宋華元帥師。及鄭公子歸生帥師。戰于大棘。宋師敗績。獲宋華元。秦師伐晉。

夏·晉人。宋人。衛人。陳人。侵鄭。

秋。九月。乙丑。晉趙盾弒其君夷皐。

冬。十月。乙亥。天王崩。

傳二年

春。鄭公子歸生受命于楚。伐宋。宋華元。樂呂。御之。

二月。壬子。戰于大棘。宋師敗績。囚華元。獲樂呂。及甲車四百六十乘。俘二百五十人。馘百人。狂狡輅鄭人。鄭人入于井。倒戟而出之。獲狂狡。君子曰。失禮違命。宜其為禽也。戎昭果毅以聽之。之謂禮。殺敵為果。致果為毅。易之戮也。將戰。華元殺羊食士。其御羊斟不與。及戰。曰。疇昔之羊。子為政。今日之事。我為政。與入鄭師。故敗。君子謂羊斟非人也。以其私憾。敗國殄民。於是刑孰大焉。詩所謂人之無良者。其羊斟之謂乎。殘民以逞。宋人以兵車百乘。文馬百駟。以贖華元于鄭。半入。華元逃歸。立于門外。告而入。見叔牂。曰。子之馬然也。對曰。非馬也。其人也。既合而來奔。宋城。華元為植。巡功。城者謳曰。睅其目。皤其腹。棄甲而復。于思于思。棄甲復來。使其驂乘。謂之曰。牛則有皮。犀兕尚多。棄甲則那。役人曰。從其有皮。丹漆若何。華元曰。去之。夫其口眾我寡。秦師伐晉。以報崇也。遂圍焦。夏。晉趙盾救焦。遂自陰地。及諸侯之師侵鄭。以報大棘之役。楚鬥椒救鄭。曰。能欲諸侯而惡其難乎。遂次于鄭。以待晉師。趙盾曰。彼宗競于楚。殆將斃矣。姑益其疾。乃去之。晉靈公不君。厚斂以彫牆。從臺上彈人。而觀其辟丸也。宰夫胹熊蹯不熟。殺之。寘諸畚。使婦人載以過朝。趙盾。士季。見其手。問其故。而患之。將諫。士季曰。諫而不入。則莫之繼也。會請先。不入。則子繼之。三進及溜。而後視之。曰。吾知所過矣。將改之。稽首而對曰。人誰無過。過而能改。善莫大焉。詩曰。靡不有初。鮮克有終。夫如是。則能補過者鮮矣。君能有終。則社稷之固也。豈惟群臣賴之。

又曰。袞職有闕。惟仲山甫補之。能補過也。君能補過。袞不廢矣。猶不改。宣子驟諫。公患之。使鉏麑賊之。晨往。寢門闢矣。盛服將朝。尚早。坐而假寐。麑退。歎而言曰。不忘恭敬。民之主也。賊民之主。不忠。棄君之命。不信。有一於此。不如死也。觸槐而死。
秋。九月。晉侯飲趙盾酒。伏甲將攻之。其右提彌明知之。趨登曰。臣侍君宴。過三爵。非禮也。遂扶以下。公嗾夫獒焉。明搏而殺之。盾曰。棄人用犬。雖猛何為。鬥且出。提彌明死之。初。宣子田於首山。舍于翳桑。見靈輒餓。問其病。曰。不食三日矣。食之。舍其半。問之。曰。宦三年矣。未知母之存否。今近焉。請以遺之。使盡之。而為之簞食與肉。寘諸橐以與之。既而與為公介。倒戟以禦公徒。而免之。問何故。對曰。翳桑之餓人也。問其名居。不告而退。遂自亡也。乙丑。趙穿攻靈公於桃園。宣子未出山而復。大史書曰。趙盾弒其君。以示於朝。宣子曰。不然。對曰。子為正卿。亡不越竟。反不討賊。非子而誰。宣子曰。嗚呼。我之懷矣。自詒伊慼。其我之謂矣。孔子曰。董狐。古之良史也。書法不隱。趙宣子。古之良大夫也。為法受惡。惜也。越竟乃免。宣子使趙穿逆公子黑臀于周。而立之。壬申。朝于武宮。初。麗姬之亂。詛無畜群公子。自是晉無公族。及成公即位。乃宦卿之適子。而為之田。以為公族。又宦其餘子。亦為餘子。其庶子為公行。晉於是有公族。餘子。公行。趙盾請以括為公族。曰。君姬氏之愛子也。微君姬氏。則臣狄人也。公許之。
冬。趙盾為旄車之族。使屏季以其故族為公族大夫。

宣公三年

經三年

春。王正月。郊牛之口傷。改卜牛。牛死。乃不郊。猶三望。葬匡王。
楚子伐陸渾之戎。
夏。楚人侵鄭。
秋。赤狄侵齊。宋師圍曹。
冬。十月。丙戌。鄭伯蘭卒。葬鄭穆公。

傳三年

春。不郊而望。皆非禮也。望。郊之屬也。不郊。亦無望可也。晉侯伐鄭。及郔。鄭及晉平。士會入盟。楚子伐陸渾之戎。遂至于雒。觀兵于周疆。定王使王孫滿勞楚子。楚子問鼎之大小輕重焉。對曰。在德不在鼎。昔夏之方有德也。遠方圖物。貢金九牧。鑄鼎象物。百物而為之備。使民知神姦。故民入川澤山林。不逢不若。螭魅罔兩。莫能逢之。用能協于上下。以承天休。桀有昏德。鼎遷于商。載祀六百。商紂暴虐。鼎遷于周。德之休明。雖小。重也。其姦回昏亂。雖大。輕也。天祚明德。有所底止。成王定鼎于郟鄏。卜世三十。卜年七百。天所命也。周德雖衰。天命未改。鼎之輕重。未可問也。

夏。楚人侵鄭。鄭即晉。故也。宋文公即位三年。殺母弟須。及昭公子。武氏之謀也。使戴桓之族。攻武氏於司馬子伯之館。盡逐武穆之族。武穆之族。以曹師伐宋。

秋。宋師圍曹。報武氏之亂也。

冬。鄭穆公卒。初。鄭文公有賤妾。曰燕姞。夢天使與己蘭。曰。余為伯儵。余而祖也。以是為而子。以蘭有國香。人服媚之如是。既而文公見之。與之蘭而御之。辭曰。妾不才。幸而有子。將不信。敢徵蘭乎。公曰。諾。生穆公。名之曰蘭。文公報鄭子之妃。曰陳媯。生子華。子臧。子臧得罪而出。誘子華而殺之南里。使盜殺子臧於陳宋之間。又娶于江。生公子士。朝于楚。楚人酖之。及葉而死。又娶于蘇。生子瑕。子俞彌。俞彌早卒。洩駕惡瑕。文公亦惡之。故不立也。公逐群公子。公子蘭奔晉。從晉文公伐鄭。石癸曰。吾聞姬姞耦。其子孫必蕃。姞。吉人也。后稷之元妃也。今公子蘭。姞甥也。天或啟之。必將為君。其後必蕃。先納之。可以亢寵。與孔將鉏。侯宣多。納之。盟于大宮。而立之。以與晉平。穆公有疾。曰。蘭死。吾其死乎。吾所以生也。刈蘭而卒。

宣公四年

經四年

春。王正月。公及齊侯平莒及郯。莒人不肯。公伐莒。取向。秦伯稻卒。
夏。六月。乙酉。鄭公子歸生弒其君夷。赤狄侵齊。
秋。公如齊。公至自齊。
冬。楚子伐鄭。

傳四年

春。公及齊侯平莒及郯。莒人不肯。公伐莒取向。非禮也。平國以禮。不以亂。伐而不治。亂也。以亂平亂。何治之有無治。何以行禮。楚人獻黿於鄭靈公。公子宋。與子家將見。子公之食指動。以示子家。曰。他日我如此。必嘗異味。及入。宰夫將解黿。相視而笑。公問之。子家以告。及食大夫黿。召子公而弗與也。子公怒。染指於鼎。嘗之而出。公怒。欲殺子公。子公與子家謀先。子家曰。畜老猶憚殺之。而況君乎。反譖子家。子家懼而從之。
夏·弒靈公。書曰。鄭公子歸生弒其君夷。權不足也。君子曰。仁而不武。無能達也。凡弒君稱君。君無道也。稱臣。臣之罪也。鄭人立子良。辭曰。以賢則去疾不足。以順。則公子堅長。乃立襄公。襄公將去穆氏。而舍子良。子良不可曰。穆氏宜存。則固願也。若將亡之。則亦皆亡。去疾何為。乃舍之。皆為大夫。初。楚司馬子良。生子越椒。子文曰。必殺之。是子也。熊虎之狀。而豺狼之聲。弗殺。必滅若敖氏矣。諺曰。狼子野心。是乃狼也。其可畜乎。子良不可。子文以為大慼。及將死。聚其族曰。椒也知政。乃速行矣。無及於難。且泣曰。鬼猶求食。若敖氏之鬼。不其餒而。及令尹子文卒。鬥般為令尹。子越為司馬。蔿賈為工正。譖子揚而殺之。子越為令尹。已為司馬。子越又惡之。乃以若敖氏之族。圄伯嬴於轑陽。而殺之。遂處烝野。將攻王。王以三王之子為質焉。弗受。師于漳澨。
秋。七月。戊戌。楚子與若敖氏戰于皐滸。伯棼射王。汰輈。及鼓跗。著於丁寧。又射。汰輈。以貫笠轂。師懼。退。王使巡師曰。吾先君文王克息。獲三矢焉。伯棼竊其二。盡於是矣。鼓而進之。遂滅若敖氏。初。若敖娶於䢵。生鬥伯比。若敖卒。從其母畜於邧。淫於邧子之女。生子文焉。邧夫人使棄諸夢中。虎乳之。邧子田。見之。懼而歸。夫人以告。遂使收之。楚人謂乳穀。謂虎於菟。故命之曰鬥穀於菟。以其女妻伯比。實為令尹子文。其孫箴尹克黃。使於齊。還及宋。聞亂。其人曰。不可以人矣。箴尹曰。棄君之命。獨誰受之。君。天也。天可逃乎。遂歸復命。而自拘於司敗。王思子文之治楚國也。曰。子文無後。何以勸善。使復其所。改命曰生 。 冬。楚子伐鄭。鄭未服也。

宣公五年

經五年

春。公如齊。

夏。公至自齊。

秋。九月。齊高固來逆叔姬。叔孫得臣卒。

冬。齊高固及子叔姬來。楚人伐鄭。

傳五年

春。公如齊。高固使齊侯止公。請叔姬焉。

夏。公至自齊。書過也。

秋。九月。齊高固來逆女。自為也。故書曰。逆叔姬。即自逆也。

冬。來。反馬也。楚子伐鄭。陳及楚平。晉荀林父救鄭伐陳。

宣公六年

經六年

春。晉趙盾。衛孫免。侵陳。

夏。四月。

秋。八月。螽。

冬。十月。

傳六年

春。晉衛侵陳。陳即楚故也。

夏。定王使子服求后于齊。

秋。赤狄伐晉。圍懷。及邢丘。晉侯欲伐之。中行桓子曰。使疾其民。以盈其貫。將可殪也。周書曰。殪戎殷。此類之謂也。

冬。召桓公逆王后于齊。楚人伐鄭。取成而還。鄭公子曼滿。與王子伯廖語。欲為卿伯廖告人曰。無德而貪。其在周易豐之離。弗過之矣。間一歲。鄭人殺之。

宣公七年

經七年

春。衛侯使孫良夫來盟。

夏。公會齊侯伐萊。

秋。公至自伐萊。大旱。

冬。公會晉侯。宋公。衛侯。鄭伯。曹伯。于黑壤。

傳七年

春。衛孫桓子來盟。始通。且謀會晉也。

夏。公會齊侯伐萊。不與謀也。凡師出。與謀曰及。不與謀曰會。赤狄侵晉。取向陰之禾。鄭及晉平。公子宋之謀也。故相鄭伯以會。

冬。盟于黑壤。王叔桓公臨之。以謀不睦。晉侯之立也。公不朝焉。又不使大夫聘晉人止公于會。盟于黃父。公不與盟。以賂免。故黑壤之盟不書。諱之也。

宣公八年

經八年

春。公至自會。

夏。六月。公子遂如齊。至黃。乃復。辛巳。有事于大廟。仲遂卒于垂。壬午。猶繹。萬入。去籥。戊子。夫人嬴氏薨。晉師。白狄。伐秦。楚人滅舒蓼。

秋。七月。甲子。日有食之。既。

冬。十月。己丑。葬我小君敬嬴。雨不克葬。庚寅。日中而克葬。城平陽。楚師伐陳。

傳八年

春。白狄及晉平。

夏。會晉伐秦。晉人獲秦諜。殺諸絳市。六日而蘇。有事于大廟。襄仲卒而繹。非禮也。楚為眾舒叛故。伐舒蓼。滅之。楚子疆之。及滑汭。盟吳越而還。晉胥克有蠱疾。郤缺為政。
秋。廢胥克。使趙朔佐下軍。
冬。葬敬嬴。旱無麻。始用葛茀。雨不克葬。禮也。禮。卜葬先遠日。辟不懷也。城平陽。書時也。陳及晉平。楚師伐陳。取成而還。

宣公九年

經九年

春。王正月。公如齊。公至自齊。
夏。仲孫蔑如京師。齊侯伐萊。
秋。取根牟。
八月。滕子卒。
九月。晉侯。宋公。衛侯。鄭伯。曹伯。會于扈。晉荀林父帥師伐陳。辛酉。晉侯黑臀卒于扈。
冬。十月。癸酉。衛侯鄭卒。宋人圍滕。楚子伐鄭。晉郤缺帥師救鄭。陳殺其大夫洩冶。

傳九年

春。王使來徵聘。
夏。孟獻子聘於周。王以為有禮。厚賄之。
秋。取根牟。言易也。滕昭公卒。會于扈。討不睦也。陳侯不會。晉荀林父以諸侯之師伐陳。晉侯卒于扈。乃還。
冬。宋人圍滕。因其喪也。陳靈公與孔寧。儀行父。通於夏姬。皆衷其衵服以戲于朝。洩冶諫曰。公卿宣淫。民無效焉。且聞不令。君其納之。公曰。吾能改矣。公告二子。二子請殺之。公弗禁。遂殺洩冶。孔子曰。詩云。民之多辟。無自立辟。其洩冶之謂乎。楚子為厲之役故。伐鄭。晉郤缺救鄭。鄭伯敗楚師于柳棼。國人皆喜。唯子良憂。曰。是國之災也。吾死無日矣。

宣公十年

經十年

春。公如齊。公至自齊。齊人歸我濟西田。

夏。四月。丙辰。日有食之。己巳。齊侯元卒。齊崔氏出奔衛。公如齊。

五月。公至自齊。癸巳。陳夏徵舒弒其君平國。

六月。宋師伐滕。公孫歸父如齊。葬齊惠公。晉人。宋人。衛人。曹人。伐鄭。

秋。天王使王季子來聘。公孫歸父帥師伐邾。取繹。大水。季孫行父如齊。

冬。公孫歸父如齊。齊侯使國佐來聘。饑。楚子伐鄭。

傳十年

春。公如齊。齊侯以我服故。歸濟西之田。

夏。齊惠公卒。崔杼有寵於惠公。高。國畏其偪也。公卒而逐之。奔衛。書曰。崔氏。非其罪也。且告以族。不以名。凡諸侯之大夫違。告於諸侯曰。某氏之守臣某。失守宗廟。敢告。所有玉帛之使者則告。不然則否。公如齊奔喪。陳靈公與孔寧。儀行父。飲酒於夏氏。公謂行父曰。徵舒似女。對曰。亦似君。徵舒病之。公出。自其廄射而殺之。二子奔楚。滕人恃晉而不事宋。

六月。宋師伐滕。鄭及楚平。諸侯之師伐鄭。取成而還。

秋。劉康公來報聘。師伐邾。取繹。季文子初聘于齊。

冬·子家如齊。伐邾故也。國武子來報聘。楚子伐鄭。晉士會救鄭。逐楚師于潁北。諸侯之師戍鄭。鄭子家卒。鄭人討幽公之亂。斲子家之棺而逐其族。改葬幽公。謚之曰靈。

宣公十一年

經十有一年

春。王正月。

夏。楚子。陳侯。鄭伯。盟于辰陵。公孫歸父會齊人伐莒。

秋。晉侯會狄于欑函。

冬。十月。楚人殺陳夏徵舒。丁亥。楚子入陳。納公孫寧儀行父于陳。

傳十一年

春·楚子伐鄭。及櫟。子良曰。晉楚不務德而兵爭。與其來者可也。晉楚無信。我焉得有信。乃從楚。

夏。楚盟于辰陵。陳鄭服也。楚左尹子重侵宋。王待諸郔。令尹蔿艾獵城沂。使封人慮事。以授司徒。量功命日。分財用。平板榦。稱畚築。程土物。議遠邇。略基趾。具餱糧。度有司。事三旬而成。不愆于素。晉郤成子求成于衆狄。衆狄疾赤狄之役。遂服于晉。

秋。會于欑函。衆狄服也。是行也。諸大夫欲召狄。郤成子曰。吾聞之。非德莫如勤。非勤何以求人。能勤有繼。其從之也。詩曰。文王既勤止。文王猶勤。況寡德乎。

冬。楚子為陳夏氏亂故。伐陳。謂陳人無動。將討於少西氏。遂入陳。殺夏徵舒。轘諸栗門。因縣陳。陳侯在晉。申叔時使於齊反。復命而退。王使讓之曰。夏徵舒為不道。弒其君。寡人以諸侯討而戮之。諸侯縣公皆慶寡人。女獨不慶寡人。何故。對曰。猶可辭乎。王曰。可哉。曰。夏徵舒弒其君。其罪大矣。討而戮之。君之義也。抑人亦有言曰。牽牛以蹊人之田。而奪之牛。牽牛以蹊者。信有罪矣。而奪之牛。罰已重矣。諸侯之從也。曰。討有罪也。今縣陳。貪其富也。以討召諸侯。而以貪歸之。無乃不可乎。王曰。善哉。吾未之聞也。反之。可乎。對曰。吾儕小人。所謂取諸其懷而與之也。乃復封陳。鄉取一人焉以歸。謂之夏州。故書曰。楚子入陳。納公孫寧。儀行父。于陳。書有禮也。厲之役。鄭伯逃歸。自是楚未得志焉。鄭既受盟于辰陵。又徼事于晉。

宣公十二年

經十有二年

春。葬陳靈公。楚子圍鄭。

夏。六月。乙卯。晉荀林父帥師及楚子戰于邲。晉師敗績。

秋。七月。

冬。十有二月。戊寅。楚子滅蕭。晉人。宋人。衛人。曹人。同盟于清丘。宋師伐陳。衛人救陳。

傳十二年

春。楚子圍鄭。旬有七日。鄭人卜行成不吉。卜臨于大宮。且巷出車。

吉。國人大臨。守陴者皆哭。楚子退師。鄭人脩城。進復圍之。
三月。克之。入自皇門。至于逵路。鄭伯肉袒牽羊以逆。曰。孤不天。不能事君。使君懷怒。以及敝邑。孤之罪也。敢不唯命是聽。其俘諸江南。以實海濱。亦唯命。其翦以賜諸侯。使臣妾之。亦唯命。若惠顧前好。徼福於厲。宣。桓。武。不泯其社稷。使改事君。夷於九縣。君之惠也。孤之願也。非所敢望也。敢布腹心。君實圖之。左右曰。不可許也。得國無赦。王曰。其君能下人。必能信用其民矣。庸可幾乎。退三十里。而許之平。潘尪入盟。子良出質。
夏。六月。晉師救鄭。荀林父將中軍。先縠佐之。士會將上軍。郤克佐之。趙朔將下軍。欒書佐之。趙括。趙嬰齊。為中軍大夫。鞏朔。韓穿。為上軍大夫。荀首。趙同。為下軍大夫。韓厥為司馬及河。聞鄭既及楚平。桓子欲還。曰。無及於鄭。而勦民。焉用之。楚歸而動。不後。隨武子曰。善。會聞用師觀釁而動。德。刑。政。事。典禮。不易。不可敵也。不為是征。楚軍討鄭。怒其貳而哀其卑。叛而伐之。服而舍之。德刑成矣。伐叛。刑也。柔服。德也。二者立矣。昔歲入陳。今茲入鄭。民不罷勞。君無怨讟。政有經矣。荊尸而舉。商農工賈。不敗其業。而卒乘輯睦。事不奸矣。蔿敖為宰。擇楚國之令典。軍行。右轅。左追蓐。前茅慮無。中權。後勁。百官象物而動。軍政不戒而備。能用典矣。其君之舉也。內姓選於親。外姓選於舊。舉不失德。賞不失勞。老有加惠。旅有施舍。君子小人。物有服章。貴有常尊。賤有等威。禮不逆矣。德立刑行。政成事時。典從禮順。若之何敵之。見可而進。知難而退。軍之善政也。兼弱攻昧。武之善經也。子姑整軍而經武乎。猶有弱而昧者。何必楚。仲虺有言曰。取亂侮亡。兼弱也。汋曰。於鑠王師。遵養時晦。耆昧也。武曰。無競惟烈。撫弱耆昧。以務烈所。可也。彘子曰。不可。晉所以霸。師武臣力也。今失諸侯。不可謂力。有敵而不從。不可謂武。由我失霸。不如死。且成師以出。聞敵彊而退。非夫也。命有軍師。而卒以非夫。唯群子能。我弗為也。以中軍佐濟。知莊子曰。此師殆哉。周易有之。在師之臨曰。師出以律。否臧凶。執事順成為臧。逆為否。眾散為弱。川壅為澤。有律以如己也。故曰。律否臧。且律竭也。盈而以竭。夭且不整。所以凶也。不行謂之臨。有帥而不從。臨孰甚焉。此之謂矣。果遇必敗。彘子尸之。雖免而歸。必有大咎。韓獻子謂桓子曰。彘子以偏師陷。子罪大矣。子為元帥。師不用命。誰之罪也。失屬亡師。為罪已重。不如進也。事之不捷。惡有所分。與其專罪。六人同之。不猶愈乎。師遂濟。楚子北師次於郔。沈尹將中軍。子重將左。子反將右。將飲馬於河而歸。聞晉師既濟。王欲還。嬖人伍參欲戰。令尹孫叔敖弗欲。曰。昔歲入陳。今茲入鄭。不無事矣。戰而不捷。參之肉。其足食乎。參曰。若事之捷。孫叔為無謀矣。不捷。參之肉。將在晉軍。可得食乎。令尹南轅反旆。伍參言於王曰。晉之從政者新。未能行令。其佐先縠。剛愎不仁。未肯用命。其三帥者。專行不獲。聽而無上。眾誰適從。此行也。晉師必敗。且君而逃臣。若社稷何。王病之。告令尹。改乘轅而北之。次于管以待之。晉師在敖鄗之間。鄭皇戌使如晉師曰。鄭之從楚。社稷之故也。未有貳心。楚師驟勝而驕。其師老矣。而不設備。子擊之。鄭師為承。楚師必敗。彘子曰。敗楚服鄭。於此在矣。必許之。欒武子曰。楚自克庸以來。其君無日不討國人而訓之。于民生之不易。禍至之無日。戒懼之不可以怠。在軍。無日不討軍實而申儆之。于勝之不可保。紂之百克。而卒無後。訓之以若敖。蚡冒。篳路藍縷。以啟山林。箴之曰。民生在勤。勤則不匱。不可謂驕。先大夫子犯有言曰。師直為壯。曲為老。我則不德。而徼怨于楚。我曲楚直。不可謂老。其君之戎。分為二廣。廣有一卒。卒偏之兩。右廣初駕。數及日中。左則受之。以至于昏。內官序當其夜。以待不虞。不可謂無備。子良。鄭之良也。師叔。楚之崇也。師叔入盟。子良在楚。楚鄭親矣。來勸我戰。我克則來。不克遂往。以我卜也。鄭不可從。趙括。趙同。曰。率師以來。唯敵是求。克敵得屬。又何俟。必從彘子。知季曰。原屏。咎之徒也。趙莊子曰。欒伯。善哉。實其言。必長晉國。楚少宰如晉師。曰。寡君少遭閔凶。不能文。聞二先君之出入此行也。將鄭是訓定。豈敢求罪于晉。二三子無淹久。隨季對曰。昔平王命我先君文侯曰。與鄭夾輔周室。毋廢王命。今鄭不率。寡君使群臣問諸鄭。豈敢辱候人。敢拜君命之辱。彘子以為諂。使趙括從而更之曰。行人失辭。寡君使群臣遷大國之跡於鄭。

曰。無辟敵。群臣無所逃命。楚子又使求成于晉。晉人許之。盟有日矣。楚許伯御樂伯。攝叔為右。以致晉師。許伯曰。吾聞致師者。御靡旌。摩壘而還。樂伯曰。吾聞致師者。左射以菆。代御執轡。御下兩馬。掉鞅而還。攝叔曰。吾聞致師者。右入壘。折馘。執俘而還。皆行其所聞而復。晉人逐之。左右角之。樂伯左射馬而右射人。角不能進。矢一而已。麋興於前。射麋麗龜晉鮑癸當其後。使攝叔奉麋獻焉。曰。以歲之非時。獻禽之未至。敢膳諸從者。鮑癸止之曰。其左善射。其右有辭。君子也。既免。晉魏錡求。公族未得。而怒。欲敗晉師。請致師。弗許。請使。許之。遂往請戰而還。楚潘黨逐之。及熒澤。見六麋。射一麋以顧獻。曰。子有軍事。獸人無乃不給於鮮。敢獻於從者。叔黨命去之。趙旃求卿未得。且怒於失楚之致師者。請挑戰。弗許。請召盟。許之。與魏錡皆命而往。郤獻子曰。二憾往矣。弗備必敗。彘子曰。鄭人勸戰。弗敢從也。楚人求成。弗能好也。師無成命。多備何為。士季曰。備之善。若二子怒楚。楚人乘我。喪師無日矣。不如備之。楚之無惡。除備而盟。何損於好。若以惡來。有備不敗。且雖諸侯相見。軍衛不徹。警也。彘子不可。士季使鞏朔。韓穿。帥七覆于敖前。故上軍不敗。趙嬰齊使其徒先具舟于河。故敗而先濟。潘黨既逐魏錡。趙旃夜至於楚軍。席於軍門之外。使其徒入之。楚子為乘。廣三十乘。分為左右。右廣。雞鳴而駕。日中而說。左則受之。日入而說。許偃御右廣。養由基為右。彭名御左廣。屈蕩為右。乙卯。王乘左廣。以逐趙旃。趙旃棄車而走林。屈蕩搏之。得其甲裳。晉人懼二子之怒楚師也。使軘車逆之。潘黨望其塵。使騁而告曰。晉師至矣。楚人亦懼王之入 晉軍也。遂出陳。孫叔曰。進之。寧我薄人。無人薄我。詩云。元戎十乘。以先啟行。先人也。軍志曰。先人有奪人之心。薄之也。遂疾進師。車馳卒奔。乘晉軍。桓子不知所為。鼓於軍中。曰。先濟者有賞。中軍下軍爭舟。舟中之指可掬也。晉師右移。上軍未動。工尹齊。將右拒卒。以逐下軍。楚子使唐狡。與蔡鳩居。告唐惠侯。曰。不穀不德而貪。以遇大敵。不穀之罪也。然楚不克。君之羞也。敢藉君靈。以濟楚師。使潘黨率游闕四十乘。從唐侯以為左拒 。以從上軍。駒伯曰。待諸乎。隨季曰。楚師方壯。

若萃於我。吾師必盡。不如收而去之。分謗生民。不亦可乎。殿其卒而退。不敗。王見右廣。將從之乘。屈蕩尸之曰。君以此始。亦必以終。自是楚之乘。廣先左。晉人或以廣隊。不能進。楚人惎之脫扃。少進。馬還。又惎之拔旆投衡。乃出。顧曰。吾不如大國之數奔也。趙旃以其良馬二。濟其兄與叔父。以他馬反。遇敵不能去。棄車而走林。逢大夫與其二子乘。謂其二子無顧。顧曰。趙傁在後。怒之。使下。指木曰。尸女於是。授趙旃綏以免。明日以表尸之。皆重獲在木下。楚熊負羈囚知罃。知莊子以其族反之。廚武子御。下軍之士多從之。每射。抽矢菆。納諸廚子之房。廚子怒曰。非子之求。而蒲之愛。董澤之蒲。可勝既乎。知季曰。不以人子。吾子其可得乎。吾不可以苟射故也。射連尹襄老。獲之。遂載其尸。射公子穀臣。囚之。以二者還。及昏。楚師軍於邲。晉之餘師不能軍。宵濟。亦終夜有聲。丙辰。楚重至於邲。遂次于衡雍。潘黨曰。君盍築武軍。而收晉尸以為京觀。臣聞克敵。必示子孫。以無忘武功。楚子曰。非爾所知也。夫文。止戈為武。武王克商。作頌曰。載戢干戈。載櫜弓矢。我求懿德。肆于時夏。允王保之。又作武。其卒章曰。耆定爾功。其三曰。鋪時繹思。我徂維求定。其六曰。綏萬邦。屢豐年。夫武。禁暴。戢兵。保大。定功。安民。和眾。豐財。者也。故使子孫無忘其章。今我使二國暴骨。暴矣。觀兵以威諸侯。兵不戢矣。暴而不戢。安能保大。猶有晉在。焉得定功。所違民欲猶多。民何安焉。無德而強爭諸侯。何以和眾。利人之幾。而安人之亂。以為己榮。何以豐財。武有七德。我無一焉。何以示子孫。其為先君宮。告成事而已。武非吾功也。古者明王。伐不敬。取其鯨鯢而封之。以為大戮。於是乎有京觀。以懲淫慝。今罪無所。而民皆盡忠。以死君命。又何以為京觀乎。祀于河作先君宮。告成事而還。是役也。鄭石制。實入楚師。將以分鄭。而立公子魚臣。辛未。鄭殺僕叔及子服。君子曰。史佚所謂毋怙亂者。謂是類也。詩曰。亂離瘼矣。爰其適歸。歸於怙亂者也夫。鄭伯。許男。如楚。

秋。晉師歸。桓子請死。晉侯欲許之。士貞子諫曰。不可。城濮之役。晉師三日穀。文公猶有憂色。左右曰。有喜而憂。如有憂而喜乎。公曰。得臣猶在。憂未歇也。困獸猶鬥。況國相乎。及楚殺子玉。公喜而後可知也。曰。莫余毒也已。是晉再克。而楚再敗也。楚是以再世不競。今天或者大警晉也。而又殺林父以重楚勝。其無乃久不競乎。林父之事君也。進思盡忠。退思補過。社稷之衛也。若之何殺之。夫其敗也。如日月之食焉。何損於明。晉侯使復其位。
冬。楚子伐蕭。宋華椒以蔡人救蕭。蕭人囚熊相宜僚。及公子丙。王曰。勿殺。吾退。蕭人殺之。王怒。遂圍蕭。蕭潰。申公巫臣曰。師人多寒。王巡三軍。拊而勉之。三軍之士。皆如挾纊。遂傅於蕭。還無社與司馬卯言。號申叔展。叔展曰。有麥麴乎。曰。無。有山鞠窮乎。曰。無。河魚腹疾奈何。曰。目於眢井而拯之。若為茅絰。哭井則已。明日。蕭潰。申叔視其井。則茅絰存焉。號而出之。晉原縠。宋華椒。衛孔達。曹人。同盟于清丘。曰。恤病討貳。於是卿不書。不實其言也。宋為盟故。伐陳。衛人救之。孔達曰。先君有約言焉。若大國討。我則死之。

宣公十三年

經十有三年

春。齊師伐莒。

夏。楚子伐宋。

秋。螽。

冬。晉殺其大夫先縠。

傳十三年

春。齊師伐莒。莒恃晉而不事齊故也。

夏。楚子伐宋。以其救蕭也。君子曰。清丘之盟。唯宋可以免焉。

秋。赤狄伐晉。及清。先縠召之也。

冬。晉人討邲之敗。與清之師。歸罪於先縠而殺之。盡滅其族。君子曰。惡之來也。己則取之。其先縠之謂乎。清丘之盟。晉以衛之救陳也。討焉。使人弗去。曰。罪無所歸。將加而師。孔達曰苟利社稷。請以我說。罪我之由。我則為政。而亢大國之討。將以誰任。我則死之。

宣公十四年

經十有四年

春。衛殺其大夫孔達。

夏。五月。壬申。曹伯壽卒。晉侯伐鄭。

秋。九月。楚子圍宋。葬曹文公。

冬。公孫歸父會齊侯于穀。

傳十四年

春。孔達縊而死。衛人以說于晉。而免。遂告于諸侯曰。寡君有不令之臣達。構我敝邑于大國。既伏其罪矣。敢告。衛人以為成勞。復室其子。使復其位。

夏。晉侯伐鄭。為邲故也。告於諸侯。蒐焉而還。中行桓子之謀也。曰。示之以整。使謀而來。鄭人懼。使子張代子良于楚。鄭伯如楚。謀晉故也。鄭以子良為有禮。故召之。楚子使申舟聘于齊。曰。無假道于宋。亦使公子馮聘于晉。不假道于鄭。申舟以孟諸之役惡宋。曰。鄭昭。宋聾。晉使不害。我則必死。王曰。殺女。我伐之。見犀而行。及宋。宋人止之。華元曰。過我而不假道。鄙我也。鄙我。亡也。殺其使者。必伐我。伐我。亦亡也。亡一也。乃殺之。楚子聞之。投袂而起。屨及於窒皇。劍及於寢門之外。車及於蒲胥之市。

秋。九月。楚子圍宋。

冬。公孫歸父會齊侯于穀。見晏桓子。與之言魯樂。桓子告高宣子。曰。子家其亡乎。懷於魯矣。懷必貪。貪必謀人。謀人。人亦謀己。一國謀之。何以不亡。孟獻子言於公曰。臣聞小國之免於大國也。聘而獻物。於是有庭實旅百。朝而獻功。於是有容貌。采章。嘉淑。而有加貨。謀其不免也。誅而薦賄。則無及也。今楚在宋。君其圖之。公說。

宣公十五年

經十有五年

春。公孫歸父會楚子于宋。

夏。五月。宋人及楚人平。

六月。癸卯。晉師滅赤狄潞氏。以潞子嬰兒歸。秦人伐晉。王札子殺召伯。毛伯。
秋·螽。仲孫蔑。會齊高固于無婁。初稅畝。
冬。蝝生。饑。

傳十五年

春。公孫歸父會楚子于宋。宋人使樂嬰齊告急于晉。晉侯欲救之。伯宗曰。不可。古人有言曰。雖鞭之長。不及馬腹。天方授楚。未可與爭。雖晉之彊。能違天乎。諺曰。高下在心。川澤納汙。山藪藏疾。瑾瑜匿瑕。國君含垢。天之道也。君其待之。乃止。使解揚如宋。使無降楚。曰。晉師悉起。將至矣。鄭人囚而獻諸楚。楚子厚賂之。使反其言。不許。三而許之。登諸樓車。使呼宋而告之。遂致其君命。楚子將殺之。使與之言曰。爾既許不穀。而反之。何故。非我無信。女則棄之。速即爾刑。對曰。臣聞之。君能制命為義。臣能承命為信。信載義而行之為利。謀不失利。以衛社稷。民之主也。義無二信。信無二命。君之賂臣。不知命也。受命以出。有死無霣。又可賂乎。臣之許君。以成命也。死而成命。臣之祿也。寡君有信臣。下臣獲考。死又何求。楚子舍之以歸。
夏。五月。楚師將去宋。申犀稽首於王之馬前。曰。毋畏知死。而不敢廢王命。王棄言焉。王不能荅。申叔時僕曰。築室反耕者。宋必聽命。從之。宋人懼。使華元夜入楚師。登子反之床。起之曰。寡君使元以病告。曰。敝邑易子而食。析骸以爨。雖然。城下之盟。有以國斃。不能從也。去我三十里。唯命是聽。子反懼。與之盟。而告王。退三十里。宋及楚平。華元為質。盟曰。我無爾詐。爾無我虞。潞子嬰兒之夫人。晉景公之姊也。酆舒為政而殺之。又傷潞子之目。晉侯將伐之。諸大夫皆曰。不可。酆舒有三儁才。不如待後之人。伯宗曰。必伐之。狄有五罪。儁才雖多。何補焉。不祀。一也。耆酒。二也。棄仲章而奪黎氏地。三也。虐我伯姬。四也。傷其君目。五也。怙其儁才。而不以茂德。茲益罪也。後之人。或者將敬奉德義。以事神人。而申固其命。若之何待之。不討有罪。曰。將待後。後有辭而討焉。毋乃不可乎。夫恃才與衆。亡之道也。商紂由之故滅。天反時為災。

地反物為妖。民反德為亂。亂則妖災生。故文反正為乏。盡在狄矣。晉侯從之。

六月。癸卯。晉荀林父敗赤狄于曲梁。辛亥。滅潞。酆舒奔衛。衛人歸諸晉。晉人殺之。王孫蘇與召氏。毛氏。爭政。使王子捷殺召戴公。及毛伯衛。卒立召襄。

秋。七月。秦桓公伐晉。次于輔氏。壬午。晉侯治兵于稷。以略狄土。立黎侯而還。及雒。魏顆敗秦師于輔氏。獲杜回。秦之力人也。初。魏武子有嬖妾。無子。武子疾。命顆曰。必嫁是。疾病則曰。必以為殉。及卒。顆嫁之。曰。疾病則亂。吾從其治也。及輔氏之役。顆見老人。結草以亢杜回。杜回躓而顛。故獲之。夜夢之曰。余。而所嫁婦人之父也。爾用先人之治命。余是以報。晉侯賞桓子狄臣千室。亦賞士伯以瓜衍之縣。曰。吾獲狄土。子之功也。微子。吾喪伯氏矣。羊舌職說是賞也。曰。周書所謂庸庸祗祗者。謂此物也夫。士伯庸中行伯。君信之。亦庸士伯。此之謂明德矣。文王所以造周。不是過也。故詩曰。陳錫哉周。能施也。率是道也。其何不濟。晉侯使趙同。獻狄俘于周。不敬。劉康公曰。不及十年。原叔必有大咎。天奪之魄矣。初。稅畝。非禮也。穀出不過藉。以豐財也。

冬·蝝生。饑。幸之也。

宣公十六年

經十有六年

春。王正月。晉人滅赤狄甲氏。及留吁。

夏。成周宣榭火。

秋。郯伯姬來歸。

冬。大有年。

傳十六年

春。晉士會帥師滅赤狄甲氏。及留吁。鐸辰。

三月。獻狄俘晉侯。請于王。戊申。以黻冕命士會將中軍。且為大傅。於是晉國之盜。逃奔于秦。羊舌職曰。吾聞之。禹稱善人。不善人遠。此之謂也。夫詩曰。戰戰兢兢。如臨深淵。如履薄冰。善人在上也。

善人在上。則國無幸民。諺曰。民之多幸。國之不幸也。是無善人之謂也。

夏。成周宣榭火。人火之也。凡火。人火曰火。天火曰災。

秋。郯伯姬來歸。出也。為毛召之難故。王室復亂。王孫蘇奔晉。晉人復之。

冬。晉侯使士會平王室。定王享之。原襄公相禮。殽烝。武子私問其故。王聞之。召武子曰。季氏。而弗聞乎。王享有體薦。晏有折俎。公當享。卿當宴。王室之禮也。武子歸而講求典禮。以脩晉國之法。

宣公十七年

經十有七年

春。王正月。庚子。許男錫我卒。丁未。蔡侯申卒。

夏。葬許昭公。葬蔡文公。

六月。癸卯。日有食之。己未。公會晉侯。衛侯。曹伯。邾子。同盟于斷道。

秋。公至自會。

冬。十有一月。壬午。公弟叔肸卒。

傳十七年

春。晉侯使郤克徵會于齊。齊頃公帷婦人使觀之。郤子登。婦人笑於房。獻子怒。出而誓曰。所不此報。無能涉河。獻子先歸。使欒京廬待命于齊。曰。不得齊事。無復命矣。郤子至。請伐齊。晉侯弗許。請以其私屬。又弗許。齊侯使高固。晏弱。蔡朝。南郭偃。會。及斂盂。高固逃歸。

夏。會于斷道。討貳也。盟于卷楚。辭齊人。晉人執晏弱于野王。執蔡朝于原。執南郭偃于溫。苗賁皇使。見晏桓子。歸言於晉侯曰。夫晏子何罪。昔者諸侯事吾先君。皆如不逮。舉言群臣不信。諸侯皆有貳志。齊君恐不得禮。故不出。而使四子來。左右或沮之。曰。君不出。必執吾使。故高子及斂盂而逃。夫三子者曰。若絕君好。寧歸死焉。為是犯難而來。吾若善逆彼。以懷來者。吾又執之。以信齊沮。吾不既過矣乎。過而不改。而又久之。以成其悔。何利之有焉。使反者得辭。而害來者。以懼諸侯。將焉用之。晉人緩之。逸。

秋。八月。晉師還。范武子將老。召文子曰。燮乎。吾聞之。喜怒以類者鮮。易者實多。詩曰。君子如怒。亂庶遄沮。君子如祉。亂庶遄已。君子之喜怒。以已亂也。弗已者。必益之。郤子其或者欲已亂於齊乎。不然。余懼其益之也。余將老。使郤子逞其志。庶有豸乎。爾從二三子。唯敬。乃請老。郤獻子為政。

冬。公弟叔肸卒。公母弟也。凡大子之母。弟公在曰公子。不在曰弟。凡稱弟。皆母弟也。

宣公十八年

經十有八年

春。晉侯。衛世子臧。伐齊。公伐杞。

夏。四月。

秋。七月。邾人戕鄫子于鄫。甲戌。楚子旅卒。公孫歸父如晉。

冬。十月。壬戌。公薨于路寢。歸父還自晉。至笙。遂奔齊。

傳十八年

春。晉侯。衛大子臧。伐齊。至于陽穀。齊侯會晉侯盟于繒。以公子彊為質于晉。晉師還。蔡朝。南郭偃。逃歸。

夏。公使如楚乞師。欲以伐齊。

秋。邾人戕鄫子于鄫。凡自虐其君曰弒。自外曰戕。楚莊王卒。楚師不出。既而用晉師。楚於是乎有蜀之役。公孫歸父以襄仲之立公也。有寵。欲去三桓。以張公室。與公謀而聘于晉。欲以晉人去之。

冬。公薨。季文子言於朝曰。使我殺適立庶。以失大援者。仲也夫。臧宣叔怒曰。當其時。不能治也。後之人何罪。子欲去之。許請去之。遂逐東門氏。子家還及笙。壇帷。復命於介。既復命。袒括髮。即位哭。三踊而出。遂奔齊。書曰。歸父還自晉。善之也。

成公

成公

成公元年

經元年

春。王正月。公即位。

二月。辛酉。葬我君宣公。無冰。

三月。作丘甲。

夏。臧孫許。及晉侯。盟于赤棘。

秋。王師敗績于茅戎。

冬。十月。

傳元年

春。晉侯使瑕嘉平戎于王。單襄公如晉拜成。劉康公徼戎。將遂伐之。叔服曰。背盟而欺大國。此必敗。背盟不祥。欺大國不義。神人弗助。將何以勝。不聽。遂伐茅戎。

三月。癸未。敗績于徐吾氏。為齊難故。作丘甲。聞齊將出楚師。

夏。盟于赤棘。

秋。王人來告敗。

冬。臧宣叔令脩賦繕完。具守備。曰。齊楚結好。我新與晉盟。晉楚爭盟。齊師必至。雖晉人伐齊。楚必救之。是齊楚同我也。知難而有備。乃可以逞。

成公二年

經二年

春。齊侯伐我北鄙。

夏。四月。丙戌。衛孫良夫帥師。及齊師戰于新築。衛師敗績。

六月。癸酉。季孫行父。臧孫許。叔孫僑如。公孫嬰齊。帥師會晉郤克。衛孫良夫。曹公子首。及齊侯戰于鞍。齊師敗績。

秋。七月。齊侯使國佐如師。己酉。及國佐盟于袁婁。

八月。壬午。宋公鮑卒。庚寅。衛侯速卒。取汶陽田。

冬。楚師。鄭師。侵衛。

十有一月。公會楚公子嬰齊于蜀。丙申。公及楚人。秦人。宋人。陳人。衛人。鄭人。齊人。曹人。邾人。薛人。鄫人。盟于蜀。

傳二年

春。齊侯伐我北鄙。圍龍。頃公之嬖人盧蒲就魁。門焉。龍人囚之。齊侯曰。勿殺。吾與而盟。無入而封。弗聽。殺而膊諸城上。齊侯親鼓。士陵城。三日。取龍。遂南侵。及巢丘。衛侯使孫良夫。石稷。甯相。向禽。將侵齊。與齊師遇。石子欲還。孫子曰。不可。以師伐人。遇其師而還。將謂君何。若知不能。則如無出。今既遇矣。不如戰也。

夏。有。石成子曰。師敗矣。子不少須。眾懼盡。子喪師徒。何以復命。皆不對。又曰。子國卿也。隕子。辱矣。子以眾退。我此乃止。且告車來甚眾。齊師乃止。次于鞫居。新築人仲叔于奚救孫桓子。桓子是以免。既。衛人賞之以邑。辭。請曲縣繁纓以朝。許之。仲尼聞之曰。惜也。不如多與之邑。唯器與名。不可以假人。君之所司也。名以出信。信以守器。器以藏禮。禮以行義。義以生利。利以平民。政之大節也。若以假人。與人政也。政亡。則國家從之。弗可止也已。孫桓子還於新築。不入。遂如晉乞師。臧宣叔亦如晉乞師。皆主郤獻子。晉侯許之七百乘。郤子曰。此城濮之賦也。有先君之明。與先大夫之肅。故捷。克於先大夫。無能為役。請八百乘。許之。郤克將中軍。士燮將上軍。欒書將下軍。韓厥為司馬。以救魯衛。臧宣叔逆晉師。且道之。季文子帥師會之。及衛地。韓獻子將斬人。郤獻子馳將救之。至。則既斬之矣。郤子使速以徇。告其僕曰。吾以分謗也。師從齊師于莘。

六月。壬申。師至于靡笄之下。齊侯使請戰。曰。子以君師。辱於敝邑。不腆敝賦。詰朝請見。對曰。晉與魯衛。兄弟也。來告曰。大國朝夕釋憾於敝邑之地。寡君不忍。使群臣請於大國。無令輿師。淹於君地。能進不能退。君無所辱命。齊侯曰。大夫之許。寡人之願也。若其不許。亦將見也。齊高固入晉師。桀石以投人。禽之。而乘其車。繫桑本焉。以徇齊壘。曰。欲勇者。賈余餘勇。癸酉。師陳于鞍。邴夏御齊侯。逢丑父為右。晉解張御郤克。鄭丘緩為右。齊侯曰。余姑翦滅此而朝食。不介馬而馳之。郤克傷於矢。流血及屨。未絕鼓音。

曰。余病矣。張侯曰。自始合。而矢貫余手及肘。余折以御。左輪朱殷。豈敢言病。吾子忍之。緩曰。自始合。苟有險。余必下推車。子豈識之。然子病矣。張侯曰。師之耳目。在吾旗鼓。進退從之。此車。一人殿之。可以集事。若之何其以病。敗君之大事也。擐甲執兵。固即死也。病未及死。吾子勉之。左并轡。右援枹而鼓。馬逸不能止。師從之。齊師敗績。逐之。三周華不注。韓厥夢子輿謂己曰。且辟左右。故中御而從齊侯。邴夏曰。射其御者。君子也。公曰。謂之君子而射之。非禮也。射其左。越于車下。射其右。斃于車中。綦毋張喪車。從韓厥曰。請寓乘。從左右。皆肘之。使立於後。韓厥俛定其右。逢丑父與公易位。將及華泉。驂絓於木而止。丑父寢於轏中。蛇出於其下。以肱擊之。傷而匿之。故不能推車而及。韓厥執縶馬前。再拜稽首。奉觴加璧以進。曰。寡君使群臣為魯衛請。曰。無令輿師。陷入君地。下臣不幸。屬當戎行。無所逃隱。且懼奔辟。而忝兩君。臣辱戎士。敢告不敏。攝官承乏。丑父使公下如華泉取飲。鄭周父御佐車。宛茷為右。載齊侯以免。韓厥獻丑父。郤獻子將戮之。呼曰。自今無有代其君任患者。有一於此。將為戮乎。郤子曰。人不難以死免其君。我戮之不祥。赦之以勸事君者。乃免之。齊侯免。求丑父。三入三出。每出齊師以帥退。入于狄卒。狄卒皆抽戈楯冒之以入于衛師。衛師免之。遂自徐關入。齊侯見保者曰勉之。齊師敗矣。辟女子。女子曰。君免乎。曰。免矣。曰。銳司徒免乎。曰。免矣。曰。苟君與吾父免矣。可若何。乃奔。齊侯以為有禮。既而問之。辟司徒之妻也。予之石窌。晉師從齊師。入自丘。輿擊馬陘。齊侯使賓媚人。賂以紀甗。玉磬。與地。不可。則聽客之所為。賓媚人致賂。晉人不可。曰。必以蕭同叔子為質。而使齊之封內。盡東其畝。對曰。蕭同叔子非他。寡君之母也。若以匹敵。則亦晉君之母也。吾子布大命於諸侯。而曰必質其母以為信。其若王命何。且是以不孝令也。詩曰。孝子不匱。永錫爾類。若以不孝令於諸侯。其無乃非德類也乎。先王疆理天下。物土之宜而布其利。故詩曰。我疆我理。南東其畝。今吾子疆理諸侯。而曰盡東其畝而已。唯吾子戎車是利。無顧土宜。其無乃非先王之命也乎。反先王則不義。何以為盟主。其晉實有闕。四王之王也。樹德而濟同欲焉。五伯之霸也。勤而撫之。以役王命。今吾子求合諸侯。以逞無疆之欲。詩曰。布政優優。百祿是遒。子實不優。而棄百祿。諸侯何害焉。不然。寡君之命使臣。則有辭矣。曰。子以君師辱於敝邑。不腆敝賦。以犒從者。畏君之震。師徒橈敗。吾子惠徼齊國之福。不泯其社稷。使繼舊好。唯是先君之敝器土地不敢愛。子又不許。請收合餘燼。背城借一。敝邑之幸。亦云從也。況其不幸。敢不唯命是聽。魯衛諫曰。齊疾我矣。其死亡者。皆親暱也。子若不許。讎我必甚。唯子則又何求。子得其國寶。我亦得地而紓於難。其榮多矣。齊晉亦唯天所授。豈必晉。晉人許之。對曰。群臣帥賦輿。以為魯衛請。若苟有以藉口。而復於寡君。君之惠也。敢不唯命是聽。禽鄭自師逆公。

秋。七月。晉師及齊國佐盟于爰婁。使齊人歸我汶陽之田。公會晉師于上鄍。三帥先路三命之服。司馬。司空。輿帥。候正。亞旅。皆受一命之服。

八月。宋文公卒。始厚葬。用蜃炭。益車馬。始用殉。重器備。槨有四阿。棺有翰檜。君子謂華元。樂舉。於是乎不臣。臣。治煩去惑者也。是以伏死而爭。今二子者。君生則縱其惑。死又益其侈。是棄君於惡也。何臣之為。

九月。衛穆公卒。晉二子自役弔焉。哭於大門之外。衛人逆之。婦人哭於門內。送亦如之。遂常以葬。楚之討陳夏氏也。莊王欲納夏姬。申公巫臣曰。不可。君召諸侯。以討罪也。今納夏姬。貪其色也。貪色為淫。淫為大罰。周書曰。明德慎罰。文王所以造周也。明德。務崇之之謂也。慎罰。務去之之謂也。若興諸侯。以取大罰。非慎之也。君其圖之。王乃止。子反欲取之。巫臣曰。是不祥人也。是夭子蠻。殺御叔。弒靈侯。戮夏南。出孔儀。喪陳國。何不祥如是。人生實難。其有不獲死乎。天下多美婦人。何必是。子反乃止。王以予連尹襄老。襄老死於邲。不獲其尸。其子黑要烝焉。巫臣使道焉。曰。歸。吾聘女。又使自鄭召之。曰。尸可得也。必來逆之。姬以告王。王問諸屈巫。對曰。其信。知罃之父。成公之嬖也。而中行伯之季弟也。新佐中軍。而善鄭皇戌。甚愛此子。其必因鄭而歸王子。與襄老之尸。以求之。鄭人懼於邲之役。而欲求媚於晉。其必許之。王遣夏姬歸。將行。謂送者曰。不得尸。吾不反矣。巫臣聘諸鄭。鄭伯許之。及共王即位。將為陽橋之役。使屈巫聘於齊。且告師期。巫臣盡室以行。申叔跪從其父將適郢。遇之。曰。異哉。夫子有三軍之懼。而又有桑中之喜。宜將竊妻以逃者也。及鄭。使介反幣。而以夏姬行。將奔齊。齊師新敗。曰。吾不處不勝之國。遂奔晉。而因郤至。以臣於晉。晉人使為邢大夫。子反請以重幣錮之。王曰。止。其自為謀也則過矣。其為吾先君謀也則忠。忠。社稷之固也。所蓋多矣。且彼若能利國家。雖重幣。晉將可乎。若無益於晉。晉將棄之。何勞錮焉。晉師歸。范文子後入。武子曰。無為吾望爾也乎。對曰。師有功。國人喜以逆之。先入。必屬耳目焉。是代帥受名也。故不敢。武子曰。吾知免矣。郤伯見公曰。子之力也夫。對曰。君之訓也。二三子之力也。臣何力之有焉。范叔見。勞之如郤伯。對曰。庚所命也。克之制也。爕何力之有焉。欒伯見。公亦如之。對曰。爕之詔也。士用命也。書何力之有焉。宣公使求好于楚。莊王卒。宣公薨。不克作好。公即位。受盟于晉。會晉伐齊。衛人不行使于楚。而亦受盟于晉。從於伐齊。故楚令尹子重為陽橋之役以救齊。將起師。子重曰。君弱。群臣不如先大夫。師衆而後可。詩曰。濟濟多士。文王以寧。夫文王猶用衆。況吾儕乎。且先君莊王屬之曰。無德以及遠方。莫如惠恤其民而善用之。乃大戶。已責。逮鰥。救乏。赦罪。悉師。王卒盡行。彭名御戎。蔡景公為左。許靈公為右。二君弱。皆強冠之。冬。楚師侵衛。遂侵我師于蜀。使臧孫往。辭曰。楚遠而久。固將退矣。無功而受名。臣不敢。楚侵及陽橋。孟孫請往賂之。以執斲執鍼織紝。皆百人。公衡為質。以請盟。楚人許平。

十一月。公及楚公子嬰齊。蔡侯。許男。秦右大夫說。宋華元。陳公孫寧。衛孫良夫。鄭公子去疾。及齊國之大夫。盟于蜀。卿不書匱盟也。於是乎畏晉而竊與楚盟。故曰匱盟。蔡侯許男不書。乘楚車也。謂之失位。君子曰。位其不可不慎也乎。蔡許之君。一失其位。不得列於諸侯。況其下乎。詩曰。不解于位。民之攸塈。其是之謂矣。楚師及宋。公衡逃歸。臧宣叔曰。衡父不忍數年之不宴。以棄魯國。國將若之何。誰居。後之人必有任是夫。國棄矣。是行也。晉辟楚。畏其衆也。君子曰。衆之不可已也。大夫為政。猶以衆克。況明君而善用其衆乎。大誓所謂商兆民離。周十人同者。衆也。晉侯使鞏朔獻齊捷于周。王弗見。使單襄公辭焉。曰。蠻夷戎狄。不式王命。淫湎毀常。王命伐之。則有獻捷。王親受而勞之。所以懲不敬。勸有功也。兄弟甥舅。侵敗王略。王命伐之。告事而已。不獻其功。所以敬親暱。禁淫慝也。今叔父克遂有功于齊。而不使命卿鎮撫王室。所使來撫余一人。而鞏伯實來。未有職司於王室。又奸先王之禮。余雖欲於鞏伯。其敢廢舊典以忝叔父。夫齊。甥舅之國也。而大師之後也。寧不亦淫從其欲。以怒叔父。抑豈不可諫誨。士莊伯不能對。王使委於三吏。禮之如侯伯克敵。使大夫告慶之禮。降於卿禮一等。王以鞏伯宴。而私賄之。使相告之曰。非禮也。勿籍。

成公三年

經三年

春。王正月。公會晉侯。宋公。衛侯。曹伯。伐鄭。辛亥。葬衛穆公。
二月。公至自伐鄭。甲子。新宮災。三日哭。乙亥。葬宋文公。
夏。公如晉。鄭公子去疾帥師伐許。公至自晉。
秋。叔孫僑如帥師圍棘。大雩。晉郤克。衛孫良夫。伐廧咎如。
冬。十有一月。晉侯使荀庚來聘。衛侯使孫良夫來聘。丙午。及荀庚盟。丁未。及孫良夫盟。鄭伐許。

傳三年

春。諸侯伐鄭。次于伯牛。討邲之役也。遂東侵鄭。鄭公子偃帥師禦之。使東鄙覆諸鄤。敗諸丘輿。皇戌如楚獻捷。
夏。公如晉拜汶陽之田。許恃楚而不事鄭。鄭子良伐許。晉人歸楚公子穀臣。與連尹襄老之尸于楚。以求知罃。於是荀首佐中軍矣。故楚人許之。王送知罃。曰。子其怨我乎。對曰。二國治戎。臣不才。不勝其任。以為俘馘。執事不以釁鼓。使歸即戮。君之惠也。臣實不才。又誰敢怨。王曰。然則德我乎。對曰。二國圖其社稷。而求紓其民。各懲其忿。以相宥也。兩釋纍囚。以成其好。二國有好。臣不與及。

其誰敢德。王曰。子歸何以報我。對曰。臣不任受怨。君亦不任受德。無怨無德。不知所報。王曰。雖然。必告不穀。對曰。以君之靈。纍臣得歸骨於晉。寡君之以為戮。死且不朽。若從君之惠而免之。以賜君之外臣首。首其請於寡君。而以戮於宗。亦死且不朽。若不獲命。而使嗣宗職。次及於事。而帥偏師以脩封疆。雖遇執事。其弗敢違。其竭力致死。無有二心。以盡臣禮。所以報也。王曰。晉未可與爭。重為之禮而歸之。

秋。叔孫僑如圍棘。取汶陽之田。棘不服。故圍之。晉郤克。衛孫良夫。伐廧咎如。討赤狄之餘焉。廧咎如潰。上失民也。

冬。十一月。晉侯使荀庚來聘。且尋盟。衛侯使孫良夫來聘。且尋盟。公問諸臧宣叔曰。中行伯之於晉也。其位在三。孫子之於衛也。位為上卿。將誰先。對曰。次國之上卿。當大國之中。中當其下。下當其上大夫。小國之上卿。當大國之下卿。中當其上大夫。下當其下大夫。上下如是。古之制也。衛在晉。不得為次國。晉為盟主。其將先之。丙午。盟晉。丁未。盟衛。禮也。

十二月。甲戌。晉作六軍。韓厥。趙括。鞏朔。韓穿。荀騅。趙旃。皆為卿。賞鞍之功也。齊侯朝于晉。將授玉。郤克趨進曰。此行也。君為婦人之笑辱也。寡君未之敢任。晉侯享齊侯。齊侯視韓厥。韓厥曰。君知厥也乎。齊侯曰。服改矣。韓厥登舉爵曰。臣之不敢愛死。為兩君之在此堂也。荀罃之在楚也。鄭賈人有將寘諸褚中以出。既謀之。未行。而楚人歸之。賈人如晉。荀罃善視之。如實出已。賈人曰。吾無其功。敢有其實乎。吾小人。不可以厚誣君子。遂適齊。

成公四年

經四年

春。宋公使華元來聘。

三月。壬申。鄭伯堅卒。杞伯來朝。

夏。四月。甲寅。臧孫許卒。公如晉。葬鄭襄公。

秋。公至自晉。

冬。城鄆。鄭伯伐許。

傳四年

春。宋華元來聘。通嗣君也。杞伯來朝。歸叔姬故也。

夏。公如晉。晉侯見公不敬。季文子曰。晉侯必不免。詩曰。敬之敬之。天惟顯思。命不易哉。夫晉侯之命。在諸侯矣。可不敬乎。

秋。公至自晉。欲求成于楚。而叛晉。季文子曰。不可。晉雖無道。未可叛也。國大臣睦。而邇於我。諸侯聽焉。未可以貳。史佚之志有之曰。非我族類。其心必異。楚雖大。非吾族也。其肯字我乎。公乃止。

冬。十一月。鄭公孫申帥師疆許田。許人敗諸展陂。鄭伯伐許。取鉏任泠敦之田。晉欒書將中軍。荀首佐之。士燮佐上軍。以救許。伐鄭。取氾祭。楚子反救鄭。鄭伯與許男訟焉。皇戌攝鄭伯之辭。子反不能決也。曰。君若辱在寡君。寡君與其二三臣。共聽兩君之所欲。成其可知也。不然。側不足以知二國之成。晉趙嬰通于趙莊姬。

成公五年

經五年

春。王正月。杞叔姬來歸。仲孫蔑如宋。

夏。叔孫僑如會晉荀首于穀。梁山崩。

秋。大水。

冬。十有一月。己酉。天王崩。

十有二月。己丑。公會晉侯。齊侯。宋公。衛侯。鄭伯。曹伯。邾子。杞伯。同盟于蟲牢。

傳五年

春。原屏放諸齊。嬰曰。我在。故欒氏不作。我亡。吾二昆其憂哉。且人各有能有不能。舍我何害。弗聽。嬰夢天使謂己祭余。余福女。使問諸士貞伯。貞伯曰。不識也。既而告其人曰。神福仁而禍淫。淫而無罰。福也。祭其得亡乎。祭之之明日而亡。孟獻子如宋。報華元也。

夏。晉荀首如齊逆女。故宣伯餫諸穀。梁山崩。晉侯以傳召伯宗伯。宗辟重。曰。辟傳。重人曰。待我。不如捷之速也。問其所。曰。絳人也。問絳事焉。曰。梁山崩。將召伯宗謀之。問將若之何。曰。山有朽壤而崩。可若何。國主山川。故山崩川竭。君為之不舉。降服。乘縵。徹樂。出次。祝幣。史辭。以禮焉。其如此而已。雖伯宗。若之何。伯宗請見之。不可。遂以告而從之。許靈公愬鄭伯于楚。

六月。鄭悼公如楚訟。不勝。楚人執皇戌及子國。故鄭伯歸。使公子偃請成于晉。

秋。八月。鄭伯及晉趙同盟于垂棘宋公子圍龜為質于楚而歸。華元享之。請鼓譟以出。鼓譟以復入。曰。習攻華氏。宋公殺之。

冬。同盟于蟲牢。鄭服也。諸侯謀復會。宋公使向為人辭以子靈之難。

十一月。己酉。定王崩。

成公六年

經六年

春。王正月。公至自會。

二月。辛巳。立武宮。取鄟。衛孫良夫帥師侵宋。

夏。六月。邾子來朝。公孫嬰齊如晉。壬申。鄭伯費卒。

秋。仲孫蔑。叔孫僑如。帥師侵宋。楚公子嬰齊帥師伐鄭。

冬。季孫行父如晉。晉欒書帥師救鄭。

傳六年

春。鄭伯如晉拜成。子游相。授玉于東楹之東。士貞伯曰。鄭伯其死乎。自棄也已。視流而行速。不安其位。宜不能久。

二月。季文子以鞌之功立武宮。非禮也。聽於人以救其難。不可以立武。立武由己。非由人也。取鄟。言易也。

三月。晉伯宗。夏陽說。衛孫良夫。甯相。鄭人。伊雒之戎。陸渾。蠻氏。侵宋。以其辭會也。師于鍼。衛人不保。說欲襲衛。曰。雖不可入。多俘而歸。有罪不及死。伯宗曰。不可。衛唯信晉。故師在其郊。而不設備。若襲之。是棄信也。雖多衛俘而晉無信。何以求諸侯。乃止。師還。衛人登陴。晉人謀去故絳。諸大夫皆曰。必居郇瑕氏之地。沃饒而近盬。國利君樂。不可失也。韓獻子將新中軍。且為僕大夫。公揖而入。獻子從公立於寢庭。謂獻子曰。何如。對曰。不可。

郇瑕氏土薄水淺。其惡易覯。易覯則民愁。民愁則墊隘。於是乎有沈溺重膇之疾。不如新田。土厚水深。居之不疾。有汾澮以流其惡。且民從教。十世之利也。夫山澤林鹽。國之寶也。國饒。則民驕佚。近寶。公室乃貧。不可謂樂。公說。從之。
夏。四月。丁丑。晉遷于新田。
六月。鄭悼公卒。子叔聲伯如晉。命伐宋。秋。孟獻子。叔孫宣伯。侵宋。晉命也。楚子重伐鄭。鄭從晉故也。
冬。季文子如晉。賀遷也。晉欒書救鄭。與楚師遇於繞角。楚師還。晉師遂侵蔡。楚公子申。公子成。以申息之師救蔡。禦諸桑隧。趙同。趙括。欲戰。請於武子。武子將許之。知莊子。范文子。韓獻子。諫曰。不可。吾來救鄭。楚師去我。吾遂至於此。是遷戮也。戮而不已。又怒楚師。戰必不克。雖克不令。成師以出。而敗楚之二縣。何榮之有焉。若不能敗。為辱已甚。不如還也。乃遂還。於是軍師之欲戰者眾。或謂欒武子曰。聖人與眾同欲。是以濟事。子盍從眾。子為大政。將酌於民者也。子之佐十一人。其不欲戰者。三人而已。欲戰者可謂眾矣。商書曰。三人占。從二人。眾故也。武子曰。善鈞從眾。夫善。眾之主也。三卿為主。可謂眾矣。從之。不亦可乎。

成公七年

經七年

春。王正月。鼷鼠食郊牛角。改卜牛。鼷鼠又食其角。乃免牛。吳伐郯。
夏。五月。曹伯來朝。不郊猶三望。
秋。楚公子嬰齊帥師伐鄭。公會晉侯。齊侯。宋公。衛侯。曹伯。莒子。邾子。杞伯。救鄭。
八月。戊辰。同盟于馬陵。公至自會。吳入州來。
冬。大雩。衛孫林父出奔晉。

傳七年

春。吳伐郯。郯成。季文子曰。中國不振旅。蠻夷入伐。而莫之或恤。無弔者也。夫。詩曰。不弔昊天。亂靡有定。其此之謂乎。有上不弔。

其誰不受亂。吾亡無日矣。君子曰。知懼如是。斯不亡矣。鄭子良相成公以如晉見。且拜師。

夏。曹宣公來朝。

秋。楚子重伐鄭。師于氾。諸侯救鄭。鄭共仲。侯羽。軍楚師。囚鄖公鍾儀。獻諸晉。

八月。同盟于馬陵。尋蟲牢之盟。且莒服故也。晉人以鍾儀歸。囚諸軍府。楚圍宋之役。師還。子重請取於申呂。以為賞田。王許之。申公巫臣曰。不可。此申呂所以邑也。是以為賦。以御北方。若取之。是無申呂也。晉鄭必至于漢。王乃止。子重是以怨巫臣。子反欲取夏姬。巫臣止之。遂取以行。子反亦怨之。及共王即位。子重。子反。殺巫臣之族子閻。子蕩。及清尹弗忌。及襄老之子黑要。而分其室。子重取子閻之室。使沈尹。與王子罷。分子蕩之室。子反取黑要。與清尹之室。巫臣自晉遺二子書曰。爾以讒慝貪惏事君。而多殺不辜。余必使爾罷於奔命以死。巫臣請使於吳。晉侯許之。吳子壽夢說之。乃通吳于晉。以兩之一卒適吳。舍偏兩之一焉。與其射御。教吳乘車。教之戰陳。教之叛楚。寘其子狐庸焉。使為行人於吳。吳始伐楚。伐巢。伐徐。子重奔命。馬陵之會。吳入州來。子重自鄭奔命。子重。子反。於是乎一歲七奔命。蠻夷屬於楚者。吳盡取之。是以始大。通吳於上國。衛定公惡孫林父。冬。孫林父出奔晉。衛侯如晉。晉反戚焉。

成公八年

經八年

春。晉侯使韓穿來言汶陽之田。歸之于齊。晉欒書帥師侵蔡。公孫嬰齊如莒。宋公使華元來聘。

夏。宋公使公孫壽來納幣。晉殺其大夫趙同。趙括。

秋。七月。天子使召伯來賜公命。

冬。十月。癸卯。杞叔姬卒。晉侯使士燮來聘。叔孫僑如會晉士燮。齊人。邾人。伐郯。衛人來媵。

傳八年

春。晉侯使韓穿來言汶陽之田。歸之于齊。季文子餞之。私焉。曰。大國制義。以為盟主。是以諸侯懷德畏討。無有貳心。謂汶陽之田。敝邑之舊也。而用師於齊。使歸諸敝邑。今有二命。曰。歸諸齊。信以行義。義以成命。小國所望而懷也。信不可知。義無所立。四方諸侯。其誰不解體。詩曰。女也不爽。士貳其行。士也罔極。二三其德。七年之中。一與一奪。二三孰甚焉。士之二三。猶喪妃耦。而況霸主。霸主將德是以而二三之。其何以長有諸侯乎。詩曰。猶之未遠。是用大簡。行父懼晉之不遠猶。而失諸侯也。是以敢私言之。晉欒書侵蔡。遂侵楚。獲申驪。楚師之還也。晉侵沈。獲沈子揖。初從知范韓也。君子曰。從善如流。宜哉。詩曰。愷悌君子。遐不作人。求善也夫。作人斯有功績矣。是行也。鄭伯將會晉師。門于許東門。大獲焉。聲伯如莒。逆也。宋華元來聘。聘共姬也。

夏。宋公使公孫壽來納幣。禮也。晉趙莊姬為趙嬰之亡故。譖之于晉侯。曰。原屏將為亂。欒郤為徵。

六月。晉討趙同。趙括。武從姬氏畜于公宮。以其田與祁奚。韓厥言於晉侯曰。成季之勳。宣孟之忠。而無後。為善者其懼矣。三代之令王。皆數百年保天之祿。夫豈無辟王。賴前哲以免也。周書曰。不敢侮鰥寡。所以明德也。乃立武而反其田焉。

秋。召桓公來賜公命。晉侯使申公巫臣如吳。假道于莒。與渠丘公立於池上。曰。城已惡。莒子曰。辟陋在夷。其孰以我為虞。對曰。夫狡焉思啟封疆。以利社稷者。何國蔑有。唯然。故多大國矣。唯或思或縱也。勇夫重閉。況國乎。

冬。杞叔姬卒。來歸自杞。故書。晉士燮來聘。言伐郯也。以其事吳故。公賂之。請緩師。文子不可。曰。君命無貳。失信不立。禮無加貨。事無二成。君後諸侯。是寡君不得事君也。燮將復之。季孫懼。使宣伯帥師會伐郯。衛人來媵。共姬。禮也。凡諸侯嫁女。同姓媵之。異姓則否。

成公九年

經九年

春。王正月。杞伯來逆叔姬之喪以歸。公會晉侯。齊侯。宋公。衛侯。鄭伯。曹伯。莒子。杞伯。同盟于蒲。公至自會。

二月。伯姬歸于宋。

夏。季孫行父如宋致女。晉人來媵。

秋。七月。丙子。齊侯無野卒。晉人執鄭伯。晉欒書帥師伐鄭。

冬。十有一月。葬齊頃公。楚公子嬰齊帥師伐莒。庚申。莒潰。楚人入鄆。秦人白狄伐晉。鄭人圍許。城中城。

傳九年

春。杞桓公來逆叔姬之喪。請之也。杞叔姬卒。為杞故也。逆叔姬。為我也。為歸汶陽之田。故諸侯貳於晉。晉人懼。會於蒲。以尋馬陵之盟。季文子謂范文子曰。德則不競。尋盟何為。范文子曰。勤以撫之。寬以待之。堅疆以御之。明神以要之。柔服而伐貳。德之次也。是行也。將始會吳。吳人不至。

二月。伯姬歸于宋。楚人以重賂求鄭。鄭伯會楚公子成于鄧。

夏·季文子如宋致女。復命。公享之。賦韓奕之五章。穆姜出于房。再拜曰。大夫勤辱。不忘先君。以及嗣君。施及未亡人。先君猶有望也。敢拜大夫之重勤。又賦綠衣之卒章而入。晉人來媵。禮也。

秋。鄭伯如晉。晉人討其貳於楚也。執諸銅鞮。欒書伐鄭。鄭人使伯蠲行成。晉人殺之。非禮也。兵交。使在其間可也。楚子重侵陳以救鄭。晉侯觀于軍府。見鍾儀。問之曰。南冠而縶者。誰也。有司對曰。鄭人所獻楚囚也。使稅之。召而弔之。再拜稽首。問其族。對曰。泠人也。公曰。能樂乎。對曰。先父之職官也。敢有二事。使與之琴。操南音。公曰。君王何如。對曰。非小人之所得知也。固問之。對曰。其為大子也。師保奉之。以朝于嬰齊。而夕于側也。不知其他。公語范文子。文子曰。楚囚。君子也。言稱先職。不背本也。樂操土風。不忘舊也。稱大子。抑無私也。名其二卿。尊君也。不背本。仁也。不忘舊。信也。無私。忠也。尊君。敏也。仁以接事。信以守之。忠以成之。敏以行之。事雖大必濟。君盍歸之。使合晉楚之成。公從之。

重為之禮。使歸求成。

冬。十一月。楚子重自陳伐莒。圍渠丘。渠丘城惡。衆潰。奔莒。戊申。楚入渠丘。莒人囚楚公子平。楚人曰。勿殺。吾歸而俘。莒人殺之。楚師圍莒。莒城亦惡。庚申。莒潰。楚遂入鄆。莒無備故也。君子曰。恃陋而不備。罪之大者也。備豫不虞。善之大者也。莒恃其陋。而不脩城郭。浹辰之間。而楚克其三都。無備也夫。詩曰。雖有絲麻。無棄菅蒯。雖有姬姜。無棄蕉萃。凡百君子。莫不代匱。言備之不可以已也。秦人白狄伐晉。諸侯貳故也。鄭人圍許。示晉不急君也。是則公孫申謀之曰。我出師以圍許。為將改立君者。而紓晉使。晉必歸君。城中城。書時也。

十二月。楚子使公子辰如晉。報鍾儀之使。請修好結成。

成公十年

經十年

春。衛侯之弟黑背。帥師侵鄭。

夏。四月。五卜郊不從。乃不郊。

五月。公會晉侯。齊侯。宋公。衛侯。曹伯。伐鄭。齊人來媵。丙午。晉侯獳卒。

秋。七月。公如晉。

冬。十月。

傳十年

春。晉侯使糴茷如楚。報大宰子商之使也。衛子叔黑背侵鄭。晉命也。鄭公子班聞叔申之謀。

三月。子如立公子繻。

夏。四月。鄭人殺繻。立髡頑。子如奔許。欒武子曰。鄭人立君。我執一人焉何益。不如伐鄭。而歸其君。以求成焉。晉侯有疾。

五月。晉立大子州蒲以為君。而會諸侯伐鄭。鄭子罕賂以襄鍾。子然盟于脩澤。子駟為質。辛巳。鄭伯歸。晉侯夢大厲。被髮及地。搏膺而踊曰。殺余孫不義。余得請於帝矣。壞大門及寢門而入。公懼。入于室。又壞戶。公覺。召桑田巫。巫言如夢。公曰。何如。曰。不食新矣。公疾病。求醫于秦。秦伯使醫緩為之。未至。公夢疾為二豎子曰。彼良醫也。懼傷我。焉逃之。其一曰。居肓之上。膏之下。若我何。醫至。曰。疾不可為也。在肓之上。膏之下。攻之不可。達之不及。藥不至焉。不可為也。公曰。良醫也。厚為之禮而歸之。

六月。丙午。晉侯欲麥。使甸人獻麥。饋人為之。召桑田巫。示而殺之。將食。張。如廁。陷而卒。小臣有晨夢負公以登天。及日中。負晉侯出諸廁。遂以為殉。鄭伯討立君者。戊申。殺叔申。叔禽。君子曰。忠為令德。非其人猶不可。況不令乎。

秋。公如晉。晉人止公。使送葬。於是糴茷未反。

冬。葬晉景公。公送葬。諸侯莫在。魯人辱之。故不書。諱之也。

成公十一年

經十有一年

春。王三月。公至自晉。晉侯使郤犨來聘。己丑。及郤犨盟。

夏。季孫行父如晉。

秋。叔孫僑如如齊。

冬。十月。

傳十一年

春。王三月。公至自晉。晉人以公為貳於楚。故止公。公請受盟。而後使歸。郤犨來聘。且涖盟。聲伯之母不聘。穆姜曰。吾不以妾為姒。生聲伯而出之。嫁於齊管于奚。生二子而寡。以歸聲伯。聲伯以其外弟為大夫。而嫁其外妹於施孝叔。郤犨來聘。求婦於聲伯。聲伯奪施氏婦以與之。婦人曰。鳥獸猶不失儷。子將若何。曰。吾不能死亡。婦人遂行。生二子於郤氏。郤氏亡。晉人歸之施氏。施氏逆諸河。沈其二子。婦人怒曰。已不能庇其伉儷而亡之。又不能字人之孤而殺之。將何以終。遂誓施氏。

夏。季文子如晉報聘。且涖盟也。周公楚惡惠襄之偪也。且與伯與爭政。不勝。怒而出。及陽樊。王使劉子復之。盟于鄄而入。三日。復出奔晉。

秋。宣伯聘于齊。以脩前好。晉郤至與周爭鄇田。王命劉康公單襄公訟諸晉。郤至曰。溫。吾故也。故不敢失。劉子單子曰。昔周克商。使諸侯撫封。蘇忿生以溫為司寇。與檀伯達封于河。蘇氏即狄。又不能於狄。而奔衛。襄王勞文公。而賜之溫。狐氏。陽氏。先處之。而後及子。若治其故。則王官之邑也。子安得之。晉侯使郤至勿敢爭。
宋華元善於令尹子重。又善於欒武子。聞楚人既許晉糴茷成。而使歸復命矣。
冬。華元如楚。遂如晉。合晉楚之成。秦晉為成。將會于令狐。晉侯先至焉。秦伯不肯涉河。次于王城。使史顆盟晉侯于河東。晉郤犨盟秦伯于河西。范文子曰。是盟也。何益。齊盟。所以質信也。會所信之始也。始之不從。其何質乎。秦伯歸而背晉成。

成公十二年

經十有二年

春。周公出奔晉。
夏。公會晉侯。衛侯。于瑣澤。
秋。晉人敗狄于交剛。
冬。十月。

傳十二年

春。王使以周公之難來告。書曰。周公出奔晉。凡自周無出。周公自出故也。宋華元克合晉楚之成。
夏。五月。晉士燮會楚公子罷。許偃。癸亥。盟于宋西門之外。曰。凡晉楚無相加戎。好惡同之。同恤菑危。備救凶患。若有害楚。則晉伐之。在晉。楚亦如之。交贄往來。道路無壅。謀其不協。而討不庭。有渝此盟。明神殛之。俾隊其師。無克胙國。鄭伯如晉聽成。會于瑣澤。成故也。狄人間宋之盟以侵晉。而不設備。
秋。晉人敗狄于交剛。晉郤至如楚聘。且蒞盟。楚子享之。子反相。為地室而縣焉。郤至將登。金奏作於下。驚而走出。子反曰。日云莫矣。寡君須矣。吾子其入也。賓曰。君不忘先君之好。施及下臣。貺之以大禮。重之以備樂。如天之福。兩君相見。何以代此。下臣不敢。子反曰。如天之福。兩君相見。無亦唯是一矢以相加遺。焉用樂。寡君須矣。吾子其入也。賓曰。若讓之以一矢。禍之大者。其何福之為。世之治也。諸侯間於天子之事。則相朝也。於是乎有享宴之禮。享以訓共儉。宴以示慈惠。共儉以行禮。而慈惠以布政。政以禮成。民是以息。百官承事。朝而不夕。此公侯之所以扞城其民也。故詩曰。赳赳武夫。公侯干城。及其亂也。諸侯貪冒。侵欲不忌。爭尋常以盡其民。略其武夫。以為己腹心股肱爪牙。故詩曰。赳赳武夫。公侯腹心。天下有道。則公侯能為民干城。而制其腹心。亂則反之。今吾子之言。亂之道也。不可以為法。然吾子主也。至敢不從。遂入卒事。歸以語范文子。文子曰。無禮必食言。吾死無日矣夫。

冬。楚公子罷如晉聘。且蒞盟。

十二月。晉侯及楚公子罷盟于赤棘。

成公十三年

經十有三年

春。晉侯使郤錡來乞師。 三月。公如京師。公。

五月。公自京師。遂會晉侯。齊侯。宋公。衛侯。鄭伯。曹伯。邾人。滕人。伐秦。曹伯盧卒于師。

秋。七月。公至自伐秦。

冬。葬曹宣公。

傳十三年

春。晉侯使郤錡來乞師。將事不敬。孟獻子曰。郤氏其亡乎。禮。身之幹也。敬。身之基也。郤子無基。且先君之嗣卿也。受命以求師。將社稷是衛。而惰棄君命也。不亡何為。

三月。公如京師。宣伯欲賜。請先使。王以行人之禮。禮焉。孟獻子從。王以為介。而重賄之。公及諸侯朝王。遂從劉康公。成肅公。會晉侯伐秦。成子受脤于社。不敬。劉子曰。吾聞之。民受天地之中以生。所謂命也。是以有動作禮義威儀之則。以定命也。能者養之以福。不能者敗以取禍。是故君子勤禮。小人盡力。勤禮莫如致敬。盡力莫如敦篤。敬在養神。篤在守業。國之大事。在祀與戎。祀有執膰。戎有受脤。神之大節也。今成子惰棄其命矣。其不反乎。

夏。四月。戊午。晉侯使呂相絕秦。曰。昔逮我獻公。及穆公相好。戮力同心。申之以盟誓。重之以昏姻。天禍晉國。文公如齊。惠公如秦。無祿。獻公即世。穆公不忘舊德。俾我惠公。用能奉祀于晉。又不能成大勳。而為韓之師。亦悔于厥心。用集我文公。是穆之成也。文公躬擐甲冑。跋履山川。踰越險阻。征東之諸侯。虞夏商周之胤。而朝諸秦。則亦既報舊德矣。鄭人怒君之疆場。我文公帥諸侯及秦圍鄭。秦大夫不詢于我寡君。擅及鄭盟。諸侯疾之。將致命于秦。文公恐懼。綏靜諸侯。秦師克還無害。則是我有大造于西也。無祿。文公即世。穆為不弔。蔑死我君。寡我襄公。迭我殽地。奸絕我好。伐我保城。殄滅我費滑。散離我兄弟。撓亂我同盟。傾覆我國家。我襄公未忘君之舊勳。而懼社稷之隕。是以有殽之師。猶願赦罪于穆公。穆公弗聽。而即楚謀我。天誘其衷。成王隕命。穆公是以不克逞志于我。穆襄即世。康靈即位。康公我之自出。又欲闕翦我公室。傾覆我社稷。帥我蝥賊。以來蕩搖我邊疆。我是以有令狐之役。康猶不悛。入我河曲。伐我涑川。俘我王官。翦我羈馬。我是以有河曲之戰。東道之不通。則是康公絕我好也。及君之嗣也。我君景公。引領西望曰。庶撫我乎。君亦不惠稱盟。利吾有狄難。入我河縣。焚我箕郜。芟夷我農功。虔劉我邊陲。我是以有輔氏之聚。君亦悔禍之延。而欲徼福于先君獻穆。使伯車來命我景公曰。吾與女同好棄惡。復脩舊德。以追念前勳。言誓未就。景公即世。我寡君是以有令狐之會。君又不祥。背棄盟誓。白狄及君同州。君之仇讎。而我之昏姻也。君來賜命曰。吾與女伐狄。寡君不敢顧昏姻。畏君之威。而受命于吏。君有二心於狄。曰。晉將伐女。狄應且憎。是用告我。楚人惡君之二三其德也。亦來告我曰。秦背令狐之盟。而來求盟于我。昭告昊天上帝。秦三公。楚三王。曰。余雖與晉出入。余唯利是視。不穀惡其無成德。是用宣之。以懲不壹。諸侯備聞此言。斯是用痛心疾首。暱就寡人。寡人帥以聽命。唯好是求。君若惠顧諸侯。矜哀寡人。而賜之盟。則寡人之願也。其承寧諸侯以退。豈敢徼亂。君若不施大惠。寡人不佞。其不能諸侯退矣。敢盡布之執事。俾執事實圖利之。秦桓公既與晉厲公為令狐之盟。而又召狄與楚。欲道以伐晉。諸侯是以睦於晉。晉欒書將中軍。

荀庚佐之。士燮將上軍。郤錡佐之。韓厥將下軍。荀罃佐之。趙旃將新軍。郤至佐之。郤毅御戎。欒鍼為右。孟獻子曰。晉帥乘和。師必有大功。
五月。丁亥。晉師以諸侯之師。及秦師戰于麻隧。秦師敗績。獲秦成差。及不更女父。曹宣公卒于師。師遂濟涇。及侯麗而還。迓晉侯于新楚。成肅公卒于瑕。
六月。丁卯。夜。鄭公子班自訾求入于大宮。不能。殺子印。子羽。反軍于市。己巳。子駟帥國人盟于大宮。遂從而盡焚之。殺子如。子駹。孫叔。孫知。曹人使公子負芻守。使公子欣時逆曹伯之喪。
秋。負芻殺其大子而自立也。諸侯乃請討之。晉人以其役之勞。請俟他年。
冬。葬曹宣公。既葬。子臧將亡。國人皆將從之。成公乃懼。告罪。且請焉。乃反而致其邑。

成公十四年

經十有四年

春。王正月。莒子朱卒。
夏。衛孫林父自晉歸于衛。
秋。叔孫僑如如齊逆女。鄭公子喜帥師伐許。
九月。僑如以夫人婦姜氏至自齊。
冬。十月。庚寅。衛侯臧卒。秦伯卒。

傳十四年

春。衛侯如晉。晉侯強見孫林父焉。定公不可。
夏。衛侯既歸。晉侯使郤犫送孫林父而見之。衛侯欲辭。定姜曰。不可。是先君宗卿之嗣也。大國又以為請。不許。將亡。雖惡之。不猶愈於亡乎。君其忍之。安民而宥宗卿。不亦可乎。衛侯見而復之。衛侯饗苦成叔。甯惠子相。苦成叔傲。甯子曰。苦成家其亡乎。古之為享食也。以觀威儀。省禍福也。故詩曰。兕觥其觩。旨酒思柔。彼交匪傲。萬福來求。今夫子傲。取禍之道也。
秋。宣伯如齊逆女。稱族。尊君命也。

八月。鄭子罕伐許。敗焉。戊戌。鄭伯復伐許。庚子。入其郛。許人平以叔申之封。

九月。僑如以夫人婦姜氏至自齊。舍族。尊夫人也。故君子曰。春秋之稱微而顯。志而晦。婉而成章。盡而不汙。懲惡而勸善。非聖人誰能脩之。衛侯有疾。使孔成子。甯惠子。立敬姒之子衎。以為大子。冬。十月。衛定公卒。夫人姜氏既哭而息。見大子之不哀也。不內酌飲。歎曰。是夫也。將不唯衛國之敗。其必始於未亡人。烏呼。天禍衛國也。夫吾不獲鱄也。使主社稷。大夫聞之。無不聳懼。孫文子自是不敢舍其重器於衛。盡寘諸戚。而甚善晉大夫。

成公十五年

經十有五年

春。王二月。葬衛定公。

三月。乙巳。仲嬰齊卒。癸丑。公會晉侯。衛侯。鄭伯。曹伯。宋世子成。齊國佐。邾人。同盟于戚。晉侯執曹伯。歸于京師。公至自會。

夏。六月。宋公固卒。楚子伐鄭。

秋。八月。庚辰。葬宋共公。宋華元。出奔晉。宋華元自晉歸于宋。宋殺其大夫山。宋魚石出奔楚。

冬。十有一月。叔孫僑如會晉士爕。齊高無咎。宋華元。衛孫林父。鄭公子鰌。邾人。會吳于鍾離。許遷于葉。

傳十五年

春。會于戚。討曹成公也。執而歸諸京師。書曰。晉侯執曹伯。不及其民也。凡君不道於其民。諸侯討而執之。則曰。某人執某侯。不然則否。諸侯將見子臧於王。而立之。子臧辭曰。前志有之曰。聖達節。次守節。下失節。為君。非吾節也。雖不能聖。敢失守乎。遂逃奔宋。夏。六月。宋共公卒。楚將北師。子囊曰。新與晉盟而背之。無乃不可乎。子反曰。敵利則進。何盟之有。申叔時老矣。在申。聞之曰。子反必不免。信以守禮。禮以庇身。信禮之亡。欲免得乎。楚子侵鄭。及暴隧。遂侵衛。及首止。鄭子罕侵楚。取新石。欒武子欲報楚。韓獻子曰。無庸。使重其罪。民將叛之。無民孰戰。

秋。八月。葬宋共公。於是華元為右師。魚石為左師。蕩澤為司馬。華喜為司徒。公孫師為司城。向為人為大司寇。鱗朱為少司寇。向帶為大宰。魚府為少宰。蕩澤弱公室。殺公子肥。華元曰。我為右師。君臣之訓。師所司也。今公室卑而不能正。吾罪大矣。不能治官。敢賴寵乎。乃出奔晉。二華。戴族也。司城。莊族也。六官者。皆桓族也。魚石將止華元。魚府曰。右師反必討。是無桓氏也。魚石曰。右師苟獲反。雖許之討。必不敢。且多大功。國人與之。不反。懼桓氏之無祀於宋也。右師討。猶有戌在。桓氏雖亡。必偏。魚石自止華元于河上。請討。許之。乃反。使華喜。公孫師。帥國人攻蕩氏。殺子山。書曰。宋殺大夫山。言背其族也。魚石。向為人。鱗朱。向帶。魚府。出舍於睢上。華元使止之。不可。

冬。十月。華元自止之。不可。乃反。魚府曰。今不從。不得入矣。右師視速而言疾。有異志焉。若不我納。今將馳矣。登丘而望之。則馳騁而從之。則決睢澨。閉門登陴矣。左師。二司寇。二宰。遂出奔楚。華元使向戌為左師。老佐為司馬。樂裔為司寇。以靖國人。晉三郤害伯宗。譖而殺之。及欒弗忌。伯州犁奔楚。韓獻子曰。郤氏其不免乎。善人。天地之紀也。而驟絕之。不亡何待。初。伯宗每朝。其妻必戒之曰。盜憎主人。民惡其上。子好直言。必及於難。

十一月。會吳于鍾離。始通吳也。許靈公畏偪于鄭。請遷于楚。辛丑。楚公子申遷許于葉。

成公十六年

經十有六年

春。王正月。雨木冰。

夏。四月。辛未。滕子卒。鄭公子喜帥師侵宋。

六月。丙寅朔。日有食之。晉侯使欒黶來乞師。甲午。晦。晉侯及楚子。鄭伯。戰于鄢陵。楚子鄭師敗績。楚殺其大夫公子側。

秋。公會晉侯。齊侯。衛侯。宋華元。邾人。于沙隨。不見公。公至自會。公會尹子。晉侯。齊國佐。邾人。伐鄭。曹伯歸自京師。

九月。晉人執季孫行父。舍之于苕丘。

冬。十月。乙亥。叔孫僑如出奔齊。
十有二月。乙丑。季孫行父及晉郤犨盟于扈。公至自會。乙酉。刺公子偃。

傳十六年

春。楚子自武城使公子成。以汝陰之田。求成于鄭。鄭叛晉。子駟從楚子盟于武城。
夏。四月。滕文公卒。鄭子罕伐宋。宋將鉏。樂懼。敗諸汋陂。退舍於夫渠。不儆。鄭人覆之。敗諸汋陵。獲將鉏樂懼。宋恃勝也。衛侯伐鄭。至于鳴鴈。為晉故也。晉侯將伐鄭。范文子曰。若逞吾願。諸侯皆叛。晉可以逞。若唯鄭叛。晉國之憂。可立俟也。欒武子曰。不可以當吾世而失諸侯。必伐鄭。乃興師。欒書將中軍。士燮佐之。郤錡將上軍。荀偃佐之。韓厥將下軍。郤至佐新軍。荀罃居守。郤犨如衛。遂如齊。皆乞師焉。欒黶來乞師。孟獻子曰。有勝矣。戊寅。晉師起。鄭人聞有晉師。使告于楚。姚句耳與往。楚子救鄭。司馬將中軍。令尹將左。右尹子辛將右過申。子反入見申叔時。曰。師其何如。對曰。德。刑。詳。義。禮。信。戰之器也。德以施惠。刑以正邪。詳以事神。義以建利。禮以順時。信以守物。民生厚而德正。用利而事節。時順而物成。上下和睦。周旋不逆。求無不具。各知其極。故詩曰。立我烝民。莫匪爾極。是以神降之福。時無災害。民生敦厖。和同以聽。莫不盡力。以從上命。致死以補其闕。此戰之所由克也。今楚內棄其民。而外絕其好。瀆齊盟。而食話言。奸時以動。而疲民以逞。民不知信。進退罪也。人恤所底。其誰致死。子其勉之。吾不復見子矣。姚句耳先歸。子駟問焉。對曰。其行速。過險而不整。速則失志。不整喪列。志失列喪。將何以戰。楚懼不可用也。
五月。晉師濟河。聞楚師將至。范文子欲反。曰。我偽逃楚。可以紓憂。夫合諸侯。非吾所能也。以遺能者。我若群臣輯睦以事君。多矣。武子曰。不可。
六月。晉楚遇於鄢陵。范文子不欲戰。郤至曰。韓之戰。惠公不振旅。箕之役。先軫不反命。邲之師。荀伯不復從。皆晉之恥也。子亦見先君之事矣。今我辟楚。又益恥也。文子曰。吾先君之亟戰也有故。秦狄齊楚皆彊。不盡力。子孫將弱。今三彊服矣。敵楚而已。唯聖人能外內無患。自非聖人。外寧必有內憂。盍釋楚以為外懼乎。甲午。晦。楚晨壓晉軍而陳。軍吏患之。范匄趨進曰。塞井夷灶。陳於軍中而疏行首。晉楚唯天所授。何患焉。文子執戈逐之。曰。國之存亡。天也。童子何知焉。欒書曰。楚師輕窕。固壘而待之。三日必退。退而擊之。必獲勝焉。郤至曰。楚有六間。不可失也。其二卿相惡。王卒以舊。鄭陳而不整。蠻軍而不陳。陳不違晦。在陳而囂。合而加囂。各顧其後。莫有鬥心。舊不必良。以犯天忌。我必克之。楚子登巢車以望晉軍。子重使大宰伯州犁侍于王後。王曰。騁而左右。何也。曰。召軍吏也。皆聚於中軍矣。曰。合謀也。張幕矣。曰。虔卜於先君也。徹幕矣。曰。將發命也。甚囂且塵上矣。曰。將塞井夷灶而為行也。皆乘矣。左右執兵而下矣。曰。聽誓也。戰乎。曰。未可知也。乘而左右皆下矣。曰。戰禱也。伯州犁以公卒告王。苗賁皇在晉侯之側。亦以王卒告。皆曰。國士在。且厚。不可當也。苗賁皇言於晉侯曰。楚之良。在其中軍王族而已。請分良以擊其左右。而三軍萃於王卒。必大敗之。公筮之。史曰。吉。其卦遇復。曰。南國蹙。射其元。王中厥目。國蹙王傷。不敗何待。公從之。有淖於前。乃皆左右。相違於淖。步毅御晉厲公。欒鍼為右。彭名御楚共王。潘黨為右。石首御鄭成公。唐苟為右。欒范以其族夾公行。陷於淖。欒書將載晉侯。鍼曰。書退。國有大任。焉得專之。且侵官。冒也。失官。慢也。離局。姦也。有三罪焉。不可犯也。乃掀公以出於淖。癸巳。潘尪之黨。與養由基。蹲甲而射之。徹七札焉。以示王。曰。君有二臣如此。何憂於戰。王怒曰。大辱國。詰朝。爾射死藝。呂錡夢射月。中之。退入於泥。占之曰。姬姓。日也。異姓。月也。必楚王也。射而中之。退入於泥。亦必死矣。及戰。射共王中目。王召養由基。與之兩矢。使射呂錡。中項伏弢。以一矢復命。郤至三遇楚子之卒。見楚子必下。免冑而趨風。楚子使工尹襄問之以弓。曰。方事之殷也。有韎韋之跗注。君子也。識見不穀而趨。無乃傷乎。郤至見客。免冑承命曰。君之外臣至。從寡君之戎事。以君之靈。間蒙甲冑。不敢拜命。敢告不寧。君命之辱。為事之故。敢肅使者。三肅使者而退。晉韓厥從鄭伯。其御杜溷羅曰。速從之。其御屢顧。不在馬。可及也。韓厥曰。不可以再辱國君。乃止。郤至從鄭伯。其右茀翰胡曰。諜輅之。余從之乘。而俘以。下郤至。曰傷國君有。刑亦。止石首。曰衛懿公唯不去其。旗是以敗於。熒乃內旌於弢。中唐苟謂石首。曰子在君側。敗者壹大。我不如子。子以君免。我請止。乃死。楚師薄於險。叔山冉謂養由基曰。雖君有命。為國故。子必射。乃射。再發盡殪。叔山冉搏人以役。中車折軾。晉師乃止。囚楚公子茷。欒鍼見子重之旌。請曰。楚人謂夫旌。子重之麾也。彼其子重也。日臣之使於楚也。子重問晉國之勇。臣對曰。好以眾整。曰。又何如。臣對曰。好以暇。今兩國治戎。行人不使。不可謂整。臨事而食言。不可謂暇。請攝飲焉。公許之。使行人執榼承飲。造于子重曰。寡君乏使。使鍼御持矛。是以不得犒從者。使某攝飲。子重曰。夫子嘗與吾言於楚。必是故也。不亦識乎。受而飲之。免使者而復鼓。旦而戰。見星未已。子反命軍吏察夷傷。補卒乘。繕甲兵。展車馬。雞鳴而食。唯命是聽。晉人患之。苗賁皇徇曰。蒐乘補卒。秣馬利兵。脩陳固列。蓐食申禱。明日復戰。乃逸楚囚。王聞之。召子反謀。穀陽豎獻飲於子反。子反醉而不能見。王曰。天敗楚也夫。余不可以待。乃宵遁。晉入楚軍。三日穀。范文子立於戎馬之前。曰。君幼。諸臣不佞。何以及此。君其戒之。周書曰。惟命不于常。有德之謂。楚師還。及瑕。王使謂子反曰。先大夫之覆師徒者。君不在。子無以為過。不穀之罪也。子反再拜稽首曰。君賜臣死。死且不朽。臣之卒實奔。臣之罪也。子重復謂子反曰。初隕師徒者。而亦聞之矣。盍圖之。對曰。雖微先大夫有之。大夫命側。側敢不義。側亡君師。敢忘其死。王使止之。弗及而卒。戰之日。齊國佐。高無咎。至于師。衛侯出于衛。公出于壞隤。宣伯通於穆姜。欲去季孟。而取其室。將行。穆姜送公。而使逐二子。公以晉難告。曰。請反而聽命。姜怒。公子偃。公子鉏。趨過指之曰。女不可。是皆君也。公待於壞隤。申宮儆備。設守而後行。是以後。使孟獻子守于公宮。

秋。會于沙隨。謀伐鄭也。宣伯使告郤犨曰。魯侯待于壞隤。以待勝者。郤犨將新軍。且為公族大夫。以主東諸侯。取貨于宣伯。而訴公于晉侯。晉侯不見公。曹人請于晉曰。自我先君宣公即位。國人曰。若之何。憂猶未弭。而又討我寡君。以亡曹國社稷之鎮公子。是大泯曹也。先君無乃有罪乎。若有罪。則君列諸會矣。君唯不遺德刑。以伯諸侯。豈獨遺諸敝邑。敢私布之。

七月。公會尹武公。及諸侯伐鄭。將行。姜又命公如初。公又申守而行。諸侯之師。次于鄭西。我師次于督揚。不敢過鄭。子叔聲伯使叔孫豹請逆于晉師。為食於鄭郊。師逆以至。聲伯四日不食以待之。食使者。而後食。諸侯遷于制田。知武子佐下軍。以諸侯之師侵陳。至于鳴鹿。遂侵蔡未反。諸侯遷于潁上。戊午。鄭子罕宵軍之宋齊。衛皆失軍。曹人復請于晉。晉侯謂子臧。反。吾歸而君。子臧反。曹伯歸。子臧盡致其邑與卿。而不出。宣伯使告郤犨曰。魯之有季孟。猶晉之有欒范也。政令於是乎成。今其謀曰。晉政多門。不可從也。寧事齊楚。有亡而已。蔑從晉矣。若欲得志於魯。請止行父而殺之。我斃蔑也。而事晉。蔑有貳矣。魯不貳。小國必睦。不然。歸必叛矣。

九月。晉人執季文子于苕丘。公還。待于鄆。使子叔聲伯請季孫于晉。郤犨曰。苟去仲孫蔑而止季孫行父。吾與子國。親於公室。對曰。僑如之情。子必聞之矣。若去蔑與行父。是大棄魯國。而罪寡君也。若猶不棄。而惠徼周公之福。使寡君得事晉君。則夫二人者。魯國社稷之臣也。若朝亡之。魯必夕亡。以魯之密邇仇讎。亡而為讎。治之何及。郤犨曰。吾為子請邑。對曰。嬰齊。魯之常隸也。敢介大國。以求厚焉。承寡君之命以請。若得所請。吾子之賜多矣。又何求。范文子謂欒武子曰。季孫於魯。相二君矣。妾不衣帛。馬不食粟。可不謂忠乎。信讒慝而棄忠良。若諸侯何。子叔嬰齊奉君命無私。謀國家不貳。圖其身不忘其君。若虛其請。是棄善人也。子其圖之。乃許魯平。赦季孫。

冬。十月。出叔孫僑如而盟之。僑如奔齊。

十二月。季孫及郤犨盟于扈。歸刺公子偃。召叔孫豹于齊而立之。齊聲孟子通僑如。使立於高國之閒。僑如曰。不可以再罪。奔衛。亦閒於卿。晉侯使郤至獻楚捷于周。與單襄公語。驟稱其伐。單子語諸大夫曰。溫季其亡乎。位於七人之下。而求掩其上。怨之所聚。亂之本也。多怨而階亂。何以在位。夏書曰。怨豈在明。不見是圖。將慎其細也。今而明之。其可乎。

成公十七年

經十有七年

春。衛北宮括帥師侵鄭。

夏。公會尹子。單子。晉侯。齊侯。宋公。衛侯。曹伯。邾人。伐鄭。

六月。乙酉。同盟于柯陵。

秋。公至自會。齊高無咎出奔莒。

九月。辛丑。用郊。晉侯使荀罃來乞師。

冬。公會單子。晉侯。宋公。衛侯。曹伯。齊人。邾人。伐鄭。十有一月。公至自伐鄭。壬申。公孫嬰卒于貍脤。十有二月丁巳朔。日有食之。邾子貜且卒。晉殺其大夫郤錡。郤犨。郤至。楚人滅舒庸。

傳十七年

春。王正月。鄭子駟侵晉虛滑。衛北宮括救晉侵鄭。至于高氏。

夏。五月。鄭大子髡。頑侯獳。為質於楚。楚公子成。公子寅。戍鄭。公會尹武公。單襄公。及諸侯伐鄭。自戲童至于曲洧。晉范文子反自鄢陵。使其祝宗祈死曰。君驕侈而克敵。是天益其疾也。難將作矣。愛我者唯祝我使我速死。無及於難。范氏之福也。

六月。戊辰。士燮卒。乙酉。同盟于柯陵。尋戚之盟也。楚子重救鄭師于首止。諸侯還。齊慶克通于聲孟子。與婦人蒙衣乘輦。而入于閎。鮑牽見之。以告國武子。武子召慶克而謂之。慶克久不出。而告夫人曰。國子讁我。夫人怒。國子相靈公以會高鮑。處守及還。將至。閉門而索客。孟子訴之曰。高鮑將不納君而立公子角。國子知之。

秋。七月。壬寅。刖鮑牽而逐高無咎。無咎奔莒。高弱以盧叛。齊人來召鮑國而立之。初。鮑國去鮑氏而來。為施孝叔臣。施氏卜宰。匡句須吉。施氏之宰。有百室之邑與匡句須邑。使為宰以讓鮑國而致邑焉。施孝叔曰。子實吉。對曰。能與忠良。吉孰大焉。鮑國相施氏忠。故齊人取以為鮑氏。後仲尼曰。鮑莊子之知不如葵。葵猶能衛其足。

冬。諸侯伐鄭。

十月。庚午。圍鄭。楚公子申救鄭。師于汝上。

十一月。諸侯還。初。聲伯夢涉洹。或與己瓊瑰食之。泣而為瓊瑰。盈其懷。從而歌之曰。濟洹之水。贈我以瓊瑰。歸乎歸乎。瓊瑰盈吾懷乎。懼不敢占也。還自鄭。壬申。至于貍脤而占之。曰。余恐死。故不敢占也。今眾繁而從余三年矣。無傷也。言之之莫而卒。齊侯使崔杼為大夫。使慶克佐之。帥師圍盧。國佐從諸侯圍鄭。以難請而歸。遂如盧師。殺慶克以穀叛。齊侯與之盟于徐關而復之。

十二月。盧降。使國勝告難于晉。待命于清。晉厲公侈。多外嬖。反自鄢陵。欲盡去群大夫而立其左右。胥童以胥克之廢也。怨郤氏。而嬖於厲公。郤錡奪夷陽五田。五亦嬖於厲公。郤犨與長魚矯爭田。執而梏之。與其父母妻子同一轅。既矯。亦嬖於厲公。欒書怨郤至。以其不從己而敗楚師也。欲廢之。使楚公子茷告公曰。此戰也。郤至實召寡君。以東師之未至也。與軍帥之不具也。曰此必敗。吾因奉孫周以事君。公告欒書。書曰。其有焉。不然。豈其死之不恤。而受敵使乎。君盍嘗使諸周而察之。郤至聘于周。欒書使孫周見之。公使覘之信。遂怨郤至。厲公田。與婦人先殺而飲酒。後使大夫殺。郤至奉豕。寺人孟張奪之。郤至。射而殺之。公曰。季子欺余。厲公將作難。胥童曰。必先三郤。族大多怨。去大族不偪。敵多怨有庸。公曰。然郤氏聞之。郤錡欲攻公。曰雖死。君必危。郤至曰。人所以立。信知勇也。信不叛君。知不害民。勇不作亂。失茲三者。其誰與我。死而多怨。將安用之。君實有臣而殺之。其謂君何。我之有罪。吾死後矣。若殺不辜。將失其民。欲安得乎。待命而已。受君之祿。是以聚黨。有黨而爭命。罪孰大焉。壬午。胥童。夷羊五。帥甲八百。將攻郤氏。長魚矯請無用眾。公使清沸魋助之。抽戈結衽而偽訟者。三郤將謀於榭。矯以戈殺駒伯苦成叔於其位。溫季曰。逃威也。遂趨。矯及諸其車。以戈殺之。皆尸諸朝。胥童以甲劫欒書中行偃於朝。矯曰。不殺二子。憂必及君。公曰。一朝而尸三卿。余不忍益也。對曰。人將忍君。臣聞亂在外為姦。在內為軌。御姦以德。御軌以刑。不施而殺。不可謂德。臣偪而不討。不可謂刑。德刑不立。姦軌並至。臣請行。遂出奔狄。公使辭於二子曰。寡人有討於郤氏。郤氏既伏其辜矣。大夫無辱。其復職位。皆再拜稽首曰。君討有罪而免臣於死。君之惠也。二臣雖死。敢忘君德。乃皆歸。公使胥童為卿。公遊于匠麗氏。欒書。中行偃。遂執公焉。召士匄。士匄辭。召韓厥。韓厥辭。曰。昔吾畜於趙氏。孟姬之讒。吾能違兵。古人有言曰。殺老牛莫之敢尸。而況君乎。二三子不能事君。焉用厥也。舒庸人以楚師之敗也。道吳人圍巢。伐駕。圍釐虺。遂恃吳而不設備。楚公子橐師襲舒庸。滅之。

閏月。乙卯。晦。欒書中行偃殺胥童。民不與郤氏。胥童道君為亂。故皆書曰。晉殺其大夫。

成公十八年

經十有八年

春。王正月。晉殺其大夫胥童。庚申。晉弒其君州蒲。齊殺其大夫國佐。公如晉。

夏。楚子。鄭伯。伐宋。宋魚石復入于彭城。公至自晉。晉侯使士匄來聘。

秋。杞伯來朝。

八月。邾子來朝。築鹿囿。己丑。公薨于路寢。

冬。楚人鄭人侵宋。晉侯使士魴來乞師。

十有二月。仲孫蔑會晉侯。宋公。衛侯。邾子。齊崔杼。同盟于虛朾。丁未。葬我君成公。

傳十八年

春。王正月。庚申。晉欒書。中行偃。使程滑弒厲公。葬之于翼東門之外。以車一乘。使荀罃。士魴。逆周子于京師而立之。生十四年矣。大夫逆于清原。周子曰。孤始願不及此。雖及此。豈非天乎。抑人之求君。使出命也。立而不從將安用君。二三子用我今日。否亦今日。共而從君。神之所福也。對曰。群臣之願也。敢不唯命是聽。庚午。盟而入。館于伯子同氏辛巳。朝于武宮。逐不臣者七人。周子有兄而無慧。不能辨菽麥。故不可立。齊為慶氏之難故。甲申晦。齊侯使士華免以戈殺國佐于內宮之朝。師逃于夫人之宮。書曰。齊殺其大夫國佐。棄命專殺。以穀叛故也。使清人殺國勝。國弱來奔。王湫奔萊。

慶封為大夫。慶佐為司寇。既。齊侯反國弱。使嗣國氏。禮也。
二月。乙酉朔。晉侯悼公即位于朝。始命百官。施舍已責。逮鰥寡。振廢滯。匡乏困。救災患。禁淫慝。薄賦斂。宥罪戾。節器用。時用民。欲無犯。時使魏相。士魴。魏頡。趙武為卿。荀家。荀會。欒黶。韓無忌為公族大夫。使訓卿之子弟。共儉孝弟。使士渥濁為大傅。使脩范武子之法。右行辛為司空。使脩士蔿之法。弁糾御戎。校正屬焉。使訓諸御知義。荀賓為右。司士屬焉。使訓勇力之士。時使卿無共御。立軍尉以攝之。祁奚為中軍尉。羊舌職佐之。魏絳為司馬。張老為候奄。鐸遏寇為上軍尉。籍偃為之司馬。使訓卒乘。親以聽命。程鄭為乘馬御。六騶屬焉。使訓群騶知禮。凡六官之長。皆民譽也。舉不失職。官不易方。爵不踰德。師不陵正。旅不偪師。民無謗言。所以復霸也。公如晉。朝嗣君也。
夏。六月。鄭伯侵宋。及曹門外。遂會楚子伐宋。取朝郟。楚子辛。鄭皇辰。侵城郜。取幽丘。同伐彭城。納宋魚石。向為人。鱗朱。向帶。魚府焉。以三百乘戍之而還。書曰復入。凡去其國。國逆而立之曰入。復其位曰復歸。諸侯納之曰歸。以惡曰復入。宋人患之。西鉏吾曰。何也。若楚人與吾同惡。以德於我。吾固事之也。不敢貳矣。大國無厭。鄙我猶憾。不然。而收吾憎。使贊其政。以間吾釁。亦吾患也。今將崇諸侯之姦。而披其地。以塞夷庚。逞姦而攜服。毒諸侯而懼吳晉。吾庸多矣。非吾憂也。且事晉何為。晉必恤之。公至自晉。晉范宣子來聘。且拜朝也。君子謂晉於是乎有禮。
秋。杞桓公來朝。勞公。且問晉故。公以晉君語之。杞伯於是驟朝于晉。而請為昏。
七月。宋老佐。華喜。圍彭城。老佐卒焉。八月。邾宣公來朝。即位而來見也。築鹿囿。書不時也。己丑。公薨于路寢。言道也。
冬·十一月。楚子重救彭城伐宋。宋華元如晉告急。韓獻子為政。曰。欲求得人。必先勤之。成霸安彊。自宋始矣。晉侯師于台谷以救宋。遇楚師于靡角之谷。楚師還。晉士魴來乞師。季文子問師數於臧武仲。對曰。伐鄭之役。知伯實來。下軍之佐也。今彘季亦佐下軍。如伐鄭可也。事大國無失班爵。而加敬焉禮也。從之。

十二月。孟獻子會于虛朾。謀救宋也。宋人辭諸侯。而請師以圍彭城。孟獻子請于諸侯而先歸會葬。丁未。葬我君成公。書順也。

襄公

襄公元年

經元年

春。王正月。公即位。仲孫蔑會晉欒黶。宋華元。衛甯殖。曹人。莒人。邾人。滕人。宋人。薛人。圍宋彭城。

夏。晉韓厥帥師伐鄭。仲孫蔑會齊崔杼。曹人。邾人。杞人。次于鄫。

秋。楚公子壬夫帥師侵宋。

九月。辛酉。天王崩。邾子來朝。

冬。衛侯使公孫剽來聘。晉侯使荀罃來聘。

傳元年

春。己亥。圍宋彭城。非宋地。追書也。於是為宋討魚石。故稱宋。且不登叛人也。謂之宋志。彭城降晉。晉人以宋五大夫在彭城者歸。寘諸瓠丘。齊人不會彭城。晉人以為討。二月。齊大子光為質於晉。

夏。五月。晉韓厥。荀偃。帥諸侯之師伐鄭。入其郛。敗其徒兵於洧上。於是東諸侯之師。次于鄫以待晉師。晉師自鄭。以鄫之師侵楚焦夷。及陳。晉侯。衛侯。次于戚。以為之援。

秋。楚子辛救鄭。侵宋呂留。鄭子然侵宋。取犬丘。

九月。邾子來朝。禮也。

冬。衛子叔。晉知武子。來聘。禮也。凡諸侯即位。小國朝之。大國聘焉。以繼好結信。謀事補闕。禮之大者也。

襄公二年

經二年

春。王正月。葬簡王。鄭師伐宋。

夏。五月。庚寅。夫人姜氏薨。

六月。庚辰。鄭伯睔卒。晉師。宋師。衛甯殖。侵鄭。

秋。七月。仲孫蔑會晉荀罃。宋華元。衛孫林父。曹人。邾人。于戚。己丑。葬我小君齊姜。叔孫豹如宋。
冬。仲孫蔑會晉荀罃。齊崔杼。宋華元。衛孫林父。曹人。邾人。滕人。薛人。小邾人。于戚。遂城虎牢。楚殺其大夫公子申。

傳二年

春。鄭師侵宋。楚令也。齊侯伐萊。萊人使正輿子。賂夙沙衛以索馬牛。皆百匹。齊師乃還。君子是以知齊靈公之為靈也。
夏。齊姜薨。初。穆姜使擇美檟。以自為櫬。與頌琴。季文子取以葬。君子曰。非禮也。禮無所逆。婦養姑者也。虧姑以成婦。逆莫大焉。詩曰。其惟哲人。告之話言。順德之行。季孫於是為不哲矣。且姜氏。君之妣也。詩曰。為酒為醴。烝畀祖妣。以洽百禮。降福孔偕。齊侯使諸姜宗婦來送葬。召萊子。萊子不會。故晏弱城東陽以偪之。鄭成公疾。子駟請息肩於晉。公曰。楚君以鄭故。親集矢於其目。非異人任。寡人也。若背之。是棄力與言。其誰暱我。免寡人。唯二三子。
秋。七月。庚辰。鄭伯睔卒。於是子罕當國。子駟為政。子國為司馬。晉師侵鄭。諸大夫欲從晉。子駟曰。官命未改。會于戚。謀鄭故也。孟獻子曰。請城虎牢以偪鄭。知武子曰。善鄫之會。吾子聞崔子之言。今不來矣。滕薛小邾之不至。皆齊故也。寡君之憂。不唯鄭。罃將復於寡君。而請於齊。得請而告。吾子之功也。若不得請。事將在齊。吾子之請。諸侯之福也。豈唯寡君賴之。穆叔聘于宋。通嗣君也。
冬。復會于戚。齊崔武子。及滕薛小邾之大夫皆會。知武子之言故也。遂城虎牢。鄭人乃成。楚公子申為右司馬。多受小國之賂。以偪子重。子辛。楚人殺之。故書曰。楚殺其大夫公子申。

襄公三年

經三年

春。楚公子嬰齊帥師伐吳。公如晉。
夏。四月。壬戌。公及晉侯盟于長樗。公至自晉。

六月。公會單子。晉侯。宋公。衛侯。鄭伯。莒子。邾子。齊世子光。己未。同盟于雞澤。陳侯使袁僑如會。戊寅。叔孫豹。及諸侯之大夫。及陳袁僑盟。

秋。公至自會。

冬。晉荀罃帥師伐許。

傳三年

春。楚子重伐吳。為簡之師。克鳩茲。至于衡山。使鄧廖帥組甲二百。被練三千以侵吳。吳人要而擊之。獲鄧廖。其能免者。組甲八十。被練三百而已。子重歸。既飲至。三日。吳人伐楚。取駕。駕。良邑也。鄧廖。亦楚之良也。君子謂子重於是役也。所獲不如所亡。楚人以是咎子重。子重病之。遂遇心病而卒。公如晉。始朝也。

夏。盟于長樗。孟獻子相。公稽首。知武子曰。天子在。而君辱稽首。寡君懼矣。孟獻子曰。以敝邑介在東表。密邇仇讎。寡君將君是望。敢不稽首。晉為鄭服故。且欲脩吳好。將合諸侯。使士匄告于齊曰。寡君使匄以歲之不易。不虞之不戒。寡君願與一二兄弟相見。以謀不協。請君臨之使。匄乞盟。齊侯欲勿許。而難為不協。乃盟於耏外。祁奚請老。晉侯問嗣焉。稱解狐。其讎也。將立之而卒。又問焉。對曰。午也可。於是羊舌職死矣。晉侯曰。孰可以代之。對曰。赤也可。於是使祁午為中軍尉。羊舌赤佐之。君子謂祁奚於是能舉善矣。稱其讎。不為諂。立其子。不為比。舉其偏。不為黨。商書曰。無偏無黨。王道蕩蕩。其祁奚之謂矣。解狐得舉。祁午得位。伯華得官。建一官而三物成。能舉善也。夫唯善。故能舉其類。詩云。惟其有之。是以似之。祁奚有焉。

六月。公會單頃公及諸侯。己未。同盟于雞澤。晉侯使荀會逆吳子于淮上。吳子不至。楚子辛為令尹。侵欲於小國。陳成公使袁僑如會。求成。晉侯使和組父告于諸侯。

秋。叔孫豹及諸侯之大夫。及陳袁僑盟。陳請服也。晉侯之弟揚干。亂行於曲梁。魏絳戮其僕。晉侯怒謂羊舌赤曰。合諸侯以為榮也。揚干為戮。何辱如之。必殺魏絳。無失也。對曰。絳無貳志。事君不辟難。有罪不逃刑。其將來辭。何辱命焉。言終。魏絳至。授僕人書。

將伏劍。士魴。張老。止之。公讀其書曰。日君乏使。使臣斯司馬。臣聞師衆以順為武。軍事有死無犯為敬。君合諸侯。臣敢不敬。君師不武。執事不敬。罪莫大焉。臣懼其死。以及揚干。無所逃罪。不能致訓。至於用鉞。臣之罪重。敢有不從。以怒君心。請歸死於司寇。公跣而出。曰。寡人之言。親愛也。吾子之討。軍禮也。寡人有弟。弗能教訓。使干大命。寡人之過也。子無重寡人之過。敢以為請。晉侯以魏絳為能。以刑佐民矣。反役。與之禮食。使佐新軍。張老為中軍司馬。士富為候奄。楚司馬公子何忌侵陳。陳叛故也。許靈公事楚。不會于雞澤。

冬。晉知武子帥師伐許。

襄公四年

經四年

春。王三月。己酉。陳。侯午卒。

夏。叔孫豹如晉。

秋。七月。戊子。夫人姒氏薨。葬陳成公。八月。辛亥。葬我小君定姒。

冬。公如晉。陳人圍頓。

傳四年

春。楚師為陳叛故。猶在繁陽。韓獻子患之。言於朝曰。文王帥殷之叛國。以事紂。唯知時也。今我易之。難哉。

三月。陳成公卒。楚人將伐陳。聞喪乃止。陳人不聽命。臧武仲聞之曰。陳不服於楚必亡。大國行禮焉而不服。在大猶有咎。而況小乎。

夏。楚彭名侵陳。陳無禮故也。穆叔如晉。報知武子之聘也。晉侯享之。金奏肆夏之三。不拜。工歌文王之三。又不拜。歌鹿鳴之三。三拜。韓獻子使行人子員問之。曰。子以君命辱於敝邑。先君之禮。藉之以樂。以辱吾子。吾子舍其大而重。拜其細。敢問何禮也。對曰。三夏。天子所以享元侯也。使臣弗敢與聞。文王。兩君相見之樂也。臣不敢及。鹿鳴。君所以嘉寡君也。敢不拜嘉。四牡。君所以勞使臣也。敢不重拜。皇皇者華。君教使臣曰。必諮於周。臣聞之。訪問於善為咨。咨親為詢。咨禮為度。咨事為諏。咨難為謀。臣獲五善。敢不重拜。

秋。定姒薨。不殯于廟。無櫬。不虞。匠慶謂季文子曰。子為正卿。而小君之喪不成。不終君也。君長。誰受其咎。初。季孫為己樹六檟於蒲圃東門之外。匠慶請木。季孫曰。略。匠慶用蒲圃之檟。季孫不御。君子曰。志所謂多行無禮。必自及也。其是之謂乎。

冬。公如晉聽政。晉侯享公。公請屬鄫。晉侯不許。孟獻子曰。以寡君之密邇於仇讎。而願固事君。無失官命。鄫無賦於司馬。為執事朝夕之命敝邑。敝邑褊小。闕而為罪寡君。寡君是以願借助焉。晉侯許之。楚人使頓間陳。而侵伐之。故陳人圍頓。無終子嘉父使孟樂如晉。因魏莊子納虎豹之皮。以請和諸戎。晉侯曰。戎狄無親而貪。不如伐之。魏絳曰。諸侯新服。陳新來和。將觀於我。我德則睦。否則攜貳。勞師於戎。而楚伐陳。必弗能救。是棄陳也。諸華必叛。戎禽獸也。獲戎失華。無乃不可乎。夏訓有之曰。有窮后羿。公曰。后羿何如。對曰。昔有夏之方衰也。后羿自鉏遷于窮石。因夏民以代夏政。恃其射也。不脩民事。而淫于原獸。棄武羅。伯困。熊髡。尨圉。而用寒浞。寒浞。伯明氏之讒子弟也。伯明后寒棄之。夷羿收之。信而使之。以為己相。浞行媚于內。而施賂于外。愚弄其民。而虞羿于田。樹之詐慝。以取其國家。外內咸服。羿猶不悛。將歸自田。家眾殺而亨之。以食其子。其子不忍食諸。死于窮門。靡奔有鬲氏。浞因羿室。生澆及豷。恃其讒慝詐偽而不德于民。使澆用師。滅斟灌及斟尋氏。處澆于過。處豷于戈。靡自有鬲氏。收二國之燼以滅浞。而立少康。少康滅澆于過。后杼滅豷于戈。有窮由是遂亡。失人故也。昔周辛甲之為大史也。命百官。官箴王闕。於虞人之箴曰。芒芒禹跡。畫為九州。經啟九道。民有寢廟。獸有茂草。各有攸處。德用不擾。在帝夷羿。冒于原獸。忘其國恤。而思其麀牡。武不可重。用不恢于夏家。獸臣司原。敢告僕夫。虞箴如是。可不懲乎。於是晉侯好田。故魏絳及之。公曰。然則莫如和戎乎。對曰。和戎有五利焉。戎狄荐居。貴貨易土。土可賈焉。一也。邊鄙不聳。民狎其野。穡人成功。二也。戎狄事晉。四鄰振動。諸侯威懷。三也。以德綏戎。師徒不動。甲兵不頓。四也。鑒于后羿。而用德度。遠至邇安。五也。君其圖之。公說。使魏絳盟諸戎。脩民事。田以時。
冬。十月。邾人。莒人。伐鄫。臧紇救鄫。侵邾。敗于狐駘。國人逆喪者皆髽。魯於是乎始髽。國人誦之曰。臧之狐裘。敗我於狐駘。我君小子。朱儒是使。朱儒朱儒。使我敗於邾。

襄公五年

經五年

春。公至自晉。
夏。鄭伯使公子發來聘。叔孫豹鄫。世子巫。如晉。仲孫蔑。衛孫林父。會吳于善道。
秋。大雩。楚殺其大夫公子壬夫。公會晉侯。宋公。陳侯。衛侯。鄭伯。曹伯。莒子。邾子。滕子。薛伯。齊世子光。吳人。鄫人。于戚。公至自會。
冬。戍陳楚公子貞帥師伐陳。公會晉侯。宋公。衛侯。鄭伯。曹伯。齊世子光。救陳。
十有二月。公至自救陳。辛未。季孫行父卒。

傳五年

春。公至自晉。王使王叔陳生愬戎于晉。晉人執之。士魴如京師。言王叔之貳於戎也。
夏。鄭子國來聘。通嗣君也。穆叔覿鄫大子于晉。以成屬鄫。書曰。叔孫豹。鄫大子巫。如晉。言比諸魯大夫也。吳子使壽越如晉。辭不會于雞澤之故。且請聽諸侯之好。晉人將為之合諸侯。使魯衛先會吳。且告會期。故孟獻子。孫文子。會吳于善道。
秋。大雩。旱也。楚人討陳叛故。曰。由令尹子辛。實侵欲焉。乃殺之。書曰。楚殺其大夫公子壬夫。貪也。君子謂楚共王於是不刑。詩曰。周道挺挺。我心扃扃。講事不令。集人來定。已則無信。而殺人以逞。不亦難乎。夏書曰。成允成功。
九月。丙午。盟于戚。會吳。且命戍陳也。穆叔以屬鄫為不利。使鄫大夫聽命于會。楚子囊為令尹。范宣子曰。我喪陳矣。楚人討貳。而立子囊。必改行。而疾討陳。陳近于楚。民朝夕急。能無往乎。有陳。非吾事也。無之而後可。冬。諸侯戍陳。子囊伐陳。

十一月。甲午。會于城棣以救之。季文子卒。大夫入斂。公在位。宰庀家器為葬備。無衣帛之妾。無食粟之馬。無藏金玉。無重器備。君子是以知季文子之忠於公室也。相三君矣。而無私積。可不謂忠乎。

襄公六年

經六年

春。王三月。壬午。杞伯姑容卒。

夏。宋華弱來奔。

秋。葬杞桓公。滕子來朝。莒人滅鄫。

冬。叔孫豹如邾。季孫宿如晉。

十有二月。齊侯滅萊。

傳六年

春。杞桓公卒。始赴以名。同盟故也。宋華弱與樂轡少相狎。長相優。又相謗也。子蕩怒。以弓梏華弱于朝。平公見之。曰。司武而梏於朝。難以勝矣。遂逐之。

夏。宋華弱來奔。司城子罕曰。同罪異罰。非刑也。專戮於朝。罪孰大焉。亦逐子蕩。子蕩射子罕之門曰。幾日而不我從。子罕善之如初。

秋。滕成公來朝。始朝公也。莒人滅鄫。鄫恃賂也。

冬。穆叔如邾。聘且脩平。晉人以鄫故來討曰。何故亡鄫。季武子如晉見。且聽命。

十一月。齊侯滅萊。萊恃謀也。於鄭子國之來聘也。四月。晏弱城東陽。而遂圍萊。甲寅。堙之。環城。傅於堞。及杞桓公卒之月。乙未。王湫帥師及正輿子。棠人。軍齊師。齊師大敗之。丁未。入萊。萊共公浮柔奔棠。正輿子王湫奔莒。莒人殺之。四月。陳無宇獻萊宗器于襄公。晏弱圍棠。

十一月。丙辰。而滅之。遷萊于郳。高厚。崔杼。定其田。

襄公七年

經七年

春。郯子來朝。

夏。四月。三卜郊不從。乃免牲。小邾子來朝。城費。

秋。季孫宿如衛。

八月。螽。

冬。十月。衛侯使孫林父來聘。壬戌。及孫林父盟。楚公子貞帥師圍陳。

十有二月。公會晉侯。宋公。陳侯。衛侯。曹伯。莒子。邾子。于鄬。鄭伯髡頑如會。未見諸侯。丙戌。卒于鄵。陳侯逃歸。

傳七年

春。郯子來朝。始朝公也。

夏。四月。三卜郊不從。乃免牲。孟獻子曰。吾乃今而後知有卜筮。夫郊祀后稷。以祈農事也。是故啟蟄而郊。郊而後耕。今既耕而卜郊。宜其不從也。南遺為費宰。叔仲昭伯為隧正。欲善季氏。而求媚於南遺。謂遺請城費。吾多與而役。故季氏城費。小邾穆公來朝。亦始朝公也。

秋。季武子如衛。報子叔之聘。且辭緩報。非貳也。

冬。十月。晉韓獻子告老。公族穆子有廢疾。將立之。辭曰。詩曰。豈不夙夜。謂行多露。又曰。弗躬弗親。庶民弗信。無忌不才。讓其可乎。請立起也。與田蘇游。而曰好仁。詩曰。靖共爾位。好是正直。神之聽之。介爾景福。恤民為德。正直為正。正曲為直。參和為仁。如是則神聽之。介福降之。立之。不亦可乎。庚戌。使宣子朝。遂老。晉侯謂韓無忌仁。使掌公族大夫。衛孫文子來聘。且拜武子之言。而尋孫桓子之盟。公登亦登。叔孫穆子相。趨進曰。諸侯之會。寡君未嘗後衛君。今吾子不後寡君。寡君未知所過。吾子其少安。孫子無辭。亦無悛容。穆叔曰。孫子必亡。為臣而君。過而不悛。亡之本也。詩曰。退食自公。委蛇委蛇。謂從者也。衡而委蛇必折。楚子囊圍陳。會于鄬以救之。鄭僖公之為大子也。於成之十六年。與子罕適晉。不禮焉。又與子豐適楚。亦不禮焉。及其元年。朝于晉。子豐欲愬諸晉而廢之。子罕止之。及將會于鄬。子駟相。又不禮焉。侍者諫。不聽。又諫。殺子。及鄵。子駟使賊夜弒僖公。而以瘧疾赴于諸侯。簡公生五年。奉而立之。陳人患楚。慶虎。慶寅。謂楚人曰。吾使公子黃往而執之。楚人從之。二慶使告陳侯于會曰。楚人執公子黃矣。君若不來。群臣不忍社稷宗廟。懼有二圖。陳侯逃歸。

襄公八年

經八年

春。王正月。公如晉。

夏。葬鄭僖公。鄭人侵蔡。獲蔡公子燮。季孫宿會晉侯。鄭伯。齊人。宋人。衛人。邾人。于邢丘。公至自晉。莒人伐我東鄙。

秋。九月。大雩。

冬。楚公子貞帥師伐鄭。晉侯使士匄來聘。

傳八年

春。公如晉朝。且聽朝聘之數。鄭群公子以僖公之死也。謀子駟。子駟先之。

夏。四月。庚辰。辟殺子狐。子熙。子侯。子丁。孫擊。孫惡。出奔衛。庚寅。鄭子國。子耳。侵蔡。獲蔡司馬公子燮。鄭人皆喜。唯子產不順。曰。小國無文德而有武功。禍莫大焉。楚人來討。能勿從乎。從之。晉師必至。晉楚伐鄭。自今鄭國。不四五年。弗得寧矣。子國怒之。曰。爾何知。國有大命。而有正卿。童子言焉。將為戮矣。

五月。甲辰。會于邢丘。以命朝聘之數。使諸侯之大夫聽命。季孫宿。齊高厚。宋向戌。衛甯殖。邾大夫會之。鄭伯獻捷于會。故親聽命。大夫不書。尊晉侯也。莒人伐我東鄙。以疆鄫田。

秋。九月。大雩。旱也。

冬。楚子囊伐鄭。討其侵蔡也。子駟。子國。子耳。欲從楚。子孔。子蟜。子展。欲待晉。子駟曰。周詩有之曰。俟河之清。人壽幾何。兆云詢多。職競作羅。謀之多族。民之多違。事滋無成。民急矣。姑從楚以紓吾民。晉師至。吾又從之。敬共幣帛。以待來者。小國之道也。犧牲玉帛。待於二竟。以待彊者。而庇民焉。寇不為害。民不罷病。不亦可乎。子展曰。小所以事大。信也。小國無信。兵亂日至。亡無日矣。五會之信。今將背之。雖楚救我。將安用之。親我無成。鄙我是欲。不可從也。不如待晉。晉君方明。四軍無闕。八卿和睦。必不棄鄭。楚師遼遠。糧食將盡。必將速歸。何患焉。舍之聞之。杖莫如信。完守以老楚。杖信以待晉。不亦可乎。子駟曰。詩云。謀夫孔多。是用不集。發言盈庭。誰敢執其咎。如匪行邁謀。是用不得于道。請從楚。騑也受其咎。乃及楚平。使王子伯駢告于晉曰。君命敝邑。脩而車賦。儆而師徒。以討亂略。蔡人不從。敝邑之人。不敢寧處。悉索敝賦。以討于蔡。獲司馬燮。獻于邢丘。今楚來討曰。女何故稱兵于蔡。焚我郊保。馮陵我城郭。敝邑之眾。夫婦男女。不遑啟處。以相救也。翦焉傾覆。無所控告。民死亡者。非其父兄。即其子弟。夫人愁痛。不知所庇。民知窮困。而受盟于楚。孤也與其二三臣。不能禁止。不敢不告。知武子使行人子員對之曰。君有楚命。亦不使一介行李。告于寡君。而即安于楚。君之所欲也。誰敢違君。寡君將帥諸侯以見于城下。唯君圖之。晉范宣子來聘。且拜公之辱。告將用師于鄭。公享之。宣子賦摽有梅。季武子曰。誰敢哉。今譬於草木。寡君在君。君之臭味也。歡以承命。何時之有。武子賦角弓。賓將出。武子賦彤弓。宣子曰。城濮之役。我先君文公獻功于衡雍。受彤弓于襄王。以為子孫藏。匄也。先君守官之嗣也。敢不承命。君子以為知禮。

襄公九年

經九年

春。宋災。

夏。季孫宿如晉。

五月。辛酉。夫人姜氏薨。

秋。八月。癸未。葬我小君穆姜。

冬。公會晉侯。宋公。衛侯。曹伯。莒子。邾子。滕子。薛伯。杞伯。小邾子。齊世子光。伐鄭。

十有二月。己亥。同盟于戲。楚子伐鄭。

傳九年

春。宋災。樂喜為司城。以為政。使伯氏司里。火所未至。徹小屋。塗大屋。陳畚挶。具綆缶。備水器。量輕重。蓄水潦。積土塗。巡丈城。繕守備。表火道。使華臣具正徒。令隧正。納郊保。奔火所。使華閱討右官。官庀其司。向戌討左。亦如之。使樂遄庀刑器。亦如之。使皇鄖命校正出馬。工正出車。備甲兵。庀武守。使西鉏吾庀府守。令司宮巷伯儆宮。二師令四鄉正敬享。祝宗用馬于四墉。祀盤庚于西門之外。晉侯問於士弱曰。吾聞之。宋災。於是乎知有天道。何故。對曰。古之火正。或食於心。或食於咮。以出內火。是故咮為鶉火。心為大火。陶唐氏之火正閼伯。居商丘。祀大火。而火紀時焉。相土因之。故商主大火。商人閱其禍敗之釁。必始於火。是以日知其有天道也。公曰。可必乎。對曰。在道。國亂無象。不可知也。

夏。季武子如晉。報宣子之聘也。穆姜薨於東宮。始往而筮之。遇艮之八。史曰。是謂艮之隨。隨其出也。君必速出。姜曰。亡。是於周易。曰。隨元亨利貞。咎。元。體之長也。亨。嘉之會也。利。義之和也。貞。事之幹也。體仁足以長人。嘉德足以合禮。利物足以和義。貞固足以幹事。然故不可誣也。是以雖隨咎。今我婦人而與於亂。固在下位。而有不仁。不可謂元。不靖國家。不可謂亨。作而害身。不可謂利。棄位而姣。不可謂貞。有四德者。隨而無咎。我皆無之。豈隨也哉。我則取惡。能無咎乎。必死於此。弗得出矣。秦景公使士雃乞師于楚。將以伐晉。楚子許之。子囊曰。不可。當今吾不能與晉爭。晉君類能而使之。舉不失選。官不易方。其卿讓於善。其大夫不失守。其士競於教。其庶人力於農穡。商工皁隸。不知遷業。韓厥老矣。知罃稟焉。以為政。范匄少於中行偃而上之。使佐中軍。韓起少於欒黶。而欒黶士魴上之。使佐上軍。魏絳多功。以趙武為賢而為之佐。君明臣忠。上讓下競。當是時也。晉不可敵。事之而後可。君其圖之。王曰。吾既許之矣。雖不及晉。必將出師。

秋。楚子師于武城。以為秦援。秦人侵晉。晉饑。弗能報也。

冬。十月。諸侯伐鄭。庚午。季武子。齊崔杼。宋皇鄖。從荀罃。士旬。門于鄟門。衛北宮括。曹人。邾人。從荀偃。韓起。門于師之梁。滕人。薛人。從欒黶。士魴。門于北門。杞人。郳人。從趙武。魏絳。斬行栗。甲戌。師于氾。令於諸侯曰。脩器備。盛餱糧。歸老幼。居疾于虎牢。肆眚圍鄭。鄭人恐。乃行成。中行獻子曰。遂圍之。以待楚人之救也。而與之戰。不然無成。知武子曰。許之盟而還師。以敝楚人。吾三分四軍。與諸侯之銳。以逆來者。於我未病。楚不能矣。猶愈於戰。暴骨以逞。不可以爭。大勞未艾。君子勞心。小人勞力。先王之制也。諸侯皆不欲戰。乃許鄭成。

十一月。己亥。同盟于戲。鄭服也。將盟。鄭六卿公子騑。公子發。公子嘉。公孫輒。公孫蠆。公孫舍之。及其大夫門子皆從鄭伯。晉士莊子為載書。曰。自今日既盟之後。鄭國而不唯晉命是聽。而或有異志者。有如此盟。公騑趨進曰。天禍鄭國。使介居二大國之閒。大國不加德音。而亂以要之。使其鬼神不獲歆其禋祀。其民人不獲享其土利。夫婦辛苦墊隘。無所底告。自今日既盟之後。鄭國而不唯有禮與彊。可以庇民者是從。而敢有異志者。亦如之。荀偃曰。改載書。公孫舍之曰。昭大神要言焉。若可改也。大國亦可叛也。知武子謂獻子曰。我實不德。而要人以盟。豈禮也哉。非禮何以主盟。姑盟而退。脩德息師而來。終必獲鄭。何必今日。我之不德。民將棄我。豈唯鄭。若能休和。遠人將至。何恃於鄭。乃盟而還。晉人不得志於鄭。以諸侯復伐之。

十二月。癸亥。門其三門。閏月。戊寅。濟于陰阪。侵鄭。次于陰口而還。子孔曰。晉師可擊也。師老而勞。且有歸志。必大克之。子展曰。不可。公送晉侯。晉侯以公宴于河上。問公年。季武子對曰。會于沙隨之歲。寡君以生。晉侯曰。十二年矣。是謂一終。一星終也。國君十五而生子。冠而生子。禮也。君可以冠矣。大夫盍為冠具。武子對曰。君冠。必以祼享之禮行之。以金石之樂節之。以先君之祧處之。今寡君在行。未可具也。請及兄弟之國。而假備焉。晉侯曰。諾。公還及衛。冠于成公之廟。假鍾磬焉。禮也。楚子伐鄭。子駟將及楚平。子孔。子蟜。曰。與大國盟。口血未乾而背之。可乎。子駟。子展。曰。吾盟固云唯彊是從。今楚師至。晉不我救。則楚彊矣。盟誓之言。豈敢背之。且要盟無質。神弗臨也。所臨唯信。信者言之瑞也。善之主也。是故臨之。明神不蠲要盟。背之可也。乃及楚平。公子罷戎入盟。同盟于中分。楚莊夫人卒。王未能定鄭而歸。晉侯歸。謀所以息民。魏絳請施舍。輸積聚以貸。自公以下。苟有積者。盡出之。國無滯積。亦無困人。公無禁利。亦無貪民。祈以幣更。賓以特牲。器用不作。車服從給。行之期年。國乃有節。三駕而楚不能與爭。

襄公十年

經十年

春。公會晉侯。宋公。衛侯。曹伯。莒子。邾子。滕子。薛伯。杞伯。小邾子。齊世子光。會吳于柤。

夏。五月。甲午。遂滅偪陽。公至自會。楚公子貞。鄭公孫輒。帥師伐宋。晉師伐秦。

秋。莒人伐我東鄙。公會晉侯。宋公。衛侯。曹伯。莒子。邾子。齊世子光。滕子。薛伯。杞。伯。小邾子。伐鄭。

冬。盜殺鄭公子騑。公子發。公孫輒。戍鄭虎牢。楚公子貞帥師救鄭。公至自伐鄭。

傳十年

春。會于柤。會吳子壽夢也。

三月。癸丑。齊高厚相大子光。以先會諸侯于鍾離。不敬。士莊子曰。高子相大子以會諸侯。將社稷是衛。而皆不敬。棄社稷也。其將不免乎。

夏。四月。戊午。會于柤。晉荀偃。士匄。請伐偪陽而封宋向戌焉。荀罃曰。城小而固。勝之不武。弗勝為笑。固請。丙寅。圍之。弗克。孟氏之臣秦堇父。輦重如役。偪陽人啟門。諸侯之士門焉。縣門發。郰人紇抉之。以出門者。狄虒彌建大車之輪。而蒙之以甲。以為櫓。左執之。右拔戟。以成一隊。孟獻子曰。詩所謂有力如虎者也。主人縣布。堇父登之。及堞而絕之。隊則又縣之。蘇而復上者三。主人辭焉。乃退。帶其斷以徇於軍三日。諸侯之師。久於偪陽。荀偃。

士匄。請於荀罃曰。水潦將降。懼不能歸。請班師。知伯怒。投之以机。出於其間曰。女成二事而後告余。余恐亂命。以不女違。女既勤君而興諸侯。牽帥老夫。以至于此。既無武守。而又欲易余罪。曰是實班師。不然克矣。余羸老也。可重任乎。七日不克。必爾乎取之。五月。庚寅。荀偃。士匄。帥卒攻偪陽。親受矢石。甲午。滅之。書曰。遂滅偪陽。言自會也。以與向戌。向戌辭曰。君若猶辱鎮撫宋國。而以偪陽光啟寡君。群臣安矣。其何貺如之。若專賜臣。是臣興諸侯以自封也。其何罪大焉。敢以死請。乃予宋公。宋公享晉侯于楚丘。請以桑林。荀罃辭。荀偃。士匄。曰。諸侯宋魯。於是觀禮。魯有禘樂。賓祭用之。宋以桑林享君。不亦可乎。舞師題以旌夏。晉侯懼而退。入于房。去旌。卒享而還。及著雍。疾。卜。桑林見。荀偃。士匄。欲奔請禱焉。荀罃不可曰。我辭禮矣。彼則以之。猶有鬼神。於彼加之。晉侯有間。以偪陽子歸。獻于武宮。謂之夷俘。偪陽。妘姓也。使周內史選其族嗣。納諸霍人。禮也。師歸。孟獻子以秦堇父為右。生秦丕茲。事仲尼。

六月。楚子囊。鄭子耳。伐宋。師于訾毋。庚午。圍宋門于桐門。晉荀罃伐秦。報其侵也。衛侯救宋。師于襄牛。鄭子展曰。必伐衛。不然。是不與楚也。得罪於晉。又得罪於楚。國將若之何。子駟曰。國病矣。子展曰。得罪於二大國必亡。病不猶愈於亡乎。諸大夫皆以為然。故鄭皇耳帥師侵衛。楚令也。孫文子卜追之。獻兆於定姜。姜氏問繇曰。兆如山陵。有夫出征。而喪其雄。姜氏曰。征者喪雄。禦寇之利也。大夫圖之。衛人追之。孫蒯獲鄭皇耳于犬丘。

秋。七月。楚子囊。鄭子耳。伐我西鄙。還圍蕭。

八月。丙寅。克之。

九月。子耳侵宋北鄙。孟獻子曰。鄭其有災乎。師競已甚。周猶不堪競。況鄭乎。有災。其執政之三士乎。莒人間諸侯之有事也。故伐我東鄙。諸侯伐鄭。齊崔杼使大子光先至于師。故長於滕。己酉。師于牛首。初子駟與尉止有爭。將禦諸侯之師。而黜其車。尉止獲。又與之爭。子駟抑尉止曰。爾車非禮也。遂弗使獻。初。子駟為田洫。司氏。堵氏。侯氏。子師氏。皆喪田焉。故五族聚群不逞之人。因公子之徒以作亂。於是子駟當國。子國為司馬。子耳為司空。子孔為司徒。

冬。十月。戊辰。尉止。司臣。侯晉。堵女父。子師僕。帥賊以入。晨攻執政于西宮之朝。殺子駟。子國。子耳。刼鄭伯。以如北宮。子孔知之。故不死。書曰盜。言無大夫焉。子西聞盜。不儆而出。尸而追盜。盜入於北宮。乃歸授甲。臣妾多逃。器用多喪。子產聞盜為門者。庀群司。閉府庫。慎閉藏。完守備。成列而後出。兵車十七乘。尸而攻盜於北宮。子蟜帥國人助之。殺尉止。子師僕。盜衆盡死。侯晉奔晉。堵女父。司臣。尉翩。司齊。奔宋。子孔當國。為載書。以位序聽政辟。大夫諸司門子弗順。將誅之。子產止之。請為之焚書。子孔不可。曰。為書以定國。衆怒而焚之。是衆為政也。國不亦難乎。子產曰。衆怒難犯。專欲難成。合二難以安國。危之道也。不如焚書以安衆。子得所欲。衆亦得安。不亦可乎。專欲無成。犯衆興禍。子必從之。乃焚書於倉門之外。衆而後定。諸侯之師。城虎牢而戍之。晉師城梧及制。士魴。魏絳。戍之。書曰。戍鄭虎牢。非鄭地也。言將歸焉。鄭及晉平。楚子囊救鄭。

十一月。諸侯之師還鄭而南。至於陽陵。楚師不退。知武子欲退。曰。今我逃楚。楚必驕。驕則可與戰矣。欒黶曰。逃楚。晉之恥也。合諸侯以益恥。不如死。我將獨進。師遂進。己亥。與楚師夾潁而軍。子蟜曰。諸侯既有成行。必不戰矣。從之將退。不從亦退。退楚必圍我。猶將退也。不如從楚。亦以退之。宵涉潁。與楚人盟。欒黶欲伐鄭師。荀罃不可。曰。我實不能禦楚。又不能庀鄭。鄭何罪。不如致怨焉而還。今伐其師。楚必救之。戰而不克。為諸侯笑 。克不可命。不如還也。丁未。諸侯之師還。侵鄭北鄙而歸。楚人亦還。王叔陳生與伯輿爭政。王右伯輿。王叔陳生怒而出奔。及河。王復之。殺史狡以說焉。不入。遂處之。晉侯使士匄平王室。王叔與伯輿訟焉。王叔之宰。與伯輿之大夫瑕禽。坐獄於王庭。士匄聽之。王叔之宰曰。篳門閨竇之人。而皆陵其上。其難為上矣。瑕禽曰。昔平王東遷。吾七姓從王。牲用備具。王賴之。而賜之騂旄之盟。曰。世世無失職。若篳門閨竇。其能來東底乎。且王何賴焉。今自王叔之相也。

政以賄成。而刑放於寵。官之師旅。不勝其富。吾能無篳門閨竇乎。唯大國圖之。下而無直。則何謂正矣。范宣子曰。天子所右。寡君亦右之。所左亦左之。使王叔氏與伯輿合要。王叔氏不能舉其契。王叔奔晉。不書。不告也。單靖公為卿士。以相王室。

襄公十一年

經十有一年

春。王正月。作三軍。

夏。四月。四卜郊不從。乃不郊。鄭公孫舍之帥師侵宋。公會晉侯。宋公。衛侯。曹伯。齊世子光。莒子。邾子。滕子。薛伯。杞伯。小邾子。伐鄭。

秋。七月。己未。同盟于亳城北。公至自伐鄭。楚子。鄭伯。伐宋。公會晉侯。宋公。衛侯。曹伯。齊世子光。莒子。邾子。滕子。薛伯。杞伯。小邾子。伐鄭。會于蕭魚。公至自會。楚執鄭行人。良霄

冬。秦人伐晉。

傳十一年

春。季武子將作三軍。告叔孫穆子曰。請為三軍。各征其軍。穆子曰。政將及子。子必不能。武子固請之。穆子曰。然則盟諸。乃盟諸僖閎。詛諸五父之衢。

正月。作三軍。三分公室。而各有其一。三子各毀其乘。季氏使其乘之人。以其役邑入者無征。不入者倍征。孟氏使半為臣。若子若弟。叔孫氏使盡為臣。不然不舍。鄭人患晉楚之故。諸大夫曰。不從晉。國幾亡。楚弱於晉。晉不吾疾也。晉疾。楚將辟之。何為而使晉師致死於我。楚弗敢敵。而後可固與也。子展曰。與宋為惡。諸侯必至。吾從之盟。楚師至。吾又從之。則晉怒甚矣。晉能驟來楚將不能。吾乃固與晉。大夫說之。使疆埸之司。惡於宋。宋向戌侵鄭。大獲。子展曰。師而伐宋可矣。若我伐宋。諸侯之伐我必疾。吾乃聽命焉。且告於楚。楚師至。吾乃與之盟。而重賂晉師。乃免矣。夏。鄭子展侵宋。

四月。諸侯伐鄭。己亥。齊太子光。宋向戌。先至于鄭。門于東門。

其莫。晉荀罃至于西郊。東侵舊許。衛孫林父侵其北鄙。

六月。諸侯會于北林。師于向右。還次于瑣。圍鄭。觀兵于南門。西濟于濟隧。鄭人懼。乃行成。

秋。七月。同盟于亳。范宣子曰。不慎。必失諸侯。諸侯道敝而無成。能無貳乎。乃盟。載書曰。凡我同盟。毋蘊年。毋壅利。毋保姦。毋留慝。救災患。恤禍亂。同好惡。獎王室。或間茲命。司慎司盟。名山名川。群神群祀。先王先公。七姓十二國之祖。明神殛之。俾失其民。隊命亡氏。踣其國家。楚子囊乞旅于秦。秦右大夫詹帥師從楚子。將以伐鄭。鄭伯逆之。丙子。伐宋。

九月。諸侯悉師以復伐鄭。鄭人使良霄。大宰石㚟。如楚。告將服于晉。曰。孤以社稷之故。不能懷君。君若能以玉帛綏晉。不然。則武震以攝威之。孤之願也。楚人執之。書曰行人。言使人也。諸侯之師觀兵于鄭東門。鄭人使王子伯駢行成。甲戌。晉趙武入盟鄭伯。

冬。十月。丁亥。鄭子展出盟晉侯。

十二月。戊寅。會于蕭魚。庚辰。赦鄭囚。皆禮而歸之。納斥候。禁侵掠。晉侯使叔肸告于諸侯。公使臧孫紇對曰。凡我同盟。小國有罪。大國致討。苟有以藉手。鮮不赦宥。寡君聞命矣。鄭人賂晉侯以師悝。師觸。師蠲。廣車。軘車。淳十五乘。甲兵備。凡兵車百乘。歌鐘二肆。及其鎛磬。女樂二八。晉侯以樂之半賜魏絳。曰。子教寡人。和諸戎狄。以正諸華。八年之中。九合諸侯。如樂之和。無所不諧。請與子樂之。辭曰。夫和戎狄。國之福也。八年之中。九合諸侯。諸侯無慝。君之靈也。二三子之勞也。臣何力之有焉。抑臣願君安其樂而思其終也。詩曰。樂只君子。殿天子之邦。樂只君子。福祿攸同。便蕃左右。亦是帥從。夫樂以安德。義以處之。禮以行之。信以守之。仁以厲之。而後可以殿邦國。同福祿。來遠人。所謂樂也。書曰。居安思危。思則有備。有備無患。敢以此規。公曰。子之教。敢不承命。抑微子。寡人無以待戎。不能濟河。夫賞。國之典也。藏在盟府。不可廢也。子其受之。魏絳於是乎始有金石之樂。禮也。秦庶長鮑。庶長武。帥師伐晉。以救鄭。鮑先入晉地。士魴禦之。少秦師而弗設備。壬午。武濟自輔氏。與鮑交伐晉師。己丑。秦晉戰于櫟。晉師敗績。易秦故也。

襄公十二年

經十有二年

春。王二月。莒人伐我東鄙。圍台。季孫宿帥師救台。遂入鄆。

夏。晉侯使士魴來聘。

秋。九月。吳子乘卒。

冬。楚公子貞帥師侵宋。公如晉。

傳十二年

春。莒人伐我東鄙。圍台。季武子救台。遂入鄆。取其鐘以為公盤。

夏。晉士魴來聘。且拜師。

秋。吳子壽夢卒。臨於周廟。禮也。凡諸侯之喪。異姓臨於外。同姓於宗廟。同宗於祖廟。同族於禰廟。是故魯為諸姬。臨於周廟。為邢。凡。蔣。茅。胙。祭。臨於周公之廟。

冬。楚子囊。秦庶長無地。伐宋。師于楊梁。以報晉之取鄭也。靈王求后于齊。齊侯問對於晏桓子。桓子對曰。先王之禮辭有之。天子求后於諸侯。諸侯對曰。夫婦所生若而人。妾婦之子若而人。無女而有姊妹。及姑姊妹。則曰。先守某公之遺女若而人。齊侯許昏。王使陰里逆之。公如晉。朝。且拜士魴之辱。禮也。秦嬴歸于楚。楚司馬子庚聘于秦。為夫人寧。禮也。

襄公十三年

經十有三年

春。公至自晉。

夏。取邿。

秋。九月。庚辰。楚子審卒。

冬。城防。

傳十三年·

春。公至自晉。孟獻子書勞于廟。禮也。

夏。邿亂。分為三師救邿。遂取之。凡書取。言易也。用大師焉曰滅。弗地曰入。荀罃。士魴。卒。晉侯蒐于綿上以治兵。使士匄將中軍。辭曰。伯游長。昔臣習於知伯。是以佐之。非能賢也。請從伯游。荀偃將中軍。士匄佐之。使韓起將上軍。辭以趙武。又使欒黶辭曰。臣不如韓起。韓起願上趙武。君其聽之。使趙武將上軍。韓起佐之。欒黶將下軍。魏絳佐之。新軍無帥。晉侯難其人。使其什吏。率其卒乘官屬。以從於下軍。禮也。晉國之民。是以大和。諸侯遂睦。君子曰。讓。禮之主也。范宣子讓。其下皆讓。欒黶為汰。弗敢違也。晉國以平。數世賴之。刑善也夫。一人刑善。百姓休和。可不務乎。書曰。一人有慶。兆民賴之。其寧惟永。其是之謂乎。周之興也。其詩曰。儀刑文王。萬邦作孚。言刑善也。及其衰也。其詩曰。大夫不均。我從事獨賢。言不讓也。世之治也。君子尚能而讓其下。小人農力以事其上。是以上下有禮。而讒慝黜遠。由不爭也。謂之懿德。及其亂也。君子稱其功以加小人。小人伐其技以馮君子。是以上下無禮。亂虐並生。由爭善也。謂之昏德。國家之敝。恒必由之。楚子疾。告大夫曰。不穀不德。少主社稷。生十年而喪先君。未及習師保之教訓。而應受多福。是以不德。而亡師于鄢。以辱社稷。為大夫憂。其弘多矣。若以大夫之靈。獲保首領。以歿於地。唯是春秋窀穸之事。所以從先君於禰廟者。請為靈若厲。大夫擇焉。莫對。及五命。乃許。

秋。楚共王卒。子囊謀謚。大夫曰。君有命矣。子囊曰。君命以共。若之何毀之。赫赫楚國。而君臨之。撫有蠻夷。奄征南海。以屬諸夏。而知其過。可不謂共乎。請謚之共。大夫從之。吳侵楚。養由基奔命。子庚以師繼之。養叔曰。吳乘我喪。謂我不能師也。必易我而不戒。子為三覆以待我。我請誘之。子庚從之。戰于康浦。大敗吳師。獲公子黨。君子以吳為不弔。詩曰。不弔昊天。亂靡有定。

冬。城防。書事時也。於是將早城。臧武仲請俟畢農事。禮也。鄭良霄。大宰石蓖。猶在楚。石蓖言於子囊曰。先王卜征五年。而歲習其祥。祥習則行。不習則增。脩德而改卜。今楚實不競。行人何罪。止鄭一卿。以除其偪。使睦而疾楚。以固於晉焉。用之使歸。而廢其使。怨其君以疾其大夫。而相牽引也。不猶愈乎。楚人歸之。

襄公十四年

經十有四年

春。王正月。季孫宿叔老會晉士匄。齊人。宋人。衛人。鄭公孫蠆。曹人。莒人。邾人。滕人。薛人。杞人。小邾人。會吳于向。

二月。乙未朔。日有食之。

夏。四月。叔孫豹會晉荀偃。齊人。宋人。衛北宮括。鄭公孫蠆。曹人。莒人。邾人。滕人。薛人。杞人。小邾人。伐秦。己未。衛侯出奔齊。莒人侵我東鄙。

秋。楚公子貞帥師伐吳。

冬。季孫宿會晉士匄。宋華閱。衛孫林父。鄭公孫蠆。莒人。邾人。于戚。

傳十四年

春。吳告敗于晉。會于向。為吳謀楚故也。范宣子數吳之不德也。以退吳人。執莒公子務婁。以其通楚使也。將執戎子駒支。范宣子親數諸朝。曰。來。姜戎氏。昔秦人迫逐乃祖吾離于瓜州。乃祖吾離被苫蓋。蒙荊棘。以來歸我先君。我先君惠公有不腆之田。與女剖分而食之。今諸侯之事我寡君。不如昔者。蓋言語漏洩。則職女之由。詰朝之事。爾無與焉。與將執女。對曰。昔秦人負恃其眾。貪于土地。逐我諸戎。惠公蠲其大德。謂我諸戎。是四嶽之裔冑也。毋是翦棄。賜我南鄙之田。狐狸所居。豺狼所嗥。我諸戎除翦其荊棘。驅其狐狸豺狼。以為先君不侵不叛之臣。至于今不貳。昔文公與秦伐鄭。秦人竊與鄭盟。而舍戍焉。於是乎有殽之師。晉禦其上。戎亢其下。秦師不復。我諸戎實然。譬如捕鹿。晉人角之。諸戎掎之。與晉踣之。戎何以不免。自是以來。晉之百役。與我諸戎。相繼于時。以從執政。猶殽志也。豈敢離逖。今官之師旅。無乃實有所闕。以攜諸侯。而罪我諸戎。我諸戎飲食衣服。不與華同。贄幣不通。言語不達。何惡之能為。不與於會。亦無瞢焉。賦青蠅而退。宣子辭焉。使即事於會。成愷悌也。於是子叔齊子為季武子介以會。自是晉人輕魯幣。而益敬其使。吳子諸樊既除喪。將立季札。季札辭曰。曹宣公之卒也。諸侯與曹人不義曹君。將立子臧。子臧去之。遂弗為也。以成曹君。君子曰。能守節。君義嗣也。誰敢奸君。有國非吾節也。札雖不才。願附於子臧。以無失節。固立之。棄其室而耕。乃舍之。
夏。諸侯之大夫從晉侯伐秦。以報櫟之役也。晉侯待于竟。使六卿帥諸侯之師以進。及涇不濟。叔向見叔孫穆子。穆子賦匏有苦葉。叔向退而具舟。魯人。莒人。先濟。鄭子蟜見衛北宮懿子曰。與人而不固。取惡莫甚焉。若社稷何。懿子說。二子見諸侯之師。而勸之濟。濟涇而次。秦人毒涇上流。師入多死。鄭司馬子蟜帥鄭師以進。師皆從之。至于棫林。不獲成焉。荀偃令曰。雞鳴而駕。塞井夷灶。唯余馬首是瞻。欒黶曰。晉國之命。未是有也余馬首欲東。乃歸。下軍從之。左史謂魏莊子曰。不待中行伯乎。莊子曰。夫子命從帥。欒伯吾帥也。吾將從之。從帥所以待夫子也。伯游曰。吾令實過。悔之何及。多遺秦禽。乃命大還。晉人謂之遷延之役。欒鍼曰。此役也。報櫟之敗也。役又無功。晉之恥也。吾有二位於戎路。敢不恥乎。與士鞅馳秦師死焉。士鞅反。欒黶謂士匄曰。余弟不欲往而子召之。余弟死而子來。是而子殺余之弟也。弗逐。余亦將殺之。士鞅奔秦。於是齊崔杼。宋華閱。仲江。會伐秦。不書。惰也。向之會。亦如之。衛北宮括不書於向。書於伐秦。攝也。秦伯問於士鞅曰。晉大夫其誰先亡。對曰。其欒氏乎。秦伯曰。以其汰乎。對曰。然。欒黶汰虐已甚。猶可以免。其在盈乎。秦伯曰。何故。對曰。武子之德在民。如周人之思召公焉。愛其甘棠。況其子乎。欒黶死。盈之善未能及人。武子所施沒矣。而黶之怨實章。將於是乎在。秦伯以為知言。為之請於晉而復之。衛獻公戒孫文子。寧惠子食。皆服而朝。日旰不召。而射鴻於囿。二子從之。不釋皮冠而與之言。二子怒。孫文子如戚。孫蒯入使。公飲之酒。使大師歌巧言之卒章。大師辭。師曹請為之。初。公有嬖妾。使師曹誨之琴。師曹鞭之。公怒。鞭師曹三百。故師曹欲歌之。以怒孫子。以報公。公使歌之。遂誦之。蒯懼。告文子。文子曰。君忌我矣。弗先。必死。并帑於戚。而入見蘧伯玉曰。君之暴虐。子所知也。大懼社稷之傾覆。將若之何。對曰。君制其國。臣敢奸之。雖奸之。庸知愈乎。遂行。從近關出。公使子蟜。子伯。子皮。與孫子盟于丘宮。孫子皆殺之。

四月。己未。子展奔齊。公如鄄。使子行於孫子。孫子又殺之。公出奔齊。孫氏追之。敗公徒于河澤。鄄人執之。初。尹公佗學射於庾公差。庾公差學射於公孫丁。二子追公。公孫丁御公。子魚曰。射為背師。不射為戮。射為禮乎。射兩軥而還。尹公佗曰。子為師。我則遠矣。乃反之。公孫丁授公轡而射之。貫臂。子鮮從公及竟。公使祝宗告亡。且告無罪。定姜曰。無神何告。若有。不可誣也。有罪若何告無。舍大臣而與小臣謀。一罪也。先君有冢卿以為師保。而蔑之。二罪也。余以巾櫛事先君。而暴妾使余。三罪也。告亡而已。無告無罪。公使厚成叔弔于衛曰。寡君使瘠聞君不撫社稷。而越在他竟。若之何不弔。以同盟之故。使瘠敢私於執事。曰。有君不弔。有臣不敏。君不赦宥。臣亦不帥職。增淫發洩。其若之何。衛人使大叔儀對曰。群臣不佞。得罪於寡君。寡君不以即刑而悼棄之。以為君憂。君不忘先君之好。辱弔群臣。又重恤之。敢拜君命之辱。重拜大貺。厚孫歸復命。語臧武仲曰。衛君其必歸乎。有大叔儀以守。有母弟鱄以出。或撫其內。或營其外。能無歸乎。齊人以郲寄衛侯。及其復也。以郲糧歸。右宰穀從而逃歸。衛人將殺之。辭曰。余不說初矣。余狐裘而羔袖。乃赦之。衛人立公孫剽。孫林父。甯殖。相之。以聽命於諸侯。衛侯在郲。臧紇如齊唁衛侯。與之言虐。退而告其人曰。衛侯其不得入矣。其言糞土也。亡而不變。何以復國。子展。子鮮。聞之。見臧紇與之言道。臧孫說。謂其人曰。衛君必入。夫二子者。或輓之。或推之。欲無入得乎。師歸自伐秦。晉侯舍新軍。禮也。成國不過半天子之軍。周為六軍。諸侯之大者。三軍可也。於是知朔生盈而死。盈生六年而武子卒。彘裘亦幼。皆未可立也。新軍無帥。故舍之。師曠侍於晉侯。晉侯曰。衛人出其君。不亦甚乎。對曰。或者其君實甚。良君將賞善而刑淫。養民如子。蓋之如天。容之如地。民奉其君。愛之如父母。仰之如日月。敬之如神明。畏之如雷霆。其可出乎。夫君。神之主也。民之望也。若困民之主。匱神乏祀。百姓絕望。社稷無主。將安用之。弗去何為。天生民而立之君。使司牧之。勿使失性。有君而為之貳。使師保之。勿使過度。是故天子有公。諸侯有卿。卿置側室。大夫有貳。宗士有朋友。庶人工商皂隸牧圉。皆有親暱。以相輔佐也。善則賞之。過則匡之。患則救之。失則革之。自王以下。各有父兄子弟。以補察其政。史為書。瞽為詩。工誦箴諫。大夫規誨。士傳言。庶人謗。商旅于市。百工獻藝。故夏書曰。遒人以木鐸徇于路。官師相規。工執藝事以諫。正月孟春。於是乎有之。諫失常也。天之愛民甚矣。豈其使一人肆於民上。以從其淫。而棄天地之性。必不然矣。

秋。楚子為庸浦之役故。子囊師于棠以伐吳。吳不出而還。子囊殿。以吳為不能而弗儆。吳人自皋舟之隘要而擊之。楚人不能相救。吳人敗之。獲楚公子宜穀。王使劉定公賜齊侯。命曰。昔伯舅大公。右我先王。股肱周室。師保萬民。世胙大師。以表東海。王室之不壞。繄伯舅是賴。今余命女環。茲率舅氏之典。纂乃祖考。無忝乃舊。敬之哉。無廢朕命。晉侯問衛故於中行獻子。對曰。不如因而定之。衛有君矣。伐之。未可以得志。而勤諸侯。史佚有言曰。因重而撫之。仲虺有言曰。亡者侮之。亂者取之。推亡固存。國之道也。君其定衛以待時乎。

冬。會于戚。謀定衛也。范宣子假羽毛於齊而弗歸。齊人始貳。楚子囊還自伐吳。卒。將死。遺言謂子庚必城郢。君子謂子囊忠。君薨不忘增其名。將死不忘衛社稷。可不謂忠乎。忠。民之望也。詩曰。行歸于周。萬民所望。忠也。

襄公十五年

經十有五年

春。宋公使向戌來聘。

二月。己亥。及向戌盟于劉。劉夏逆王后于齊。

夏。齊侯伐我北鄙。圍成。公救成。至遇。季孫宿。叔孫豹。帥師城成郛。

秋。八月。丁巳。日有食之。邾人伐我南鄙。

冬。十有一月。癸亥。晉侯周卒。

傳十五年

春。宋向戌來聘。且尋盟。見孟獻子。尤其室曰。子有令聞。而美其室。非所望也。對曰。我在晉。吾兄為之。毀之重勞。且不敢間。官師從單靖公。逆王后于齊。卿不行。非禮也。楚公子午為令尹。公子罷戎為右尹。蔿子馮為大司馬。公子橐師為右司馬。公子成為左司馬。屈到為莫敖。公子追舒為箴尹。屈蕩為連尹。養由基為宮廄尹。以靖國人。君子謂楚於是乎能官人。官人。國之急也。能官人。則民無覦心。詩云。嗟我懷人。寘彼周行。能官人也。王及公侯。伯。子。男。甸。采。衛大夫。各居其列。所謂周行也。鄭尉氏。司氏。之亂其餘盜在宋。鄭人以子西。伯有。子產。之故。納賂于宋。以馬四十乘。與師茷。師慧。

三月。公孫黑為質焉。司城子罕以堵女父。尉翩。司齊。與之。良司臣而逸之。託諸季武子。武子寘諸卞。鄭人醢之。三人也。師慧過宋朝。將私焉。其相曰。朝也。慧曰。無人焉。相曰。朝也。何故無人。慧曰。必無人焉。若猶有人。豈其以千乘之相。易淫樂之矇。必無人焉故也。子罕聞之。固請而歸之。 夏。齊侯圍成。貳於晉故也。於是乎城成郛。

秋。邾人伐我南鄙。使告于晉。晉將為會。以討邾莒。晉侯有疾。乃止。

冬。晉悼公卒。遂不克會。鄭公孫夏如晉奔喪。子蟜送葬。宋人或得玉。獻諸子罕。子罕弗受。獻玉者曰。以示玉人。玉人以為寶也。故敢獻之。子罕曰。我以不貪為寶爾。以玉為寶。若以與我。皆喪寶也。不若人有其寶。稽首而告曰。小人懷璧。不可以越鄉。納此以請死也。子罕寘諸其里。使玉人為之攻之。富而後使復其所。

十二月。鄭人奪堵狗之妻。而歸諸范氏。

襄公十六年

經十有六年

春。王正月。葬晉悼公。

三月。公會晉侯。宋公。衛侯。鄭伯。曹伯。莒子。邾子。薛伯。杞伯。小邾子。于溴梁。戊寅。大夫盟。晉人執莒子。邾子。以歸。齊侯伐我北鄙。

夏。公至自會。

五月。甲子。地震。叔老會鄭伯。晉荀偃。衛甯殖。宋人。伐許。

秋。齊侯伐我北鄙。圍郕。大雩。

冬。叔孫豹如晉。

傳十六年

春。葬晉悼公。平公即位。羊舌肸為傅。張君臣為中軍司馬。祁奚。韓襄。欒盈。士鞅。為公族大夫。虞丘書為乘馬御。改服脩官。烝于曲沃。警守而下。會于溴梁。命歸侵田。以我故。執邾宣公。莒犁比公。且曰。通齊楚之使。晉侯與諸侯宴于溫。使諸大夫舞。曰。歌詩必類。齊高厚之詩不類。荀偃怒。且曰。諸侯有異志矣。使諸大夫盟高厚。高厚逃歸。於是叔孫豹。晉荀偃。宋向戌。衛甯殖。鄭公孫蠆。小邾之大夫。盟曰。同討不庭。許男請遷于晉。諸侯遂遷許。許大夫不可。晉人歸諸侯。鄭子蟜聞將伐許。遂相鄭伯以從諸侯之師。穆叔從公。齊子帥師會晉荀偃。書曰。會鄭伯。為夷故也。

夏。六月。次于棫林。庚寅。伐許。次于函氏。晉荀偃。欒黶。帥師伐楚。以報宋揚梁之役。楚公子格帥師。及晉師戰于湛阪。楚師敗績。晉師遂侵方城之外。復伐許而還。

秋。齊侯圍郕。孟孺子速徼之。齊侯曰。是好勇。去之以為之名。速遂塞海陘而還。

冬。穆叔如晉聘。且言齊故。晉人曰。以寡君之未禘祀。與民之未息。不然。不敢忘。穆叔曰。以齊人之朝夕釋憾於敝邑之地。是以大請。敝邑之急。朝不及夕。引領西望曰。庶幾乎比執事之間。恐無及也。見中行獻子賦圻父。獻子曰。偃知罪矣。敢不從執事。以同恤社稷。而使魯及此。見范宣子。賦鴻鴈之卒章。宣子曰。匄在此。敢使魯無鳩乎。

襄公十七年

經十有七年

春。王二月。庚午。邾子牼卒。宋人伐陳。

夏。衛石買帥師伐曹。

秋。齊侯伐我北鄙。圍桃。高厚帥師伐我北鄙。圍防。

九月。大雩。宋華臣出奔陳。

冬。邾人伐我南鄙。

傳十七年

春。宋莊朝伐陳。獲司徒卬。卑宋也。衛孫蒯田于曹隧。飲馬于重丘。毀其瓶。重丘人閉門而訽之。曰。親逐而君。爾父為厲。是之不憂。而何以田為。夏。衛石買。孫蒯。伐曹。取重丘。曹人愬于晉。齊人以其未得志于我故。

秋。齊侯伐我北鄙。圍桃。高厚圍臧紇于防。師自陽關逆臧孫。至于旅松。郰叔紇。臧疇。臧賈。帥甲三百。宵犯齊師。送之而復。齊師去之。齊人獲臧堅。齊侯使夙沙衛唁之。且曰無死。堅稽首曰。拜命之辱。抑君賜不終。姑又使其刑臣禮於士。以杙抉其傷而死。

冬。邾人伐我南鄙。為齊故也。宋華閱卒。華臣弱皋比之室。使賊殺其宰華吳。賊六人以鈹殺諸盧門。合左師之後。左師懼曰。老夫無罪。賊曰。皋比私有討於吳。遂幽其妻。曰。畀余而大璧。宋公聞之。曰。臣也。不唯其宗室是暴。大亂宋國之政。必逐之。左師曰。臣也亦卿也。大臣不順。國之恥也。不如蓋之。乃舍之。左師為己短策。苟過華臣之門。必騁。

十一月。甲午。國人逐瘈狗。瘈狗入於華臣氏。國人從之。華臣懼。遂奔陳。宋皇國父為大宰。為平公築臺。妨於農功。子罕請俟農功之畢。公弗許。築者謳曰。澤門之皙。實興我役。邑中之黔。實慰我心。子罕聞之。親執扑。以行築者。而抶其不勉者。曰吾儕小人。皆有闔廬。以辟燥濕寒暑。今君為一臺而不速成。何以為役。謳者乃止。或問其故。子罕曰。宋國區區。而有詛有祝。禍之本也。齊晏桓子卒。晏嬰麤縗斬。苴絰帶。杖。菅屨。食鬻。居倚廬。寢苫。枕草。其老曰。非大夫之禮也。曰。唯卿為大夫。

襄公十八年

經十有八年

春。白狄來。

夏。晉人執衛行人石買。
秋。齊師伐我北鄙。
冬。十月。公會晉侯。宋公。衛侯。鄭伯。曹伯。莒子。邾子。滕子。薛伯。杞伯。小邾子。同圍齊。曹伯負芻卒于師。楚公子午帥師伐鄭。

傳十八年

春。白狄始來。
夏。晉人執衛行人石買于長子。執孫蒯于純留。為曹故也。
秋。齊侯伐我北鄙。中行獻子將伐齊。夢與厲公訟。弗勝。公以戈擊之。首隊於前。跪而戴之。奉之以走。見梗陽之巫皋。他日見諸道。與之言同。巫曰。今茲主必死。若有事於東方。則可以逞。獻子許諾。晉侯伐齊。將濟河。獻子以朱絲係玉二穀而禱曰。齊環怙恃其險。負其衆庶。棄好背盟。陵虐神主。曾臣彪將率諸侯以討焉。其官臣偃實先後之。苟捷有功。無作神羞。官臣偃無敢復濟。唯爾有神裁之。沈玉而濟。
冬。十月。會于魯濟。尋溴梁之言。同伐齊。齊侯禦諸平陰。塹防門而守之廣里。夙沙衛曰。不能戰。莫如守險。弗聽。諸侯之士門焉。齊人多死。范宣子告析文子曰。吾知子敢匿情乎。魯人。莒人。皆請以車千乘。自其鄉入。既許之矣。若入。君必失國。子盍圖之。子家以告公。公恐。晏嬰聞之曰。君固無勇。而又聞是。弗能久矣。齊侯登巫山以望晉師。晉人使司馬斥山澤之險。雖所不至。必旆而疏陳之。使乘車者。左實右偽。以旆先。輿曳柴而從之。齊侯見之。畏其衆也。乃脫歸。丙寅晦。齊師夜遁。師曠告晉侯曰。鳥烏之聲樂。齊師其遁。邢伯告中行伯曰。有班馬之聲。齊師其遁。叔向告晉侯曰。城上有烏。齊師其遁。
十一月。丁卯。朔。入平陰。遂從齊師。夙沙衛連大車以塞隧而殿。殖綽。郭最。曰。子殿國師。齊之辱也。子姑先乎。乃代之殿。衛殺馬於隘以塞道。晉州綽及之。射殖綽中肩。兩矢夾脰。曰。止。將為三軍獲。不止。將取其衷。顧曰。為私誓。州綽曰。有如日。乃弛弓而自後縛之。其右具丙。亦舍兵而縛郭最。皆衿甲而縛。坐于中軍之鼓下。晉人欲逐歸者。魯衛請攻險。己卯。荀偃。士匄以中軍克京茲。乙酉。魏絳。欒盈。以下軍克邿。趙武。韓起。以上軍圍盧。弗克。
十二月。戊戌。及秦周伐雍門之萩。范鞅門于雍門。其御追喜。以戈殺犬于門中。孟莊子斬其榆。以為公琴。己亥。焚雍門。及西郭。南郭。劉難。士弱。率諸侯之師。焚申池之竹木。壬寅。焚東郭。北郭。范鞅門于揚門。州綽門于東閭。左驂迫。還于東門中。以枚數闔。齊侯駕。將走郵棠。大子與郭榮扣馬曰。師速而疾。略也。將退矣。君何懼焉。且社稷之主。不可以輕。輕則失眾。君必待之。將犯之。大子抽劍斷鞅。乃止。甲辰。東侵及濰。南及沂。鄭子孔欲去諸大夫。將叛晉。而起楚師以去之。使告子庚。子庚弗許。楚子聞之。使楊豚尹宜告子庚曰。國人謂不穀主社稷。而不出師。死不從禮。不穀即位。於今五年。師徒不出。人其以不穀為自逸而忘先君之業矣。大夫圖之。其若之何。子庚歎曰。君王其謂午懷安乎。吾以利社稷也。見使者。稽首而對曰。諸侯方睦於晉。臣請嘗之。若何。君而繼之。不可。收師而退。可以無害。君亦無辱。子庚帥師治兵於汾。於是子蟜。伯有。子張。從鄭伯伐齊。子孔。子展。子西守。二子知子孔之謀。完守入保。子孔不敢會楚師。楚師伐鄭。次於魚陵。右師城上棘。遂涉潁。次于旃然。蔿子馮。公子格。率銳師侵費滑。胥靡。獻于。雍梁。右回梅山。侵鄭東北。至于蟲牢而反。子庚門于純門。信于城下。而還涉於魚齒之下。甚雨及之。楚師多凍。役徒幾盡。晉人聞有楚師。師曠曰。不害。吾驟歌北風。又歌南風。南風不競。多死聲。楚必無功。董叔曰。天道多在西北。南師不時。必無功。叔向曰。在其君之德也。

襄公十九年

經十有九年

春。王正月。諸侯盟于祝柯。晉人執邾子。公至自伐齊。取邾田自漷水。季孫宿如晉。葬曹成公。
夏。衛孫林父帥師伐齊。

秋。七月。辛卯。齊侯環卒。晉士匄帥師侵齊。至穀。聞齊侯卒。乃還。

八月。丙辰。仲孫蔑卒。齊殺其大夫高厚。鄭殺其大夫公子嘉。

冬。葬齊靈公。城西郛。叔孫豹會晉士匄于柯。城武城。

傳十九年

春。諸侯還自沂上。盟于督揚曰。大毋侵小。執邾悼公。以其伐我故。遂次于泗上。疆我田。取邾田。自漷水。歸之于我。晉侯先歸。公享晉六卿于蒲圃。賜之三命之服。軍尉。司馬。司空。輿尉。候奄。皆受一命之服。賄荀偃束錦。加璧乘馬。先吳壽夢之鼎。荀偃癉疽。生瘍於頭。濟河。及著雍。病。目出。大夫先歸者皆反。士匄請見。弗內。請後。曰鄭甥可。

二月。甲寅。卒。而視。不可含。宣子盥而撫之曰。事吳敢不如事主。猶視。欒懷子曰。其為未卒事於齊故也乎。乃復撫之曰。主苟終。所不嗣事于齊者。有如河。乃瞑受含。宣子出曰。吾淺之為丈夫也。晉欒魴帥師從衛孫文子伐齊。季武子如晉拜師。晉侯享之。范宣子為政。賦黍苗。季武子興。再拜稽首曰。小國之仰大國也。如百穀之仰膏雨焉。若常膏之。其天下輯睦。豈唯敝邑。賦六月。季武子以所得於齊之兵。作林鍾。而銘魯功焉。臧武仲謂季孫曰。非禮也。夫銘。天子令德。諸侯言時計功。大夫稱伐。今稱伐。則下等也。計功。則借人也。言時。則妨民多矣。何以為銘。且夫大伐小。取其所得以作彝器。銘其功烈。以示子孫。昭明德而懲無禮也。今將借人之力。以救其死。若之何銘之。小國幸於大國。而昭所獲焉。以怒之。亡之道也。齊侯娶于魯。曰顏懿姬。無子。其姪鬷聲姬生光。以為大子。諸子。仲子。戎子。戎子嬖。仲子生牙。屬諸戎子。戎子請以為大子。許之。仲子曰。不可。廢常不祥。閒諸侯難。光之立也。列於諸侯矣。今無故而廢之。是專黜諸侯。而以難犯不祥也。君必悔之。公曰。在我而已。遂東大子光。使高厚傅牙以為大子。夙沙衛為少傅。齊侯疾。崔杼微逆光。疾病而立之。光殺戎子。尸諸朝。非禮也。婦人無刑。雖有刑。不在朝市。

夏。五月。壬辰。晦。齊靈公卒。莊公即位。執公子牙於句瀆之丘。

以夙沙衛易已。衛奔高唐以叛。晉士匄侵齊及穀。聞喪而還。禮也。於四月。丁未。鄭公孫蠆卒。赴於晉。大夫范宣子言於晉侯。以其善於伐秦也。

六月。晉侯請於王。王追賜之大路。使以行禮也。

秋。八月。齊崔杼殺高厚於灑藍。而兼其室。書曰。齊殺其大夫。從君於昏也。鄭子孔之為政也專。國人患之。乃討西宮之難。與純門之師。子孔當罪。以其甲及子革。子良氏之甲守。甲辰。子展。子西。率國人伐之。殺子孔而分其室。書曰。鄭殺其大夫。專也。子然。子孔。宋子之子也。士子孔。圭嬀之子也。圭嬀之班。亞宋子而相親也。士子孔。亦相親也。僖之四年。子然卒。簡之元年。士子孔卒。司徒孔實相子革。子良。之室。三室如一。故及於難。子革。子良。出奔楚。子革。為右尹。鄭人使子展當國。子西聽政。立子產為卿。齊慶封圍高唐弗克。

冬。十一月。齊侯圍之。見衛在城上。號之乃下。問守備焉。以無備告。揖之。乃登。聞師將傅。食高唐也。殖綽。工僂。會。夜縋納師。醢衛于軍。城西郛。懼齊也。齊及晉平。盟于大隧。故穆叔會范宣子于柯。穆叔見叔向。賦載馳之四章。叔向曰。肸敢不承命。穆叔曰。齊猶未也。不可以不懼。乃城武城。衛石共子卒。悼子不哀。孔成子曰。是謂蹷其本。必不有其宗。

襄公二十年

經二十年

春。王正月。辛亥。仲孫速會莒人盟于向。

夏。六月。庚申。公會晉侯。齊侯。宋公。衛侯。鄭伯。曹伯。莒子。邾子。滕子。薛伯。杞伯。小邾子。盟于澶淵。

秋。公至自會。仲孫速帥師伐邾。蔡殺其大夫公子燮。蔡公子履出奔楚。陳侯之弟黃出奔楚。叔老如齊。

冬。十月。丙辰朔。日有食之。季孫宿如宋。

傳二十年

春。及莒平。孟莊子會莒人。盟于向。督揚之盟故也。

夏。盟于澶淵。齊成故也。邾人驟至。以諸侯之事。弗能報也。
秋。孟莊子伐邾以報之。蔡公子燮欲以蔡之晉。蔡人殺之。公子履其母弟也。故出奔楚。陳慶虎。慶寅。畏公子黃之偪。愬諸楚曰。與蔡司馬同謀。楚人以為討。公子黃出奔楚。初。蔡文侯欲事晉。曰。先君與於踐土之盟。晉不可棄。且兄弟也。畏楚不能行而卒。楚人使蔡無常。公子燮。求從先君以利蔡。不能而死。書曰。蔡殺其大夫公子燮。言不與民同欲也。陳侯之弟黃出奔楚。言非其罪也。公子黃將出奔。呼於國曰。慶氏無道。求專陳國。暴蔑其君。而去其親。五年不滅。是無天也。齊子初聘于齊。禮也。
冬。季武子如宋。報向戌之聘也。褚師段逆之以受享。賦常棣之七章以卒。宋人重賄之。歸復命。公享之。賦魚麗之卒章。公賦南山有臺。武子去所曰。臣不堪也。衛甯惠子疾。召悼子曰。吾得罪於君。悔而無及也。名藏在諸侯之策。曰孫林父。甯殖。出其君。君入則掩之。若能掩之。則吾子也。若不能。猶有鬼神。吾有餒而已。不來食矣。悼子許諾。惠子遂卒。

襄公二十一年

經二十有一年

春。王正月。公如晉。邾庶其以漆閭丘來奔。
夏。公至自晉。
秋。晉欒盈出奔楚。
九月。庚戌朔。日有食之。
冬。十月。庚辰朔。日有食之。曹伯來朝。公會晉侯。齊侯。宋公。衛侯。鄭伯。曹伯。莒子。邾子。于商任。

傳二十一年

春。公如晉拜師。及取邾田也。邾庶其以漆閭丘來奔。季武子以公姑姊妻之。皆有賜於其從者。於是魯多盜。季孫謂臧武仲曰。子盍詰盜。武仲曰。不可詰也。紇又不能。季孫曰。我有四封。而詰其盜。何故不可。子為司寇。將盜是務去。若之何不能。武仲曰子召外盜而大禮焉。何以止吾盜。子為正卿。而來外盜。使紇去之。將何以能。

庶其竊邑於邾以來。子以姬氏妻之。而與之邑。其從者皆有賜焉。若大盜禮焉。以君之姑姊與其大邑。其次皁牧輿馬。其小者衣裳劍帶。是賞盜也。賞而去之。其或難焉。紇也聞之。在上位者洒濯其心。壹以待人。軌度其信。可明徵也。而後可以治人。夫上之所為。民之歸也。上所不為。而民或為之。是以加刑罰焉。而莫敢不懲。若上之所為而民亦為之。乃其所也。又可禁乎。夏書曰。念茲在茲。釋茲在茲。名言茲在茲。允出茲在茲。惟帝念功。將謂由己壹也。信由己壹。而後功可念也。庶其非卿也。以地來。雖賤必書。重地也。齊侯使慶佐為大夫。復討公子牙之黨。執公子買于句瀆之丘。公子鉏來奔。叔孫還奔燕。

夏。楚子庚卒。楚子使薳子馮為令尹。訪於申叔豫。叔豫曰。國多寵而王弱。國不可為也。遂以疾辭。方暑。闕地下冰而床焉。重繭衣裘。鮮食而寢。楚子使醫視之。復曰。瘠則甚矣。而血氣未動。乃使子南為令尹。欒桓子娶於范宣子。生懷子。范鞅以其亡也。怨欒氏。故與欒盈為公族大夫。而不相能。桓子卒。欒祁與其老州賓通。幾亡室矣。懷子患之。祁懼其討也。愬諸宣子曰。盈將為亂。以范氏為死桓主而專政矣。曰。吾父逐鞅也。不怒。而以寵報之。又與吾同官而專之。吾父死而益富。死吾父而專於國。有死而已。吾蔑從之矣。其謀如是。懼害於主。吾不敢不言。范鞅為之徵。懷子好施。士多歸之。宣子畏其多士也。信之。懷子為下卿。宣子使城著而遂逐之。

秋。欒盈出奔楚。宣子殺箕遺。黃淵。嘉父。司空靖。邴豫。董叔。邴師。申書。羊舌虎。叔羆。囚伯華。叔向。籍偃。人謂叔向曰。子離於罪。其為不知乎。叔向曰。與其死亡若何。詩曰。優哉游哉。聊以卒歲。知也。樂王鮒見叔向曰。吾為子請。叔向弗應。出不拜。其人皆咎叔向。叔向曰。必祁大夫。室老聞之曰。樂王鮒言於君。無不行。求赦吾子。吾子不許。祁大夫所不能也。而曰必由之。何也。叔向曰。樂王鮒。從君者也。何能行。祁大夫外舉不棄讎。內舉不失親。其獨遺我乎。詩曰。有覺德行。四國順之。夫子覺者也。晉侯問叔向之罪於樂王鮒。對曰。不棄其親。其有焉。於是祁奚老矣。聞之。乘馹而見宣子曰。詩曰。惠我無疆。子孫保之。書曰。聖有謨勳。明徵定保。夫謀而鮮過。惠訓不倦者。叔向有焉。社稷之固也。猶將十世宥之。以勸能者。今壹不免其身。其棄社稷。不亦惑乎。鯀殛而禹興。伊尹放大甲而相之。卒無怨色。管蔡為戮。周公右王。若之何其以虎也棄社稷。子為善。誰敢不勉。多殺何為。宣子說。與之乘以言諸公而免之。不見叔向而歸。叔向亦不告免焉而朝。初。叔向之母妒叔虎之母美而不使。其子皆諫其母。其母曰。深山大澤。實生龍蛇。彼美。余懼其生龍蛇以禍女。女敝族也。國多大寵。不仁人間之。不亦難乎。余何愛焉。使往視寢。生叔虎。美而有勇力。欒懷子嬖之。故羊舌氏之族及於難。欒盈過於周。周西鄙掠之。辭於行人曰。天子陪臣盈。得罪於王之守臣。將逃罪。罪重於郊甸。無所伏竄。敢布其死。昔陪臣書能輸力於王室。王施惠焉。其子黶不能保任其父之勞。大君若不棄書之力。亡臣猶有所逃。若棄書之力。而思黶之罪。臣戮餘也。將歸死於尉氏。不敢還矣。敢布四體。惟大君命焉。王曰。尤而效之。其又甚焉。使司徒禁掠欒氏者。歸所取焉。使候出諸轘轅。

冬。曹武公來朝。始見也。會於商任。錮欒氏也。齊侯。衛侯。不敬。叔向曰。二君者必不免。會朝禮之經也。禮政之輿也。政身之守也。怠禮失政。失政不立。是以亂也。知起。中行喜。州綽。邢蒯。出奔齊。皆欒氏之黨也。樂王鮒謂范宣子曰。盍反州綽。邢蒯。勇士也。宣子曰。彼欒氏之勇也。余何獲焉。王鮒曰。子為彼欒氏。乃亦子之勇也。齊莊公朝指殖綽。郭最。曰。是寡人之雄也。州綽曰。君以為雄。誰敢不雄。然臣不敏。平陰之役。先二子鳴。莊公為勇爵。殖綽。郭最。欲與焉。州綽曰。東閭之役。臣左驂迫。還於門中。識其枚數。其可以與於此乎。公曰。子為晉臣也。對曰。臣為隸新。然二子者。譬於禽獸。臣食其肉。而寢處其皮矣。

襄公二十二年

經二十有二年

春。王正月。公至自會。

夏。四月。

秋。七月。辛酉。叔老卒。

冬。公會晉侯。齊侯。宋公。衛侯。鄭伯。曹伯。莒子。邾子。薛伯。杞伯。小邾子。于沙隨。公至自會。楚殺其大夫公子追舒。

傳二十二年

春。臧武仲如晉。雨。過御叔。御叔在其邑。將飲酒。曰。焉用聖人。我將飲酒而已。雨行。何以聖為。穆叔聞之。曰。不可使也。而傲使人。國之蠹也。令倍其賦。

夏。晉人徵朝于鄭。鄭人使少正公孫僑對曰。在晉先君悼公九年。我寡君於是即位。即位八月。而我先大夫子駟。從寡君以朝于執事。執事不禮於寡君。寡君懼因是行也。我二年六月。朝于楚。晉是以有戲之役。楚人猶競而申禮於敝邑。敝邑欲從執事。而懼為大尤。曰。晉其謂我不共有禮。是以不敢攜貳於楚。我四年三月。先大夫子蟜又從寡君以觀釁於楚。晉於是乎有蕭魚之役。謂我敝邑。邇在晉國。譬諸草木。吾臭味也。而何敢差池。楚亦不競。寡君盡其土。實重之以宗。器以受齊。盟遂帥群。臣隨于執。事以會歲終。貳於楚者。子侯。石盂。歸而討之。溴梁之明年。子蟜老矣。公孫夏從寡君以朝于君。見於嘗酎。與執燔焉。間二年。聞君將靖東夏。

四月。又朝以聽事。期不朝之間。無歲不聘。無役不從。以大國政令之無常。國家罷病。不虞荐至。無日不惕。豈敢忘職。大國若安定之。其朝夕在庭。何辱命焉。若不恤其患。而以為口實。其無乃不堪任命。而翦為仇讎。敝邑是懼。其敢忘君命。委諸執事。執事實重圖之。

秋。欒盈自楚適齊。晏平仲言於齊侯曰。商任之會。受命於晉。今納欒氏。將安用之。小所以事大。信也。失信不立。君其圖之。弗聽。退告陳文子曰。君人執信。臣人執共。忠信篤敬。上下同之。天之道也。君自棄也。弗能久矣。

九月。鄭公孫黑肱有疾。歸邑于公。召室老宗人。立段而使黜官薄祭。祭以特羊。殷以少牢。足以共祀。盡歸其餘邑曰。吾聞之。生於亂世。貴而能貧。民無求焉。可以後亡。敬共事君。與二三子。生在敬戒。不在富也。己巳。伯張卒。君子曰善戒。詩曰。慎爾侯度。用戒不虞。鄭子張其有焉。

冬。會于沙隨。復錮欒氏也。欒盈猶在齊。晏子曰。禍將作矣。齊將伐晉。不可以不懼。楚觀起有寵於令尹子南。未益祿而有馬數十乘。楚人患之。王將討焉。子南之子棄疾為王御士。王每見之必泣。棄疾曰。君三泣臣矣。敢問誰之罪也。王曰。令尹之不能。爾所知也。國將討焉。爾其居乎。對曰。父戮子居。君焉用之。洩命重刑。臣亦不為。王遂殺子南於朝。轘觀起於四竟。子南之臣謂棄疾。請徙子尸於朝。曰君臣有禮。唯二三子。三日。棄疾請尸。王許之。既葬。其徒曰。行乎。曰吾與殺吾父。行將焉入。曰然則臣王乎。曰棄父事讎。吾弗忍也。遂縊而死。復使薳子馮為令尹。公子齮為司馬。屈建為莫敖。有寵於薳子者八人。皆無祿而多馬。他日朝。與申叔豫言。弗應而退。從之。入於人中。又從之。遂歸。退朝見之。曰。子三困我於朝。吾懼不敢不見。吾過。子姑告我。何疾我也。對曰。吾不免是懼。何敢告子。曰。何故。對曰。昔觀起有寵於子南。子南得罪。觀起車裂。何故不懼。自御而歸。不能當道。至。謂八人者曰。吾見申叔夫子。所謂生死而肉骨也。知我者。如夫子則可。不然請止。辭八人者。而後王安之。

十二月。鄭游販將歸晉。未出竟。遭逆妻者。奪之。以館于邑。丁巳。其夫攻子明殺之。以其妻行。子展廢良而立大叔。曰國卿。君之貳也。民之主也。不可以苟。請舍子明之類。求亡妻者。使復其所。使游氏勿怨。曰。無昭惡也。

襄公二十三年

經二十有三年

春。王二月。癸酉朔。日有食之。

三月。己巳。杞伯匄卒。

夏。邾畀我來奔。葬杞孝公。陳殺其大夫慶虎及慶寅。陳侯之弟黃。自楚歸于陳。晉欒盈復入于晉。入于曲沃。

秋。齊侯伐衛。遂伐晉。

八月。叔孫豹帥師救晉。次于雍榆。己卯。仲孫速卒。

冬。十月。乙亥。臧孫紇出奔邾。晉人殺欒盈。齊侯襲莒。

傳二十三年

春。杞孝公卒。晉悼夫人喪之。平公不徹樂。非禮也。禮為鄰國闕。陳侯如楚。公子黃愬二慶於楚。楚人召之。使慶樂往殺之。慶氏以陳叛。

夏。屈建從陳侯圍陳。陳人城板隊而殺人。役人相命。各殺其長。遂殺慶虎。慶寅。楚人納公子黃。君子謂慶氏不義。不可肆也。故書曰。惟命不于常。晉將嫁女于吳。齊侯使析歸父媵之。以藩載欒盈。及其士。納諸曲沃。欒盈夜見胥午而告之。對曰。不可。天之所廢。誰能興之。子必不免。吾非愛死也。知不集也。盈曰。雖然。因子而死。吾無悔矣。我實不天。子無咎焉。許諾。伏之而觴曲沃人。樂作。午言曰。今也得欒孺子何如。對曰。得主而為之死。猶不死也。皆歎。有泣者。爵行。又言。皆曰。得主何貳之有。盈出。遍拜之。四月。欒盈帥曲沃之甲。因魏獻子以晝入絳。初。欒盈佐魏莊子於下軍。獻子私焉。故因之。趙氏以原屏之難怨欒氏。韓趙方睦。中行氏以伐秦之役怨欒氏。而固與范氏和親。知悼子少而聽於中行氏。程鄭嬖於公。唯魏氏及七輿大夫與之。樂王鮒侍坐於范宣子。或告曰。欒氏至矣。宣子懼。桓子曰。奉君以走固宮。必無害也。且欒氏多怨。子為政。欒氏自外。子在位。其利多矣。既有利權。又執民柄。將何懼焉。欒氏所得。其唯魏氏乎。而可強取也。夫克亂在權。子無懈矣。公有姻喪。王鮒使宣子墨縗冒絰。二婦人輦以如公。奉公以如固宮。范鞅逆魏舒。則成列既乘。將逆欒氏矣。趨進曰。欒氏帥賊以入。鞅之父與二三子在君所矣。使鞅逆吾子。鞅請驂乘持帶。遂超乘。右撫劍。左援帶。命驅之出。僕請。鞅曰。之公。宣子逆諸階。執其手。賂之以曲沃。初。斐豹隸也。著於丹書。欒氏之力臣曰督戎。國人懼之。斐豹謂宣子曰。苟焚丹書。我殺督戎。宣子喜曰。而殺之。所不請於君焚丹書者。有如日。乃出豹而閉之。督戎從之。踰隱而待之。督戎踰入。豹自後擊而殺之。范氏之徒在臺後。欒氏乘公門。宣子謂鞅曰。矢及君屋死之。鞅用劍以帥卒。欒氏退。攝車從之。遇欒樂曰。樂免之。死將訟女於天。樂射之不中。又注則乘槐本而覆。或以戟鉤之。斷肘而死。欒魴傷。欒盈奔曲沃。晉人圍之。

秋。齊侯伐衛。先驅。穀榮御王孫揮。召揚為右。申驅。成秩御莒恆。申鮮虞之傅摯為右。曹開御戎。晏父戎為右。貳廣。上之登御邢公。盧蒲癸為右。啟。牢成御襄罷師。狼蘧疏為右。胠。商子車御侯朝。桓跳為右。大殿。商子游御夏之御寇。崔如為右。燭庸之越駟乘。自衛將遂伐晉。晏平仲曰。君恃勇力以伐盟主。若不濟。國之福也。不德而有功。憂必及君。崔杼諫曰。不可。臣聞之。小國間大國之敗而毀焉。必受其咎。君其圖之。弗聽。陳文子見崔武子曰。將如君何。武子曰。吾言於君。君弗聽也。以為盟主。而利其難。群臣若急。君於何有。子姑止之。文子退。告其人曰。崔子將死乎。謂君甚。而又過之。不得其死。過君以義。猶自抑也。況以惡乎。齊侯遂伐晉。取朝歌為二隊。入孟門。登大行。張武軍於熒庭。戍郫邵。封少水。以報平陰之役。乃還。趙勝帥東陽之師以追之。獲晏氂。

八月叔孫豹帥師救晉。次于雍榆。禮也。季武子無適子。公彌長。而愛悼子。欲立之。訪於申豐曰。彌與紇。吾皆愛之。欲擇才焉而立之。申豐趨退。歸。盡室將行。他日又訪焉。對曰。其然。將具敝車而行。乃止。訪於臧紇。臧紇曰。飲我酒。吾為子立之。季氏飲大夫酒。臧紇為客。既獻。臧孫命北面重席。新樽絜之。召悼子。降逆之。大夫皆起。及旅。而召公鉏。使與之齒。季孫失色。季氏以公鉏為馬正。慍而不出。閔子馬見之曰。子無然。禍福無門。唯人所召。為人子者。患不孝。不患無所。敬其父命。何常之有。若能孝敬。富倍季氏可也。姦回不軌。禍倍下民可也。公鉏然之。敬共朝夕。恪居官次。季孫喜。使飲己酒。而以具往。盡舍旃。故公鉏氏富。又出為公左宰。孟孫惡臧孫。季孫愛之。孟氏之御騶豐點。好羯也。曰。從余言。必為孟孫。再三云。羯從之。孟莊子疾。豐點謂公鉏。苟立羯。請讎臧氏。公鉏謂季孫曰。孺子秩固其所也。若羯立。則季氏信有力於臧氏矣。弗應。己卯。孟孫卒。公鉏奉羯立于戶側。季孫至。入哭而出。曰。秩焉在。公鉏曰。羯在此矣。季孫曰。孺子長。公鉏曰。何長之有。唯其才也。且夫子之命也。遂立羯。秩奔邾。臧孫入哭。甚哀多涕。出。其御曰。孟孫之惡子也。而哀如是。季孫若死。

其若之何。臧孫曰。季之愛我。疾疢也。孟孫之惡我。藥石也。美疢不如惡石。夫石猶生我。疢之美。其毒滋多。孟孫死。吾亡無日矣。孟氏閉門。告於季孫曰。臧氏將為亂。不使我葬。季孫不信。臧孫聞之戒。

冬。十月。孟氏將辟。藉除於臧氏。臧孫使正夫助之。除於東門甲。從已而視之。孟氏又告季孫。季孫怒。命攻臧氏。乙亥。臧紇斬鹿門之關。以出奔。邾。初。臧宣叔娶于鑄。生賈及為而死。繼室以其姪。穆姜之姨子也。生紇。長於公宮。姜氏愛之。故立之。臧賈臧為出在鑄。臧武仲自邾使告臧賈。且致大蔡焉。曰。紇不佞。失守宗祧。敢告不弔。紇之罪不及不祀。子以大蔡納請。其可。賈曰。是家之禍也。非子之過也。賈聞命矣。再拜受龜。使為以納請。遂自為也。臧孫如防。使來告曰。紇非能害也。知不足也。非敢私請。苟守先祀。無廢二勳。敢不辟邑。乃立臧為。臧紇致防而奔齊。其人曰。其盟我乎。臧孫曰。無辭。將盟臧氏。季孫召外史掌惡臣。而問盟首焉。對曰。盟東門氏也。曰。毋或如東門遂。不聽公命。殺適立庶。盟叔孫氏也。曰。毋或如叔孫僑如欲廢國常。蕩覆公室。季孫曰。臧孫之罪。皆不及此。孟椒曰。盍以其犯門斬關。季孫用之。乃盟臧氏曰。無或如臧孫紇。干國之紀。犯門斬關。臧孫聞之曰。國有人焉。誰居。其孟椒乎。晉人克欒盈于曲沃。盡殺欒氏之族黨。欒魴出奔宋。書曰。晉人殺欒盈。不言大夫。言自外也。齊侯還自晉。不入。遂襲莒。門于且于。傷股而退。明日將復戰。期于壽舒。杞。殖華還。載甲夜入且于之隧。宿於莒郊。明日。先遇莒子於蒲侯氏。莒子重賂之。使無死。曰。請有盟。華周對曰。貪貨棄命。亦君所惡也。昏而受命。日未中而棄之。何以事君。莒子親鼓之。從而伐之。獲杞梁。莒人。行成。齊侯歸。遇杞梁之妻於郊。使弔之。辭曰。殖之有罪。何辱命焉。若免於罪。猶有先人之敝廬在。下妾不得與郊弔。齊侯弔諸其室。齊侯將為臧紇田。臧孫聞之。見齊侯。與之言伐晉。對曰。多則多矣。抑君似鼠。夫鼠晝伏夜動。不穴於寢廟。畏人故也。今君聞晉之亂。而後作焉。寧將事之。非鼠如何。乃弗與田。仲尼曰。知之難也。有臧武仲之知。而不容於魯國。抑有由也。作不順而施不恕也。夏書曰。念茲在茲。順事恕施也。

襄公二十四年

經二十有四年

春。叔孫豹如晉。仲孫羯帥師侵齊。

夏。楚子伐吳。

秋。七月。甲子。朔。日有食之。既。齊崔杼帥師伐莒。大水。

八月。癸巳朔。日有食之。公會晉侯。宋公。衛侯。鄭伯。曹伯。莒子。邾子。滕子。薛伯。杞伯。小邾子。于夷儀。

冬。楚子。蔡侯。陳侯。許男。伐鄭。公至自會。陳鍼宜咎出奔楚。叔孫豹如京師。大饑。

傳二十四年

春。穆叔如晉。范宣子逆之問焉。曰。古人有言曰。死而不朽。何謂也。穆叔未對。宣子曰。昔匄之祖。自虞以上為陶唐氏。在夏為御龍氏。在商為豕韋氏。在周為唐杜氏。晉主夏盟為范氏。其是之謂乎。穆叔曰。以豹所聞。此之謂世祿。非不朽也。魯有先大夫曰臧文仲。既沒。其言立。其是之謂乎。豹聞之。大上有立德。其次有立功。其次有立言。雖久不廢。此之謂不朽。若夫保姓受氏。以守宗祊。世不絕祀。無國無之。祿之大者。不可謂不朽。范宣子為政。諸侯之幣重。鄭人病之。

二月。鄭伯如晉。子產寓書於子西。以告宣子曰。子為晉國。四鄰諸侯。不聞令德。而聞重幣。僑也惑之。僑聞君子長國家者。非無賄之患。而無令名之難。夫諸侯之賄。聚於公室。則諸侯貳。若吾子賴之。則晉國貳。諸侯貳則晉國壞。晉國貳則子之家壞。何沒沒也。將焉用賄。夫令名。德之輿也。德。國家之基也。有基無壞。無亦是務乎。有德則樂。樂則能久。詩云。樂只君子。邦家之基。有令德也。夫上帝臨女。無貳爾心。有令名也。夫恕。思以明德。則令名載而行之。是以遠至邇安。毋寧使人謂子。子實生我。而謂子浚我以生乎。象有齒以焚其身。賄也。宣子說。乃輕幣。是行也。鄭伯朝晉。為重幣故。且請伐陳也。鄭伯稽首。宣子辭。子西相曰。以陳國之介。恃大國而陵虐於敝邑。寡君是以請罪焉。敢不稽首。孟孝伯侵齊。晉故也。

夏。楚子為舟師以伐吳。不為軍政。無功而還。齊侯既伐晉而懼。將欲見楚子。楚子使薳啟彊如齊聘。且請期。齊社蒐軍實。使客觀之。陳文子曰。齊將有寇。吾聞之。兵不戢。必取其族。

秋。齊侯聞將有晉師。使陳無宇從薳啟彊如楚辭。且乞師。崔杼帥師送之。遂伐莒。侵介根。會于夷儀。將以伐齊。水不克。

冬。楚子伐鄭以救齊。門于東門。次于棘澤。諸侯還救鄭。晉侯使張骼。輔躒。致楚師。求御于鄭。鄭人卜宛射犬吉。子大叔戒之曰。大國之人。不可與也。對曰無有眾寡。其上一也。大叔曰。不然。部婁無松柏。二子在幄。坐射犬于外。既食而後食之。使御廣車而行。已皆乘乘車。將及楚師。而後從之乘。皆踞轉而鼓琴。近不告而馳之。皆取冑於櫜而冑。入壘皆下。搏人以投。收禽挾囚。弗待而出。皆超乘。抽弓而射。既免。復踞轉而鼓琴。曰。公孫同乘。兄弟也。故再不謀。對曰。曩者志入而已。今則怯也。皆笑曰。公孫之亟也。楚子自棘澤還。使薳啟彊帥師送陳無宇。吳人為楚舟師之役故。召舒鳩人。舒鳩人叛楚。楚子師于荒浦。使沈尹壽與師祁犁讓之。舒鳩子敬逆二子。而告無之。且請受盟。二子復命。王欲伐之。薳子曰。不可。彼告不叛。且請受盟。而又伐之。伐無罪也。姑歸息民。以待其卒。卒而不貳。吾又何求。若猶叛我。無辭。有庸。乃還。陳人復討慶氏之黨。鍼宜咎出奔楚。齊人城郟。穆叔如周聘。且賀城。王嘉其有禮也。賜之大路。晉侯嬖程鄭。使佐下軍。鄭行人公孫揮如晉聘。程鄭問焉。曰。敢問降階何由。子羽不能對。歸以語然明。然明曰。是將死矣。不然將亡。貴而知懼。懼而思降。乃得其階。下人而已。又何問焉。且夫既登而求降階者。知人也。不在程鄭。其有亡釁乎。不然。其有惑疾。將死而憂也。

襄公二十五年

經二十有五年

春。齊崔杼帥師伐我北鄙。

夏。五月。乙亥。齊崔杼弒其君光。公會晉侯。宋公。衛侯。鄭伯。曹伯。莒子。邾子。滕子。薛伯。杞伯。小邾子。于夷儀。

六月。壬子。鄭公孫舍之帥師入陳。

秋。八月。己巳。諸侯同盟于重丘。公至自會。衛侯入于夷儀。楚屈建帥師滅舒鳩。

冬。鄭公孫夏帥師伐陳。

十有二月。吳子遏伐楚。門于巢。卒。

傳二十五年

春。齊崔杼帥師伐我北鄙。以報孝伯之師也。公患之。使告于晉。孟公綽曰。崔子將有大志。不在病我。必速歸。何患焉。其來也不寇。使民不嚴。異於他日。齊師徒歸。齊棠公之妻。東郭偃之姊也。東郭偃臣崔武子。棠公死。偃御武子以弔焉。見棠姜而美之。使偃取之。偃曰。男女辨姓。今君出自丁。臣出自桓。不可。武子筮之。遇困之大過。史皆曰吉。示陳文子。文子曰。夫從風。風隕妻。不可娶也。且其繇曰。困于石。據于蒺梨。入于其宮。不見其妻。凶。困于石。往不濟也。據于蒺梨。可恃傷也。入于其宮。不見其妻。凶。無所歸也。崔子曰。嫠也何害。先夫當之矣。遂取之。莊公通焉。驟如崔氏。以崔子之冠賜人。侍者曰不可。公曰。不為崔子。其無冠乎。崔子因是。又以其間伐晉也。曰晉必將報。欲弒公以說于晉。而不獲間。公鞭侍人賈舉。而又近之。乃為崔子間公。

夏。五月。莒子為且于之役故。莒子朝于齊。甲戌。饗諸北郭。崔子稱疾不視事。乙亥。公問崔子。遂從姜氏。姜入于室。與崔子自側戶出。公拊楹而歌。侍人賈舉止眾從者。而入閉門。甲興。公登臺而請。弗許。請盟。弗許。請自刃於廟。勿許。皆曰。君之臣杼疾病。不能聽命。近於公宮。陪臣干掫有淫者。不知二命。公踰牆。又射之。中股。反隊。遂弒之。賈舉。州綽。邴師。公孫敖。封具。鐸父。襄伊。僂堙。皆死。祝佗父祭於高唐。至復命。不說弁而死於崔氏。申蒯侍漁者。退謂其宰曰。爾以帑免。我將死。其宰曰。免。是反子之義也。與之皆死。崔氏殺鬷蔑于平陰。晏子立於崔氏之門外。其人曰。死乎。曰。獨吾君也乎哉。吾死也。曰。行乎。曰。吾罪也乎哉。吾亡也。曰。歸乎。曰。君死安歸。君民者。豈以陵民。社稷是主。臣君者。豈為其口實。社稷是養。故君為社稷死。則死之。為社稷亡。則亡之。若為己死而己亡。非其私暱。誰敢任之。且人有君而弒之。吾焉得死之。而焉得亡之。將庸何歸。門啟而入。枕尸股而哭。興。三踊而出。人謂崔子必殺之。崔子曰。民之望也。舍之得民。盧蒲癸奔晉。王何奔莒。叔孫宣伯之在齊也。叔孫還納其女於靈公。嬖。生景公。丁丑。崔杼立而相之。慶封為左相。盟國人於大宮曰。所不與崔慶者。晏子仰天歎曰。嬰所不唯忠於君。利社稷者是與。有如上帝。乃歃。辛巳。公與大夫及莒子盟。大史書曰。崔杼弒其君。崔子殺之。其弟嗣書。而死者二人。其弟又書。乃舍之。南史氏聞大史盡死。執簡以往。聞既書矣。乃還。閭丘嬰以帷縛其妻而載之。與申鮮虞乘而出。鮮虞推而下之曰。君昏不能匡。危不能救。死不能死。而知匿其暱。其誰納之。行及弇中。將舍。嬰曰。崔慶其追我。鮮虞曰。一與一。誰能懼我。遂舍。枕轡而寢。食馬而食。駕而行。出弇中。謂嬰曰。速驅之。崔慶之眾。不可當也。遂來奔。崔氏側莊公于北郭。丁亥。葬諸士孫之里。四翣。不蹕。下車七乘。不以兵甲。晉侯濟自泮。會于夷儀。伐齊以報朝歌之役。齊人以莊公說。使隰鉏請成。慶封如師。男女以班。賂晉侯以宗器樂器。自六正。五吏。三十師。三軍之大夫。百官之正長。師旅。及處守者。皆有賂。晉侯許之。使叔向告於諸侯。公使子服惠伯對曰。君舍有罪。以靖小國。君之惠也。寡君聞命矣。晉侯使魏舒。宛沒。逆衛侯。將使衛與之夷儀。崔子止其帑。以求五鹿。初。陳侯會楚子伐鄭。當陳隧者。井堙木刊。鄭人怨之六月。鄭子展。子產。帥車七百乘伐陳。宵突陳城。遂入之。陳侯扶其大子偃師奔墓。遇司馬桓子曰。載余。曰將巡城。遇賈獲載其母妻。下之而授公車。公曰。舍而母。辭曰。不祥。與其妻扶其母以奔墓。亦免。子展命師無入公宮。與子產親御諸門。陳侯使司馬桓子賂以宗器。陳侯免。擁社。使其眾男女別而纍。以待於朝。子展執縶而見。再拜稽首。承飲而進獻。子美入。數俘而出。祝祓社。司徒致民。司馬致節。司空致地。乃還。

秋。七月。己巳。同盟于重丘。齊成故也。趙文子為政。令薄諸侯之幣。而重其禮。穆叔見之。謂穆叔曰。自今以往。兵其少弭矣。齊崔慶新得政。將求善於諸侯。武也。知楚令尹。若敬行其禮。道之以文辭。以靖諸侯。兵可以弭。楚薳子馮卒。屈建為令尹。屈蕩為莫敖。舒鳩人卒叛。楚令尹子木伐之。及離城。吳人救之。子木遽以右師先。子彊息桓。子捷。子駢。子盂。帥左師以退。吳人居其間七日。子彊曰。久將墊隘。隘乃禽也。不如速戰。請以其私卒誘之。簡師陳以待我。我克則進。奔則亦視之。乃可以免。不然。必為吳禽。從之。五人以其私卒。先擊吳師。吳師奔。登山以望。見楚師不繼。復逐之。傅諸其軍。簡師會之。吳師大敗。遂圍舒鳩。舒鳩潰。

八月。楚滅舒鳩。衛獻公入于夷儀。鄭子產獻捷于晉。戎服將事。晉人問陳之罪。對曰。昔虞閼父為周陶正。以服事我先王。我先王賴其利器用也。與其神明。之後也。庸以元女大姬。配胡公而封之陳。以備三恪。則我周之自出。至于今是賴。桓公之亂。蔡人欲立其出。我先君莊公奉五父而立之。蔡人殺之。我又與蔡人奉戴厲公。至於莊宣。皆我之自立。夏氏之亂。成公播蕩。又我之自入。君所知也。今陳忘周之大德。蔑我大惠。棄我姻親。介恃楚眾。以憑陵我。敝邑。不可億逞。我是以有往年之告。未獲成命。則有我東門之役。當陳隧者。井堙木刊。敝邑大懼不競。而恥大姬。天誘其衷。啟敝邑之心。陳知其罪。授手于我。用敢獻功。晉人曰。何故侵小。對曰。先王之命。唯罪所在。各致其辟。且昔天子之地一圻。列國一同。自是以衰。今大國多數圻矣。若無侵小。何以至焉。晉人曰。何故戎服。對曰。我先君武莊為平桓卿士。城濮之役。文公布命曰。各復舊職。命我文公。戎服輔王。以授楚捷。不敢廢王命故也。士莊伯不能詰。復於趙文子。文子曰。其辭順。犯順不祥。乃受之。冬。十月。子展相鄭伯如晉。拜陳之功。子西復伐陳。陳及鄭平。仲尼曰。志有之。言以足志。文以足言。不言誰知其志。言之無文。行而不遠。晉為伯鄭入陳。非文辭不為功。慎辭也。楚蒍掩為司馬。子木使庀賦。數甲兵。甲午。蒍掩書土田。度山林。鳩藪澤。辨京陵。表淳鹵。數疆潦。規偃豬。町原防。牧隰皋。井衍沃。量入脩賦。賦車。籍馬。賦車兵。徒卒。甲楯之數。既成。以授子木。禮也。

十二月。吳子諸樊伐楚。以報舟師之役。門于巢。巢牛臣曰。吳王勇而輕。若啟之。將親門。我獲射之。必殪。是君也死。彊其少安。從之。吳子門焉。牛臣隱於短牆以射之。卒。楚子以滅舒鳩賞子木。辭曰。先大夫蒍子之功也。以與蒍掩。晉程鄭卒。子產始知然明。問為政焉。對曰。視民如子。見不仁者誅之。如鷹鸇之逐鳥雀也。子產喜以語子大叔。且曰。他日吾見蔑之面而已。今吾見其心矣。子大叔問政於子產。子產曰。政如農功。日夜思之。思其始而成其終。朝夕而行之。行無越思。如農之有畔。其過鮮矣。衛獻公自夷儀使與甯喜言。甯喜許之。大叔文子聞之曰。烏呼。詩所謂我躬不說。皇恤我後者。甯子可謂不恤其後矣。將可乎哉。殆必不可。君子之行。思其終也。思其復也。書曰。慎始而敬終。終以不困。詩曰。夙夜匪解。以事一人。今甯子視君。不如弈棋。其何。以免乎。弈者舉棋不定。不勝其耦。而況置君。而弗定乎。必不免矣。九世之卿族。一舉而滅之。可哀也哉。傳會于夷儀之歲。齊人城郟。其五月。秦晉為成。晉韓起如秦涖盟。秦伯車如晉涖盟。成而不結。

襄公二十六年

經二十有六年

春。王二月。辛卯。衛甯喜弒其君剽。衛孫林父入于戚以叛。甲午。衛侯衎復歸于衛。

夏。晉侯使荀吳來聘。公會晉人。鄭良霄。宋人。曹人。于澶淵。

秋。宋公殺其世子痤。晉人執衛甯喜。

八月。壬午。許男甯卒于楚。

冬。楚子。蔡侯。陳侯。伐鄭。葬許靈公。

傳二十六年

春。秦伯之弟鍼如晉脩成。叔向命召行人子員。行人子朱曰。朱也當御。三云。叔向不應。子朱怒曰。班爵同。何以黜朱於朝。撫劍從之。叔向曰。秦晉不和久矣。今日之事。幸而集。晉國賴之。不集。三軍暴骨。子員道二國之言無私。子常易子。姦以事君者。吾所能御也。拂衣從之。人救之。平公曰。晉其庶乎。吾臣之所爭者大。師曠曰。公室懼卑。臣不心競而力爭。不務德而爭善。私欲已侈。能無卑乎。衛獻公使子鮮為復。辭。敬姒強命之。對曰。君無信。臣懼不免。敬姒曰。雖然。以吾故也。許諾。初。獻公使與甯喜言。甯喜曰。必子鮮在。不然。必敗。故公使子鮮。子鮮不獲命於敬姒。以公命與甯喜言曰。苟反。政由甯氏。祭則寡人。甯喜告蘧伯玉。伯玉曰。瑗不得聞君之出。敢聞其入。遂行。從近關出。告右宰穀。右宰穀曰。不可。獲罪於兩君。天下誰畜之。悼子曰。吾受命於先人。不可以貳。穀曰。我請使焉而觀之。遂見公於夷儀。反曰。君淹恤在外。十二年矣。而無憂色。亦無寬言。猶夫人也。若不已。死無日矣。悼子曰。子鮮在。右宰穀曰。子鮮在何益。多而能亡。於我何為。悼子曰。雖然。不可以已。孫文子在戚。孫嘉聘於齊。孫襄居守。

二月·庚寅。甯喜右宰穀伐孫氏。不克。伯國傷。甯子出舍於郊。伯國死。孫氏夜哭國人召甯子。甯子復攻孫氏。克之。辛卯。殺子叔及大子角。書曰。甯喜弒其君剽。言罪之在甯氏也。孫林父以戚如晉書曰。入于戚以叛。罪孫氏也。臣之祿。君實有之。義則進。否則奉身而退。專祿以周旋。戮也。甲午。衛侯入。書曰。復歸國。納之也。大夫逆於竟者。執其手而與之言道。逆者自車揖之。逆於門者頷之而已。公至。使讓大叔。文子曰。寡人淹恤在外。二三子皆使寡人。朝夕聞衛國之言。吾子獨不在寡人。古人有言曰非所怨勿怨寡人怨矣。對曰。臣知罪矣。臣不佞。不能負羈絏以從扞牧圉。臣之罪一也。有出者。有居者。臣不能貳。通外內之言以事君。臣之罪二也。有二罪。敢忘其死。乃行。從近關出。公使止之。衛人侵戚東鄙。孫氏愬于晉。晉戍茅氏。殖綽伐茅氏。殺晉戍三百人。孫蒯追之。弗敢擊。文子曰。厲之不如。遂從衛師。敗之圉雍鉏。獲殖綽。復愬于晉。鄭伯賞入陳之功。

三月。甲寅。朔。享子展。賜之先路三命之服。先八邑。賜子產次路再命之服。先六邑。子產辭邑。曰。自上以下。隆殺。以兩。禮也。臣之位在四。且子展之功也。臣不敢及賞禮。請辭邑。公固予之。乃受三邑。公孫揮曰。子產其將知政矣。讓不失禮。晉人為孫氏故。召諸侯。將以討衛也。夏。中行穆子來聘。召公也。楚子。秦人。侵吳。及雩婁。聞吳有備而還。遂侵鄭。

五月。至于城麇。鄭皇頡戍之。出與楚師戰。敗。穿封戌囚皇頡。公子圍與之爭之。正於伯州犁。伯州犁曰。請問於囚。乃立囚。伯州犁曰。所爭。君子也。其何不知。上其手曰。夫子為王子圍。寡君之貴介弟也。下其手曰。此子為穿封戌。方城外之縣尹也。誰獲子。囚曰。頡遇王子弱焉。戌怒。抽戈逐王子圍。弗及。楚人以皇頡歸。印堇父與皇頡戍城麇。楚人囚之。以獻於秦。鄭人取貨於印氏以請之。子大叔為令正。以為請。子產曰。不獲。受楚之功。而取貨於鄭。不可謂國。秦不其然。若曰拜君之勤鄭國。微君之惠。楚師其猶在敝邑之城下。其可。弗從。遂行。秦人不予。更幣。從子產。而後獲之。

六月。公會晉趙武。宋向戌。鄭良霄。曹人。于澶淵。以討衛。疆戚田。取衛西鄙懿氏六十。以與孫氏。趙武不書。尊公也。向戌不書。後也。鄭先宋。不失所也。於是衛侯會之。晉人執寧喜。北宮遺。使女齊以先歸。衛侯如晉。晉人執而囚之。於士弱氏。

秋。七月。齊侯。鄭伯。為衛侯故如晉。晉侯兼享之。晉侯賦嘉樂。國景子相齊侯。賦蓼蕭。子展相鄭伯。賦緇衣。叔向命晉侯拜二君。曰。寡君敢拜齊君之安。我先君之宗祧也。敢拜鄭君之不貳也。國子使晏平仲私於叔向。曰。晉君宣其明德於諸侯。恤其患而補其闕。正其違而治其煩。所以為盟主也。今為臣執君。若之何。叔向告趙文子。文子以告晉侯。晉侯言衛侯之罪。使叔向告二君。國子賦轡之柔矣。子展賦將仲子兮。晉侯乃許歸衛侯。叔向曰。鄭七穆。罕氏其後亡者也。子展儉而壹。初。宋芮司徒生女子。赤而毛。棄諸堤下。共姬之妾。取以入。名之曰棄。長而美。平公入夕。共姬與之食。公見棄也而視之尤。姬納諸御。嬖。生佐。惡而婉。大子痤美而很。合左師畏而惡之。寺人惠牆伊戾。為大子內師。而無寵。

秋。楚客聘於晉。過宋。大子知之。請野享之。公使往。伊戾請從之。公曰。夫不惡女乎。對曰。小人之事君子也。惡之不敢遠。好之不敢近。敬以待命。敢有貳心乎。縱有共其外。莫共其內。臣請往也。遣之。至則欿用牲。加書徵之。而馳告公曰。大子將為亂。既與楚客盟矣。公曰。為我子。又何求。對曰。欲速。公使視之。則信有焉。問諸夫人與左師。則皆曰固聞之。公囚大子。大子曰。唯佐也能免我。召而使請。曰日中不來。吾知死矣。左師聞之。聒而與之語。過期。乃縊而死。佐為大子。公徐聞其無罪也。乃亨伊戾。左師見夫人之步馬者問之。對曰。君夫人氏也。左師曰。誰為君夫人。余胡弗知。圉人歸以告夫人。夫人使饋之錦與馬。先之以玉。曰。君之妾棄。使某獻。左師改命曰。君夫人。而後再拜稽首受之。鄭伯歸自晉。使子西如晉聘。辭曰。寡君來煩執事。懼不免於戾。使夏謝不敏。君子曰。善事大國。初楚伍參與蔡太師子朝友。其子伍舉與聲子相善也。伍舉娶於王子牟。王子牟為申公而亡。楚人曰。伍舉實送之。伍舉奔鄭。將遂奔晉。聲子將如晉。遇之於鄭郊。班荊相與食。而言復故。聲子曰。子行也。吾必復子。及宋向戌將平晉楚。聲子通使於晉。還如楚。令尹子木與之語。問晉故焉。且曰。晉大夫與楚孰賢。對曰。晉卿不如楚。其大夫則賢。皆卿材也。如杞梓皮革。自楚往也。雖楚有材。晉實用之。子木曰。夫獨無族姻乎。對曰。雖有。而用楚材實多。歸生聞之。善為國者。賞不僭而刑不濫。賞僭則懼及淫人。刑濫則懼及善人。若不幸而過。寧僭無濫。與其失善。寧其利淫。無善人。則國從之。詩曰。人之云亡。邦國殄瘁。無善人之謂也。故夏書曰。與其殺不辜。寧失不經。懼失善也。商頌有之曰。不僭不濫。不敢怠皇。命于下國。封建厥福。此湯所以獲天福也。古之治民者。勸賞而畏刑。恤民不倦。賞以春夏。刑以秋冬。是以將賞為之加膳。加膳則飫賜。此以知其勸賞也。將刑為之不舉。不舉則徹樂。此以知其畏刑也。夙興夜寐。朝夕臨政。此以知其恤民也。三者禮之大節也。有禮無敗。今楚多淫刑。其大夫逃死於四方。而為之謀主。以害楚國。不可救療。所謂不能也。子儀之亂。析公奔晉。晉人寘諸戎車之殿。以為謀主。繞角之役。晉將遁矣。析公曰。楚師輕窕。易震蕩也。若多鼓鈞聲以夜軍之。楚師必遁晉人從之。楚師宵潰。晉遂侵蔡襲沈。獲其君。敗申息之師於桑隧。獲申麗而還。鄭於是不敢南面。楚失華夏。則析公之為也。雍子之父兄譖雍子。君與大夫不善是也。雍子奔晉。晉人與之鄐。以為謀主。彭城之役。晉楚遇於靡角之谷。晉將遁矣。雍子發命於軍曰。歸老幼。反孤疾。二人役歸一人。簡兵蒐乘。秣馬蓐食。師陳焚次。明日將戰。行歸者。而逸楚囚。楚師宵潰。晉降彭城。而歸諸宋。以魚石歸。楚失東夷。子辛死之。則雍子之為也。子反與子靈爭夏姬。而雍害其事。子靈奔晉。晉人與之邢。以為謀主。扞禦北狄。通吳於晉。教吳叛楚。教之乘車。射御。驅侵。使其子狐庸。為吳行人焉。吳於是伐巢。取駕。克棘。入州來。楚罷於奔命。至今為患。則子靈之為也。若敖之亂。伯賁之子賁皇奔晉。晉人與之苗。以為謀主。鄢陵之役。楚晨壓晉軍而陳。晉將遁矣。苗賁皇曰。楚師之良在其中軍王族而已。若塞井夷灶。成陳以當之。欒范易行以誘之。中行二郤。必克二穆。吾乃四萃於其王族。必大敗之。晉人從之。楚師大敗。王夷師熸。子反死之。鄭叛吳興。楚失諸侯。則苗賁皇之為也。子木曰。是皆然矣。聲子曰。今又有甚於此。椒舉娶於申公子牟。子牟得戾而亡。君大夫謂椒舉。女實遣之。懼而奔鄭。引領南望曰。庶幾赦余。亦弗圖也。今在晉矣。晉人將與之縣。以比叔向。彼若謀害楚國。豈不為患。子木懼。言諸王。益其祿爵而復之。聲子使椒鳴逆之。許靈公如楚。請伐鄭。曰。師不興。孤不歸矣。八月。卒于楚。楚子曰。不伐鄭。何以求諸侯。

冬。十月。楚子伐鄭。鄭人將禦之。子產曰。晉楚將平。諸侯將和。楚王是故昧於一來。不如使逞而歸。乃易成也。夫小人之性。釁於勇。嗇於禍。以足其性。而求名焉者。非國家之利也。若何從之。子展說。不禦寇。

十二月。乙酉。入南里。墮其城。涉於樂氏。門于師之梁。縣門發。獲九人焉。涉于氾而歸。而後葬許靈公。衛人歸衛姬于晉。乃釋衛侯。君子是以知平公之失政也。晉韓宣子聘于周。王使請事對曰。晉士起將歸時事於宰旅。無他事矣。王聞之曰。韓氏其昌阜於晉乎。辭不失舊。齊人城郟之歲。其夏。齊烏餘以廩丘奔晉。襲衛羊角取之。遂襲我高魚。有大雨自其竇入。介于其庫。以登其城。克而取之。又取邑于宋。於是范宣子卒。諸侯弗能治也。及趙文子為政。乃卒治之。文子言於晉侯曰。晉為盟主。諸侯或相侵也。則討而使歸其地。

今烏餘之邑。皆討類也。而貪之。是無以為盟主也。請歸之。公曰。諾。孰可使也。對曰。胥梁帶能無用師。晉侯使往。

襄公二十七年

經二十有七年

春。齊侯使慶封來聘。

夏。叔孫豹會晉趙武。楚屈建。蔡公孫歸生。衛石惡。陳孔奐。鄭良霄。許人。曹人。于宋。衛殺其大夫甯喜。衛侯之弟鱄出奔晉。

秋。七月。辛巳。豹及諸侯之大夫盟于宋。

冬。十有二月。乙卯。朔。日有食之。

傳二十七年

春。胥梁帶使諸喪邑者。具車徒以受地。必周使烏餘具車徒以受封。烏餘以眾出使諸侯。偽效烏餘之封者。而遂執之。盡獲之。皆取其邑而歸諸侯。諸侯是以睦於晉。齊慶封來聘。其車美。孟孫謂叔孫曰。慶季之車。不亦美乎。叔孫曰。豹聞之。服美不稱。必以惡終。美車何為。叔孫與慶封食不敬。為賦相鼠。亦不知也。衛甯喜專。公患之。公孫免餘請殺之。公曰。微甯子不及此。吾與之言矣。事未可知。祇成惡名。止也。對曰。臣殺之。君勿與知。乃與公孫無地。公孫臣謀。使攻甯氏。弗克。皆死。公曰。臣也無罪。父子死余矣。夏。免餘復攻甯氏。殺甯喜及右宰穀。尸諸朝。石惡將會宋之盟。受命而出。衣其尸。枕之股而哭之。欲斂以亡。懼不免。且曰。受命矣。乃行。子鮮曰。逐我者出。納我者死。賞罰無章。何以沮勸。君失其信。而國無刑。不亦難乎。且鱄實使之。遂出奔晉。公使止之。不可。及河。又使止之。止使者而盟於河。託於木門。不鄉衛國而坐。木門大夫勸之仕。不可。曰。仕而廢其事。罪也。從之。昭吾所以出也。將誰愬乎。吾不可以立於人之朝矣。終身不仕。公喪之。如稅服終身。公與免餘邑六十。辭曰。唯卿備百邑。臣六十矣。下有上祿。亂也。臣弗敢聞。且甯子唯多邑故死。臣懼死之速及也。公固與之。受其半以為少師。公使為卿。辭曰。大叔儀不貳。能贊大事。君其命之。乃使文子為卿。宋向戌善於趙文子。又善於令尹子木。欲弭諸侯之兵以為名。如晉。告趙孟。趙孟謀於諸大夫。韓宣子曰。兵。民之殘也。財用之蠹。小國之大菑也。將或弭之。雖曰不可。必將許之。弗許。楚將許之。以召諸侯。則我失為盟主矣。晉人許之。如楚。楚亦許之。如齊。齊人難之。陳文子曰。晉楚許之。我焉得已。且人曰。弭兵。而我弗許。則固攜吾民矣。將焉用之。齊人許之。告於秦。秦亦許之。皆告於小國。為會於宋。

五月甲辰。晉趙武至於宋。丙午。鄭良霄至。

六月丁未朔。宋人享趙文子。叔向為介。司馬置折俎。禮也。仲尼使舉是。禮也。以為多文辭。戊申。叔孫豹。齊慶封。陳須無。衛石惡。至。甲寅。晉荀盈從趙武至。丙辰。邾悼公至壬戌。楚公子黑肱先至。成言於晉。丁卯。宋戌如陳。從子木成言於楚。戊辰。滕成公至。子木謂向戌。請晉楚之從。交相見也。庚午。向戌復於趙孟。趙孟曰。晉。楚。齊。秦。匹也。晉之不能於齊。猶楚之不能於秦也。楚君若能使秦君辱於敝邑。寡君敢不固請於齊。壬申。左師復言於子木。子木使馹謁諸王。王曰。釋齊秦。他國請相見也。

秋。七月。戊寅。左師至。是夜也。趙孟及子皙盟。以齊言。庚辰。子木至自陳。陳孔奐。蔡公孫歸生。至。曹許之大夫皆至。以藩為軍。晉楚各處其偏。伯夙謂趙孟曰。楚氛甚惡。懼難。趙孟曰。吾左還入於宋。若我何。辛巳。將盟於宋西門之外。楚人衷甲伯州犁。曰。合諸侯之師。以為不信。無乃不可乎。夫諸侯望信於楚。是以來服。若不信。是棄其所以服諸侯也。固請釋甲。子木曰。晉楚無信久矣。事利而已。苟得志焉。焉用有信。大宰退告人曰。令尹將死矣。不及三年。求逞志而棄信。志將逞乎。志以發言。言以出信。信以立志。參以定之。信亡何以及三。趙孟患楚衷甲。以告叔向。叔向曰。何害也。匹夫一為不信。猶不可。單斃其死。若合諸侯之卿。以為不信。必不捷矣。食言者不病。非子之患也。夫以信召人。而以僭濟之。必莫之與也。安能害我。且吾因宋以守病。則夫能致死。與宋致死。雖倍楚可也。子何懼焉。又不及是。曰。弭兵以召諸侯。而稱兵以害我。吾庸多矣。非所患也。季武子使謂叔孫以公命曰。視邾滕。既而齊人請邾。宋人請滕。皆不與盟。叔孫曰。邾。滕。人之私也。

我列國也。何故視之。宋。衛。吾匹也。乃盟。故不書其族。言違命也。晉楚爭先。晉人曰。晉固為諸侯盟主。未有先晉者也。楚人曰。子言晉楚匹也。若晉常先。是楚弱也。且晉楚狎主諸侯之盟也久矣。豈專在晉。叔向謂趙孟曰。諸侯歸晉之德只。非歸其尸盟也。子務德。無爭先。且諸侯盟。小國固必有尸盟者。楚為晉細。不亦可乎。乃先楚人。書先晉。晉有信也。壬午。宋公兼享晉楚之大夫。趙孟為客。子木與之言。弗能對。使叔向侍言焉。子木亦不能對也。乙酉。宋公及諸侯之大夫盟于蒙門之外。子木問於趙孟曰。范武子之德何如。對曰。夫子之家事治。言於晉國無隱情。其祝史陳信於鬼神。無愧辭。子木歸以語王。王曰。尚矣哉。能歆神人。宜其光輔五君。以為盟主也。子木又語王曰。宜晉之伯也。有叔向以佐其卿。楚無以當之。不可與爭。晉荀寅遂如楚涖盟。鄭伯享趙孟于垂隴。子展。伯有。子西。子產。子大叔。二子石。從。趙孟曰。七子從君。以寵武也。請皆賦以卒君貺。武亦以觀七子之志。子展賦草蟲。趙孟曰。善哉。民之主也。抑武也不足以當之。伯有賦鶉之賁賁。趙孟曰。床第之言不踰閾。況在野乎。非使人之所得聞也。子西賦黍苗之四章。趙孟曰。寡君在。武何能焉。子產賦隰桑。趙孟曰。武請受其卒章。子大叔賦野有蔓草。趙孟曰。吾子之惠也。印段賦蟋蟀。趙孟曰。善哉保家之主也。吾有望矣。公孫段賦桑扈。趙孟曰。匪交匪敖。福將焉往。若保是言也。欲辭福祿得乎。卒享。文子告叔向曰。伯有將為戮矣。詩以言志。志誣其上。而公怨之。以為賓榮。其能久乎。幸而後亡。叔向曰。然。已侈所謂。不及五稔者。夫子之謂矣。文子曰。其餘皆數世之主也。子展其後亡者也。在上不忘降。印氏其次也。樂而不荒。樂以安民。不淫以使之。後亡不亦可乎。宋左師請賞。曰。請免死之邑。公與之邑六十。以示子罕。子罕曰。凡諸侯小國。晉楚所以兵威之。畏而後上下慈和。慈和而後能安靖其國家。以事大國。所以存也。無威則驕。驕則亂生。亂生必滅。所以亡也。天生五材。民並用之。廢一不可。誰能去兵。兵之設久矣。所以威不軌而昭文德也。聖人以興。亂人以廢。廢興存亡。昏明之術。皆兵之由也。而子求之。不亦誣乎。以誣道蔽諸侯。罪莫大焉。縱無大討。而又求賞。

無厭之甚也。削而投之。左師辭邑。向氏欲攻司城。左師曰。我將亡。夫子存我。德莫大焉。又可攻乎。君子曰。彼己之子。邦之司直。樂喜之謂乎。何以恤我。我其收之。向戌之謂乎。齊崔杼生成。及彊。而寡。娶東郭姜。生明。東郭姜以孤入。曰。棠無咎。與東郭偃相崔氏。崔成有病而廢之。而立明。成請老于崔。崔子許之。偃與$咎弗予。曰崔宗邑也。必在宗主。成與彊怒。將殺之。告慶封曰。夫子之身。亦子所知也。唯$咎與偃是從。父兄莫得進矣。大恐害夫子。敢以告。慶封曰。子姑退。吾圖之。告盧蒲嫳。盧蒲嫳曰。彼君之讎也。天或者將棄彼矣。彼實家亂。子何病焉。崔之薄。慶之厚也。他日又告。慶封曰。苟利夫子。必去之。難吾助女。

九月。庚辰。崔成崔彊殺東郭偃。棠$咎。於崔氏之朝。崔子怒而出。其眾皆逃。求人使駕。不得。使圉人駕。寺人御而出。且曰崔氏有福。止余猶可。遂見慶封。慶封曰。崔慶一也。是何敢然。請為子討之。使盧蒲嫳帥甲以攻崔氏。崔氏堞其宮而守之。弗克。使國人助之。遂滅崔氏。殺成與彊而盡俘其家。其妻縊。嫳復命於崔子。且御而歸之。至則無歸矣。乃縊。崔明夜辟諸大墓。辛巳。崔明來奔。慶封當國。楚薳罷如晉涖盟。晉侯享之。將出。賦既醉。叔向曰。薳氏之有後於楚國也。宜哉。承君命。不忘敏。子蕩將知政矣。敏以事君。必能養民。政其焉往。崔氏之亂。申鮮虞來奔。僕賃於野。以喪莊公。冬。楚人召之。遂如楚為右尹。

十一月。乙亥。朔。日有食之。辰在申。司曆過也。再閏失矣。

襄公二十八年

經二十有八年

春。無冰。

夏。衛石惡出奔晉。邾子來朝。

秋。八月。大雩。仲孫羯如晉。

冬。齊慶封來奔。

十有一月。公如楚。

十有二月甲寅。天王崩。乙未。楚子昭卒。

傳二十八年

春。無冰。梓慎曰。今玆宋鄭其饑乎。歲在星紀。而淫於玄枵。以有時菑。陰不堪陽。蛇乘龍。龍。宋鄭之星也。宋鄭必饑。玄枵。虛中也。枵。秏名也。土虛而民秏。不饑何為。

夏。齊侯。陳侯。蔡侯。北燕伯。杞伯。胡子。沈子。白狄。朝于晉。宋之盟故也。齊侯將行。慶封曰。我不與盟。何為於晉。陳文子曰。先事後賄。禮也。小事大。未獲事焉。從子。如志。禮也。雖不與盟。敢叛晉乎。重丘之盟。未可忘也。子其勸行。衛人討甯氏之黨。故石惡出奔晉。衛人立其從之圃。以守石氏之祀。禮也。邾悼公來朝。時事也。

秋。八月。大雩。旱也。蔡侯歸自晉。入于鄭。鄭伯享之。不敬。子產曰。蔡侯其不免乎。日其過此也。君使子展廷勞於東門之外而傲。吾曰。猶將更之。今還受享而惰。乃其心也。君小國事大國。而惰傲以為己心。將得死乎。若不免。必由其子。其為君也。淫而不父。僑聞之。如是者恆有子禍。孟孝伯如晉。告將為宋之盟故如楚也。蔡侯之如晉也。鄭伯使游吉如楚。及漢。楚人還之。曰。宋之盟。君實親辱。今吾子來。寡君謂吾子姑還。吾將使馹奔問諸晉。而以告。子大叔曰。宋之盟。君命將利小國。而亦使安定其社稷。鎮撫其民人。以禮承天之休。此君之憲令。而小國之望也。寡君是故使吉奉其皮幣。以歲之不易。聘於下執事。今執事有命曰。女何與政令之有。必使而君。棄而封守。跋涉山川。蒙犯霜露。以逞君心。小國將君是望。敢不唯命是聽。無乃非盟載之言。以闕君德。而執事有不利焉。小國是懼。不然。其何勞之敢憚。子大叔歸復命。告子展曰。楚子將死矣。不脩其政德。而貪昧於諸侯。以逞其願。欲久得乎。周易有之。在復之頤曰。迷復凶。其楚子之謂乎。欲復其願。而棄其本。復歸無所。是謂迷復。能無凶乎。君其往也。送葬而歸。以快楚心。楚不幾十年。未能恤諸侯也。吾乃休吾民矣。裨灶曰。今玆周王及楚子皆將死。歲棄其次。而旅於明年之次。以害鳥帑。周楚惡之。

九月。鄭游吉如晉。告將朝于楚。以從宋之盟。子產相鄭伯以如楚。舍不為壇。外僕言曰。昔先大夫相先君適四國。未嘗不為壇。自是至今。亦皆循之。今子草舍。無乃不可乎。子產曰。大適小。則為壇。小適大。苟舍而已。焉用壇。僑聞之。大適小。有五美。宥其罪戾。赦其過失。救其菑患。賞其德刑。教其不及。小國不困。懷服如歸。是故作壇以昭其功。宣告後人。無怠於德。小適大有五惡。說其罪戾。請其不足。行其政事。共其職貢。從其時命。不然則重其幣帛。以賀其福而弔其凶。皆小國之禍也。焉用作壇。以昭其禍。所以告子孫。無昭禍焉可也。齊慶封好田而耆酒。與慶舍政。則以其內實。遷于盧蒲嫳氏。易內而飲酒數日國遷朝焉。使諸亡人得賊者。以告而反之。故反盧蒲癸。癸臣子之。有寵。妻之。慶舍之士。謂盧蒲癸曰。男女辨姓。子不辟宗。何也。曰。宗不余辟。余獨焉辟之。賦詩斷章。余取所求焉。惡識宗。癸言王何而反之。二人皆嬖。使執寢戈而先後之。公膳日雙雞。饔人竊更之以鶩。御者知之。則去其肉。而以其洎饋。子雅。子尾。怒。慶封告盧蒲嫳。盧蒲嫳曰。譬之如禽獸。吾寢處之矣。使析歸父告晏平仲。平仲曰。嬰之眾不足用也。知無能謀也。言弗敢出。有盟可也。子家曰。子之言云。又焉用盟。告北郭子車。子車曰。人各有以事君。非佐之所能也。陳文子謂桓子曰。禍將作矣。吾其何得。對曰。得慶氏之木百車於莊文子曰。可慎守也已。盧蒲癸。王何。卜。攻慶氏。示子之兆。曰。或卜攻讎。敢獻其兆。子之曰。克。見血。

冬。十月。慶封田于萊。陳無宇從。丙辰。文子使召之。請曰。無宇之母疾病。請歸。慶季卜之。示之兆。曰。死。奉龜而泣。乃使歸。慶嗣聞之。曰。禍將作矣。謂子家速歸。禍作必於嘗。歸猶可及也。子家弗聽。亦無悛志。子息曰。亡矣。幸而獲在吳越。陳無宇濟水。而戕舟發梁。盧蒲姜謂癸曰。有事而不告我。必不捷矣。癸告之。姜曰。夫子愎。莫之止。將不出。我請止之。癸曰。諾。

十一月。乙亥。嘗于大公之廟。慶舍涖事。盧蒲姜告之。且止之。弗聽。曰。誰敢者。遂如公。麻嬰為尸。慶奊為上獻。盧蒲癸。王何。執寢戈。慶氏以其甲環公宮。陳氏。鮑氏。之圉人為優。慶氏之馬善驚。士皆釋甲束馬而飲酒。且觀優。至於魚里。欒高陳鮑之徒。介慶氏之甲。子尾抽桷擊扉三。盧蒲癸自後刺子之。王何以戈擊之。解其左肩。猶援廟桷動於甍。以俎壺投殺人而後死。遂殺慶繩麻嬰。公懼。鮑國曰。群臣為君故也陳須無以公歸。稅服而如內宮。慶封歸。遇告亂者。丁亥。伐西門。弗克。還伐北門。克之。入伐內宮。弗克。反陳于嶽。請戰弗許。遂來奔。獻車於季武子。美澤可以鑑。展莊叔見之。曰。車甚澤。人必瘁。宜其亡也。叔孫穆子食慶封。慶封氾祭。穆子不說。使工為之誦茅鴟。亦不知。既而齊人來讓。奔吳。吳句餘予之朱方。聚其族焉而居之。富於其舊。子服惠伯謂叔孫曰。天殆富淫人。慶封又富矣。穆子曰善人富謂之賞。淫人富謂之殃。天其殃之也。其將聚而殲旃。癸巳。天王崩。未來赴。亦未書。禮也。崔氏之亂。喪群公子。故鉏在魯。叔孫還在燕。賈在句瀆之丘。及慶氏亡。皆召之。具其器用。而反其邑焉。與晏子邶殿。其鄙六十。弗受。子尾曰。富。人之所欲也。何獨弗欲。對曰。慶氏之邑。足欲故亡。吾邑不足欲也。益之以邶殿。乃足欲。足欲。亡無日矣。在外。不得宰吾一邑。不受邶殿。非惡富也。恐失富也。且夫富如布帛之有幅焉。為之制度。使無遷也。夫民生厚而用利。於是乎正德以幅之。使無黜嫚。謂之幅利。利過則為敗。吾不敢貪多。所謂幅也。與北郭佐邑六十。受之。與子雅邑。辭多受少。與子尾邑。受而稍致之。公以為忠。故有寵。釋盧蒲嫳于北竟。求崔杼之尸。將戮之。不得。叔孫穆子曰。必得之。武王有亂臣十人。崔杼其有乎。不十人。不足以葬。既崔氏之臣曰。與我其拱璧。吾獻其柩。於是得之。

十二月。乙亥。朔齊人遷莊公殯于大寢。以其棺尸崔杼於市。國人猶知之。皆曰崔子也。為宋之盟故。公及宋公。陳侯。鄭伯。許男。如楚。公過鄭。鄭伯不在伯有廷勞於黃崖。不敬。穆叔曰。伯有無戾於鄭。鄭必有大咎。敬。民之主也。而棄之。何以承守。鄭人不討。必受其辜。濟澤之阿。行潦之蘋藻。寘諸宗室。季蘭尸之。敬也。敬可棄乎。及漢。楚康王卒。公欲反。叔仲昭伯曰。我楚國之為。豈為一人行也。子服惠伯曰。君子有遠慮。小人從邇。飢寒之不恤。誰遑其後。不如姑歸也。叔孫穆子曰。叔仲子。專之矣。子服子。始學者也。榮成伯曰。遠圖者。忠也。公遂行。宋向戌曰。我一人之為。非為楚也。飢寒之不恤。誰能恤楚。姑歸而息民。待其立君而為之備。

宋公遂反。楚屈建卒。趙文子喪之如同盟。禮也。王人來告喪。問崩日。以甲寅告。故書之。以徵過也。

襄公二十九年

經二十有九年

春。王正月。公在楚。

夏。五月。公至自楚。庚午。衛侯衎卒。閽弒吳子餘祭。仲孫羯會晉荀盈。齊高止。宋華定。衛世叔儀。鄭公孫段。曹人。莒人。滕人。薛人。小邾人。城杞。晉侯使士鞅來聘。杞子來盟。吳子使札來聘。

秋。九月。葬衛獻公。齊高止出奔北燕。

冬。仲孫羯如晉。

傳二十九年

春。王正月。公在楚。釋不朝。正于廟也。楚人使公親襚。公患之。穆叔曰。祓殯而襚。則布幣也。乃使巫以桃茢先祓殯。楚人弗禁。既而悔之。

二月。癸卯。齊人葬莊公於北郭。

夏。四月。葬楚康王。公及陳侯。鄭伯。許男。送葬。至於西門之外。諸侯之大夫。皆至于墓。楚郟敖即位。王子圍為令尹。鄭行人子羽曰。是謂不宜。必代之昌。松柏之下。其草不殖。公還及方城。季武子取卞。使公冶問。璽書追而與之。曰。聞守卞者將叛。臣帥徒以討之。既得之矣。敢告。公冶致使而退。及舍而後聞取卞。公曰。欲之而言叛。祇見疏也。公謂公冶曰。吾可以入乎。對曰。君實有國。誰敢違君。公與公冶冕服。固辭。強之而後受。公欲無入。榮成伯賦式微。乃歸。

五月。公至自楚。公冶致其邑於季氏。而終不入焉。曰。欺其君。何必使余。季孫見之。則言季氏如他日。不見。則終不言季氏及疾。聚其臣曰。我死。必無以冕服斂。非德賞也。且無使季氏葬我。葬靈王。鄭上卿有事。子展使印段往。伯有曰。弱。不可。子展曰。與其莫往。弱不猶愈乎。詩云。王事靡盬。不遑啟處。東西南北。誰敢寧處。堅事晉楚。以蕃王室也。王事無曠。何常之有。遂使印段如周。

吳人伐楚。獲俘焉。以為閽。使守舟。吳子餘祭觀舟。閽以刀弒之。鄭子展卒。子皮即位。於是鄭饑而未及麥。民病。子皮以子展之命。餼國人粟。戶一鍾。是以得鄭國之民。故罕氏常掌國政。以為上卿。宋司城子罕聞之。曰。鄰於善。民之望也。宋亦饑。請於平公。出公粟以貸。使大夫皆貸。司城氏貸而不書。為大夫之無者貸。宋無飢人。叔向聞之。曰。鄭之罕。宋之樂。其後亡者也。二者其皆得國乎。民之歸也。施而不德。樂氏加焉。其以宋升降乎。晉平公。杞出也。故治杞。

六月。知悼子合諸侯之大夫以城杞。孟孝伯會之。鄭子大叔與伯石往。子大叔見大叔文子。與之語。文子曰。甚乎其城杞也。子大叔曰。若之何哉。晉國不恤周宗之闕。而夏肄是屏。其棄諸姬。亦可知也已。諸姬是棄。其誰歸之。吉也聞之。棄同即異。是謂離德。詩曰。協比其鄰。昏姻孔云。晉不鄰矣。其誰云之。齊高子容。與宋司徒。見知伯。女齊相禮。賓出。司馬侯言於知伯曰。二子皆將不免。子容專。司徒侈。皆亡家之主也。知伯曰。何如。對曰。專則速及。侈將以其力斃。專則人實斃之。將及矣。范獻子來聘。拜城杞也。公享之。展莊叔執幣。射者三耦。公臣不足。取於家臣。家臣。展瑕。展玉父。為一耦。公臣。公巫。召伯仲。顏莊叔。為一耦。鄫鼓父。黨叔。為一耦。晉侯使司馬女叔侯來治杞田。弗盡歸也。晉悼夫人慍曰。齊也取貨。先君若有知也。不尚取之。公告叔侯。叔侯曰。虞。虢。焦。滑。霍。揚。韓。魏。皆姬姓也。晉是以大。若非侵小。將何所取。武獻以下。兼國多矣。誰得治之。杞。夏餘也。而即東夷。魯。周公之後也。而睦於晉。以杞封魯。猶可。而何有焉。魯之於晉也。職貢不乏。玩好時至。公卿大夫。相繼於朝。史不絕書。府無虛月。如是可矣。何必瘠魯以肥杞。且先君而有知也。毋寧夫人。而焉用老臣。杞文公來盟。書曰子。賤之也。吳公子札來聘。見叔孫穆子。說之。謂穆子曰。子其不得死乎。好善而不能擇人。吾聞君子務在擇人。吾子為魯宗卿。而任其大政。不慎舉。何以堪之。禍必及子。請觀於周樂。使工為之歌周南召南。曰。美哉。始基之矣。猶未也。然勤而不怨矣。為之歌邶。鄘。衛。曰。美哉。淵乎。憂而不困者也。吾聞衛康叔武公之德如是。是其衛風乎。為之歌王。曰。美哉思而不懼。其周之東乎。為之歌鄭。曰。美哉。其細已甚。民弗堪也。是其先亡乎。為之歌齊。曰。美哉。泱泱乎。大風也哉。表東海者。其大公乎。國未可量也。為之歌豳。曰。美哉。蕩乎。樂而不淫。其周公之東乎。為之歌秦。曰。此之謂夏聲。夫能夏。則大。大之至乎其周之舊也。為之歌魏。曰。美哉。渢渢乎。大而婉。險而易。行以德輔。此則明主也。為之歌唐。曰。思深哉。其有陶唐氏之遺民乎。不然。何憂之遠也。非令德之後。誰能若是。為之歌陳。曰。國無主。其能久乎。自鄶以下。無譏焉。為之歌小雅曰。美哉。思而不貳。怨而不言。其周德之衰乎。猶有先王之遺民焉。為之歌大雅。曰。廣哉。熙熙乎。曲而有直體。其文王之德乎。為之歌頌。曰。至矣哉。直而不倨。曲而不屈。邇而不偪。遠而不攜。遷而不淫。復而不厭。哀而不愁。樂而不荒。用而不匱。廣而不宣。施而不費。取而不貪。處而不底。行而不流。五聲和。八風平。節有度。守有序。盛德之所同也。見舞象箾南籥者。曰。美哉。猶有憾。見舞大武者。曰。美哉。周之盛也。其若此乎。見舞韶濩者。曰。聖人之弘也。而猶有慚德。聖人之難也。見舞大夏者。曰。美哉。勤而不德。非禹其誰能脩之。見舞韶箾者。曰。德至矣哉。大矣。如天之無不幬也。如地之無不載也。雖甚盛德。其蔑以加於此矣。觀止矣。若有他樂。吾不敢請已。其出聘也。通嗣君也。故遂聘于齊。說晏平仲。謂之曰。子速納邑與政。無邑無政。乃免於難。齊國之政。將有所歸。未獲所歸。難未歇也。故晏子因陳桓子以納政與邑。是以免於欒高之難。聘於鄭。見子產。如舊相識。與之縞帶。子產獻紵衣焉。謂子產曰。鄭之執政侈。難將至矣。政必及子。子為政。慎之以禮。不然。鄭國將敗。適衛。說蘧瑗。史狗。史鰌。公子荊。公叔發。公子朝。曰。衛多君子。未有患也。自衛如晉。將宿於戚。聞鍾聲焉。曰。異哉。吾聞之也。辯而不德。必加於戮。夫子獲罪於君以在此。懼猶不足。而又何樂。夫子之在此也。猶燕之巢於幕上。君又在殯。而可以樂乎。遂去之。文子聞之。終身不聽琴瑟。適晉說趙文子。韓宣子。魏獻子。曰。晉國其萃於三族乎。說叔向。將行。謂叔向曰。吾子勉之。君侈而多良。大夫皆富。政將在家。吾子好直。必思自免於難。

秋九月。齊公孫蠆。公孫灶。放其大夫高止於北燕。乙未出。書曰出奔。罪高止也。高止好以事自為功。且專。故難及之。

冬·孟孝伯如晉。報范叔也。為高氏之難故。高豎以盧叛。

十月。庚寅。閭丘嬰帥師圍盧。高豎曰。苟請高氏有後。請致邑。齊人立敬仲之曾孫酀。良敬仲也。

十一月。乙卯。高豎致盧而出奔晉。晉人城綿而寘旃。鄭伯有使公孫黑如楚。辭曰。楚鄭方惡而使余往。是殺余也。伯有曰。世行也。子晳曰。可則往。難則已。何世之有。伯有將強使之。子晳怒。將伐伯有氏。大夫和之。

十二月。己巳。鄭大夫盟於伯有氏。裨諶曰。是盟也。其與幾何。詩曰。君子屢盟。亂是用長。今是長。亂之道也。禍未歇也。必三年而後能紓然明曰。政將焉往。裨諶曰。善之代不善。天命也。其焉辟。子產舉不踰等。則位班也。擇善而舉。則世隆也。天又除之。奪伯有魄。子西即世。將焉辟之。天禍鄭久矣。其必使子產息之。乃猶可以戾。不然。將亡矣。

襄公三十年

經三十年

春。王正月。楚子使薳罷來聘。

夏。四月。蔡世子般弒其君固。

五月。甲午。宋災。宋伯姬卒。天王殺其弟佞夫。王子瑕奔晉。

秋。七月。叔弓如宋。葬宋共姬。鄭良霄出奔許。自許入于鄭。鄭人殺良霄。

冬。十月。葬蔡景公。晉人。齊人。宋人。衛人。鄭人。曹人。莒人。邾人。滕人。薛人。杞人。小邾人。會于澶淵。宋災故。

傳三十年

春。王正月。楚子使薳罷來聘。通嗣君也。穆叔問王子之為政何如。對曰吾儕小人。食而聽事。猶懼不給命。而不免於戾。焉與知政。固問焉。不告。穆叔告大夫曰。楚令尹將有大事子蕩將與焉。助之匿其情矣。子產相鄭伯以如晉。叔向問鄭國之政焉。對曰。吾得見與否。在此歲也。駟良方爭。未知所成若有所成。吾得見。乃可知也。叔向曰。不既和矣乎。對曰。伯有侈而愎。子皙好在人上。莫能相下也。雖其和也。猶相積惡也。惡至無日矣。

三月。癸未。晉悼夫人食輿人之城杞者。絳縣人或年長矣。無子。而往與於食。有與疑年。使之年。曰臣小人也。不知紀年。臣生之歲。正月甲子朔。四百有四十五。甲子矣。其季於今。三之一也。吏走問諸朝。師曠曰。魯叔仲惠伯會郤成子于承匡之歲也。是歲也。狄伐魯。叔孫莊叔於是乎敗狄于鹹。獲長狄僑如。及虺也豹也。而皆以名其子。七十三年矣。史趙曰。亥有二首六身。下二如身。是其日數也。士文伯曰。然則二萬二千六百有六旬也。趙孟問其縣大夫。則其屬也。召之而謝過焉。曰。武不才。任君之大事。以晉國之多虞。不能由吾子。使吾子辱在泥塗久矣。武之罪也。敢謝不才。遂仕之。使助為政。辭以老。與之田。使為君復陶。以為絳縣師。而廢其輿尉。於是魯使者在晉。歸以語諸大夫。季武子曰。晉未可媮也。有趙孟以為大夫。有伯瑕以為佐。有史趙師曠而咨度焉。有叔向女齊以師保其君。其朝多君子。其庸可媮乎。勉事之而後可。

夏。四月。己亥。鄭伯及其大夫盟。君子是以知鄭難之不已也。蔡景侯為大子般娶于楚。通焉。大子弒景侯。初。王儋季卒。其子括將見王而歎。單公子愆期為靈王御士。過諸廷。聞其歎而言曰。烏乎。必有此夫。入以告王。且曰。必殺之。不慼而願大。視躁而足高。心在他矣。不殺必害。王曰。童子何知。及靈王崩。儋括欲立王子佞夫。佞夫弗知。戊子。儋括圍蔿。逐成愆。成愆奔平時。

五月。癸巳。尹言多。劉毅。單蔑。甘過。鞏成。殺佞夫。括瑕廖奔晉。書曰。天王殺其弟佞夫。罪在王也。或叫于宋大廟曰。譆譆出出。鳥鳴于亳社。如曰譆譆。甲午。宋大災。宋伯姬卒。待姆也。君子謂宋共姬女而不婦。女待人。婦義事也。

六月。鄭子產如陳蒞盟。歸復命。告大夫曰。陳亡國也。不可與也。聚禾粟。繕城郭。恃此二者而不撫其民。其君弱植。公子侈。大子卑。大夫敖。政多門。以介於大國。能無亡乎。不過十年矣。

秋。七月。叔弓如宋。葬共姬也。鄭伯有耆酒。為窟室。而夜飲酒。擊鍾焉。朝至未已。朝者曰。公焉在。其人曰。吾公在壑谷。皆自朝布路而罷。既而朝。則又將使子皙如楚。歸而飲酒。庚子。子皙以駟氏之甲。伐而焚之。伯有奔雍梁。醒而後知之。遂奔許。大夫聚謀。子皮曰。仲虺之志云。亂者取之。亡者侮之。推亡固存。國之利也。罕。駟。豐。同生。伯有汏侈。故不免。人謂子產。就直助彊。子產曰。豈為我徒。國之禍難。誰知所儆。或主彊直。難乃不生。姑成吾所。辛丑。子產斂伯有氏之死者而殯之。不及謀而遂行印段從之。子皮止之。眾曰。人不我順。何止焉。子皮曰。夫子禮於死者。況生者乎。遂自止之。壬寅。子產入。癸卯。子石入。皆受盟于子皙氏。乙巳。鄭伯及其大夫盟于大宮。盟國人于師之梁之外。伯有聞鄭人之盟己也。怒。聞子皮之甲。不與攻己也。喜。曰。子皮與我矣。癸丑。晨。自墓門之瀆入。因馬師頡介于襄庫。以伐舊北門。駟帶率國人以伐之。皆召子產。子產曰兄弟而及此。吾從天所與。伯有死於羊肆。子產襚之。枕之股而哭之。斂而殯諸。伯有之臣在市側者。既而葬諸斗城。子駟氏欲攻子產。子皮怒之。曰。禮。國之幹也。殺有禮。禍莫大焉。乃止。於是游吉如晉還。聞難不入。復命于介。八月。甲子。奔晉。駟帶追之。及酸棗。與子上盟。用兩珪質于河。使公孫肸入盟大夫。己巳。復歸。書曰。鄭人殺良霄。不稱大夫。言自外入也。於子蟜之卒也。將葬。公孫揮與裨灶晨會事焉。過伯有氏。其門上生莠。子羽曰。其莠猶在乎。於是歲在降婁。降婁中而旦。裨灶指之曰。猶可以終歲。歲不及此次也已。及其亡也。歲在娵訾之口。其明年。乃及降婁。僕展從伯有。與之皆死。羽頡出奔晉。為任大夫。雞澤之會。鄭樂成奔楚。遂適晉。羽頡因之。與之比而事趙文子。言伐鄭之說焉。以宋之盟故。不可。子皮以公孫鉏為馬師。楚公子圍殺大司馬蒍掩而取其室。申無宇曰。王子必不免。善人。國之主也。王子相楚國。將善是封。殖而虐之。是禍國也。且司馬令尹之偏。而王之四體也。絕民之主。去身之偏。艾王之體。以禍其國。無不祥大焉。何以得免。為宋災故。諸侯之大夫會。以謀歸宋財。

冬。十月。叔孫豹會晉趙武。齊公孫蠆。宋向戌。衛北宮佗。鄭罕虎。及小邾之大夫。會于澶淵。既而無歸於宋。故不書其人。君子曰。信其不可不愼乎。澶淵之會。卿不書。不信也夫。諸侯之上卿。會而不信。寵名皆棄。不信之不可也如是。詩曰。文王陟降。在帝左右。信之謂也。又曰。淑愼爾止。無載爾僞。不信之謂也。書曰。某人某人會于澶淵。宋災故。尤之也。不書魯大夫。諱之也。鄭子皮授子產政。辭曰。國小而偪。族大寵多。不可為也。子皮曰。虎帥以聽。誰敢犯子。子善相之。國無小。小能事大。國乃寬。子產為政。有事伯石。賂與之邑。子大叔曰。國皆其國也。奚獨賂焉。子產曰。無欲實難。皆得其欲。以從其事。而要其成。非我有成。其在人乎。何愛於邑。邑將焉往。子大叔曰。若四國何。子產曰。非相違也。而相從也。四國何尤焉。鄭書有之曰。安定國家。必大焉先。姑先安大。以待其所歸。既伯石懼而歸邑。卒與之。伯有既死。使大史命伯石為卿。辭。大史退。則請命焉。復命之。又辭。如是三。乃受策入拜。子產是以惡其為人也。使次己位。子產使都鄙有章。上下有服。田有封洫。廬井有伍。大人之忠儉者。從而與之。泰侈者因而斃之。豐卷將祭。請田焉。弗許。曰。唯君用鮮。衆給而已。子張怒。退而徵役。子產奔晉。子皮止之。而逐豐卷。豐卷奔晉。子產請其田里。三年而復之。反其田里。及其入焉。從政一年。輿人誦之曰。取我衣冠而褚之。取我田疇而伍之。孰殺子產。吾其與之。及三年。又誦之曰。我有子弟。子產誨之。我有田疇。子產殖之。子產而死。誰其嗣之。

襄公三十一年

經三十有一年

春。王正月。

夏。六月。辛巳。公薨于楚宮。

秋。九月。癸巳。子野卒。己亥。仲孫羯卒。

冬。十月。滕子來會葬。癸酉。葬我君襄公。

十有一月。莒人弒其君密州。

傳三十一年

春。王正月。穆叔至自會。見孟孝伯。語之曰。趙孟將死矣。其語偷。不似民主。且年未盈五十。而諄諄焉如八九十者。弗能久矣。若趙孟死。為政者其韓子乎。吾子盍與季孫言之。可以樹善。君子也。晉君將失政矣。若不樹焉。使早備魯。既而政在大夫。韓子懦弱。大夫多貪。求欲無厭。齊楚未足與也。魯其懼哉。孝伯曰。人生幾何。誰能無偷。朝不及夕。將安用樹。穆叔出而告人曰。孟孫將死矣。吾語諸趙孟之偷也。而又甚焉。又與季孫語晉故。季孫不從。及趙文子卒。晉公室卑。政在侈家。韓宣子為政。不能圖諸侯。魯不堪晉求。讒慝弘多。是以有平丘之會。齊子尾害閭丘嬰。欲殺之。使帥師以伐陽州。我問師故。

夏。五月。子尾殺閭丘嬰以說于我。師工僂。灑渻灶。孔虺。賈寅。出奔莒。出群公子。公作楚宮。穆叔曰。大誓云。民之所欲。天必從之。君欲楚也夫。故作其宮。若不復適楚。必死是宮也。

六月。辛巳。公薨于楚宮。叔仲帶竊其拱璧以與御人。納諸其懷。而從取之。由是得罪。立胡女敬歸之子子野。次于季氏。

秋。九月。癸巳卒。毀也。己亥。孟孝伯卒。立敬歸之娣齊歸之子公子裯。穆叔不欲。曰。大子死。有母弟則立之。無則長立。年鈞擇賢。義鈞則卜。古之道也。非適嗣。何必娣之子。且是人也。居喪而不哀。在慼而有嘉容。是謂不度。不度之人。鮮不為患。若果立之。必為季氏憂。武子不聽。卒立之。比及葬。三易衰。衰衽如故衰。於是昭公十九年矣。猶有童心。君子是以知其不能終也。

冬。十月。滕成公來會葬。惰而多涕。子服惠伯曰。滕君將死矣。怠於其位。而哀已甚。兆於死所矣。能無從乎。癸酉。葬襄公。公薨之月。子產相鄭伯以如晉。晉侯以我喪故。未之見也。子產使盡壞其館之垣。而納車馬焉。士文伯讓之曰。敝邑以政刑之不脩。寇盜充斥。無若諸侯之屬。辱在寡君者何。是以令吏人完客所館。高其閈閎。厚其牆垣。以無憂客使。今吾子壞之。雖從者能戒。其若異客何。以敝邑之為盟主。繕完葺牆。以待賓客。若皆毀之。其何以共命。寡君使匄請命。對曰。以敝邑褊小。介於大國。誅求無時。是以不敢寧居。

悉索敝賦。以來會時事。逢執之不間。而未得見。又不獲聞命。未知見時。不敢輸幣。亦不敢暴露。其輸之。則君之府實也。非薦陳之。不敢輸也。其暴露之。則恐燥濕之不時。而朽蠹以重敝邑之罪。僑聞文公之為盟主也。宮室卑庳。無觀臺榭。以崇大諸侯之館。館如公寢。庫廄繕脩。司空以時平易道路。圬人以時塓館宮室。諸侯賓至。甸設庭燎。僕人巡宮。車馬有所。賓從有代。巾車脂轄。隸人牧圉。各瞻其事。百官之屬。各展其物。公不留賓。而亦無廢事。憂樂同之。事則巡之。教其不知。而恤其不足。賓至如歸。無寧菑患。不畏寇盜。而亦不患燥濕。今銅鞮之宮數里。而諸侯舍於隸人。門不容車。而不可踰越。盜賊公行。而夭厲不戒。賓見無時。命不可知。若又勿壞。是無所藏幣以重罪也。敢請執事。將何以命之。雖君之有魯喪。亦敝邑之憂也。若獲薦幣。脩垣而行。君之惠也。敢憚勤勞。文伯復命。趙文子曰。信我實不德。而以隸人之垣以贏諸侯。是吾罪也。使士文伯謝不敏焉。晉侯見鄭伯。有加禮。厚其宴好而歸之。乃築諸侯之館。叔向曰。辭之不可以已也如是夫。子產有辭。諸侯賴之。若之何其釋辭也。詩曰。辭之輯矣。民之協矣。辭之繹矣。民之莫矣。其知之矣。鄭子皮使印段如楚。以適晉告。禮也。莒犁比公生去疾。及展輿。既立展輿。又廢之。犁比公虐。國人患之。

十一月。展輿因國人以攻莒子。弒之。乃立。去疾奔齊。齊出也。展輿吳出也。書曰。莒人弒其君買朱鉏。言罪之在也。吳子使屈狐庸聘于晉。通路也。趙文子問焉。曰。延州來季子。其果立乎。巢隕諸樊。閽戕戴吳。天似啟之。何如。對曰。不立。是二王之命也。非啟季子也。若天所啟。其在今嗣君乎。甚德而度。德不失民。度不失事。民親而事有序。其天所啟也。有吳國者。必此君之子孫實終之。季子守節者也。雖有國不立。

十二月。北宮文子相衛襄公以如楚。宋之盟故也。過鄭。印段迋勞于棐林。如聘禮而以勞辭。文子入聘。子羽為行人。馮簡子與子大叔逆客。事畢而出。言於衛侯曰。鄭有禮。其數世之福也。其無大國之討乎。詩曰。誰能執熱。逝不以濯。禮之於政。如熱之有濯也。濯以救熱。何患之有。子產之從政也。擇能而使之。馮簡子能斷大事。子大叔美秀而文。公孫揮能知四國之為。而辨於其大夫之族姓。班位貴賤能否。而又善為辭令。裨諶能謀。謀於野則獲。謀於邑則否。鄭國將有諸侯之事。子產乃問四國之為於子羽。且使多為辭令。與裨諶乘以適野。使謀可否。而告馮簡子使斷之。事成。乃授子大叔使行之。以應對賓客。是以鮮有敗事。北宮文子所謂有禮也。鄭人游于鄉校。以論執政。然明謂子產曰。毀鄉校何如。子產曰。何為。夫人朝夕退而游焉。以議執政之善否。其所善者。吾則行之。其所惡者。吾則改之。是吾師也。若之何毀之。我聞忠善以損怨。不聞作威以防怨。豈不遽止。然猶防川。大決所犯。傷人必多。吾不克救也。不如小決。使道不如。吾聞而藥之也。然明曰。蔑也今而後知吾子之信可事也。小人實不才。若果行此。其鄭國實賴之。豈唯二三臣。仲尼聞是語也。曰。以是觀之。人謂子產不仁。吾不信也。子皮欲使尹何為邑。子產曰。少。未知可否。子皮曰。愿吾愛之。不吾叛也。使夫往而學焉。夫亦愈知治矣。子產曰。不可。人之愛人。求利之也。今吾子愛人則以政。猶未能操刀而使割也。其傷實多。子之愛人。傷之而已。其誰敢求愛於子。子於鄭國。棟也。棟折榱崩。僑將厭焉。敢不盡言。子有美錦。不使人學製焉。大官大邑。身之所庇也。而使學者製焉。其為美錦。不亦多乎。僑聞學而後入政。未聞以政學者也。若果行此。必有所害。譬如田獵。射御貫。則能獲禽。若未嘗登車射御。則敗績厭覆是懼。何暇思獲。子皮曰。善哉。虎不敏。吾聞君子務知大者遠者。小人務知小者近者。我小人也。衣服附在吾身。我知而慎之。大官大邑。所以庇身也。我遠而慢之。微子之言。吾不知也。他日。我曰子為鄭國。我為吾家。以庇焉其可也。今而後知不足。自今請雖吾家聽子而行。子產曰。人心之不同。如其面焉。吾豈敢謂子面如吾面乎。抑心所謂危。亦以告也。子皮以為忠。故委政焉。子產是以能為鄭國。衛侯在楚。北宮文子見令尹圍之威儀。言於衛侯曰。令尹似君矣。將有他志。雖獲其志。不能終也。詩云。靡不有初。鮮克有終。終之實難。令尹其將不免。公曰。子何以知之。對曰。詩云。敬慎威儀。惟民之則。令尹無威儀。民無則焉。民所不則。以在民上。不可以終。公曰。善哉。何謂威儀。對曰。有威而可畏。謂之威。有儀而可象。謂之儀。君有君之威儀。其臣畏而愛之。則而象之。故能有其國家。令聞長世。臣有臣之威儀。其下畏而愛之。故能守其官職。保族宜家。順是以下。皆如是。是以上下能相固也。衛詩曰。威儀棣棣。不可選也。言君臣上下。父子兄弟。內外大小。皆有威儀也。周詩曰。朋友攸攝。攝以威儀。言朋友之道。必相教訓。以威儀也。周書數文王之德曰。大國畏其力。小國懷其德。言畏而愛之也。詩云。不識不知。順帝之則。言則而象之也。紂囚文王七年。諸侯皆從之囚。紂於是乎懼而歸之。可謂愛之。文王伐崇。再駕而降為臣。蠻夷帥服。可謂畏之。文王之功。天下誦而歌舞之。可謂則之。文王之行。至今為法。可謂象之。有威儀也。故君子在位可畏。施舍可愛。進退可度。周旋可則。容止可觀。作事可法。德行可象。聲氣可樂。動作有文。言語有章。以臨其下。謂之有威儀也。

昭公

昭公元年

經元年·

春。王正月。公即位。叔孫豹會晉趙武。楚公子圍。齊國弱。宋向戌。衛齊惡。陳公子招。蔡公孫歸生。鄭罕虎。許人。曹人。于虢。

三月·取鄆。

夏。秦伯之弟鍼出奔晉。

六月丁巳。邾子華卒。晉荀吳帥師敗狄于大鹵。

秋。莒去疾自齊入于莒。莒展輿出奔吳。叔弓帥師疆鄆田。葬邾悼公。

冬。十有一月。己酉。楚子麇卒。公子比出奔晉。

傳元年·

春。楚公子圍聘于鄭。且娶於公孫段氏。伍舉為介。將入館。鄭人惡之。使行人子羽與之言。乃館於外。既聘。將以衆逆。子產患之。使子羽辭曰。以敝邑褊小。不足以容從者。請墠聽命。令尹命大。宰伯州犁對曰。君辱貺寡大夫圍。謂圍將使豐氏。撫有而室。圍布几筵。告於莊共之廟而來。若野賜之。是委君貺於草莽也。是寡大夫不得列於諸卿也。不寧唯是。又使圍蒙其先君。將不得為寡君老其蔑以復矣。唯大夫圖之。子羽曰。小國無罪。恃實其罪。將恃大國之安靖己。而無乃包藏禍心以圖之。小國失恃。而懲諸侯。使莫不憾者。距違君命。而有所壅塞不行是懼。不然。敝邑館人之屬也。其敢愛豐氏之祧。伍舉知其有備也。請垂櫜而入。許之。正月乙未。入逆而出。遂會於虢。尋宋之盟也。祁午謂趙文子曰。宋之盟。楚人得志於晉。今令尹之不信。諸侯之所聞也。子弗戒。懼又如宋。子木之信。稱於諸侯。猶詐晉而駕焉。況不信之尤者乎。楚重得志於晉。晉之恥也。子相晉國。以為盟主。於今七年矣。再合諸侯。三合大夫。服齊狄。寧東夏。平秦亂。城淳于。師徒不頓。國家不罷。民無謗讟。諸侯無怨。天無大災。子之力也。有令名矣。而終之以恥午也是懼。吾子其不可以不戒。文子曰。武受賜矣。然宋之盟。子木有禍人之心。武有仁人之心。是楚所以駕於晉也。今武猶是心也。楚又行僭。非所害也。武將信以為本。循而行之。譬如農夫。是穮是蓘。雖有饑饉。必有豐年。且吾聞之。能信不為人下。吾未能也。詩曰。不僭不賊。鮮不為則。信也。能為人則者。不為人下矣。吾不能是難。楚不為患。楚令尹圍請用牲。讀舊書。加于牲上而已。晉人許之。

三月。甲辰。盟。楚公子圍設服離衛。叔孫穆子曰。楚公子美矣。君哉。鄭子皮曰。二執戈者前矣。蔡子家曰。蒲宮有前。不亦可乎。楚伯州犁曰。此行也。辭而假之寡君。鄭行人揮曰。假不反矣。伯州犁曰。子姑憂子晳之欲背誕也。子羽曰。當璧猶在。假而不反。子其無憂乎。齊國子曰。吾代二子愍矣。陳公子招曰。不憂何成。二子樂矣。衛齊子曰。苟或知之。雖憂何害。宋合左師曰。大國令。小國共。吾知共而已。晉樂王鮒曰。小旻之卒章善矣。吾從之。退會。子羽謂子皮曰。叔孫絞而婉。宋左師簡而禮。樂王鮒字而敬。子與子家持之。皆保世之主也。齊衛陳大夫。其不免乎。國子代人憂。子招樂憂。齊子雖憂弗害。夫弗及而憂。與可憂而樂。與憂而弗害。皆取憂之道也。憂必及之。大誓曰。民之所欲。天必從之。三大夫兆憂。能無至乎。言以知物。其是之謂矣。季武子伐莒。取鄆。莒人告於會。楚告於晉曰。尋盟未退。而魯伐莒。瀆齊盟。請戮其使。樂桓子相趙文子。欲求貨於叔孫。而為之請。使請帶焉弗與。梁其脛曰。貨以藩身。子何愛焉。叔孫曰。諸侯之會。衛社稷也。我以貨免。魯必受師。是禍之也。何衛之為。人之有牆。以蔽惡也。牆之隙壞。誰之咎也。衛而惡之。吾又甚焉。雖怨季孫。魯國何罪。叔出季處。有自來矣。吾又誰怨。然鮒也賄。弗與不已。召使者裂裳帛而與之。曰帶其褊矣。趙孟聞之曰。臨患不忘國。忠也。思難不越官。信也。圖國忘死。貞也。謀主三者。義也。有是四者。又可戮乎。乃請諸楚。曰。魯雖有罪。其執事不辟難。畏威而敬命矣。子若免之。以勸左右可也。若子之群吏。處不辟污。出不逃難。其何患之有。患之所生。污而不治。難而不守。所由來也。能是二者。又何患焉。不靖其能。其誰從之。魯叔孫豹可謂能矣。請免之以靖能者。子會而赦有罪。又賞其賢。諸侯其誰不欣焉。望楚而歸之。視遠如邇。疆埸之邑。一彼一此。何常之有。王伯之令也。引其封疆。而樹之官。舉之表旗。而著之制令。過則有刑。猶不可壹。於是乎虞有三苗。夏有觀扈。商有姺邳。周有徐奄。自無令王諸侯逐進。狎主齊盟。其又可壹乎。恤大舍小。足以為盟主。又焉用之。封疆之削。何國蔑有。主齊盟者。誰能辯焉。吳濮有釁。楚之執事。豈其顧盟。莒之疆事。楚勿與知。諸侯無煩。不亦可乎。莒魯爭鄆。為日久矣。苟無大害於其社稷。可無亢也。去煩宥善。莫不競勸。子其圖之。固請諸楚。楚人許之。乃免叔孫。令尹享趙孟。賦大明之首章。趙孟賦小宛之二章。事畢。趙孟謂叔向曰。令尹自以為王矣。何如。對曰。王弱。令尹彊。其可哉。雖可不終。趙孟曰。何故。對曰。彊以克弱而安之。彊不義也。不義而彊。其斃必速。詩曰。赫赫宗周。褒姒滅之。彊不義也。令尹為王。必求諸侯。晉少懦矣。諸侯將往。若獲諸侯。其虐滋甚。民弗堪也。將何以終。夫以彊取。不義而克。必以為道。道以淫虐。弗可久已矣。

夏。四月。趙孟。叔孫豹。曹大夫。入于鄭。鄭伯兼享之。子皮戒趙孟。禮終。趙孟賦瓠葉。子皮遂戒穆叔。且告之。穆叔曰。趙孟欲一獻。子其從之。子皮曰。敢乎。穆叔曰。夫人之所欲也。又何不敢。及享。具五獻之籩豆於幕下。趙孟辭。私於子産曰。武請於冢宰矣。

乃用一獻。趙孟為客。禮終乃宴。穆叔賦鵲巢。趙孟曰。武不堪也。又賦采蘩。曰。小國為蘩。大國省穡而用之。其何實非命。子皮賦野有死麇之卒章。趙孟賦常棣。且曰吾兄弟比以安。尨也可使無吠。穆叔。子皮。及曹大夫。興拜。舉兕爵曰。小國賴子。知免於戾矣。飲酒樂。趙孟出。曰。吾不復此矣。天王使劉定公勞趙孟於潁。館於雒汭。劉子曰。美哉禹功。明德遠矣。微禹。吾其魚乎。吾與子弁冕端委。以治民臨諸侯。禹之力也。子盍亦遠績禹功。而大庇民乎。對曰。老夫罪戾是懼。焉能恤遠。吾儕偷食。朝不謀夕。何其長也。劉子歸以語王曰。諺所為老將知而耄及之者。其趙孟之謂乎。為晉正卿。以主諸侯。而儕於隸入。朝不謀夕。棄神人矣。神怒民叛。何以能久。趙孟不復年矣。神怒不歆其祀。民叛不即其事。祀事不從。又何以年。叔孫歸。曾夭御季孫以勞之。旦及日中。不出。曾夭謂曾阜曰。旦及日中。吾知罪矣。魯以相忍為國也。忍其外。不忍其內。焉用之。阜曰。數月於外。一旦於是。庸何傷。賈而欲贏。而惡囂乎。阜謂叔孫曰。可以出矣。叔孫指楹曰。雖惡是。其可去乎。乃出見之。鄭徐吾犯之妹美。公孫楚聘之矣。公孫黑又使強委禽焉。犯懼。告子產。子產曰。是國無政。非子之患也。唯所欲與。犯請於二子。請使女擇焉。皆許之。子皙盛飾入。布幣而出。子南戎服入。左右射。超乘而出。女自房觀之。曰。子皙信美矣。抑子南夫也。夫夫婦婦。所謂順也。適子南氏。子皙怒。既而櫜甲以見子南。欲殺之。而取其妻。子南知之。執戈逐之。及衝。擊之以戈。子皙傷而歸。告大夫曰。我好見之。不知其有異志也。故傷。大夫皆謀之。子產曰。直鈞幼賤。有罪。罪在楚也。乃執子南而數之曰。國之大節有五。女皆奸之。畏君之威。聽其政。尊其貴。事其長。養其親。五者所以為國也。今君在國。女用兵焉。不畏威也。奸國之紀。不聽政也。子皙上大夫。女嬖大夫。而弗下之。不尊貴也。幼而不忌。不事長也。兵其從兄。不養親也。君曰。余不女忍殺。宥女以遠。勉速行乎。無重而罪。五月。庚辰。鄭放游楚於吳。將行子南。子產咨於大叔。大叔曰。吉不能亢身。焉能亢宗。彼國政也。非私難也。子圖鄭國。利則行之。又何疑焉。周公殺管叔而蔡蔡叔。夫豈不愛。王室故也。吉若獲戾。子將行之。何有於諸游。秦后子有寵於桓。如二君於景。其母曰。弗去懼選。癸卯。鍼適晉。其車千乘。書曰。秦伯之弟鍼出奔晉。罪秦伯也。后子享晉侯。造舟于河。十里舍車。自雍及絳。歸取酬幣。終事八反。司馬侯問焉。曰。子之車盡於此而已乎。對曰。此之謂多矣。若能少此。吾何以得見。女叔齊以告公。且曰。秦公子必歸。臣聞君子能知其過。必有令圖。令圖。天所贊也。后子見趙孟。趙孟曰。吾子其曷歸。對曰。鍼懼選於寡君。是以在此。將待嗣君。趙孟曰。秦君何如。對曰。無道。趙孟曰。亡乎。對曰。何為。一世無道。國未艾也。國於天地。有與立焉。不數世淫。弗能斃也。趙孟曰。天乎。對曰。有焉。趙孟曰。其幾何。對曰。鍼聞之。國無道而年穀和熟。天贊之也。鮮不五稔。趙孟視蔭曰。朝夕不相及。誰能待五。后子出而告人曰。趙孟將死矣。主民。翫歲而愒日。其與幾何。鄭為游楚亂故。

六月。丁巳。鄭伯及其大夫盟于公孫段氏。罕虎。公孫僑。公孫段。印段。游吉。駟帶。私盟于閨門之外。實薰隧。公孫黑強與於盟。使大史書其名。且曰七子。子產弗討。晉中行穆子敗無終及群狄于大原。崇卒也。將戰。魏舒曰。彼徒我車。所遇又阨。以什共車。必克。困諸阨。又克。請皆卒。自我始。乃毀車以為行。五乘為三伍。荀吳之嬖人不肯即卒。斬以徇。為五陳以相離。兩於前。伍於後。專為右角。參為左角。偏為前拒。以誘之。翟人笑之。未陳而薄之。大敗之。莒展輿立。而奪群公子秩。公子召去疾于齊。

秋。齊公子鉏納去疾。展輿奔吳。叔弓帥師疆鄆田。因莒亂也。於是莒務婁。瞀胡。及公子滅明。以大厖。與常儀靡。奔齊。君子曰。莒展之不立。棄人也夫。人可棄乎。詩曰。無競維人。善矣。晉侯有疾。鄭伯使公孫僑如晉聘。且問疾。叔向問焉。曰。寡君之疾病。卜人曰。實沈臺駘為祟。史莫之知。敢問此何神也。子產曰。昔高辛氏有二子。伯曰閼伯。季曰實沈。居于曠林。不相能也。日尋干戈。以相征討。后帝不臧。遷閼伯于商丘。主辰。商人是因。故辰為商星。遷實沈于大夏。主參。唐人是因。以服事夏商。其季世曰唐叔虞。當武王邑姜。方震大叔。夢帝謂已。余命而子曰虞。將與之唐。屬諸參而蕃育其子孫。及生有文在其手。曰虞。遂以命之。及成王滅唐而封大叔焉。故參為晉星。由是觀之。則實沈。參神也。昔金天氏有裔子曰昧。為玄冥師。生允格。臺駘。臺駘能業其官。宣汾洮。障大澤。以處大原。帝用嘉之。封諸汾川。沈。姒。蓐。黃。實守其祀。今晉主汾而滅之矣。由是觀之。則臺駘。汾神也。抑此二者。不及君身。山川之神。則水旱癘疫之災。於是乎禜之。日月星辰之神。則雪霜風雨之不時。於是乎禜之。若君身。則亦出入飲食哀樂之事也。山川星辰之神。又何為焉。僑聞之。君子有四時。朝以聽政。晝以訪問。夕以脩令。夜以安身。於是乎節宣其氣。勿使有所壅閉湫底。以露其體。茲心不爽。而昏亂百度。今無乃壹之。則生疾矣。僑又聞之。內官不及同姓。其生不殖。美先盡矣。則相生疾。君子是以惡之。故志曰。買妾不知其姓。則卜之。違此二者。古之所慎也。男女辨姓。禮之大司也。今君內實有四姬焉。其無乃是也乎。若由是二者。弗可為也已。四姬有省。猶可無則。必生疾矣。叔向曰。善哉。肸未之聞也。此皆然矣。叔向出。行人揮送之。叔向問鄭故焉。且問子晳。對曰。其與幾何。無禮而好陵人。怙富而卑其上。弗能久矣。晉侯聞子產之言曰。博物君子也。重賄之。晉侯求醫於秦。秦伯使醫和視之。曰。疾不可為也。是謂近女室。疾如蠱。非鬼非食。惑以喪志。良臣將死。天命不祐。公曰。女不可近乎對曰。節之。先王之樂。所以節百事也。故有五節遲速本末以相及。中聲以降。五降之後。不容彈矣。於是有煩手淫聲。慆堙心耳。乃忘平和。君子弗聽也。物亦如之。至於煩。乃舍也已。無以生疾。君子之近琴瑟。以儀節也。非以慆心也。天有六氣。降生五味。發為五色。徵為五聲。淫生六疾。六氣曰陰。陽。風。雨。晦明也。分為四時。序為五節。過則為菑。陰淫寒疾。陽淫熱疾。風淫末疾。雨淫腹疾。晦淫惑疾。明淫心疾。女陽物而晦時。淫則生內熱惑蠱之疾。今君不節不時能無及此乎。出告趙孟。趙孟曰。誰當良臣。對曰。主是謂矣。主相晉國。於今八年。晉國無亂。諸侯無闕。可謂良矣。和聞之。國之大臣。榮其寵祿。任其寵節。有菑禍興而無改焉。必受其咎。今君至於淫以生疾。將不能圖恤社稷。禍孰大焉。主不能禦。吾是以云也。趙孟曰。何謂蠱。對曰。淫溺惑亂之所生也。於文。皿蟲為蠱。穀之飛亦為蠱。在周易。女惑男。風落山。謂之蠱。皆同物也。趙孟曰。良醫也。厚其禮而歸之。楚公子圍使公子黑肱。伯州犁。城犨。櫟。郟。鄭人懼。子產曰。不害。令尹將行大事。而先除二子也。禍不及鄭。何患焉。

冬。楚公子圍將聘于鄭。伍舉為介。未出竟。聞王有疾而還。伍舉遂聘。

十一月。己酉。公子圍至。入問王疾。縊而弒之。遂殺其二子幕及平夏。右尹子干出奔晉。宮廄尹子晳出奔鄭。殺大宰伯州犁于郟。葬王于郟。謂之郟敖。使赴于鄭。伍舉問應為後之辭焉。對曰。寡大夫圍。伍舉更之曰。共王之子圍為長。子干奔晉。從車五乘。叔向使與秦公子同食。皆百人之餼。趙文子曰。秦公子富。叔向曰。底祿以德。德鈞以年。年同以尊。公子以國。不聞以富。且夫以千乘去其國。彊禦已甚。詩曰。不侮鰥寡。不畏彊禦。秦楚匹也。使后子與子干齒辭。曰。鍼懼選。楚公子不獲。是以皆來。亦唯命。且臣與羈齒。無乃不可乎。史佚有言曰。非羈何忌。楚靈王即位。薳罷為令尹。薳啟彊為大宰。鄭游吉如楚葬郟敖。且聘立君。歸。謂子產曰。具行器矣。楚王汰侈。而自說其事。必合諸侯。吾往無日矣。子產曰。不數年。未能也。

十二月。晉既烝。趙孟適南陽將會孟子餘。甲辰朔。烝于溫。庚戌。卒。鄭伯如晉。弔及雍乃復。

昭公二年

經二年

春。晉侯使韓起來聘。

夏。叔弓如晉。

秋。鄭殺其大夫公孫黑。

冬。公如晉。至河乃復。季孫宿如晉。

傳二年

春。晉侯使韓宣子來聘。且告為政。而來見禮也。觀書於大史氏。見易象與魯春秋。曰。周禮盡在魯矣。吾乃今知周公之德。與周之所以王也。公享之。季武子賦緜之卒章。韓子賦角弓。季武子拜曰。敢拜子之彌縫敝邑。寡君有望矣。武子賦節之卒章。既享。宴于季氏。有嘉樹焉。宣子譽之。武子曰。宿敢不封殖此樹以無忘角弓。遂賦甘棠。宣子曰。起不堪也。無以及召公。宣子遂如齊納幣。見子雅。子雅召子旗。使見宣子。宣子曰。非保家之主也。不臣。見子尾。子尾見彊。宣子謂之如子旗。大夫多笑之。唯晏子信之。曰。夫子君子也。君子有信。其有以知之矣。自齊聘於衛。衛侯享之。北宮文子賦淇澳。宣子賦木瓜。

夏。四月。韓須如齊逆女。齊陳無宇送女。致少姜。少姜有寵於晉侯。晉侯謂之少齊。謂陳無宇非卿。執諸中都。少姜為之請曰。送從逆班。畏大國也。猶有所易。是以亂作。叔弓聘于晉。報宣子也。晉侯使郊勞。辭曰。寡君使弓來繼舊好。固曰。女無敢為賓。徹命於執事。敝邑弘矣。敢辱郊使。請辭。致館。辭曰。寡君命下臣來繼舊好。好合使成。臣之祿也。敢辱大館。叔向曰。子叔子知禮哉。吾聞之曰。忠信。禮之器也。卑讓。禮之宗也。辭不忘國。忠信也。先國後己。卑讓也。詩曰。敬慎威儀。以近有德。夫子近德矣。

秋。鄭公孫黑將作亂。欲去游氏而代其位。傷疾作而不果。駟氏與諸大夫欲殺之。子產在鄙。聞之。懼弗及。乘遽而至。使吏數之。曰。伯有之亂。以大國之事。而未爾討也。爾有亂心無厭。國不女堪。專伐伯有。而罪一也。昆弟爭室。而罪二也。薰隧之盟。女矯君位。而罪三也。有死罪三。何以堪之。不速死。大刑將至。再拜稽首辭曰。死在朝夕。無助天為虐。子產曰。人誰不死。凶人不終。命也。作凶事。為凶人。不助天。其助凶人乎。請以印為褚師。子產曰。印也若才。君將任之。不才。將朝夕從女。女罪之不恤。而又何請焉。不速死。司寇將至。

七月。壬寅。縊。尸諸周氏之衢。加木焉。晉少姜卒。公如晉。及河。晉侯使士。文伯來辭曰。非伉儷也。請君無辱。公還。季孫宿遂致服焉叔。向言陳無宇於晉侯曰。彼何罪。君使公族逆之。齊使上大夫送之。猶曰不共。君求以貪。國則不共。而執其使。君刑已頗。何以為盟主。且少姜有辭。

冬。十月。陳無宇歸。

十一月。鄭印段如晉弔。

昭公三年

經三年

春。王正月。丁未。滕子原卒。

夏。叔弓如滕。

五月。葬滕成公。

秋。小邾子來朝。

八月。大雩。

冬。大雨雹。北燕伯款出奔齊。

傳三年

春。王正月。鄭游吉如晉。至少姜之葬。梁丙與張趯見之。梁丙曰。甚矣哉。子之為此來也。子大叔曰。將得已乎。昔文襄之霸也。其務不煩諸侯。令諸侯三歲而聘。五歲而朝。有事而會。不協而盟。君薨大夫弔。卿共葬事。夫人士弔。大夫送葬。足以昭禮命。事謀闕而已。無加命矣。今嬖寵之喪。不敢擇位。而數於守適。唯懼獲戾。豈敢憚煩。少姜有寵而死。齊必繼室。今茲吾又將來賀。不唯此行也。張趯曰。善哉。吾得聞此數也。然自今子其無事矣。譬如火焉。火中。寒暑乃退。此其極也。能無退乎。晉將失諸侯。諸侯求煩不獲。二大夫退。子大叔告人曰。張趯有知。其猶在君子之後乎。丁未。滕子原卒。同盟。故書名。齊侯使晏嬰請繼室於晉。曰。寡君使嬰曰。寡人願事君。朝夕不倦。將奉質幣。以無失時。則國家多難。是以不獲。不腆先君之適。以備內官。焜燿寡人之望。則又無祿。早世隕命。寡人失望。君若不忘先君之好。惠顧齊國。辱收寡人。徼福於大公丁公。照臨敝邑。鎮撫其社稷。則猶有先君之適。及遺姑姊妹若而人。君若不棄敝邑。而辱使董振擇之。以備嬪嬙。寡人之望也。韓宣子使叔向對曰。寡君之願也。寡君不能獨任其社稷之事。未有伉儷。在縗絰之中。是以未敢請。君有辱命。惠莫大焉。若惠顧敝邑。撫有晉國。賜之內主。豈惟寡君。舉群臣實受其貺其自唐叔以下。實寵嘉之。既成昏。晏子受禮。叔向從之晏。相與語。叔向曰。齊其何如。晏子曰。此季世也。吾弗知。齊其為陳氏矣。公棄其民。而歸於陳氏。齊舊四量。豆。區。釜。鍾。四升為豆。各自其四。以登於釜。釜十則鍾。陳氏三量。皆登一焉。鍾乃大矣。以家量貸。而以公量收之。山木如市。弗加於山。魚鹽蜃蛤。弗加於海。民參其力。二入於公。而衣食其一。公聚朽蠹。而三老凍餒。國之諸市。屨賤踊貴。民人痛疾。而或燠休之。其愛之如父母。而歸之如流水。欲無獲民。將焉辟之。箕伯。直柄。虞遂。伯戲。其相胡公大姬。已在齊矣。叔向曰。然。雖吾公室。今亦季世也。戎馬不駕。卿無軍行。公乘無人。卒列無長。庶民罷敝。而宮室滋侈。道殣相望。而女富溢尤。民聞公命。如逃寇讎。欒。郤。胥。原。狐。續。慶。伯。降在皁隸。政在家門。民無所依。君日不悛。以樂慆憂。公室之卑。其何日之有。讒鼎之銘曰。昧旦丕顯。後世猶怠。況日不悛。其能久乎。晏子曰。子將若何。叔向曰。晉之公族盡矣。肸聞之。公室將卑。其宗族枝葉先落。則公從之。肸之宗十一族。唯羊舌氏在而已。肸又無子。公室無度。幸而得死。豈其獲祀。初。景公欲更晏子之宅。曰。子之宅近市。湫隘囂塵。不可以居。請更諸爽塏者。辭曰。君之先臣容焉。臣不足以嗣之。於臣侈矣。且小人近市。朝夕得所求。小人之利也。敢煩里旅。公笑曰。子近市。識貴賤乎。對曰。既利之。敢不識乎。公曰。何貴何賤。於是景公繁於刑。有鬻踊者。故對曰。踊貴屨賤。既已告於君。故與叔向語而稱之。景公為是省於刑。君子曰。仁人之言。其利博哉。晏子一言而齊侯省刑。詩曰。君子如祉。亂庶遄已。其是之謂乎。及晏子如晉。公更其宅。反則成矣。既拜乃毀之。而為里室。皆如其舊。則使宅人反之。且諺曰。非宅是卜。唯鄰是卜。二三子先卜鄰矣。違卜不祥。君子不犯非禮。小人不犯不祥。古之制也。吾敢違諸乎。卒復其舊宅。公弗許。因陳桓子以請。乃許之。夏。四月。鄭伯如晉。公孫段相。甚敬而卑。禮無違者。晉侯嘉焉。授之以策。曰。子豐有勞於晉國。余聞而弗忘。賜女州田。以胙乃舊勳。伯石再拜稽首。受策以出。君子曰。禮其人之急也乎。伯石之汰也。一為禮於晉。猶荷其祿。況以禮終始乎。詩曰。人而無禮。胡不遄死。其是之謂乎。初。州縣欒豹之邑也。及欒氏亡。范宣子。趙文子。韓宣子。皆欲之。文子曰。溫吾縣也。二宣子曰。自郤稱以別三傳矣。晉之別縣。不唯州。誰獲治之。文子病之。乃舍之。二子曰。吾不可以正議而自與也。皆舍之。及文子為政。趙獲曰。可以取州矣。文子曰。退。二子之言義也。違義禍也。余不能治余縣。又焉用州。其以徼禍也。君子曰。弗知實難。知而弗從。禍莫大焉。有言州必死。豐氏故主。韓氏伯石之獲州也。韓宣子為之請之。為其復取之之故。

五月。叔弓如滕。葬滕成公。子服椒為介。及郊。遇懿伯之忌。敬子不入。惠伯曰。公事有公利。無私忌。椒請先入。乃先受館。敬子從之。晉韓起如齊逆女。公孫蠆為少姜之有寵也。以其子更公女。而嫁公子。人謂宣子。子尾欺晉。晉胡受之。宣子曰。我欲得齊而遠其寵。寵將來乎。

秋。七月。鄭罕虎如晉。賀夫人。且告曰。楚人日徵敝邑。以不朝立王之故。敝邑之往。則畏執事。其謂寡君。而固有外心。其不往。則宋之盟云。進退罪也。寡君使虎布之。宣子使叔向對曰。君若辱有寡君。在楚何害。脩宋盟也。君苟思盟。寡君乃知免於戾矣。君若不有寡君。雖朝夕辱於敝邑。寡君猜焉。君實有心。何辱命焉。君其往也。苟有寡君。在楚猶在晉也。張趯使謂大叔曰。自子之歸也。小人糞除先人之敝廬。曰。子其將來。今子皮實來。小人失望。大叔曰。吉賤不獲來。畏大國尊夫人也。且孟曰而將無事。吉庶幾焉。 小邾穆公來朝。季武子欲卑之。穆叔曰。不可。曹滕二邾。實不忘我。好敬以逆之。猶懼其貳。又卑一睦焉。逆群好也。其如舊而加敬焉志曰。能敬無災。又曰。敬逆來者。天所福也。季孫從之。

八月。大雩。旱也。齊侯田於莒。盧蒲嫳見。泣且請曰。余髮如此種種。余奚能為。公曰。諾。吾告二子。歸而告之。子尾欲復之。子雅不可。曰。彼其髮短而心甚長。其或寢處我矣。

九月。子雅放盧蒲嫳于北燕。燕簡公多嬖寵。欲去諸大夫。而立其寵人。冬。燕大夫比以殺公之外嬖。公懼奔齊。書曰。北燕伯款出奔齊。罪之也。

十月。鄭伯如楚。子產相。楚子享之。賦吉日既享。子產乃具田備。王以田江南之夢。齊公孫灶卒。司馬灶見晏子曰。又喪子雅矣。晏子曰。惜也子旗不免。殆哉姜族弱矣。而媯將始昌。二惠競爽。猶可。又弱一個焉。姜其危哉。

昭公四年

經四年

春。王正月。大雨雹。

夏。楚子。蔡侯。陳侯。鄭伯。許男。徐子。滕子。頓子。胡子。沈子。小邾子。宋世子。佐淮夷會于申。楚人執徐子。

秋。七月。楚子。蔡侯。陳侯。許男。頓子。胡子。沈子。淮夷。伐吳。執齊慶封。殺之。遂滅賴。

九月。取鄫。

冬。十有二月。乙卯。叔孫豹卒。

傳四年

春。王正月。許男如楚。楚子止之。遂止鄭伯。復田江南。許男與焉。使椒舉如晉求諸侯。二君待之椒舉致命曰。寡君使舉曰。日君有惠。賜盟于宋。曰。晉楚之從。交相見也。以歲之不易。寡人願結驩於二三君。使舉請間。君若苟無四方之虞。則願假寵以請於諸侯。晉侯欲勿許。司馬侯曰。不可。楚王方侈。天或者欲逞其心。以厚其毒而降之罰。未可知也。其使能終。亦未可知也。晉楚唯天。所相不可與爭。君其許之。而脩德以待其歸。若歸於德。吾猶將事之。況諸侯乎。若適淫虐。楚將棄之。吾又誰與爭。曰。晉有三不殆。其何敵之有。國險而多馬。齊楚多難。有是三者。何鄉而不濟。對曰。恃險與馬。而虞鄰國之難。是三殆也。四嶽三塗。陽城大室。荊山中南。九州之險也。是不一姓。冀之北土。馬之所生。無興國焉。恃險與馬。不可以為固也。從古以然。是以先王務脩德音。以亨神人。不聞其務險與馬也。鄰國之難。不可虞也。或多難以固其國。啟其疆土。或無難以喪其國。失其守宇。若何虞難。齊有仲孫之難。而獲桓公。至今賴之。晉有里平之難。而獲文公。是以為盟主。衛邢無難。敵亦喪之。故人之難。不可虞也。恃此三者。而不脩政德。亡於不暇。又何能濟。君其許之。紂作淫虐。文王惠和。殷是以隕。周是以興。夫豈爭諸侯。乃許楚使。使叔向對曰。寡君有社稷之事。是以不獲春秋時見諸侯。君實有之。何辱命焉。椒舉遂請昏。晉侯許之。楚子問於子產曰。晉其許我諸侯乎。對曰。許君。晉君少安。不在諸侯。其大夫多求。莫匡其君。在宋之盟。又曰如一。若不許君。將焉用之。王曰。諸侯其來乎。對曰。必來。從宋之盟。承君之歡。不畏大國。何故不來。不來者。其魯衛曹邾乎。曹畏宋。邾畏魯。魯衛偪於齊而親於晉。唯是不來。其餘君之所及也。誰敢不至。王曰。然則吾所求者。無不可乎。對曰。求逞於人。不可。與人同欲。盡濟。大雨雹。季武子問於申豐曰。雹可禦乎。對曰。聖人在上。無雹。雖有不為災。古者日在北陸。而藏冰西陸。朝覿而出之。其藏冰也。深山窮谷。固陰沍寒。於是乎取之。其出之也。朝之祿位。賓食喪祭。於是乎用之。其藏之也。黑牡秬黍。以享司寒。其出之也。桃弧棘矢。以除其災。其出入也。時食肉之祿。冰皆與焉。大大命婦。喪浴用冰。祭寒而藏之。獻羔而啟之。公始用之。火出而畢賦。自命夫命婦。至於老疾。無不受冰。山人取之。縣人傳之。輿人納之。隸人藏之。夫冰以風壯。而以風出。其藏之也周。其用之也遍。則冬無愆陽。夏無伏陰。春無凄風。秋無苦雨。雷出不震。無菑霜雹癘疾不降。民不夭札。今藏川池之冰。棄而不用。風不越而殺。雷不發而震。雹之為菑。誰能禦之。七月之卒章。藏冰之道也。

夏。諸侯如楚。魯。衛。曹。邾。不會。曹邾辭以難。公辭以時祭。衛侯辭以疾。鄭伯先待于申。

六月丙午。楚子合諸侯于申。椒舉言於楚子曰。臣聞諸侯無歸。禮以為歸。今君始得諸侯。其慎禮矣。霸之濟否。在此會也。夏啟有鈞臺之享。商湯有景亳之命。周武有孟津之誓。成有岐陽之蒐。康有酆宮之朝。穆有塗山之會。齊桓有召陵之師。晉文有踐土之盟。君其何用。宋向戌。鄭公孫僑。在諸侯之良也。君其選焉。王曰。吾用齊桓。王使問禮於左師與子產。左師曰。小國習之。大國用之。敢不薦聞。獻公合諸侯之禮六。子產曰。小國共職。敢不薦守。獻伯子男會公之禮六。君子謂合左師善守先代。子產善相小國。王使椒舉侍於後以規過。卒事不規。王問其故。對曰。禮吾未見者有六焉。又何以規。宋大子佐後至。王田於武城。久而弗見。椒舉請辭焉。王使往曰。屬有宗祧之事於武城。寡君將墮幣焉。敢謝後見。徐子吳出也。以為貳焉。故執諸申。楚子示諸侯侈。椒舉曰。夫六王二公之事。皆所以示諸侯。禮也。諸侯所由用命也。夏桀為仍之會。有緡叛之。商紂為黎之蒐。東夷叛之。周幽為大室之盟。戎狄叛之。皆所以示諸侯。汏也。諸侯所由棄命也。今君以汏。無乃不濟乎。王弗聽。子產見左師曰。吾不患楚矣。汏而愎諫。不過十年。左師曰。然。不十年侈。其惡不遠。遠惡而後棄。善亦如之。德遠而後興。

秋·七月。楚子以諸侯伐吳。宋大子鄭伯先歸。宋華費遂鄭大夫從。使屈申圍朱方。

八月。甲申。克之。執齊慶封而盡滅其族。將戮慶封。椒舉曰。臣聞無瑕者可以戮人。慶封惟逆命。是以在此。其肯從於戮乎。播於諸侯。焉用之。王弗聽。負之斧鉞。以徇於諸侯。使言曰。無或如齊慶封。弒其君。弱其孤。以盟其大夫。慶封曰。無或如楚共王之庶子圍。弒其君兄之子。麇而代之。以盟諸侯。王使速殺之。遂以諸侯滅賴。賴子面縛銜璧。士袒輿櫬。從之。造於中軍。王問諸椒舉。對曰。成王克許。許僖公如是。王親釋其縛。受其璧。焚其櫬。王從之。遷賴於鄢。楚子欲遷許於賴。使鬥韋龜與公子棄疾。城之而還。申無宇曰。楚禍之首。將在此矣。召諸侯而來。伐國而克。城竟莫校。王心不違。民其居乎。民之不處。其誰堪之。不堪王命。乃禍亂也。

九月。取鄫。言易也。莒亂。著丘公立而不撫鄫。鄫叛而來。故曰取。凡克邑。不用師徒曰取。鄭子產作丘賦。國人謗之。曰。其父死於路。己為蠆尾。以令於國。國將若之何。子寬以告。子產曰。何害。苟利社稷。死生以之。且吾聞為善者不改其度。故能有濟也。民不可逞。度不可改。詩曰。禮義不愆。何恤於人言。吾不遷矣。渾罕曰。國氏其先亡乎。君子作法於涼。其敝猶貪。作法於貪。敝將若之何。姬在列者。蔡及曹滕。其先亡乎。偪而無禮。鄭先衛亡。偪而無法。政不率法。而制於心。民各有心。何上之有。
冬。吳伐楚入。棘。櫟。麻。以報朱方之役。楚沈尹射奔命於夏汭。咸尹宜咎城鍾離。薳啟彊城巢。然丹城州來。東國水。不可以城。彭生罷賴之師。初。穆子去叔孫氏。及庚宗。遇婦人。使私為食而宿焉。問其行。告之故。哭而送之。適齊娶於國氏。生孟丙仲壬。夢天壓己。弗勝。顧而見人。黑而上僂。深目而豭喙。號之曰。牛助余。乃勝之。旦而皆召其徒。無之。且曰。志之。及宣伯奔齊。饋之。宣伯曰。魯以先子之故。將存吾宗。必召女。召女何如。對曰。願之久矣。魯人召之。不告而歸。既立。所宿庚宗之婦人。獻以雉。問其姓。對曰。余子長矣。能奉雉而從我矣。召而見之。則所夢也。未問其名。號之曰牛。曰唯。皆召其徒。使視之。遂使為豎。有寵。長使為政。公孫明知叔孫於齊。歸。未逆國姜。子明取之。故怒其子。長而後使逆之。田於丘蕕。遂遇疾焉。豎牛欲亂其室而有之。強與孟盟。不可。叔孫為孟鍾曰。爾未際。饗大夫以落之。既具。使豎牛請。日入弗謁。出命之日。及賓至。聞鍾聲。牛曰。孟有北婦人之客。怒將往。牛止之。賓出。使拘而殺諸外。牛又強與仲盟。不可。仲與公御萊書。觀於公。公與之環。使牛入示之。入不示。出命佩之。牛謂叔孫見仲而何。叔孫曰。何為。曰不見。既自見矣。公與之環而佩之矣。遂逐之。奔齊。疾急。命召仲。牛許而不召。杜洩見。告之飢渴。授之戈。對曰。求之而至。又何去焉。豎牛曰。夫子疾病。不欲見人。使寘饋于個而退。牛弗進。則置虛命徹。
十二月。癸丑。叔孫不食。乙卯。卒。牛立昭子而相之。公使杜洩葬叔孫。豎牛賂叔仲昭子與南遺。使惡杜洩於季孫而去之。杜洩將以路葬。且盡卿禮。南遺謂季孫曰。叔孫未乘。路葬焉。用之。且冢卿無路。介卿以葬。不亦左乎。季孫曰。然。使杜洩舍路。不可。曰。夫子受命於朝。而聘于王。王思舊勳為賜之路。復命而致之君。君不敢逆王命。而復賜之。使三官書之。吾子為司徒。實書名。夫子為司馬。與工正書服。孟孫為司空以書勳。今死而弗以。是棄君命也。書在公府而弗以。是廢三官也。若命服。生弗敢服。死又不以。將焉用之。乃使以葬。季孫謀去中軍。豎牛曰。夫子固欲去之。

昭公五年

經五年

春。王正月。舍中軍。楚殺其大夫屈申。公如晉。

夏。莒牟夷以牟婁及防茲來奔。

秋。七月。公至自晉。戊辰。叔弓帥師敗莒師于蚡泉。秦伯卒。

冬。楚子。蔡侯。陳侯。許男。頓子。沈子。徐人。越人。伐吳。

傳五年

春。王正月。舍中軍。卑公室也。毀中軍于施氏。成諸臧氏。初作中軍。三分公室而各有其一。季氏盡征之。叔孫氏臣其子弟。孟氏取其半焉。及其舍之也。四分公室。季氏擇二。二子各一。皆盡征之。而貢于公。以書使杜洩告於殯曰。子固欲毀中軍。既毀之矣。故告杜洩曰。夫子唯不欲毀也。故盟諸僖閎。詛諸五父之衢。受其書而投之。帥士而哭之。叔仲子謂季孫曰。帶受命於子叔孫曰。葬鮮者自西門。季孫命杜洩。杜洩曰。卿喪自朝。魯禮也。吾子為國政。未改禮而又遷之。群臣懼死。不敢自也。既葬而行。仲至自齊。季孫欲立之。南遺曰。叔孫氏厚。則季氏薄。彼實家亂。子勿與知。不亦可乎。南遺使國人助豎牛。以攻諸大庫之庭。司宮射之。中目而死。豎牛取東鄙三十邑。以與南遺。昭子即位。朝其家眾曰。豎牛禍叔孫氏。使亂大從。殺適立庶。又披其邑。將以赦罪。罪莫大焉。必速殺之。豎。牛懼。奔齊。孟仲之子。殺諸塞關之外。投其首於寧風之棘上。仲尼曰。叔孫昭子之不勞。不可能也。周任有言曰。為政者不賞私勞。不罰私怨。詩云。有覺德行。四國順之。初。穆子之生也。莊叔以周易筮之。遇明夷之謙。以示卜楚丘。曰。是將行。而歸為子祀。以讒人入。其名曰牛。卒以餒死。明夷。日也。日之數十。故有十時。亦當十位。自王已下。其二為公。其三為卿。日上其中。食日為二。旦日為三。明夷之謙。明而未融。其當旦乎。故曰為子祀。日之謙當鳥。故曰明夷于飛。明之未融。故曰垂其翼象。日之動。故曰君子于行。當三在旦。故曰三日不食。離。火也。艮。山也。離為火。火焚山。山敗。於人為言。敗言為讒。故曰有攸往。主人有言。言必讒也。純離為牛。世亂讒勝。勝將適離。故曰其名曰牛。謙不足。飛不翔。垂不峻。翼不廣。故曰其為子後乎。吾子亞卿也。抑少不終。楚子以屈伸為貳於吳。乃殺之。以屈生為莫敖。使與令尹子蕩如晉逆女。過鄭。鄭伯勞子蕩于氾。勞屈生于菟氏。晉侯送女于邢丘。子產相鄭伯。會晉侯于邢丘。公如晉。自郊勞至于贈賄。無失禮。晉侯謂女叔齊曰。魯侯不亦善於禮乎。對曰。魯侯焉知禮。公曰。何為。自郊勞至于贈賄。禮無違者。何故不知。對曰。是儀也。不可謂禮。禮所以守其國。行其政令。無失其民者也。今政令在家。不能取也。有子家羈。弗能用也。奸大國之盟。陵虐小國。利人之難。不知其私。公室四分。民食於他。思莫在公。不圖其終。為國君。難將及身。不恤其所。禮之本末。將於此乎在。而屑屑焉習儀以亟。言善於禮。不亦遠乎。君子謂叔侯於是乎知禮。晉韓宣子如楚送女。叔向為介。鄭子皮。子大叔。勞諸索氏。大叔謂叔向曰。楚王汏侈已甚。子其戒之。叔向曰。汏侈已甚。身之災也。焉能及人。若奉吾幣帛。慎吾威儀。守之以信。行之以禮。敬始而思終。終無不復。從而不失儀。敬而不失威。道之以訓辭。奉之以舊法。考之以先王。度之以二國。雖汏侈若我何。及楚。楚子朝其大夫曰。晉。吾仇敵也。苟得志焉。無恤其他。今其來者。上卿上大夫也。若吾以韓起為閽。以羊舌肸為司宮。足以辱晉。吾亦得志矣。可乎。大夫莫對。薳啟彊曰。可。苟有其備。何故不可。恥匹夫不可以無備。況恥國乎。是以聖王務行禮。不求恥人。朝聘有珪。享覜有璋。小有述職。大有巡功。設机而不倚。爵盈而不飲。宴有好貨。飧有陪鼎。入有郊勞。出有贈賄。禮之至也。國家之敗。失之道也。則禍亂興。城濮之役。晉無楚備。以敗於邲。邲之役。楚無晉備。以敗於鄢。自鄢以來。晉不失備。而加之以禮。重之以睦。是以楚弗能報。而求親焉。既獲姻親。又欲恥之。以召寇讎。備之若何。誰其重此。若有其人。恥之可也。若其未有。君亦圖之。晉之事君。臣曰可矣。求諸侯而麇至。求昏而薦女。君親送之。上卿及上大夫致之。猶欲恥之。君其亦有備矣。不然奈何。韓起之下。趙成。中行吳。魏舒。范鞅。知盈。羊舌肸之下。祁午。張趯。籍談。女齊。梁丙。張骼。輔躒。苗賁皇。皆諸侯之選也。韓襄為公族大夫。韓須受命而使矣。箕襄。邢帶。叔禽。叔椒。子羽。皆大家也。韓賦七邑。皆成縣也。羊舌四族。皆彊家也。晉人若喪韓起。楊肸。五卿。八大夫。輔韓須。楊石。因其十家九縣。長轂九百。其餘四十縣。遺守四千。奮其武怒。以報其大恥。伯華謀之。中行伯魏舒帥之。其蔑不濟矣。君將以親易怨。實無禮以速寇。而未有其備。使群臣往遺之禽。以逞君心。何不可之有。王曰。不穀之過也。大夫無辱。厚為韓子禮。王欲敖叔向以其所不知而不能。亦厚其禮。韓起反。鄭伯勞諸圉。辭不敢見。禮也。鄭罕虎如齊。娶於子尾氏。晏子驟見之。陳桓子問其故。對曰。能用善人。民之主也。

夏。莒牟夷以牟婁及防茲來奔。牟夷非卿而書。尊地也。莒人愬于晉。晉侯欲止公。范獻子曰。不可。人朝而執之。誘也。討不以師。而誘以成之。惰也。為盟主而犯此二者。無乃不可乎。請歸之。間而以師討焉。乃歸公。

秋。七月。公至自晉。莒人來討。不設備。戊辰。叔弓敗諸蚡泉。莒未陳也。

冬。十月。楚子以諸侯及東夷伐吳。以報棘。櫟。麻。之役。薳射以繁揚之師。會於夏汭。越大夫常壽過。帥師會楚子于瑣。聞吳師出。薳啟彊帥師從之。遽不設備。吳人敗諸鵲岸。楚子以馹至於羅汭。吳子使其弟蹶由犒師。楚人執之。將以釁鼓。王使問焉。曰。女卜來吉乎。對曰。吉。寡君聞君將治兵於敝邑。卜之以守龜。曰。余亟使人犒師。請行以觀王怒之疾徐。而為之備。尚克知之。龜兆告吉。曰克可知也。君若驩焉。好逆使臣。滋敝邑休殆而忘其死。亡無日矣。今君奮焉。震電馮怒。虐執使臣。將以釁鼓。則吳知所備矣。敝邑雖羸。若早脩完。其可以息師。難易有備。可謂吉矣。且吳社稷是卜。豈為一人。使臣獲釁軍鼓。而敝邑知備。以禦不虞。其為吉孰大焉。國之守龜。其何事不卜。一臧一否。其誰能當之。城濮之兆。其報在邲。今此行也。其庸有報志。乃弗殺。楚師濟於羅汭。沈尹赤會楚子次於萊山。薳射帥繁揚之師。先入南懷。楚師從之。及汝清。吳不可入。楚子遂觀兵於坻箕之山。是行也。吳早設備。楚無功而還。以蹶由歸。楚子懼吳。使沈尹射待命于巢。薳啟彊待命于雩婁。禮也。秦后子復歸於秦。景公卒故也。

昭公六年

經六年

春。王正月。杞柏益姑卒。葬秦景公。

夏。季孫宿如晉。葬杞文公。宋華合比。出奔衛。

秋。九月。大雩。楚薳罷帥師伐吳。

冬。叔弓如楚。齊侯伐北燕。

傳六年

春。王正月。杞文公卒。弔如同盟。禮也。大夫如秦葬景公。禮也。

三月。鄭人鑄刑書。叔向使詒子產書曰。始吾有虞於子。今則已矣。昔先王議事以制。不為刑辟。懼民之有爭心也。猶不可禁禦。是故閑之以義。糾之以政。行之以禮。守之以信。奉之以仁。制為祿位。以勸其從。嚴斷刑罰。以威其淫。懼其未也。故誨之以忠。聳之以行。教之以務。使之以和。臨之以敬。涖之以彊。斷之以剛。猶求聖哲之上。明察之官。忠信之長。慈惠之師。民於是乎可任使也。而不生禍亂。民知有辟。則不忌於上。並有爭心。以徵於書。而徼幸以成之。弗可為矣。夏有亂政而作禹刑。商有亂政而作湯刑。周有亂政而作九刑。三辟之興。皆叔世也。今吾子相鄭國。作封洫。立謗政。制參辟。鑄刑書。將以靖民。不亦難乎。詩曰。儀式刑文王之德。日靖四方。又曰。儀刑文王。萬邦作孚。如是何辟之有。民知爭端矣。將棄禮而徵於書。錐刀之末。將盡爭之。亂獄滋豐。賄賂並行。終子之世。鄭其敗乎。肸聞之。國將亡。必多制。其此之謂乎。復書曰。若吾子之言。僑不才。不能及子孫。吾以救世也。既不承命。敢忘大惠。士文伯曰。火見。鄭其火乎。火未出而作火。以鑄刑器。藏爭辟焉。火如象之。不火何為。

夏。季孫宿如晉。拜莒田也。晉侯享之有加籩。武子退。使行人告曰。小國之事大國也。苟免於討。不敢求貺。得貺不過三獻。今豆有加。下臣弗堪。無乃戾也。韓宣子曰。寡君以為驩也。對曰。寡君猶未敢。況下臣。君之隸也。敢聞加貺。固請徹加。而後卒事。晉人以為知禮。重其好貨。宋寺人柳有寵。大子佐惡之。華合比曰。我殺之。柳聞之。乃坎用牲埋書。而告公曰。合比將納亡人之族。既盟于北郭矣。公使視之。有焉。遂逐華合比。合比奔衛。於是華亥欲代右師。乃與寺人柳比。從為之徵曰。聞之久矣。公使代之。見於左師。左師曰。女夫也必亡。女喪而宗室。於人何有。人亦於女何有。詩曰。宗子維城。毋俾城壞。毋獨斯畏。女其畏哉。

六月。丙戌。鄭災。楚公子棄疾如晉。報韓子也。過鄭。鄭罕虎。公孫僑。游吉。從鄭伯以勞諸柤。辭不敢見。固請見之。見如見王。以其乘馬八匹。私面見子皮。如上卿。以馬六匹。見子產以馬四匹。見子大叔以馬二匹。禁芻牧採樵。不入田。不樵樹。不采蓺。不抽屋。不強匄。誓曰。有犯命者。君子廢。小人降。舍不為暴。主不慁賓。往來如是。鄭三卿皆知其將為王也。韓宣子之適楚也。楚人弗逆。公子棄疾及晉竟。晉侯將亦弗逆。叔向曰。楚辟我衷。若何效辟。詩曰。爾之教矣。民胥效矣。從我而已焉。用效人之辟。書曰。聖作則。無寧以善人為則。而則人之辟乎。匹夫為善。民猶則之。況國君乎。晉侯說。乃逆之。

秋。七月。大雩。旱也。徐儀楚聘于楚。楚子執之。逃歸。懼其叛也。使薳洩伐徐。吳人救之。令尹子蕩帥師伐吳。師于豫章。而次于乾谿。吳人敗其師於房鍾。獲宮廄尹棄疾。子蕩歸罪於薳洩而殺之。

冬。叔弓如楚聘。且弔敗也。

十一月。齊侯如晉。請伐北燕也。士匄相士鞅逆諸河。禮也。晉侯許之。

十二月。齊侯遂伐北燕。將納簡公。晏子曰。不入。燕有君矣。民不貳。吾君賄。左右諂諛。作大事不以信。未嘗可也。

昭公七年

經七年

春。王正月。暨齊平。

三月。公如楚。叔孫婼如齊蒞盟。

夏。四月。甲辰。朔。日有食之。

秋。八月。戊辰。衛侯惡卒。

九月。公至自楚。

冬。十有一月。癸未。季孫宿卒。

十有二月。癸亥。葬衛襄公。

傳七年

春。王正月。暨齊平。齊求之也。癸巳。齊侯次于虢。燕人行成。曰。敝邑知罪。敢不聽命。先君之敝器。請以謝罪公孫晳曰。受服而退。俟釁而動。可也。

二月。戊午。盟于濡上。燕人歸燕姬。賂以瑤罋玉櫝斝耳。不克而還。楚子之為令尹也。為王旌以田。芋尹無宇斷之。曰。一國兩君。其誰堪之。及即位。為章華之宮。納亡人以實之。無宇之閽入焉。無宇執之。有司弗與。曰。執人於王宮。其罪大矣。執而謁諸王。王將飲酒。無宇辭曰。天子經略。諸侯正封。古之制也。封略之內。何非君土。食土之毛。誰非君臣。故詩曰。普天之下。莫非王土。率土之濱。莫非王臣。天有十日。人有十等。下所以事上。上所以共神也。故王臣公。公臣大夫。大夫臣士。士臣皁。皁臣輿。輿臣隸。隸臣僚。僚臣僕。僕臣臺。馬有圉。牛有牧。以待百事。今有司曰。女胡執人於王宮。將焉執之。周文王之法曰。有亡荒閱。所以得天下也。吾先君文王作僕區之法曰。盜所隱器。與盜同罪。所以封汝也。若從有司。是無所執逃臣也。逃而舍之。是無陪臺也。王事無乃闕乎。昔武王數紂之罪。以告諸侯曰。紂為天下逋逃主。萃淵藪。故夫致死焉。君王始求諸侯而則紂。無乃不可乎。若以二文之法取之。盜有所在矣。王曰。取而臣以往。盜有寵。未可得也。遂赦之。楚子成章華之臺。願以諸侯落之。大宰薳啟彊曰。臣能得魯侯。薳啟彊來召公。辭曰。昔先君成公。命我先大夫嬰齊曰。吾不忘先君之好。將使衡父照臨楚國。鎮撫其社稷。以輯寧爾民。嬰齊受命于蜀。奉承以來。弗敢失隕。而致諸宗祧曰。我先君共王。引領北望。日月以冀。傳序相授。於今四王矣。嘉惠未至。唯襄公之辱臨我喪。孤與其二三臣。悼心失圖。社稷之不皇。況能懷思君德。今君若步玉趾。辱見寡君。寵靈楚國。以信蜀之役。致君之嘉惠。是寡君既受貺矣。何蜀之敢望。其先君鬼神實嘉賴之。豈唯寡君。君若不來。使臣請問行期。寡君將承質幣而見于蜀。以請先君之貺。公將往。夢襄公祖。梓慎曰。君不果行。襄公之適楚也。夢周公祖而行。今襄公實祖。君其不行。子服惠伯曰。行。先君未嘗適楚。故周公祖以道之。襄公適楚矣。而祖以道。君不行何之。

三月。公如楚。鄭伯勞于師之梁。孟僖子為介。不能相儀。及楚。不能荅郊勞。

夏。四月。甲辰。朔。日有食之。晉侯問於士文伯曰。誰將當日食。對曰。魯衛惡之。衛大魯小。公曰。何故。對曰。去衛地。如魯地。於是有災。魯實受之。其大咎。其衛君乎。魯將上卿。公曰。詩所謂彼日而食。于何不臧者。何也。對曰。不善政之謂也。國無政。不用善。則自取謫于日月之災。故政不可不慎也。務三而已。一曰擇人。二曰因民。三曰從時。晉人來治杞田。季孫將以成與之。謝息為孟孫守。不可。曰。人有言曰。雖有挈缾之知。守不假器。禮也。夫子從君。而守臣喪邑。雖吾子亦有猜焉。季孫曰。君之在楚。於晉罪也。又不聽晉。魯罪重矣。晉師必至。吾無以待之。不如與之。間晉而取諸杞。吾與子桃。成反。誰敢有之。是得二成也。魯無憂。而孟孫益邑。子何病焉。辭以無山。與之萊柞。乃遷于桃。晉人為杞取成。楚子享公于新臺。使長鬣者相。好以大屈。既而悔之。薳啟彊聞之。見公。公語之。拜賀。公曰。何賀。對曰。齊與晉越。欲此久矣。寡君無適與也。而傳諸君。君其備禦三鄰。慎守寶矣。敢不賀乎。公懼。乃反之。鄭子產聘于晉。晉侯疾。韓宣子逆客。私焉。曰。寡君寢疾。於今三月矣。並走群望。有加而無瘳。今夢黃熊入于寢門。其何厲鬼也。對曰。以君之明。子為大政。其何厲之有。昔堯殛鯀于羽山。其神化為黃熊。以入于羽淵。實為夏郊。三代祀之。晉為盟主。其或者未之祀也乎。韓子祀夏郊。晉侯有間。賜子產莒之二方鼎。子產為豐施歸州田於韓宣子。曰。日君以夫公孫段。為能任其事。而賜之州田。今無祿早世。不獲久享君德。其子弗。敢有不敢以聞於君。私致諸子。宣子辭。子產曰。古人有言曰。其父析薪。其子弗克負荷。施將懼不能任其先人之祿。其況能任大國之賜。縱吾子為政而可。後之人若屬有疆埸之言。敝邑獲戾。而豐氏受其大討。吾子取州。是免敝邑於戾。而建置豐氏也。敢以為請。宣子受之。以告晉侯。晉侯以與宣子。宣子為初言。病有之。以易原縣於樂大心。鄭人相驚以伯有。曰伯有至矣。則皆走。不知所往。鑄刑書之歲二月。或夢伯有介而行。曰壬子。余將殺帶也。明年壬寅。余又將殺段也。及壬子。駟帶卒。國人益懼。齊燕平之月。壬寅。公孫段卒。國人愈懼。其明月。子產立公孫洩及良止以撫之。乃止。子大叔問其故。子產曰。鬼有所歸。乃不為厲。吾為之歸也。大叔曰。公孫洩何為。子產曰。說也。為身無義而圖說。從政有所反之以取媚也。不媚不信。不信。民不從也。及子產適晉。趙景子問焉。曰。伯有猶能為鬼乎。子產曰。能。人生始化曰魄。既生魄。陽曰魂。用物精多。則魂魄強。是以有精爽。至於神明。匹夫匹婦強死。其魂魄猶能馮依於人。以為淫厲。況良霄。我先君穆公之冑。子良之孫。子耳之子。敝邑之卿。從政三世矣。鄭雖無腆。抑諺曰。蕞爾國。而三世執其政柄。其用物也弘矣。其取精也多矣。其族又大。所馮厚矣。而強死。能為鬼。不亦宜乎。子皮之族。飲酒無度。故馬師氏與子皮氏有惡。齊師還自燕之月。罕朔殺罕魋。罕朔奔晉。韓宣子問其位於子產。子產曰。君之羈臣。苟得容以逃死。何位之敢擇。卿違。從大夫之位。罪人。以其罪降。古之制也。朔於敝邑。亞大夫也。其官馬師也。獲戾而逃。唯執政所寘之。得免其死。為惠大矣。又敢求位。宣子為子產之敏也。使從嬖大夫。

秋。八月。衛襄公卒。晉大夫言於范獻子曰。衛事晉為睦。晉不禮焉。庇其賊人。而取其地。故諸侯貳。詩曰。鶺鴒在原。兄弟急難。又曰。死喪之威。兄弟孔懷。兄弟之不睦。於是乎不弔。況遠人誰敢歸之。今又不禮於衛之嗣。衛必叛我。是絕諸侯也。獻子以告韓宣子。宣子說。使獻子如衛弔。且反戚田。衛齊惡告喪于周。且請命。王使臣簡公如衛弔。且追命襄公曰。叔父陟恪。在我先王之左右。以佐事上帝。余敢忘高圉。亞圉。

九月。公至自楚。孟僖子病不能相禮。乃講學之。苟能禮者從之。及其將死也。召其大夫曰。禮。人之幹也。無禮無以立。吾聞將有達者。曰孔丘。聖人之後也。而滅於宋。其祖弗父何。以有宋而授厲公。及正考父佐戴。武。宣。三命茲益共。故其鼎銘云。一命而僂。

再命而傴。三命而俯。循牆而走。亦莫余敢侮。饘於是。鬻於是。以餬余口。其共也如是。臧孫紇有言曰。聖人有明德者。若不當世。其後必有達人。今其將在孔丘乎。我若獲沒必屬說與何忌於夫子。使事之而學禮焉。以定其位。故孟懿子。與南宮敬叔。師事仲尼。仲尼曰。能補過者。君子也。詩曰。君子是則是效。孟僖子可則效已矣。
單獻公棄親用羈。
冬。十月。辛酉。襄頃之族。殺獻公而立成公。
十一月。季武子卒。晉侯謂伯瑕曰。吾所問日食從矣。可常乎。對曰。不可。六物不同。民心不壹。事序不類。官職不則。同始異終。胡可常也。詩曰。或燕燕居息。或憔悴事國。其異終也如是。公曰。何謂六物對曰。歲時日月星辰是謂也。公曰。多語寡人辰。而莫同。何謂辰。對曰。日月之會是謂辰。故以配日。衛襄公。夫人姜氏無子。嬖人婤姶生孟縶。孔成子夢康叔謂己。立元。余使羈之孫圉與史苟相之。史朝亦夢康叔謂己。余將命而子苟。與孔烝鉏之曾孫圉。相元。史朝見成子。告之夢。夢協。晉韓宣子為政。聘于諸侯之歲。婤姶生子。名之曰元。孟縶之足不良。能行孔成子以周易筮之曰。元尚享衛國。主其社稷。遇屯。又曰。余尚立縶。尚克嘉之。遇屯之比以示史朝。史朝曰。元亨。又何疑焉。成子曰。非長之謂乎。對曰。康叔名之。可謂長矣。孟非人也。將不列於宗。不可謂長。且其繇曰。利建侯。嗣吉。何建。建非嗣也。二卦皆云子其建之。康叔命之。二卦告之。筮襲於夢。武王所用也。弗從何為。弱足者居。侯主社稷。臨祭祀。奉民人。事鬼神。從會朝。又焉得居。各以所利。不亦可乎。故孔成子立靈公。
十二月。癸亥。葬衛襄公。

昭公八年

經八年

春。陳侯之弟招。殺陳世子偃師。
夏。四月。辛丑。陳侯溺卒。叔弓如晉。楚人執陳行人干徵師。殺之。陳公子留。出奔鄭。

秋。蒐于紅。陳人殺其大夫公子過。大雩。
冬。十月。壬午。楚師滅陳。執陳公子招。放之于越。殺陳孔奐。葬陳哀公。

傳八年

春。石言于晉魏榆。晉侯問於師曠曰。石何故言。對曰石不能言。或馮焉。不然。民聽濫也。抑臣又聞之曰。作事不時。怨讟動于民。則有非言之物而言。今宮室崇侈。民力彫盡。怨讟並作。莫保其性。石言不亦宜乎。於是晉侯方築虒祁之宮。叔向曰。子野之言君子哉。君子之言。信而有徵。故怨遠於其身。小人之言僭而無徵。故怨咎及之。詩曰。哀哉不能言。匪舌是出。唯躬是瘁。哿矣能言。巧言如流。俾躬處休。其是之謂乎。是宮也成。諸侯必叛。君必有咎。夫子知之矣。陳哀公元妃鄭姬生悼大子偃師。二妃生公子留。下妃生公子勝。二妃嬖。留有寵。屬諸司徒招與公子過。哀公有廢疾。
三月甲申。公子招。公子過。殺悼大子偃師而立公子留。
夏。四月。辛亥。哀公縊。干徵師赴于楚。且告有立君。公子勝愬之于楚。楚人執而殺之。公子留奔鄭。書曰。陳侯之弟招殺陳世子偃師。罪在招也。楚人執陳行人干徵師殺之。罪不在行人也。叔弓如晉。賀虒祁也。游吉相鄭伯以如晉。亦賀虒祁也。史趙見子大叔曰。甚哉其相蒙也。可弔也而又賀之。子大叔曰。若何弔也。其非唯我賀。將天下實賀。
秋。大蒐于紅。自根牟至于商衛。革車千乘。
七月。甲戌。齊子尾卒。子旗欲治其室。丁丑。殺梁嬰。
八月。庚戌。逐子成。子工。子車。皆來奔。而立子良氏之宰。其臣曰。孺子長矣。而相吾室。欲兼我也。授甲將攻之。陳桓子善於子尾。亦授甲將助之。或告子旗。子旗不信。則數人告將往。又數人告於道。遂如陳氏。桓子將出矣。聞之而還。游服而逆之。請命。對曰。聞彊氏授甲將攻子。子聞諸。曰。弗聞。子盍亦授甲。無宇請從。子旗曰。子胡然。彼孺子也。吾誨之。猶懼其不濟。吾又寵秩之。其若先人何。子盍謂之。周書曰。惠不惠。茂不茂。康叔所以服弘大也。桓子稽顙曰。頃靈福子。吾猶有望。遂和之如初。陳公子招歸罪於公子過而殺之。
九月。楚公子棄疾帥師奉孫吳圍陳。宋戴惡會之。
冬。十一月。壬午。滅陳。輿嬖袁克。殺馬毀玉以葬。楚人將殺之。請寘之。既又請私。私於幄。加絰於顙而逃。使穿封戌。為陳公曰。城麇之役不諂。侍飲酒於王。王曰。城麇之役。女知寡人之及此。女其辟寡人乎。對曰。若知君之及此。臣必致死禮以息楚。晉侯問於史趙曰。陳其遂亡乎。對曰。未也。公曰何故。對曰。陳顓頊之族也。歲在鶉火。是以卒滅。陳將如之。今在析木之津。猶將復由。且陳氏得政于齊。而後陳卒亡。自幕至于瞽瞍。無違命。舜重之以明德。寘德于遂。遂世守之。及胡公不淫。故周賜之姓。使祀虞帝。臣聞盛德必百世祀。虞之世數未也。繼守將在齊。其兆既存矣。

昭公九年

經九年

春。叔弓會楚子于陳。許遷于夷。
夏。四月。陳災。
秋。仲孫貜如齊。
冬。築郎囿。

傳九年

春。叔弓。宋華亥。鄭游吉。衛趙黶。會楚子于陳。
二月。庚申。楚公子棄疾。遷許于夷。實城父。取州來淮北之田以益之。伍舉授許男田。然丹遷城父人於陳。以夷濮西田益之。遷方城外人於許。周甘人與晉閻嘉爭閻田。晉梁丙。張趯。率陰戎伐潁。王使詹桓伯辭於晉曰。我自夏以后稷。魏。駘。芮。岐。畢。吾西土也。及武王克商。蒲姑。商奄。吾東土也。巴濮。楚鄧。吾南土也。肅慎。燕。亳。吾北土也。吾何邇封之有。文武成康之建母弟。以蕃屏周。亦其廢隊是為。豈如弁髦。而因以敝之。先王居檮杌于四裔。以禦螭魅。故允姓之姦。居于瓜州。伯父惠公歸自秦。而誘以來。使偪我諸姬。入我郊甸。則戎焉取之。戎有中國。誰之咎也。后稷封殖天下。今戎制之。不亦難乎。伯父圖之。我在伯父。猶衣服之有冠冕。

木水之有本原。民人之有謀主也。伯父若裂冠毀冕。拔本塞原。專棄謀主。雖戎狄其何有余一人。叔向謂宣子曰。文之伯也。豈能改物。翼戴天子。而加之以共。自文以來。世有衰德。而暴滅宗周。以宣示其侈。諸侯之貳。不亦宜乎。且王辭直。子其圖之。宣子說。王有姻喪。使趙成如周弔。且致閻田與禭。反潁俘。王亦使賓滑執甘大夫襄以說於晉。晉人禮而歸之。

夏。四月。陳災。鄭裨灶曰。

五年。陳將復封。封五十二年而遂亡。子產問其故。對曰。陳。水屬也。火。水妃也。而楚所相也。今火出而火陳。逐楚而建陳也。妃以五成。故曰五年。歲五及鶉火。而後陳卒亡。楚克有之。天之道也。故曰五十二年。晉荀盈如齊逆女。還。

六月。卒于戲陽。殯于絳。未葬。晉侯飲酒樂。膳宰屠蒯趨入。請佐公使尊。許之。而遂酌以飲。工曰。女為君耳。將司聰也。辰在子卯。謂之疾日。君徹宴樂。學人舍業。為疾故也。君之卿佐。是謂股肱。股肱或虧。何痛如之。女弗聞而樂。是不聰也。又飲外嬖嬖叔曰。女為君目。將司明也。服以旌禮。禮以行事。事有其物。物有其容。今君之容。非其物也。而女不見。是不明也。亦自飲也。曰。味以行氣。氣以實志。志以定言。言以出令。臣實司味。二御失官。而君弗命。臣之罪也。公說。徹酒。初。公欲廢知氏而立其外嬖。為是悛而止。

秋。八月。使荀躒佐下軍以說焉。孟僖子如齊。殷聘禮也。

冬。築郎囿。書時也。季平子欲其速成也。叔孫昭子曰。詩曰。經始勿亟。庶民子來。焉用速成。其以勦民也。無囿猶可。無民其可乎。

昭公十年

經十年

春。王正月。

夏。齊欒施來奔。

秋。七月。季孫意如叔弓。仲孫貜帥師伐莒。

戊子。晉侯彪卒。

九月。叔孫婼如晉。葬晉平公。

十有二月。甲子。宋公成卒。

傳十年

春。王正月。有星出于婺女。鄭裨灶言於子産曰。七月。戊子。晉君將死。今茲歲在顓頊之虛。姜氏任氏。實守其地。居其維首。而有妖星焉。告邑姜也。邑姜。晉之妣也。天以七紀。戊子。逢公以登星斯於是乎出。吾是以譏之。齊惠欒。高氏。皆耆酒。信內多怨。彊於陳鮑氏而惡之。

夏。有告陳桓子曰。子旗。子良。將攻陳鮑。亦告鮑氏。桓子授甲而如鮑氏。遭子良醉而騁。遂見文子。則亦授甲矣。使視二子。則皆從飲酒。桓子曰。彼雖不信。聞我授甲。則必逐我。及其飲酒也。先伐諸。陳鮑方睦。遂伐欒高氏。子良曰。先得公。陳鮑焉往。遂伐虎門。晏平仲端委立于虎門之外。四族召之。無所往。其徒曰。助陳鮑乎。曰。何善焉。助欒高乎。曰。庸愈乎。然則歸乎。曰。君伐焉歸。公召之而後入。公卜使王黑以靈姑銔率。吉。請斷三尺焉而用之。

五月。庚辰。戰于稷。欒高敗。又敗諸莊。國人追之。又敗諸鹿門。欒施。高彊。來奔。陳鮑分其室。晏子謂桓子。必致諸公。讓德之主也。謂懿德。凡有血氣。皆有爭心。故利不可強。思義為愈。義。利之本也。蘊利生孽。姑使無蘊乎。可以滋長。桓子盡致諸公。而請老于莒。桓子召子山。私具幄幕器用。從者之衣屨。而反棘焉。子商亦如之。而反其邑。子周亦如之。而與之夫于。反子城。子公。公孫捷。而皆益其祿。凡公子公孫之無祿者。私分之邑。國之貧約孤寡者。私與之粟。曰。詩云。陳錫載周。能施也。桓公是以霸。公與桓子莒之旁邑。辭。穆孟姬為之請高唐。陳氏始大。

秋。七月。平子伐莒。取郠。獻俘。始用人於亳社。臧武仲在齊。聞之。曰。周公其不饗魯祭乎。周公饗義。魯無義。詩曰。德音孔昭。視民不佻。佻之謂甚矣。而壹用之。將誰福哉。戊子。晉平公卒。鄭伯如晉。及河。晉人辭之。游吉遂如晉。

九月。叔孫婼。齊國弱。宋華定。衛北宮喜。鄭罕虎。許人。曹人。

莒人。邾人。薛人。杞人。小邾人。如晉。葬平公也。鄭子皮將以幣行。子產曰。喪焉用幣。用幣必百兩。百兩必千人。千人至。將不行。不行。必盡用之。幾千人而國不亡。子皮固請以行。既葬。諸侯之大夫欲因見新君。叔孫昭子曰。非禮也。弗聽。叔向辭之。曰。大夫之事畢矣。而又命孤。孤斬焉在衰絰之中。其以嘉服見。則喪禮未畢。其以喪服見。是重受弔也。大夫將若之何。皆無辭以見。子皮盡用其幣。歸。謂子羽曰。非知之實難。將在行之。夫子知之矣。我則不足。書曰。欲敗度。縱敗禮。我之謂矣。夫子知度與禮矣。我實縱欲。而不能自克也。昭子至自晉。大夫皆見。高彊見而退。昭子語諸大夫曰。為人子。不可不慎也哉。昔慶封亡。子尾多受邑而稍致諸君。君以為忠。而甚寵之。將死。疾于公宮。輦而歸。君親推之。其子不能任。是以在此。忠為令德。其子弗能任。罪猶及之。難不慎也。喪夫人之力。棄德曠宗。以及其身。不害乎。詩曰。不自我先。不自我後。其是之謂乎。

冬。十二月。宋平公卒。初。元公惡寺人柳。欲殺之。及喪。柳熾炭于位。將至。則去之。比葬。又有寵。

昭公十一年

經十有一年

春。王二月。叔弓如宋。葬宋平公。

夏。四月。丁巳。楚子虔誘蔡侯般。殺之于申。楚公子棄疾帥師圍蔡。

五月。甲申。夫人歸氏薨。大蒐于比蒲。仲孫貜會邾子盟于祲祥。

秋。季孫意如會。晉韓起。齊國弱。宋華亥。衛北宮佗。鄭罕虎。曹人。杞人。于厥憖。

九月。己亥。葬我小君齊歸。

冬。十有一月。丁酉。楚師滅蔡。執蔡世子有以歸用之。

傳十一年

春。王二月。叔弓如宋。葬平公也。景王問於萇弘曰。今茲諸侯。何實吉。何實凶。對曰。蔡凶。此蔡侯般弒其君之歲也。歲在豕韋。弗過此矣。楚將有之然壅也。歲及大梁。蔡復楚凶。天之道也。楚子在申。召蔡靈侯。靈侯將往。蔡大夫曰。王貪而無信。唯蔡於感。今幣重而言甘。誘我也。不如無往。蔡侯不可。
五月。丙申。楚子伏甲而饗蔡侯於申。醉而執之。
夏。四月。丁巳。殺之。刑其士七十人。公子棄疾帥師圍蔡。韓宣子問於叔向曰。楚其克乎。對曰。克哉。蔡侯獲罪於其君。而不能其民。天將假手於楚以斃之。何故不克。然肸聞之。不信以幸。不可再也。楚王奉孫吳以討於陳曰。將定而國。陳人聽命。而遂縣之。今又誘蔡而殺其君。以圍其國。雖幸而克。必受其咎。弗能久矣。桀克有緡。以喪其國。紂克東夷。而隕其身。楚小位下。而亟暴於二王。能無咎乎。天之假助不善。非祚之也。厚其凶惡。而降之罰也。且譬之如天。其有五材。而將用之。力盡而敝之。是以無拯。不可沒振。
五月。齊歸薨大蒐于比蒲。非禮也。孟僖子會邾莊公盟于祲祥。脩好。禮也。泉丘人有女。夢以其帷幕孟氏之廟。遂奔僖子。其僚從之。盟于清丘之社。曰有子。無相棄也。僖子使助薳氏之簉。反自祲祥。宿于薳氏。生懿子及南宮敬叔於泉丘人。其僚無子。使字敬叔。楚師在蔡。晉荀吳謂韓宣子曰。不能救陳。又不能救蔡。物以無親。晉之不能。亦可知也。已為盟主。而不恤亡國。將焉用之。
秋。會于厥慭。謀救蔡也。鄭子皮將行。子產曰。行不遠。不能救蔡也。蔡小而不順。楚大而不德。天將棄蔡以壅楚。盈而罰之。蔡必亡矣。且喪君而能守者鮮矣。三年。王其有咎乎。美惡周必復。王惡周矣。晉人使狐父請蔡于楚。弗許。單子會韓宣子于戚。視下言徐。叔向曰。單子其將死乎。朝有著定。會有表。衣有襘。帶有結。會朝之言。必聞于表著之位。所以昭事序也。視不過結襘之中。所以道容貌也。言以命之。容貌以明之。失則有闕。今單子為王官伯。而命事於會。視不登帶言不過步。貌不道容。而言不昭矣。不道不共。不昭不從。無守氣矣。
九月。葬齊歸。公不感。晉士之送葬者。歸以語史趙。史趙曰。必為魯郊。侍者曰。何故。曰。歸。姓也。不思親。祖不歸也。叔向曰。魯公室其卑乎。君有大喪。國不廢蒐。有三年之喪。而無一日之感。

國不恤喪。不忌君也。君無慼容。不顧親也。國不忌君。君不顧親。能無卑乎。殆其失國。

冬。十一月。楚子滅蔡。用隱大子于岡山。申無宇曰。不祥。五牲不相為用。況用諸侯乎。王必悔之。

十二月。單成公卒。楚子城陳蔡不羹。使棄疾為蔡公。王問於申無宇曰。棄疾在蔡何如。對曰。擇子莫如父。擇臣莫如君。鄭莊公城櫟而寘子元焉。使昭公不立。齊桓公城穀而寘管仲焉。至于今賴之。臣聞五大不在邊。五細不在庭。親不在外。羈不在內。今棄疾在外。鄭丹在內。君其少戒。王曰。國有大城何如。對曰。鄭京櫟實殺曼伯。宋蕭亳實殺子游。齊渠丘實殺無知。衛蒲戚實出獻公。若由是觀之。則害於國。末大必折。尾大不掉。君所知也。

昭公十二年

經十有二年

春。齊高偃帥師納北燕伯于陽。

三月。壬申。鄭伯嘉卒。

夏。宋公使華定來聘。公如晉至河乃復。

五月。葬鄭簡公。楚殺其大夫成熊。

秋。七月。

冬。十月。公子慭出奔齊。楚子伐徐。晉伐鮮虞。

傳十二年

春。齊高偃納北燕伯款于唐。因其眾也。

三月。鄭簡公卒。將為葬除。及游氏之廟。將毀焉。子大叔使其除徒執用以立。而無庸毀。曰。子產過女。而問何故不毀。乃曰。不忍廟也。諾。將毀矣。既如是。子產乃使辟之。司墓之室。有當道者。毀之。則朝而塴。弗毀。則日中而塴。子大叔請毀之。曰。無若諸侯之賓何。子產曰。諸侯之賓。能來會吾喪。豈憚日中。無損於賓。而民不害。何故不為。遂弗毀。日中而葬。君子謂子產於是乎知禮。禮無毀人。以自成也。

夏。宋華定來聘。通嗣君也。享之。為賦蓼蕭。弗知。又不荅賦。昭子曰。必亡。宴語之不懷。寵光之不宣。令德之不知。同福之不受。將何以在。齊侯。衛侯。鄭伯。如晉。朝嗣君也。公如晉。至河乃復。取郠之役。莒人愬于晉。晉有平公之喪。未之治也。故辭公。公子慭遂如晉。晉侯享諸侯。子產相鄭伯。辭於享。請免喪而後聽命。晉人許之。禮也。晉侯以齊侯宴。中行穆子相。投壺。晉侯先。穆子曰。有酒如淮。有肉如坻。寡君中此。為諸侯師。中之。齊侯舉矢曰。有酒如澠。有肉如陵。寡人中此。與君代興。亦中之。伯瑕謂穆子曰。子失辭。吾固師諸侯矣。壺何為焉。其以中儁也。齊君弱。吾君歸。弗來矣。穆子曰。吾軍帥彊禦。卒乘競勸。今猶古也。齊將何事。公孫傁趨進曰。日旰君勤。可以出矣。以齊侯出。楚子謂成虎。若敖之餘也。遂殺之。或譖成虎於楚子。成虎知之。而不能行。書曰。楚殺其大夫成虎。懷寵也。

六月。葬鄭簡公。晉荀吳偽會齊師者。假道於鮮虞。遂入昔陽。

秋。八月。壬午。滅肥。以肥子綿皋歸。周原伯絞虐其輿臣。使曹逃。

冬。十月。壬申。朔。原輿人逐絞而立公子跪。尋絞奔郊。甘簡公無子。立其弟過。過將去成景之族。成景之族賂劉獻公。丙申。殺甘悼公而立成公之孫鰌。丁酉。殺獻太子之傅。庾皮之子過。殺瑕辛于市。及宮嬖綽。王孫沒。劉州鳩。陰忌。老陽子。季平子立而不禮於南蒯。南蒯謂子仲。吾出季氏。而歸其室於公。子更其位。我以費為公臣。子仲許之。南蒯語叔仲穆子。且告之故。季悼子之卒也。叔孫昭子以再命為卿。及平子伐莒。克之。更受三命。叔仲子欲構二家。謂平子曰。三命踰父兄。非禮也。平子曰。然。故使昭子。昭子曰。叔孫氏有家禍。殺適立庶。故婼也及此。若因禍以斃之。則聞命矣。若不廢君命。則固有著矣。昭子朝而命吏曰。婼將與季氏訟。書辭無頗。季孫懼。而歸罪於叔仲子。故叔仲小。南蒯。公子慭。謀季氏。慭告公。而遂從公如晉。南蒯懼不克。以費叛如齊。子仲還及衛。聞亂。逃介而先。及郊。聞費叛。遂奔齊。南蒯之將叛也。其鄉人或知之。過之而歎。且言曰。恤恤乎。湫乎攸乎。深思而淺謀。邇身而遠志。家臣而君圖。有人矣哉。南蒯枚筮之。遇坤之比曰。黃裳元吉。

以為大吉也。示子服惠伯曰。即欲有事何如。惠伯曰。吾嘗學此矣。忠信之事則可。不然必敗。外彊內溫。忠也。和以率貞。信也。故曰黃裳元吉。黃。中之色也。裳。下之飾也。元。善之長也。中不忠。不得其色。下不共。不得其飾。事不善。不得其極。外內倡和為忠。率事以信為共。供養三德為善。非此三者弗當。且夫易。不可以占險。將何事也。且可飾乎。中美能黃。上美為元。下美則裳。參成可筮。猶有闕也。筮雖吉。未也。將適費。飲鄉人酒。鄉人或歌之曰。我有圃。生之杞乎。從我者子乎。去我者鄙乎。倍其鄰者恥乎。已乎已乎。非吾黨之士乎。平子欲使昭子逐叔仲小。小聞之。不敢朝。昭子命吏謂小待政於朝。曰。吾不為怨府。楚子狩于州來。次于潁尾。使蕩侯。潘子。司馬督。囂尹。午陵。尹喜。帥師圍徐。以懼吳。楚子次于乾谿。以為之援。雨雪。王皮冠。秦復陶。翠被。豹舄。執鞭以出。僕析父從。右尹子革夕。王見之。去冠被舍鞭。與之語曰。昔我先王熊繹。與呂級。王孫牟。燮父。禽父。並事康王。四國皆有分。我獨無有。今吾使人於周。求鼎以為分。王其與我乎。對曰。與君王哉。昔我先王熊繹。辟在荊山。篳路藍縷。以處草莽。跋涉山林。以事天子。唯是桃弧棘矢。以共禦王事。齊王舅也。晉及魯衛。王母弟也。楚是以無分。而彼皆有。今周與四國。服事君王。將唯命是從。豈其愛鼎。王曰。昔我皇祖伯父昆吾。舊許是宅。今鄭人貪賴其田。而不我與我。若求之。其與我乎。對曰。與君王哉。周不愛鼎。鄭敢愛田。王曰。昔諸侯遠我而畏晉。今我大城。陳蔡不羹。賦皆千乘。子與有勞焉。諸侯其畏我乎。對曰。畏君王哉。是四國者。專足畏也。又加之以楚。敢不畏君王哉。工尹路請曰。君王命剝圭以為鏚柲。敢請命。王入視之。析父謂子革。吾子。楚國之望也。今與王言如響。國其若之何。子革曰。摩厲以須。王出。吾刃將斬矣。王出復語。左史倚相趨過。王曰。是良史也。子善視之。是能讀三墳五典。八索九丘。對曰。臣嘗問焉。昔穆王欲肆其心。周行天下。將皆必有車轍馬跡焉。祭公謀父作祈招之詩。以止王心。王是以獲沒於祇宮。臣問其詩而不知也。若問遠焉。其焉能知之。王曰。子能乎。對曰。能。其詩曰。祈招之愔愔。式昭德音。思我王度。式如玉。式如金。形民之力。而無醉飽之心。王揖而入。饋不食。寢不寐。數日不能自克。以及於難。仲尼曰。古也有志。克己復禮。仁也。信善哉。楚靈王若能如是。豈其辱於乾谿。晉伐鮮虞。因肥之役也。

昭公十三年

經十有三年

春。叔弓帥師圍費。

夏。四月。楚公子比自晉歸于楚。弒其君虔于乾谿。楚公子棄疾殺公子比。

秋。公會劉子。晉侯。齊侯。宋公。衛侯。鄭伯。曹伯。莒子。邾子。滕子。薛伯。杞伯。小邾子。于平丘。八月。甲戌。同盟于平丘。公不與盟。晉人執季孫意如以歸。公至自會。蔡侯廬歸于蔡。陳侯吳歸于陳。

冬。十月。葬蔡靈公。公如晉。至河乃復。吳滅州來。

傳十三年

春。叔弓圍費。弗克敗焉。平子怒。令見費人執之。以為囚俘。冶區夫曰。非也。若見費人。寒者衣之。飢者食之。為之令主。而共其乏困。費來如歸。南氏亡矣。民將叛之。誰與居邑。若憚之以威。懼之以怒。民疾而叛。為之聚也。若諸侯皆然。費人無歸。不親南氏。將焉入矣。平子從之。費人叛南氏。楚子之為令尹也。殺大司馬薳掩而取其室。及即位。奪薳居田。遷許而質許圍。蔡洧有寵於王。王之滅蔡也。其父死焉。王使與於守。而行申之會。越大夫戮焉。王奪鬥韋龜中犨。又奪成然邑。而使為郊尹。蔓成然故事蔡公。故薳氏之族。及薳居。許圍。蔡洧。蔓成然。皆王所不禮也。因群喪職之族。啟越大夫常壽過作亂。圍固城。克息舟城而居之。觀起之死也。其子從在蔡。事朝吳曰。今不封蔡。蔡不封矣。我請試之。以蔡公之命召子干。子晳。及郊而告之情。強與之盟。入襲蔡。蔡公將食。見之而逃。觀從使子干飲坎用牲。加書而速行。已徇於蔡曰。蔡公召二子。將納之。與之盟而遣之矣。將師而從之。蔡人聚。將執之。辭曰。失賊成軍。而殺余何益。乃釋之。朝吳曰。二三子若能死亡。則如違之。以待所濟。若求安定。則如與之。以濟所欲。且違上何適而可。衆曰與之。乃奉蔡公召二子。而盟于鄧。依陳蔡人以國。楚公子比。公子黑肱。公子棄疾。蔓成然。蔡朝吳。帥陳。楚。不羹。許。葉。之師。因四族之徒以入楚。及郊。陳蔡欲為名。故請為武軍。蔡公知之。曰欲速。且役病矣。請藩而已。乃藩為軍。蔡公使須務牟與史猈先入。因正僕人殺大子祿。及公子罷敵。公子比為王。公子黑肱為令尹。次于魚陂。公子棄疾為司馬。先除王宮。使觀從從師于乾谿。而遂告之。且曰。先歸復所。後者劓。師及訾梁而潰。王聞群公子之死也。自投于車下。曰。人之愛其子也。亦如余乎。侍者曰。甚焉。小人老而無子。知擠于溝壑矣。王曰。余殺人子多矣。能無及此乎。右尹子革曰。請待于郊。以聽國人。王曰。衆怒不可犯也。曰。若入於大都。而乞師於諸侯。王曰。皆叛矣。曰。若亡於諸侯。以聽大國之圖君也。王曰。大福不再。祇取辱焉。然丹乃歸于楚。王沿夏。將欲入鄢。芋尹無宇之子申亥曰。吾父再奸王命。王弗誅。惠孰大焉。君不可忍。惠不可棄。吾其從王。乃求王。遇諸棘闈。以歸。

夏。五月。癸亥。王縊于芋尹申亥氏。申亥以其二女。殉而葬之。觀從謂子干曰。不殺棄疾。雖得國。猶受禍也。子干曰。余不忍也。子玉曰。人將忍子。吾不忍俟也。乃行。國每夜駭曰。王入矣。乙卯。夜。棄疾使周走而呼曰。王至矣。國人大驚。使蔓成然走告子干。子晳曰。王至矣。國人殺君。司馬將來矣。君若早自圖也。可以無辱。衆怒如水火焉。不可為謀。又有呼而走至者曰。衆至矣。二子皆自殺。丙辰。棄疾即位。名曰熊居。葬子于于訾實。訾敖殺囚。衣之王服。而流諸漢。乃取而葬之。以靖國人。使子旗為令尹。楚師還自徐。吳人敗諸豫章。獲其五帥。平王封陳蔡。復遷邑。致群賂。施舍寬民。宥罪舉職。召觀從王曰。唯爾所欲。對曰。臣之先佐開卜。乃使為卜尹。使枝如子躬聘于鄭。且致犨櫟之田。事畢。弗致。鄭人請曰。聞諸道路。將命寡君以犨櫟。敢請命。對曰。臣未聞命。既復。王問犨櫟。降服而對曰。臣過失命未之致也。王執其手曰。子毋勤。姑歸。不穀有事。其告子也。他年。芋尹申亥以王柩告。乃改葬之。初。靈王卜曰。余尚得天下。不吉。投龜詬天而呼曰。是區區者而不余畀。余必自取之。民患王之無厭也。故從亂如歸。初。共王無{。適有寵子五人。無適立焉。乃大有事于群望而祈曰。請神擇於五人者。使主社稷。乃遍以璧見於群望曰。當璧而拜者。神所立也。誰敢違之。既乃與巴姬密埋璧於大室之庭。使五人齊而長入拜。康王跨之。靈王肘加焉。子干子皙皆遠之。平王弱。抱而入。再拜。皆厭紐。鬥韋龜屬成然焉。且曰。棄禮違命。楚其危哉。子干歸。韓宣子問於叔向曰。子干其濟乎。對曰。難。宣子曰。同惡相求。如市賈焉。何難。對曰。無與同好。誰與同惡。取國有五難。有寵而無人。一也。有人而無主。二也。有主而無謀。三也。有謀而無民。四也。有民而無德。五也。子干在晉。十三年矣。晉楚之從。不聞達者。可謂無人。族盡親叛。可謂無主。無釁而動。可謂無謀。為羇終世。可謂無民。亡無愛徵。可謂無德。王虐而不忌。楚君子干涉。五難以殺舊君。誰能濟之。有楚國者。其棄疾乎。君陳蔡。城外屬焉。苛慝不作。盜賊伏隱。私欲不違。民無怨心。先神命之。國民信之。芉姓有亂。必季實立。楚之常也。獲神。一也。有民。二也。令德。三也。寵貴。四也。居常。五也。有五利以去五難。誰能害之。子干之官。則右尹也。數其貴寵。則庶子也。以神所命。則又遠之。其貴亡矣。其寵棄矣。民無懷焉。國無與焉。將何以立。宣子曰。齊桓晉文。不亦是乎。對曰。齊桓。衛姬之子也。有寵於僖。有鮑叔牙。賓須無。隰朋。以為輔佐。有莒。衛。以為外主。有國。高。以為內主。從善如流。下善齊肅。不藏賄。不從欲。施舍不倦。求善不厭。是以有國。不亦宜乎。我先君文公。狐季姬之子也。有寵於獻。好學而不貳。生十七年。有士五人。有先大夫子餘。子犯。以為腹心。有魏犫。賈佗。以為股肱。有齊。宋。秦。楚。以為外主。有欒。郤。狐。先。以為內主。亡十九年。守志彌篤。惠懷棄民。民從而與之。獻無異親。民無異望。天方相晉。將何以代文。此二君者。異於子干。共有寵子。國有奧主。無施於民。無援於外。去晉而不送。歸楚而不逆。何以冀國。晉成虒祁。諸侯朝而歸者。皆有貳心。為取郠故。晉將以諸侯來討。叔向曰。諸侯不可以不示威。乃並徵會告于吳。

秋。晉侯會吳子干良。水道不可。吳子辭。乃還。
七月。丙寅。治兵于邾。南甲車四千乘。羊舌鮒攝司馬。遂合諸侯于平丘。子產。子大叔。相鄭伯以會。子產以幄幕九張行。子大叔以四十。既而悔之。每舍損焉。及會亦如之。次于衛地。叔鮒求貨於衛。淫芻蕘者。衛人使屠伯饋叔向羹。與一篋錦。曰。諸侯事晉。未敢攜貳。況衛在君之宇下。而敢有異志。芻蕘者異於他日。敢請之。叔向受羹。反錦曰。晉有羊舌鮒者。瀆貨無厭。亦將及矣。為此役也。子若以君命賜之。其已。客從之。未退而禁之。晉人將尋盟。齊人不可。晉侯使叔向告劉獻公曰。抑齊人不盟。若之何。對曰。盟以厎信。君苟有信。諸侯不貳。何患焉。告之以文辭。董之以武師。雖齊不許。君庸多矣。天子之老。請帥王賦。元戎十乘。以先啟行。遲速唯君。叔向告于齊曰。諸侯求盟。已在此矣。今君弗利。寡君以為請。對曰。諸侯討貳。則有尋盟。若皆用命。何盟之尋。叔向曰。國家之敗。有事而無業。事則不經。有業而無禮。經則不序。有禮而無威。序則不共。有威而不昭。共則不明。不明棄共百事。不終所由傾覆也。是故明王之制。使諸侯歲聘以志業。間朝以講禮。再朝而會以示威。再會而盟以顯昭明。志業於好。講禮於等。示威於眾。昭明於神。自古以來。未之或失也。存亡之道。恆由是興。晉禮主盟。懼有不治。奉承齊犧。而布諸君。求終事也。君曰余必廢之。何齊之有。唯君圖之。寡君聞命矣。齊人懼。對曰。小國言之。大國制之。敢不聽從。既聞命矣。敬共以往。遲速唯君。叔向曰。諸侯有間矣。不可以不示眾。八月。辛未。治兵。建而不旆。壬申。復旆之。諸侯畏之。邾人。莒人。愬于晉曰。魯朝夕伐我。幾亡矣。我之不共。魯故之以。晉侯不見公。使叔向來辭曰。諸侯將以甲戌盟。寡君知不得事君矣。請君無勤。子服惠伯對曰。君信蠻夷之訴。以絕兄弟之國。棄周公之後。亦惟君。寡君聞命矣。叔向曰。寡君有甲車四千乘在。雖以無道。行之必可畏也。況其率道。其何敵之有。牛雖瘠。僨於豚上。其畏不死。南蒯子仲之憂。其庸可棄乎。若奉晉之眾。用諸侯之師。因邾莒杞鄫之怒。以討魯罪。間其二憂。何求而弗克。魯人懼聽命。甲戌。同盟于平丘。齊服也。令諸侯日中造于除。癸酉退朝。子產命外僕速張於除。子大叔止之。使待。明白。及夕。子產聞其未張也。使速往。乃無所張矣。及盟。子產爭承。曰。昔天子班貢。輕重以列。列尊貢重。周之制也。卑而貢重者。甸服也。鄭伯。男也。而使從公侯之貢。懼弗給也。敢以為請。諸侯靖兵。好以為事。行理之命。無月不至。貢之無藝。小國有闕。所以得罪也。諸侯脩盟存小國也。貢獻無極。亡可待也。存亡之制。將在今矣。自日中以爭。至于昏。晉人許之。既盟。子大叔咎之。曰。諸侯若討。其可瀆乎。子產曰。晉政多門。貳偷之不暇。何暇討國。不競亦陵。何國之為。公不與盟。晉人執季孫意如。以幕蒙之。使狄人守之。司鐸射懷錦奉壺飲冰。以蒲伏焉。守者御之。乃與之錦而入。晉人以平子歸。子服湫從。子產歸。未至。聞子皮卒。哭且曰。吾已無為為善矣。唯夫子知我。仲尼謂子產於是行也。足以為國基矣。詩曰。樂只君子。邦家之基。子產。君子之求樂者也。且曰。合諸侯。藝貢事。禮也。鮮虞人聞晉師之悉起也。而不警邊。且不脩備。晉荀吳自著雍以上軍侵鮮虞。及中人。驅衝競。大獲而歸。 楚之滅蔡也。靈王遷許。胡。沈。道。房。申。於荊焉。平王即位。既封陳蔡。而皆復之。禮也。隱大子之子廬。歸于蔡。禮也。悼大子之子吳。歸于陳。禮也。

冬。十月。葬蔡靈公。禮也。公如晉。荀吳謂韓宣子曰。諸侯相朝。講舊好也。執其卿而朝其君。有不好焉。不如辭之。乃使士景伯辭公于河。吳滅州來。令尹子期請伐吳。王弗許。曰。吾未撫民人。未事鬼神。未脩守備。未定國家。而用民力。敗不可悔。州來在吳。猶在楚也。子始待之。季孫猶在晉。子服惠伯私於中行穆子。曰。魯事晉何以不如夷之小國。魯。兄弟也。土地猶大。所命能具。若為夷棄之。使事齊楚。其何瘳於晉。親親與大。賞共罰否。所以為盟主也。子其圖之。諺曰。臣一主二。吾豈無大國。穆子告韓宣子。且曰。楚滅陳蔡。不能救而為夷執親。將焉用之。乃歸季孫。惠伯曰。寡君未知其罪。合諸侯而執其老。若猶有罪。死命可也。若曰無罪。而惠免之。諸侯不聞。是逃命也。何免之為。請從君惠於會。宣子患之。謂叔向曰。子能歸季孫乎。對曰不能。鮒也能乃使叔魚。叔魚見季孫曰。昔鮒也得罪於晉君。自歸於魯君。微武子之賜。不至於今。雖獲歸骨於晉。猶子則肉之。敢不盡情。歸子而不歸鮒也。聞諸吏將為子除館於西河。其若之何。且泣。平子懼。先歸。惠伯待禮。

昭公十四年

經十有四年

春。意如至自晉。

三月。曹伯滕卒。

夏。四月。

秋。葬曹武公。

八月。莒子去疾卒。

冬。莒殺其公子意恢。

傳十四年

春。意如至自晉。尊晉罪己也。尊晉罪己。禮也。南蒯之將叛也。盟費人。司徒老祁。慮癸。偽廢疾。使請於南蒯曰。臣願受盟而疾興。若以君靈不死。請待間而盟。許之。二子因民之欲叛也。請朝眾而盟。遂劫南蒯。曰。群臣不忘其君。畏子以及今。三年聽命矣。子若弗圖。費人不忍其君。將不能畏子矣。子何所不逞欲。請送子。請期五日。遂奔齊。侍飲酒於景公。公曰。叛夫。對曰。臣欲張公室也。子韓晢曰。家臣而欲張公室。罪莫大焉。司徒老祁。慮癸來歸費。齊侯使鮑文子致之。

夏。楚子使然丹簡上國之兵於宗丘。且撫其民。分貧振窮。長孤幼。養老疾。收介特。救災患。宥孤寡。赦罪戾。詰姦慝。舉淹滯。禮新敘舊。祿勳合親。任良物官。使屈罷簡東國之兵於召陵。亦如之。好於邊疆息。民五年。而後用師。禮也。

秋。八月。莒著丘公卒。郊公不慼。國人弗順。欲立著丘公之弟庚與。蒲餘侯惡公子意恢。而善於庚與。郊公惡公子鐸。而善於意恢。公子鐸因蒲餘侯而與之謀。曰。爾殺意恢。我出君而納庚與。許之。楚令尹子旗有德於王。不知度與養氏比。而求無厭。王患之。

九月。甲午。楚子殺鬥成然而滅養氏之族。使鬥辛居鄖。以無忘舊勳。

冬。十二月。蒲餘侯茲夫殺莒公子意恢。郊公奔齊。公子鐸逆庚與於齊。齊隰黨。公子鉏。送之。有賂田。晉邢侯與雍子爭鄐田。久而無成。士景伯如楚。叔魚攝理。韓宣子命斷舊獄。罪在雍子。雍子納其女於叔魚。叔魚蔽罪邢侯。邢侯怒。殺叔魚。與雍子於朝。宣子問其罪於叔向。叔向曰。三人同罪。施生戮死。可也。雍子自知其罪。而賂以買直。鮒也鬻獄。邢侯專殺。其罪一也。已惡而掠美為昏。貪以敗官為墨。殺人不忌為賊。夏書曰。昏墨賊殺。皋陶之刑也。請從之。乃施邢侯。而尸雍子。與叔魚於市。仲尼曰。叔向。古之遺直也。治國制刑。不隱於親。三數叔魚之惡。不為末減。曰。義也夫。可謂直矣。平丘之會。數其賄也。以寬衛國。晉不為暴。歸魯季孫。稱其詐也。以寬魯國。晉不為虐。邢侯之獄。言其貪也。以正刑書。晉不為頗。三言而除。三惡加三利。殺親益榮。猶義也夫。

昭公十五年

經十有五年

春。王正月。吳子夷末卒。

二月。癸酉。有事于武宮籥入叔弓卒。去樂卒事。

夏。蔡朝吳出奔鄭。

六月。丁巳。朔日有食之。

秋。晉荀吳帥師伐鮮虞。

冬。公如晉。

傳十五年

春。將禘于武公。戒百官。梓慎曰。禘之日。其有咎乎。吾見赤黑之祲。非祭祥也。喪氛也。其在涖事乎。

二月。癸酉。禘。叔弓涖事。籥入而卒。去樂卒事。禮也。楚費無極害朝吳之在蔡也。欲去之。乃謂之曰。王唯信子。故處子於蔡。子亦長矣。而在下位。辱。必求之。吾助子請。又謂其上之人曰。王唯信吳。故處諸蔡。二三子莫之如也。而在其上。不亦難乎。弗圖。必及於難。夏。蔡人逐朝吳。朝吳出奔鄭。王怒曰。余唯信吳。故寘諸蔡。且微吳。吾不及此。女何故去之。無極對曰。臣豈不欲吳。然而前知其為人之異也。吳在蔡。蔡必速飛。去吳。所以翦其翼也。
六月。乙丑。王大子壽卒。
秋。八月。戊寅。王穆后崩。晉荀吳帥師伐鮮虞圍。鼓鼓。人或請以城叛。穆子弗許。左右曰。師徒不勤。而可以獲城。何故不為。穆子曰。吾聞諸叔向曰。好惡不愆。民知所適。事無不濟。或以吾城叛。吾所甚惡也。人以城來。吾獨何好焉。賞所甚惡。若所好何。若其弗賞。是失信也。何以庇民。力能則進。否則退。量力而行。吾不可以。欲城而邇姦。所喪滋多。使鼓人殺叛人而繕守備。圍鼓三月。鼓人或請降。使其民見曰。猶有食色。姑脩而城。軍吏曰。獲城而弗取。勤民而頓兵。何以事君。穆子曰。吾以事君也。獲一邑而教民。怠將焉用。邑邑以賈怠。不如完舊。賈怠無卒。棄舊不祥。鼓人能事其君。我亦能事吾君。率義不爽。好惡不愆。城可獲而民知義。所有死命。而無二心。不亦可乎。鼓人告食竭力盡。而後取之。克鼓而反。不戮一人。以鼓子截鞮歸。
冬。公如晉。平丘之會故也。
十二月。晉荀躒如周葬穆后。籍談為介。既葬除喪。以文伯宴。樽以魯壺。王曰。伯氏。諸侯皆有以鎮撫王室。晉獨無有。何也。文伯揖籍談對曰。諸侯之封也。皆受明器於王室。以鎮撫其社稷。故能薦彝器於王。晉居深山。戎狄之與鄰。而遠於王室。王靈不及。拜戎不暇。其何以獻器。王曰。叔氏而忘諸乎。叔父唐叔。成王之母弟也。其反無分乎。密須之鼓。與其大路。文所以大蒐也。闕鞏之甲。武所以克商也。唐叔受之。以處參虛。匡有戎狄。其後襄之二路。鏚鉞秬鬯。彤弓虎賁。文公受之。以有南陽之田。撫征東夏。非分而何。夫有勳而不廢。有績而載。奉之以土田。撫之以彝器。旌之以車服。明之以文章。子孫不忘。所謂福也。福祚之不登。叔父焉在。且昔而高祖孫伯黶司晉之典籍。以為大政。故曰籍氏。及辛有之二子董之。晉於是乎有董史。女司典之後也。何故忘之。籍談不能對。賓出。王曰。籍父其無後乎。數典而忘其祖。籍談歸以告叔向。叔向曰。王其不終乎。吾聞之。所樂必卒焉。今王樂憂。若卒以憂。不可謂終。王一歲而有三年之喪二焉。於是乎以喪賓宴。又求彝器。樂憂甚矣。且非禮也。彝器之來。嘉功之由。非由喪也。三年之喪。雖貴遂服。禮也。王雖弗遂。宴樂以早。亦非禮也。禮。王之大經也。一動而失二禮。無大經矣。言以考典。典以志經。忘經而多言。舉典將焉用之。

昭公十六年

經十有六年

春。齊侯伐徐。楚子誘戎蠻子殺之。

夏。公至自晉。

秋。八月。己亥。晉侯夷卒。

九月。大雩。季孫意如如晉。

冬。十月。葬晉昭公。

傳十六年

春。王正月。公在晉。晉人止公。不書。諱之也。齊侯伐徐。楚子聞蠻氏之亂也。與蠻子之無質也。使然丹誘戎蠻子嘉。殺之。遂取蠻氏。既而復立其子焉。禮也。

二月。丙申。齊師至于蒲隧。徐人行成。徐子及郯人。莒人。會齊侯盟于蒲隧。賂以甲父之鼎。叔孫昭子曰。諸侯之無伯。害哉。齊君之無道也。興師而伐遠方。會之有成。而還莫之亢也。無伯也夫。詩曰。宗周既滅。靡所止戾。正大夫離居。莫知我肄。其是之謂乎。

二月。晉韓起聘于鄭。鄭伯享之。子產戒曰。苟有位於朝。無有不共恪。孔張後至。立於客間。執政禦之。適客後。又禦之。適縣間。客從而笑之。事畢。富子諫。曰。夫大國之人。不可不慎也。幾為之笑。而不陵我。我皆有禮。夫猶鄙我。國而無禮。何以求榮。孔張失位。吾子之恥也。子產怒曰。發命之不衷。出令之不信。刑之頗類。獄之放紛。會朝之不敬。使命之不聽。取陵於大國。罷民而無功。罪及而弗知。僑之恥也。孔張。君之昆孫。子孔之後也。執政之嗣也。為嗣大夫。承命以使。周於諸侯。國人所尊。諸侯所知。立於朝而祀於家。有祿於國。有賦於軍。喪祭有職。受脤歸賑。其祭在廟。已有著位。在位數世。世守其業。而忘其所僑。焉得恥之。辟邪之人。而皆及執政。是先王無刑罰也。子寧以他規我。宣子有環。其一在鄭商。宣子謁諸鄭伯。子產弗與。曰。非官府之守器也。寡君不知。子大叔。子羽。謂子產曰。韓子亦無幾求。晉國亦未可以貳。晉國韓子。不可偷也。若屬有讒人。交鬥其間。鬼神而助之。以興其凶怒。悔之何及。吾子何愛於一環。其以取憎於大國也。盍求而與之。子產曰。吾非偷晉而有二心。將終事之。是以弗與。忠信故也。僑聞君子非無賄之難立。而無令名之患。僑聞為國非不能事大。字小之難。無禮以定其位之患。夫大國之人。令於小國。而皆獲其求。將何以給之。一共一否。為罪滋大。大國之求。無禮以斥之。何饜之有。吾且為鄙邑。則失位矣。若韓子奉命以使而求玉焉。貪淫甚矣。獨非罪乎。出一玉以起二罪。吾又失位。韓子成貪。將焉用之。且吾以玉賈罪。不亦銳乎。韓子買諸賈人。既成賈矣。商人曰。必告君大夫。韓子請諸子產曰。日起請夫環。執政弗義。弗敢復也。今買諸商人。商人曰。必以聞。敢以為請。子產對曰。昔我先君桓公。與商人皆出自周。庸次比耦。以艾殺此地。斬之蓬蒿藜藋而共處之。世有盟誓。以相信也。曰爾無我叛。我無強賈。毋或匄奪。爾有利市寶賄。我勿與知。恃此質誓。故能相保。以至于今。今吾子以好來辱。而謂敝邑強奪商人。是教敝邑背盟誓也。毋乃不可乎。吾子得玉而失諸侯。必不為也。若大國令。而共無藝。鄭鄙邑也。亦弗為也僑若獻玉。不知所成。敢私布之。韓子辭玉曰。起不敏。敢求玉以徼二罪。敢辭之。

夏。四月。鄭六卿餞宣子於郊。宣子曰。二三君子請皆賦。起亦以知鄭志。子齹賦野有蔓草。宣子曰。孺子善哉。吾有望矣。子產賦鄭之羔裘。宣子曰。起不堪也。子大叔賦褰裳。宣子曰。起在此。敢勤子。至於他人乎。子大叔拜。宣子曰。善哉。子之言。是不有是事。其能終乎。子游賦風雨。子旗賦有女同車。子柳賦蘀兮。宣子喜曰。鄭其庶乎。二三君子。以君命貺起。賦不出鄭志。皆昵燕好也。二三君子。數世之主也。可以無懼矣。宣子皆獻馬焉。而賦我將。子產拜。使五卿皆拜。曰。吾子靖亂。敢不拜德。宣子私覲於子產。以玉與馬曰。子命起。舍夫玉。是賜我玉而免吾死也。敢藉手以拜。公至自晉。子服昭伯語季平子曰。晉之公室。其將遂卑矣。君幼弱。六卿彊而奢傲。將因是以習。習實為常。能無卑乎。平子曰。爾幼。惡識國。
秋。八月。晉昭公卒。
九月。大雩。旱也。鄭大旱。使屠擊。祝款。豎柎。有事於桑山。斬其木不雨。子產曰。有事於山。蓺山林也。而斬其木。其罪大矣。奪之官邑。
冬。十月。季平子如晉。葬昭公。平子曰。子服回之言猶信。子服氏有子哉。

昭公十七年

經十有七年

春。小邾子來朝。
夏。六月。甲戌。朔。日有食之。
秋。郯子來朝。
八月。晉荀吳帥師滅陸渾之戎。
冬。有星孛于大辰。楚人及吳戰于長岸。

傳十七年

春。小邾穆公來朝。公與之燕。季平子賦采叔。穆公賦菁菁者莪。昭子曰。不有以國。其能久乎。
夏。六月。甲戌。朔。日有食之。祝史請所用幣。昭子曰。日有食之。天子不舉。伐鼓於社。諸侯用幣於社。伐鼓於朝。禮也。平子禦之。曰。止也。唯正月朔。慝未作。日有食之。於是乎有伐鼓用幣。禮也。其餘則否。大史曰。在此月也。日過分而未至。三辰有災。於是乎百官降物。君不舉辟。移時樂奏鼓。祝用幣。史用辭。故夏書曰。辰不集于房。瞽奏鼓。嗇夫馳。庶人走。此月朔之謂也。當夏四月。是謂孟夏。平子弗從。昭子退曰。夫子將有異志。不君君矣。
秋。郯子來朝。公與之宴。昭子問焉。曰。少皞氏鳥名官。何故也。郯子曰。吾祖也。我知之。昔者黃帝氏以雲紀。故為雲師而雲名。炎帝氏以火紀。故為火師而火名。共工氏以水紀。故為水師而水名。大皞氏以龍紀。故為龍師而龍名。我高祖少皞。摯之立也。鳳鳥適至。故紀於鳥。為鳥師而鳥名。鳳鳥氏歷正也。玄鳥氏司分者也。伯趙氏司至者也。青鳥氏司啟者也。丹鳥氏司閉者也。祝鳩氏司徒也。鴡鳩氏司馬也。鳲鳩氏司空也。爽鳩氏司寇也。鶻鳩氏司事也。五鳩。鳩民者也。五雉為五工正。利器用。正度量。夷民者也。九扈為九農正。扈民無淫者也。自顓頊以來。不能紀遠。乃紀於近。為民師而命以民事。則不能故也。仲尼聞之。見於郯子而學之。既而告人曰。吾聞之。天子失官。學在四夷。猶信。晉侯使屠蒯如周。請有事於雒。與三塗。萇弘謂劉子曰。客容猛。非祭也。其伐戎乎。陸渾氏甚睦於楚。必是故也。君其備之。乃警戎備。

九月。丁卯。晉荀吳帥師。涉自棘津。使祭史先用牲于雒。陸渾人弗知。師從之。庚午。遂滅陸渾。數之以其貳於楚也。陸渾子奔楚。其眾奔甘鹿。周大獲。宣子夢文公攜荀吳。而授之陸渾。故使穆子帥師。獻俘于文宮。

冬。有星孛于大辰。西及漢。申須曰。彗所以除舊布新也。天事恆象。今除於火。火出必布焉。諸侯其有火災乎。梓慎曰。往年吾見之。是其徵也。火出而見。今茲火出而章。必火入而伏。其居火也久矣。其與不然乎。火出。於夏為三月於商為四月。於周為五月。夏數得天。若火作。其四國當之。在宋衛陳鄭乎。宋。大辰之虛也。陳。大皞之虛也。鄭。祝融之虛也。皆火房也。星孛天漢。漢。水祥也。衛。顓頊之虛也。故為帝丘。其星為大水。水火之牡也。其以丙子若壬午作乎。水火所以合也。若火入而伏。必以壬午。不過其見之月。鄭裨灶言於子產曰。宋衛陳鄭。將同日火。若我用瓘斝玉瓚。鄭必不火。子產弗與。吳伐楚。陽匄為令尹。卜戰不吉。司馬子魚曰。我得上流。何故不吉。且楚故。司馬令龜。我請改卜。令曰。魴也。以其屬死之。楚師繼之。尚大克之。吉。戰于長岸。子魚先死。楚師繼之。大敗吳師。獲其乘舟餘皇。使隨人與後至者守之。環而塹之。及泉。盈其隧炭。陳以待命。吳公子光請於其眾曰。喪先王之乘舟。豈唯光之罪。眾亦有焉。請藉取之。以救死。眾許之。使長鬣者三人。潛伏於舟側。曰。我呼皇則對。師夜從之。三呼皆迭對。楚人從而殺之。楚師亂。吳人大敗之。取餘皇以歸。

昭公十八年

經十有八年

春。王三月。曹伯須卒。

夏。五月。壬午。宋。衛。陳。鄭。災。

六月。邾人入鄅。

秋。葬曹平公。

冬。許遷于白羽。

傳十八年

春。王二月。乙卯。周毛得殺毛伯過而代之。萇弘曰。毛得必亡。是昆吾稔之日也。侈故之以。而毛得以濟侈於王都。不亡何待。

三月。曹平公卒。

夏。五月。火始昏見。丙子。風。梓慎曰。是謂融風。火之始也。七日其火作乎。戊寅。風甚。壬午。大甚。宋衛。陳。鄭。皆火。梓慎登大庭氏之庫以望之。曰。宋。衛。陳。鄭。也。數日皆來告火。裨灶曰。不用吾言。鄭又將火。鄭人請用之。子產不可。子大叔曰。寶以保民也。若有火。國幾亡。可以救亡。子何愛焉。子產曰。天道遠。人道邇。非所及也。何以知之。灶焉知天道。是亦多言矣。豈不或信。遂不與。亦不復火。鄭之未災也。里析告子產曰。將有大祥。民震動。國幾亡。吾身泯焉。弗良及也。國遷。其可乎。子產曰。雖可。吾不足以定遷矣。及火。里析死矣。未葬。子產使輿三十人遷其柩。火作。子產辭晉公子公孫于東門。使司寇出新客。禁舊客。勿出於宮。使子寬。子上。巡群屏攝至于大宮。使公孫登徙大龜。使祝史徙主祏於周廟。告於先君。使府人。庫人。各儆其事。商成公。儆司宮。出舊宮人。寘諸火所不及。司馬。司寇。列居火道。行火所焮。城下之人。伍列登城。明日。使野司寇。各保其徵。郊人助祝史除於國北。禳火于玄冥回祿。祈于四鄘。書焚室而寬其征。與之材。三日哭。國不市。使行人告於諸侯。宋衛皆如是。陳不救火。許不弔災。君子是以知陳許之先亡也。

六月。鄅人鄅藉。稻邾人襲。鄅人將閉門。邾人羊羅。攝其首焉。遂入之。盡俘以歸。鄅子曰。余無歸矣。從帑於邾。邾莊公反鄅夫人。

而舍其女。
秋。葬曹平公。往者見周原伯魯焉。與之語。不說學。歸以語閔子馬。閔子馬曰。周其亂乎。夫必多有是說。而後及其大人。大人患失而惑。又曰。可以無學。無學不害。不害而不學。則苟而可。於是乎下陵上替。能無亂乎。夫學。殖也。不學將落。原氏其亡乎。
七月。鄭子產為火故。大為社。祓禳於四方。振除火災。禮也。乃簡。兵大蒐。將為蒐除。子大叔之廟。在道南。其寢在道北。其庭小。過期三日。使除徒陳於道南廟北曰。子產過女。而命速除。乃毀於而鄉。子產朝。過而怒之。除者南毀。子產及衝。使從者止之。曰。毀於北方。火之作也。子產授兵登陴。子大叔曰。晉無乃討乎。子產曰。吾聞之。小國忘守則危。況有災乎。國之不可小。有備故也。既晉之邊吏讓鄭曰。鄭國有災。晉君大夫不敢寧居。卜筮走望。不愛牲玉。鄭之有災。寡君之憂也。今執事撊然授兵登陴。將以誰罪。邊人恐懼。不敢不告。子產對曰。若吾子之言。敝邑之災。君之憂也。敝邑失政。天降之災。又懼讒慝之間謀之。以啟貪人。荐為敝邑不利。以重君之憂。幸而不亡。猶可說也。不幸而亡。君雖憂之。亦無及也。鄭有他竟。望走在晉。既事晉矣。其敢有二心。楚左尹王子勝言於楚子曰。許於鄭。仇敵也。而居楚地。以不禮於鄭。晉鄭方睦。鄭若伐許。而晉助之。楚喪地矣。君盍遷許。許不專於楚。鄭方有令政。許曰。余舊國也。鄭曰。余俘邑也。葉在楚國。方城外之蔽也。土不可易。國不可小。許不可俘。讎不可啟。君其圖之。楚子說。
冬。楚子使王子勝遷許於析。實白羽。

昭公十九年

經十有九年

春。宋公伐邾。
夏。五月。戊辰。許世子止弒其君買。己卯。地震。
秋·齊高發帥師伐莒。
冬。葬許悼公

傳十九年

春。楚工尹赤遷陰于下陰。令尹子瑕城郟。叔孫昭子曰。楚不在諸侯矣。其僅自完也。以持其世而已。楚子之在蔡也。郹陽封人之女奔之。生大子建。及即位。使伍奢為之師。費無極為少師。無寵焉。欲譖諸王。曰。建可室矣。王為之聘於秦。無極與逆。勸王取之。正月。楚夫人嬴氏至自秦。鄅夫人。宋向戌之女也。故向寧請師。

二月。宋公伐邾圍蟲。三月取之。乃盡歸鄅俘。

夏。許悼公瘧。

五月。戊辰。飲大子止之藥。卒。大子奔晉。書曰。弒其君。君子曰。盡心力以事君。舍藥物可也。邾人。郳人。徐人。會宋公。乙亥。同盟于蟲。楚子為舟師以伐濮。費無極言於楚子曰。晉之伯也。邇於諸夏。而楚辟陋。故弗能與爭。若大城城父。而寘大子焉。以通北方。王收南方。是得天下也。王說。從之。故太子建居于城父。令尹子瑕聘于秦。拜夫人也。

秋。齊高發帥師伐莒。莒子奔紀鄣。使孫書伐之。初。莒有婦人。莒子殺其夫。已為嫠婦。及老。託於紀鄣。紡焉以度而去之。及師至。則投諸外。或獻諸子占。子占使師夜縋而登。登者六十人。縋絕。師鼓譟。城上之人亦譟。莒共公懼。啟西門而出。七月。丙子。齊師入紀。是歲也。鄭駟偃卒。子游娶於晉大夫。生絲弱。其父兄立子瑕。子產憎其為人也。且以為不順。弗許。亦弗止。駟氏聳。他日。絲以告其舅。冬。晉人使以幣如鄭。問駟乞之立故。駟氏懼。駟乞欲逃。子產弗遣。請龜以卜。亦弗予。大夫謀對。子產不待而對客曰。鄭國不天。寡君之二三臣。札瘥夭昏。今又喪我先大夫偃。其子幼弱。其一二父兄。懼隊宗主。私族於謀。如立長親。寡君與其二三老曰。抑天實剝亂。是吾何知焉。諺曰。無過亂門。民有亂兵。猶憚過之。而況敢知天之所亂。今大夫將問其故。抑寡君實不敢知。其誰實知之。平丘之會。君尋舊盟曰。無或失職。若寡君之二三臣。其即世者。晉大夫而專制其位。是晉之縣鄙也。何國之為。辭客幣而報其使。晉人舍之。楚人城州來。沈尹戌曰。楚人必敗。昔吳滅州來。子旗請伐之。王曰。吾未撫吾民。今亦如之。而城州來。以挑吳。能無敗乎。

侍者曰。王施舍不倦。息民五年。可謂撫之矣。戌曰。吾聞撫民者。節用於內。而樹德於外。民樂其性。而無寇讎。今宮室無量。民人日駭。勞罷死轉。忘寢與食。非撫之也。鄭大水。龍鬥于時門之外洧淵。國人請為禜焉。子產弗許。曰。我鬥。龍不我覿也。龍鬥。我獨何覿焉。禳之則彼其室也。吾無求於龍。龍亦無求於我。乃止也。令尹子瑕言蹶由於楚子曰。彼何罪。諺所謂室於怒。市於色者。楚之謂矣。舍前之忿。可也。乃歸蹶由。

昭公二十年

經二十年

春。王正月。

夏。曹公孫會自鄸出奔宋。

秋。盜殺衛侯之兄縶。

冬。十月。宋華亥向寧。華定。出奔陳。

十有一月。辛卯。蔡侯盧卒。

傳二十年

春。王二月。己丑。日南至。梓慎望氛。曰。今茲宋有亂。國幾亡。三年而後弭。蔡有大喪。叔孫昭子曰。然則戴桓也。汏侈無禮。已甚。亂所在也。費無極言於楚子曰。建與伍奢。將以方城之外叛。自以為猶宋鄭也。齊晉又交輔之。將以害楚。其事集矣。王信之。問伍奢。伍奢對曰。君一過多矣。何信於讒。王執伍奢。使城父司馬奮揚殺大子。未至而使遣之。

三月。大子建奔宋。王召奮揚。奮揚使城父人執己以至。王曰。言出於余口。入於爾耳。誰告建也。對曰。臣告之。君王命臣曰。事建如事余。臣不佞。不能苟貳。奉初以還。不忍後命。故遣之。既而悔之。亦無及。已。王曰。而敢來。何也。對曰。使而失命。召而不來。是再奸也。逃無所入王曰。歸。從政如他日。無極曰奢之子材。若在吳必憂楚國。盍以免其父召之。彼仁必來。不然將為患。王使召之。曰。來。吾免而父。棠君尚謂其弟員曰。爾適吳。我將歸死。吾知不逮。我能死。爾能報。聞免父之命。不可以莫之奔也。親戚為戮。不可以莫之報也。奔死免父。孝也。度功而行。仁也。擇任而往。知也。知死不辟。勇也。父不可棄。名不可廢。爾其勉之。相從為愈。伍尚歸。奢聞員不來。曰。楚君大夫其旰食乎。楚人皆殺之。員如吳。言伐楚之利於州于。公子光曰。是宗為戮。而欲反其讎。不可從也。員曰。彼將有他志。余姑為之求士。而鄙以待之。乃見鱄設諸焉。而耕於鄙。宋元公無信多私而惡。華向。華定。華亥。與向寧謀曰。亡愈於死。先諸華亥。偽有疾以誘群公子。公子問之。則執之。

夏。六月。丙申。殺公子寅。公子御戎。公子朱。公子固。公孫援。公孫丁。拘向勝。向行。於其廩。公如華氏請焉。弗許。遂劫之。癸卯。取大子欒。與母弟辰。公子地。以為質。公亦取華亥之子無慼。向寧之子羅。華定之子啟。與華氏盟以為質。衛公孟縶狎齊豹。奪之司寇與鄄。有役則反之。無則取之。公孟惡北宮喜。褚師圃。欲去之。公子朝通于襄夫人宣姜。懼而欲以作亂。故齊豹。北宮喜。褚師圃。公子朝。作亂。初。齊豹見宗魯於公孟。為驂乘焉。將作亂。而謂之曰。公孟之不善。子所知也。勿與乘。吾將殺之。對曰。吾由子事公孟。子假吾名焉。故不吾遠也。雖其不善。吾亦知之。抑以利故。不能去。是吾過也。今聞難而逃。是僭子也。子行事乎。吾將死之。以周事子。而歸死於公孟。其可也。丙辰。衛侯在平壽。公孟有事於蓋獲之門外。齊子氏帷於門外。而伏甲焉。使祝蛙寘戈於車薪。以當門。使一乘從公孟以出。使華齊御公孟。宗魯驂乘。及閎中。齊氏用戈擊公孟。宗魯以背蔽之。斷肱。以中公孟之肩。殺皆之。公聞亂。乘驅自閱門入。慶比御公。公南楚驂乘。使華寅乘貳車。及公宮。鴻騮魋駟乘于公。公載寶以出。褚師子申。遇公于馬路之衢。遂從。過齊氏。使華寅肉袒執蓋。以當其闕。齊氏射公。中南楚之背。公遂出。寅閉郭門。踰而從公。公如死鳥。析朱鉏宵從竇出。徒行從公。齊侯使公孫青聘于衛。既出。聞衛亂。使請所聘。公曰。猶在竟內。則衛君也。乃將事焉。遂從諸死鳥。請將事。辭曰。亡人不佞。失守社稷。越在草莽。吾子無所辱君命。賓曰。寡君命下臣於朝曰。阿下執事。臣不敢貳。主人曰。君若惠顧先君之好。昭臨敝邑。鎮撫其社稷。則有宗祧在。乃止衛侯。固請見之。不獲命。以其良馬見。為未致使故也。衛侯以為乘馬。賓將掫。主人辭曰。亡人之憂。不可以及。吾子草莽之中。不足以辱從者。敢辭。賓曰。寡君之下臣。君之牧圉也。若不獲扞外役。是不有寡君也。臣懼不免於戾。請以除死。親執鐸。終夕與於燎。齊氏之宰渠子。召北宮子。北宮氏之宰。不與聞謀。殺渠子。遂伐齊氏。滅之。丁巳。晦。公入。與北宮喜盟于彭水之上。

秋。七月。戊午。朔。遂盟國人。

八月。辛亥。公子朝。褚師圃。子玉霄。子高魴。出奔晉。閏月。戊辰。殺宣姜。衛侯賜北宮喜謚曰貞子。賜析朱鉏謚曰成子。而以齊氏之墓予之。衛侯告寧于齊。且言子石。齊侯將飲酒。遍賜大夫曰。二三子之教也。苑何忌辭曰。與於青之賞。必及于其罰。在康誥曰。父子兄弟。罪不相及。況在群臣。臣敢貪君賜。以干先王。琴張聞宗魯死。將往弔之。仲尼曰。齊豹之盜。而孟縶之賊。女何弔焉。君子不食姦。不受亂。不為利疚於回。不以回待人。不蓋不義。不犯非禮。宋華向之亂。公子城。公孫忌。樂舍。司馬彊。向宜。向鄭。楚建。郳甲。出奔鄭。其徒與華氏戰于鬼閻。敗子城。子城適晉。華亥與其妻。必盥而食所質公子者。而後食。公與夫人。每日。必適華氏。食公子而後歸。華亥患之。欲歸公子。向寧曰。唯不信。故質其子。若又歸之。死無日矣。公請於華費。遂將攻華氏。對曰。臣不敢愛死。無乃求去憂而滋長乎。臣是以懼。敢不聽命。公曰。子死亡有命。余不忍其詢。

冬。十月。公殺華向之質而攻之。戊辰。華向奔陳。華登奔吳。向寧欲殺大子。華亥曰。干君而出。又殺其子。其誰納我。且歸之有庸。使少司寇牼以歸。曰。子之齒長矣。不能事人。以三公子為質。必免。公子既入。華牼將自門行。公遽見之。執其手曰。余知而無罪也。入復而所。齊侯疥。遂痁。期而不瘳。諸侯之賓問疾者多在。梁丘據與裔款言於公曰。吾事鬼神豐。於先君有加矣。今君疾病。為諸侯憂。是祝史之罪也。諸侯不知。其謂我不敬。君盍誅於祝固史嚚。以辭賓。公說。告晏子。晏子曰。日宋之盟。屈建問范會之德於趙武。趙武曰。夫子之家事治。言於晉國。竭情無私。其祝史祭祀。陳信不愧。其家事無猜。其祝史不祈。建以語康王。康王曰。神人無怨。宜夫子之光輔五君。以為諸侯主也。公曰。據與款謂寡人能事鬼神。故欲誅于祝史。子稱是語。何故。對曰。若有德之君。外內不廢。上下無怨。動無違事。其祝史薦信。無愧心矣。是以鬼神用饗。國受其福。祝史與焉。其所以蕃祉老壽者。為信君使也。其言忠信於鬼神。其適遇淫君。外內頗邪。上下怨疾。動作辟違。從欲厭私。高臺深池。撞鍾舞女。斬刈民力。輸掠其聚。以成其違。不恤後人。暴虐淫從。肆行非度。無所還忌。不思謗讟。不憚鬼神。神怒民痛。無悛於心。其祝史薦信。是言罪也。其蓋失數美。是矯誣也。進退無辭。則虛以求媚。是以鬼神不饗其國以禍之。祝史與焉。所以夭昏孤疾者。為暴君使也。其言僭嫚於鬼神。公曰。然則若之何。對曰。不可為也。山林之木。衡鹿守之。澤之萑蒲。舟鮫守之。藪之薪蒸。虞候守之。海之鹽蜃。祈望守之。縣鄙之人。入從其政。偪介之關。暴征其私。承嗣大夫。強易其賄。布常無藝。徵斂無度。宮室日更。淫樂不違。內寵之妾。肆奪於市。外寵之臣。僭令於鄙。私欲養求。不給則應。民人苦病。夫婦皆詛。祝有益也。詛亦有損。聊攝以東。姑尤以西。其為人也。多矣。雖其善祝。豈能勝億兆人之詛。君若欲誅於祝史。脩德而後可。公說。使有司寬政。毀關。去禁。薄斂。已責。

十二月。齊侯田于沛。招虞人以弓。不進。公使執之。辭曰。昔我先君之田也。旃以招大夫。弓以招士。皮冠以招虞人。臣不見皮冠。故不敢進。乃舍之仲尼曰。守道不如守官。君子同之。齊侯至自田。晏子侍于遄臺。子猶馳而造焉。公曰。唯據與我和夫。晏子對曰。據亦同也。焉得為和。公曰。和與同異乎。對曰異。和如羹焉。水火醯醢鹽梅。以烹魚肉。燀之以薪。宰夫和之。齊之以味。濟其不及。以洩其過。君子食之。以平其心。君臣亦然。君所謂可。而有否焉。臣獻其否。以成其可。君所謂否。而有可焉。臣獻其可。以去其否。是以政平而不干民無爭心。故詩曰。亦有和羹。既戒既平。鬷假無言。時靡有爭。先王之濟五味。和五聲也。以平其心。成其政也。聲亦如味。一氣。二體。三類。四物。五聲。六律。七音。八風。九歌。以相成也。清濁大小。長短疾徐。哀樂剛柔。遲速高下。出入周疏。以相濟也。君子聽之。以平其心。心平德和。故詩曰。德音不瑕。今據不然。君所謂可。據亦曰可。君所謂否。據亦曰否。若以水濟水。誰能食之。若琴瑟之專壹。誰能聽之。同之不可也如是。飲酒樂。公曰。古而無死。其樂若何。晏子對曰。古而無死。則古之樂也。君何得焉。昔爽鳩氏始居此地。季萴因之。有逢伯陵因之。蒲姑氏因之。而後大公因之。古者無死。爽鳩氏之樂。非君所願也。鄭子產有疾。謂子大叔曰。我死。子必為政。唯有德者。能以寬服民。其次莫如猛。夫火烈。民望而畏之。故鮮死焉。水懦弱。民狎而翫之。則多死焉。故寬難。疾數月而卒。大叔為政。不忍猛而寬。鄭國多盜。取人於萑苻之澤。大叔悔之。曰。吾早從夫子。不及此。興徒兵以攻萑苻之盜。盡殺之。盜少止。仲尼曰。善哉。政寬則民慢。慢則糾之以猛。猛則民殘。殘則施之以寬。寬以濟猛。猛以濟寬。政是以和。詩曰。民亦勞之。汔可小康。惠此中國。以綏四方。施之以寬也。毋從詭隨。以謹無良。式遏寇虐。慘不畏明。糾之以猛也。柔遠能邇。以定我王。平之以和也。又曰。不競不絿。不剛不柔。布政優優。百祿是遒。和之至也。及子產卒。仲尼聞之。出涕曰。古之遺愛也。

昭公二十一年

經二十有一年

春。王三月。葬蔡平公。

夏。晉侯使士鞅來聘。宋華亥。向寧。華定。自陳入于宋南里以叛。

秋。七月。壬午。朔。日有食之。

八月。乙亥。叔輒卒。

冬。蔡侯朱出奔楚。公如晉至河乃復。

傳二十一年

春。天王將鑄無射。泠州鳩曰。王其以心疾死乎。夫樂。天子之職也。夫音。樂之輿也。而鐘。音之器也。天子省風以作樂。器以鐘之。輿以行之。小者不窕。大者不槬。則和於物。物和則嘉成。故和聲入於耳。而藏於心。心億則樂。窕則不咸。總則不容。心是以感。感實生疾。今鐘槬矣。王心弗堪。其能久乎。三月。葬蔡平公。蔡大子朱失位。位在卑。大夫送葬者。歸見昭子。昭子問蔡。故以告。昭子歎曰。蔡其亡乎。若不亡。是君也必不終。詩曰。不解于位。民之攸塈。今蔡侯始即位。而適卑。身將從之。

夏。晉士鞅來聘。叔孫為政。季孫欲惡諸晉。使有司以齊鮑國歸費之禮為士鞅。士鞅怒曰。鮑國之位下。其國小。而使鞅從其牢禮。是卑敝邑也。將復諸寡君。魯人恐。加四牢焉。為十一牢。宋華費遂生華貙。華多僚。華登。貙為少司馬。多僚為御士。與貙相惡。乃譖諸公曰。貙將納亡人。亟言之。公曰。司馬以吾故。亡其良子。死亡有命。吾不可以再亡之。對曰。君若愛司馬。則如亡。死如可逃。何遠之有。公懼。使侍人召司馬之侍人宜僚。飲之酒。而使告司馬。司馬歎曰。必多僚也。吾有讒子。而弗能殺。吾又不死。抑君有命。可若何。乃與公謀。逐華貙。將使田孟諸而遣之。公飲之酒。厚酬之。賜及從者。司馬亦如之。張匄尤之。曰。必有故。使子皮承宜僚以劍而訊之。宜僚盡以告。張匄欲殺多僚。子皮曰。司馬老矣。登之謂甚。吾又重之。不如亡也。

五月。丙申。子皮將見司馬而行。則遇多僚。御司馬而朝。張匄不勝其怒。遂與子皮。臼任。鄭翩。殺多僚。劫司馬以叛。而召亡人。壬寅。華向入。樂大心。豐愆。華牼。禦諸横。華氏居盧門。以南里叛。

六月。庚午。宋城舊鄘及桑林之門。而守之。

秋。七月。壬午。朔。日有食之。公問於梓慎曰。是何物也。禍福何為。對曰。二至二分。日有食之。不為災。日月之行也。分同道也。至相過也。其他月則為災。陽不克也。故常為水。於是叔輒哭日食。昭子曰。子叔將死。非所哭也。

八月。叔輒卒。

冬。十月。華登以吳師救華氏。齊烏枝鳴戍宋。廚人濮曰。軍志有之。先人有奪人之心。後人有待其衰。盍及其勞。且未定也。伐諸。若入而固。則華氏眾矣。悔無及也。從之。丙寅。齊師。宋師。敗吳師于鴻口。獲其二帥。公子苦雒。偃州員。華登。帥其餘以敗宋師。公欲出。廚人濮曰。吾小人。可藉死而不能送亡。君請待之。乃徇曰。楊徽者。公徒也。衆從之。公自楊門見之。下而巡之。曰。國亡君死。二三子之恥也。豈專孤之罪也。齊烏枝鳴曰。用少莫如齊致死。齊致死莫如去備。彼多兵矣。請皆用劍。從之。華氏北。復即之。廚人濮以裳裹首而荷以走曰。得華登矣。遂敗華氏。于新里。翟僂新居于新里。既戰。說甲于公。而歸華姓居于公里。亦如之。
十一月。癸未。公子城以晉師至。曹翰胡會晉荀吳。齊苑何忌。衛公子朝。救宋。丙戌。與華氏戰于赭丘。鄭翩願為鸛。其御願為鵝。子祿御公子城。莊堇為右。于犨御呂封人。華豹張匄為右。相遇。城還。華豹曰。城也。城怒。而反之。將注豹。則關矣。曰。平公之靈。尚輔相余。豹射出其間。將注。則又關矣。曰。不狎鄙。抽矢。城射之。殪。張匄抽殳而下。射之。折股。扶伏而擊之。折軫。又射之。死。干犨請一矢。城曰。余言汝於君。封曰。不死伍乘。軍之大刑也。干刑而從子。君焉用之。子速諸。乃射之。殪。大敗華氏。圍諸南里。華亥搏膺而呼。見華貙曰。吾為欒氏矣。貙曰。子無我迋。不幸而後亡。使華登如楚乞師。華貙以車十五乘。徒七十人。犯師而出。食於睢上。哭而送之。乃復入。楚薳越帥師。將逆華氏。大宰犯諫曰。諸侯唯宋事其君。今又爭國。釋君而臣是助。無乃不可乎。王曰。而告我也。後既許之矣。蔡侯朱出奔楚。費無極取貨於東國。而謂蔡人曰。朱不用命於楚。君王將立東國。若不先從王欲。楚必圍蔡。蔡人懼。出朱而立東國。朱愬于楚。楚子將討蔡。無極曰。平侯與楚有盟。故封其子。有二心。故廢之。靈王殺隱大子。其子與君同惡。德君必甚。又使立之。不亦可乎。且廢置在君。蔡無他矣。公如晉。及河鼓叛晉。晉將伐鮮虞。故辭公。

昭公二十二年

經二十有二年

春。齊侯伐莒。宋。華亥。向寧。華定。自宋南里出奔楚。大蒐于昌間。

夏。四月。乙丑。天王崩。六月。叔鞅如京師葬景王。王室亂。劉子。單子。以王猛居于皇。
秋。劉子。單子。以王猛入于王城。
冬。十月。王子猛卒。
十有二月。癸酉。朔。日有食之。

傳二十二年

春。王二月。甲子。齊北郭啟帥師伐莒。莒子將戰。苑羊牧之諫曰。齊帥賤。其求不多。不如下之。大國不可怒也。弗聽。敗齊師于壽餘。齊侯伐莒。莒子行成。司馬灶如莒涖盟。莒子如齊涖盟。盟于稷門之外。莒於是乎大惡其君。楚薳越使告于宋曰。寡君聞君有不令之臣。為君憂。無寧以為宗羞。寡君請受而戮之。對曰。孤不佞不能媚於父兄。以為君憂。拜命之辱。抑君臣日戰。君曰。余必臣是助。亦唯命。人有言曰。唯亂門之無過。君若惠保敝邑。無亢不衷。以獎亂人。孤之望也。唯君圖之。楚人患之。諸侯之戍謀曰。若華氏知困而致死。楚恥無功而疾戰。非吾利也。不如出之。以為楚功。其亦能無為也。已。救宋而除其害。又何求。乃固請出之。宋人從之。己巳。宋華亥。向寧。華定。華貙。華登。皇奄傷。省臧。士平。出奔楚。宋公使公孫忌為大司馬。邊卬為大司徒。樂祁為司馬。仲幾為左師。樂大心為右師。樂輓為大司寇。以靖國人。王子朝。賓起。有寵於景王。王與賓孟說之。欲立之。劉獻公之庶子伯蚡事單穆公。惡賓孟之為人也。願殺之。又惡王子朝之言。以為亂。願去之。賓孟適郊。見雄雞自斷其尾。問之侍者曰。自憚其犧也。遽歸告王。且曰。雞其憚為人用乎。人異於是。犧者實用人。人犧實難。己犧何害。王弗應。夏。四月。王田北山。使公卿皆從。將殺單子。劉子。王有心疾。乙丑。崩于榮錡氏。戊辰。劉子摯卒。無子。單子立劉蚡。
五月。庚辰。見王。遂攻賓起。殺之。盟群王子于單氏。晉之取鼓也。既獻而反鼓子焉。又叛於鮮虞。
六月。荀吳略東陽。使師偽糴者。負甲以息於昔陽之門外。遂襲鼓滅之。以鼓子鳶鞮歸。使涉佗守之。丁巳葬景王王子朝因舊官百工之喪職秩者。與靈景之族以作亂。帥郊要餞之甲。以逐劉子。壬戌。劉子奔揚。單子逆悼王于莊宮。以歸。王子還。夜取王以如莊宮。癸亥。單子出。王子還與召莊公謀曰。不殺單旗。不捷。與之重盟。必來背盟。而克者多矣。從之。樊頃子曰。非言也。必不克。遂奉王以追單子。及領。大盟而復。殺摯荒以說。劉子如劉。單子亡。乙丑。奔于平時。群王子追之。單子殺還。姑。發。弱。鬷。延。定。稠。子朝奔京。丙寅。伐之。京人奔山。劉子入于王城。辛未。鞏簡公敗績于京。乙亥。甘平公亦敗焉。叔鞅至自京師。言王室之亂也。閔馬父曰。子朝必不克。其所與者。天所廢也。單子欲告急於晉。
秋。七月。戊寅。以王如平時。遂如圃車。次于皇。劉子如劉。單子使王子處守于王城。盟百工于平宮。辛卯。鄩肸伐皇。大敗。獲鄩肸。壬辰。焚諸王城之市。
八月。辛酉。司徒醜以王師敗績于前城。百工叛。己巳。伐單氏之宮。敗焉。庚午。反伐之。辛未。伐東圉。
冬。十月。丁巳。晉籍談。荀躒。帥九州之戎。及焦瑕溫原之帥。以納王于王城。庚申。單子劉蚡以王師敗績于郊前。城人敗陸渾于社。
十一月。乙酉。王子猛卒。不成喪也。己丑。敬王即位。館于子旅氏。
十二月。庚戌。晉籍談。荀躒。賈辛。司馬督。帥師軍于陰。于侯氏。于谿泉。次于社。王師軍于氾。于解。次于任人。閏月。晉箕遺。樂徵。右行詭。濟師。取前城。軍其東南。王師軍于京楚。辛丑。伐京。毀其西南。

昭公二十三年

經二十有三年

春。王正月。叔孫婼如晉。癸丑。叔鞅卒。晉人執我行人叔孫婼。晉人圍郊。
夏。六月。蔡侯東國卒于楚。
秋。七月。莒子庚輿來奔。戊辰。吳敗頓胡。沈。蔡。陳。許。之師于雞父。胡子髡。沈子逞。滅獲陳夏齧。天王居于狄。泉尹氏立王子朝。

八月。乙未。地震。

冬。公如晉。至河。有疾。乃復。

傳二十三年

春。王正月。壬寅。朔。二師圍郊。癸卯。郊鄩潰。丁未。晉師在平陰。王師在澤邑。王使告間。庚戌還。邾人城翼。還。將自離姑。公孫鉏曰。魯將御我。欲自武城還。循山而南。徐鉏。丘弱。茅地。曰。道下遇雨。將不出。是不歸也。遂自離姑。武城人塞其前。斷其後之木而弗殊。邾師過之。乃推而蹷之。遂取邾師。獲鉏弱地。邾人愬于晉。晉人來討。叔孫婼如晉。晉執人之。書曰。晉人執我行人叔孫婼。言使人也。晉人使與邾大夫坐。叔孫曰。列國之卿。當小國之君。固周制也。邾又夷也。寡君之命介子服回在。請使當之。不敢廢周制故也。乃不果坐。韓宣子使邾人取其衆。將以叔孫與之。叔孫聞之。去衆與兵而朝。士彌牟謂韓宣子曰。子弗良圖。而以叔孫與其讎。叔孫必死之。魯亡叔孫。必亡邾。邾君亡國。將焉歸。子雖悔之。何及。所謂盟主。討違命也。若皆相執。焉用盟主。乃弗與。使各居一館。士伯聽其辭。而愬諸宣子。乃皆執之。士伯御叔孫。從者四人。過邾館以如吏。先歸邾子。士伯曰。以芻蕘之難。從者之病。將館子於都。叔孫旦而立。期焉。乃館諸箕。舍子服昭伯於他邑。范獻子求貨於叔孫。使請冠焉。取其冠法。而與之兩冠。曰。盡矣。為叔孫故。申豐以貨如晉。叔孫曰。見我。吾告女所行貨。見而不出。吏人之與叔孫居於箕者。請其吠狗。弗與。及將歸。殺而與之食之。叔孫所館者。雖一日。必葺其牆屋。去之如始至。

夏。四月。乙酉。單子取訾。劉子取牆人。直人。

六月。壬午。王子朝入于尹。癸未。尹圉誘劉佗殺之。丙戌。單子從阪道。劉子從尹道。伐尹。單子先至而敗。劉子還。己丑。召伯奐。南宮極。以成周人戍尹。庚寅。單子。劉子。樊齊。以王如劉。甲午。王子朝入于王城。次于左巷。

秋。七月。戊申。鄩羅納諸莊宮。尹辛敗劉師于唐。丙辰。又敗諸鄩。甲子。尹辛取西闈。丙寅。攻蒯。蒯潰。莒子庚輿虐而好劍。苟鑄劍。必試諸人。國人患之。又將叛。齊烏存帥國人以逐之。庚輿將出。聞烏存執殳而立於道左。懼。將止死。苑羊牧之曰。君過之。烏存以力聞可矣。何必以弒君成名。遂來奔。齊人納郊公。吳人伐州來。楚薳越帥師。及諸侯之師。奔命救州來。吳人禦諸鍾離。子瑕卒。楚師熸。吳公子光曰。諸侯從於楚者衆。而皆小國也。畏楚而不獲已。是以來。吾聞之曰。作事威克其愛。雖小必濟。胡沈之君幼而狂。陳大夫齧壯而頑。頓與許蔡疾楚政。楚令尹死。其師熸。帥賤多寵。政令不壹。七國同役而不同心。帥賤而不能整。無大威命。楚可敗也。若分師先以犯胡沈與陳。必先奔。三國敗。諸侯之師乃搖心矣。諸侯乖亂。楚必大奔。請先者去備薄威。後者敦陳整旅。吳子從之。戊辰。晦。戰于雞父。吳子以罪人三千。先犯胡沈與陳。三國爭之。吳為三軍以繫於後。中軍從王。光帥右。掩餘帥左。吳罪之人。或奔或止。三國亂。吳師擊之。三國敗。獲胡沈之君。及陳大夫。舍胡沈之囚。使奔許與蔡頓。曰。吾君死矣。師譟而從之。三國奔。楚師大奔。書曰。胡子髡。沈子逞。滅。獲陳夏齧。君臣之辭也。不言戰。楚未陳也。

八月。丁酉。南宮極震。萇弘謂劉文公曰。君其勉之。先君之力可濟也。周之亡也。其三川震。今西王之大臣亦震。天棄之矣。東王必大克。楚大子建之母在}。召吳人而啟之。

冬。十月。甲申。吳大子諸樊入}。取楚夫人。與其寶器以歸。楚司馬薳越追之。不及。將死。衆曰。請遂伐吳以徼之。薳越曰。再敗君師。死且有罪。亡君夫人。不可以莫之死也。乃縊於薳澨。公為叔孫故如晉。及河。有疾而復。楚囊瓦為令尹。城郢。沈尹戌曰。子常必亡郢。苟不能衛。城無益也。古者天子守在四夷。天子卑。守在諸侯。諸侯守在四鄰。諸侯卑。守在四竟。慎其四竟。結其四援。民狎其野。三務成功。民無內憂。而又無外懼。國焉用城。今吳是懼。而城於郢。守已小矣。卑之不獲。能無亡乎。昔梁伯溝其公宮而民潰。民棄其上。不亡何待。夫正其疆埸。脩其土田。險其走集。親其民人。明其伍候。信其鄰國。慎其官守。守其交禮。不僭不貪。不懦不耆。完其守備。以待不虞。又何畏矣。詩曰。無念爾祖。聿脩厥德。無亦監乎。若敖蚡冒。至于武文。土不過同。慎其四竟。猶不城郢。

今土數圻而郢是城。不亦難乎。

昭公二十四年

經二十四年

春。王三月。丙戌。仲孫貜卒。婼至自晉。

夏。五月。乙未。朔。日有食之。

秋。八月。大雩。丁酉。杞伯郁釐卒。

冬。吳滅巢。葬杞平公。

傳二十四年

春。王正月。辛丑。召簡公。南宮嚚。以甘桓公見王子朝。劉子謂萇弘曰。甘氏又往矣。對曰。何害。同德度義。大誓曰。紂有億兆夷人。亦有離德。余有亂臣十人。同心同德。此周所以興也。君其務德。無患無人。戊午。王子朝入于鄔。晉士彌牟逆叔孫于箕。叔孫使梁其脛待于門內。曰。余左顧而欬。乃殺之。右顧而笑。乃止。叔孫見士伯。士伯曰。寡君以為盟主之故。是以久子。不腆敝邑之禮。將致諸從者。使彌牟逆吾子。叔孫受禮而歸。

二月。婼至自晉。尊晉也。

三月。庚戌。晉侯使士景伯蒞問周故。士伯立于乾祭。而問於介眾。晉人乃辭王子朝。不納其使。

夏。五月。乙未。朔。日有食之。梓慎曰。將水。昭子曰。旱也。日過分。無陽猶不克。克必甚。能無旱乎。陽不克莫。將積聚也。

六月。壬申。王子朝之師。攻瑕及杏。皆潰。鄭伯如晉。子大叔相。見范獻子。獻子曰。若王室何。對曰。老夫其國家不能恤。敢及王室。抑人亦有言曰。嫠不恤其緯。而憂宗周之隕。為將及焉。今王室實蠢蠢焉。吾小國懼矣。然大國之憂也。吾儕何知焉。吾子其早圖之。詩曰。缾之罄矣。惟罍之恥。王室之不寧。晉之恥也。獻子懼。而與宣子圖之。乃徵會於諸侯。期以明年。

秋。八月。大雩。旱也。

冬。十月。癸酉。王子朝用成周之寶珪于河。甲戌。津人得諸河上。陰不佞以溫人南侵。拘得玉者。取其玉。將賣之。則為石。王定而獻之。與之東啚。楚子為舟師。以略吳疆。沈尹戌曰。此行也。楚必亡邑。不撫民而勞之。吳不動而速之。吳踵楚。而疆埸無備。邑能無亡乎。越大夫胥犴勞王於豫章之汭。越公子倉歸王乘舟。倉及壽夢帥師從王。王及圉陽而還。吳人踵楚。而邊人不備。遂滅巢及鍾離而還。沈尹戌曰。亡郢之始。於此在矣。王壹動而亡二姓之帥。幾如是而不及郢。詩曰。誰生厲階。至今為梗。其王之謂乎。

昭公二十五年

經二十有五年

春。叔孫婼如宋。

夏。叔詣會晉趙鞅。宋樂大心。衛北宮喜。鄭游吉。曹人。邾人。滕人。薛人。小邾人。于黃父。有鸜鵒來巢。

秋。七月。上辛。大雩。季辛。又雩。

九月。巳月己亥。公孫于齊。次于陽州。齊侯唁公于野井。

冬。十月。戊辰。叔孫婼卒。

十有一月。己亥。宋公佐卒于曲棘。

十有二月。齊侯取鄆。

傳二十五年

春。叔孫婼聘于宋。桐門右師見之。語卑宋大夫。而賤司城氏。昭子告其人曰。右師其亡乎。君子貴其身。而後能及人。是以有禮。今夫子卑其大夫。而賤其宗。是賤其身也。能有禮乎。無禮必亡。宋公享昭子。賦新宮。昭子賦車轄。明日宴。飲酒樂。宋公使昭子右坐。語相泣也。樂祁佐退而告人曰。今茲君與叔孫。其皆死乎。吾聞之。哀樂而樂哀。皆喪心也。心之精爽。是謂魂魄。魂魄去之。何以能久。季公若之姊為小邾夫人。生宋元夫人。生子。以妻季平子。昭子如宋聘。且逆之。公若從。謂曹氏勿與。魯將逐之。曹氏告公。公告樂祁。樂祁曰。與之如是。魯君必出。政在季氏三世矣。魯君喪政四公矣。無民而能逞其志者。未之有也。國君是以鎮撫其民。詩曰。人之云亡。心之憂矣。魯君失民焉。焉得逞其志。靖以待命猶可。動必憂。

夏。會于黃父。謀王室也。趙簡子令諸侯之大夫輸王粟。具戍人。曰。明年將納王。子大叔見趙簡子。簡子問揖讓周旋之禮焉。對曰。是儀也。非禮也。簡子曰。敢問何謂禮。對曰。吉也聞諸先大夫子產曰。夫禮。天之經也。地之義也。民之行也。天地之經。而民實則之。則天之明。因地之性。生其六氣。用其五行。氣為五味。發為五色。章為五聲。淫則昏亂。民失其性。是故為禮以奉之。為六畜。五牲。三犧。以奉五味。為九文。六采。五章。以奉五色。為九歌。八風。七音。六律。以奉五聲。為君臣上下。以則地義。為夫婦外內。以經二物。為父子。兄弟。姑姊。甥舅。昏媾。姻亞。以象天明。為政事。庸力行務。以從四時。為刑罰。威獄。使民畏忌。以類其震曜殺戮。為溫。慈。惠。和。以效天之生殖。長育。民有好惡喜怒哀樂。生于六氣。是故審則宜類。以制六志。哀有哭泣。樂有歌舞。喜有施舍。怒有戰鬥。喜生於好。怒生於惡。是故審行信令。禍福賞罰。以制死生。生。好物也。死。惡物也。好物樂也。惡物哀也。哀樂不失。乃能協于天地之性。是以長久。簡子曰。甚哉禮之大也。對曰。禮上下之紀。天地之經緯也。民之所以生也。是以先王尚之。故人之能自曲直以赴禮者。謂之成人。大不亦宜乎。簡子曰。鞅也。請終身守此言也。宋樂大心曰。我不輸粟。我於周為客。若之何使客。晉士伯曰。自踐土以來。宋何役之不會。而何盟之不同。曰。同恤王室。子焉得辟之。子奉君命以會大事。而宋背盟。無乃不可乎。右師不敢對。受牒而退。士伯告簡子曰。宋右師必亡。奉君命以使。而欲背盟以干盟主。無不祥大焉。有鸜鵒來巢。書所無也。師己曰。異哉。吾聞文武之世。童謠有之曰。鸜之鵒之。公出辱之。鸜鵒之羽。公在外野。往饋之馬。鸜鵒跦跦。公在乾侯。徵褰與襦。鸜鵒之巢。遠哉遙遙。稠父喪勞。宋父以驕。鸜鵒鸜鵒。往歌來哭。童謠有是。今鸜鵒來巢。其將及乎。

秋。書再雩。旱甚也。初。季公鳥娶妻於齊。鮑文子。生甲。公鳥死。季公亥。與公思展。與公鳥之臣申夜姑。相其室。及季姒與饔人檀通。而懼。乃使其妾抶己。以示秦遄之妻。曰。公若欲使余。余不可而抶余。又訴於公甫。曰。展與夜姑將要余。秦姬以告公之。公之與公甫告平子。平子拘展於卞。而執夜姑。將殺之。公若泣而哀之。曰。殺是。是殺余也。將為之請。平子使豎勿內。日中不得請。有司逆命。公之使速殺之。故公若怨平子。季郈之雞鬥。季氏介其雞。郈氏為之金距。平子怒。益宮於郈氏。且讓之。故郈昭伯亦怨平子。臧昭伯之從弟會。為讒於臧氏。而逃於季氏。臧氏執旃。平子怒。拘臧氏老。將禘於襄公。萬者二人。其衆萬於季氏。臧孫曰。此之謂不能庸先君之廟。大夫遂怨平子。公若獻弓於公為。且與之出射於外。而謀去季氏。公為告公果。公賁。公果。公賁。使侍人僚柤告公。公寢。將以戈擊之。乃走。公曰。執之。亦無命也。懼而不出。數月不見。公不怒。又使言。公執戈以懼之。乃走。又使言。公曰。非小人之所及也。公果自言。公以告臧孫。臧孫以難。告郈孫。郈孫以可勸。告子家懿伯。懿伯曰。讒人以君徼幸。事若不克。君受其名。不可為也。舍民數世以求克。事不可必也。且政在焉。其難圖也。公退之。辭曰。臣與聞命矣。言若洩。臣不獲死。乃館於公。叔孫昭子如闞。公居於長府。九月。戊戌。伐季氏。殺公之于門。遂入之。平子登臺而請。曰。君不察臣之罪。使有司討臣以干戈。臣請待於沂上以察罪弗許。請囚于費。弗許。請以五乘亡。弗許。子家子曰。君其許之。政自之出久矣。隱民多取食焉。為之徒者衆矣。日入慝作。弗可知也。衆怒不可蓄也。蓄而弗治。將蘊。蘊蓄民將生心。生心同求將合。君必悔之。弗聽。郈孫曰。必殺之。公使郈孫逆孟懿子。叔孫氏之司馬鬷戾。言於其衆。曰。若之何。莫對。又曰。我家臣也。不敢知國。凡有季氏與無於我孰利。皆曰。無季氏。是無叔孫氏也。鬷戾曰。然則救諸。帥徒以往。陷西北隅以入。公徒釋甲。執冰而踞。遂逐之。孟氏使登西北隅。以望季氏。見叔孫氏之旌。以告。孟氏執郈昭伯。殺之于南門之西。遂伐公徒。子家子曰。諸臣偽劫君者。而負罪以出。君止。意如之事君也。不敢不改。公曰。余不忍也。與臧孫如墓謀。遂行。己亥。公孫于齊。次于陽州。齊侯將唁公于平陰。公先至于野井。齊侯曰。寡人之罪也。使有司待於平陰。為近故也。書曰。公孫于齊次于陽州。齊侯唁公于野井。禮也。將求於人。則先下之。禮之善物也。齊侯曰。自莒疆以西。請致千社。以待君命。寡人將帥敝賦。以從執事。唯命是聽。君之憂。寡人之憂也。公喜。子家子曰。天祿不再。天若胙君。不過周公。以魯足矣。失魯而以千社為臣。誰與之立。且齊君無信。不如早之。晉弗從。臧昭伯率從者將盟。載書曰。戮力壹心。好惡同之。信罪之有無。繾綣從公。無通外內。以公命示子家子。子家子曰。如此。吾不可以盟羈也。不佞。不能與二三子同心。而以為皆有罪。或欲通外內。且欲去君。二三子好亡而惡定。焉可同也。陷君於難。罪孰大焉。通外內而去君。君將速入。弗通何為。而何守焉。乃不與盟。昭子自闞歸。見平子。平子稽顙曰。子若我何。昭子曰。人誰不死。子以逐君成名。子孫不忘。不亦傷乎。將若子何。平子曰。苟使意如得改事君。所謂生死而肉骨也。昭子從公于齊。與公言。子家子命適公館者執之。公與昭子言於幄內。曰。將安眾而納公。公徒將殺昭子。伏諸道。左師展告公。公使昭子自鑄歸。平子有異志。

冬。十月。辛酉。昭子齊於其寢。使祝宗祈死。戊辰。卒。左師展將以公乘馬而歸。公徒執之。壬申。尹文公涉于鞏。焚東訾。弗克。

十一月。宋公元公將為公故如晉。夢大子欒即位於廟。已與平公。服而相之。旦召六卿。公曰。寡人不佞。不能事父兄。以為二三子憂。寡人之罪也。若以群子之靈。獲保首領以歿。唯是楄柎所以藉幹者。請無及先君。仲幾對曰。君若以社稷之故。私降昵宴。群臣弗敢知。若夫宋國之法。死生之度。先君有命矣。群臣以死守之。弗敢失隊。臣之失職。常刑不赦。臣不忍其死。君命祇辱。宋公遂行。己亥。卒于曲棘。

十二月。庚辰。齊侯圍鄆。初。臧昭伯如晉。臧會竊其寶龜僂句。以卜為信與僭。僭吉。臧氏老將如晉問。會請往。昭伯問家故。盡對。及內子與母弟叔孫。則不對。再三問。不對。歸。及郊。會逆。問。又如初。至。次於外而察之。皆無之。執而戮之。逸奔郈。郈魴假使為賈正焉。計於季氏。臧氏使五人。以戈楯伏諸桐汝之閭。會出逐之。反奔。執諸季氏中門之外。平子怒曰。何故以兵入吾門。拘臧氏老。季臧有惡。及昭伯從公。平子立臧會。會曰。僂句不余欺也。楚子使薳射城州屈。復茄人焉。城丘皇。遷訾人焉。使熊相禖郭巢。季然郭卷。子大叔聞之。曰。楚王將死矣。使民不安其土。民必憂。憂將及王。弗能久矣。

昭公二十六年

經二十有六年

春。王正月。葬宋元公。

三月。公至自齊。居于鄆。

夏。公圍成。

秋。公會齊侯。莒子。邾子。杞伯。盟于鄟陵。公至自會。居于鄆。

九月。庚申。楚子居卒。

冬。十月。天王入于成周。尹氏。召伯。毛伯。以王子朝奔楚。

傳二十六年

春。王正月。庚申。齊侯取鄆。葬宋元公。如先君。禮也。

三月。公至自齊。處于鄆。言魯地也。

夏。齊侯將納公。命無受魯貨。申豐從女賈。以幣錦二兩。縛一如瑱。適齊師。謂子猶之人高齮。能貨子猶。為高氏後。粟五千庾。高齮以錦示子猶。子猶欲之。齮曰。魯人買之。百兩一布。以道之不通。先入幣財。子猶受之。言於齊侯曰。群臣不盡力于魯君者。非不能事君也。然據有異焉。宋元公為魯君如晉。卒於曲棘。叔孫昭子求納其君。無疾而死。不知天之棄魯耶。抑魯君有罪於鬼神。故及此也。君若待于曲棘。使群臣從魯君以卜焉。若可。師有濟也。君而繼之。茲無敵矣。若其無成。君無辱焉。齊侯從之。使公子鉏帥師從公成大夫。公孫朝謂平子曰。有都以衛國也。請我受師。許之。請納質。弗許。曰。信女足矣。告於齊師曰。孟氏。魯之敝室也。用成已甚。弗能忍也。請息肩于齊。齊師圍成。成人伐齊師之飲馬于淄者。曰。將以厭眾。魯成備而後告。曰。不勝眾。師及齊師戰于炊鼻。齊子淵捷從洩聲子。射之中楯瓦。繇朐汏。輈匕入者三寸。聲子射其馬。斬鞅。殪。改駕人以為鬷戾也。而助之。子車曰。齊人也。將擊子車。子車射之。殪。其御曰。又之。子車曰。眾可懼也。而不可怒也。子囊帶從野洩。叱之。洩曰。軍無私怒。報乃私也。將亢子。又叱之。亦叱之。冉豎射陳武子。中手。失弓而罵。以告平子曰。有君子白皙。鬒鬚眉。甚口。平子曰。必子彊也。無乃亢諸。對曰。謂之君子。何敢亢之。林雍羞為顏鳴右。下。苑何忌取其耳。顏鳴去之。苑子之御曰。視下顧。苑子刜林雍。斷其足。鑋而乘於他車以歸。顏鳴三入齊師。呼曰。林雍乘。

四月。單子如晉告急。

五月。戊午。劉人敗王城之師于尸氏。戊辰。王城人。劉人。戰于施谷。劉師敗績。

秋。盟于鄟陵。謀納公也。

七月。己巳。劉子以王出。庚午。次于渠。王城人焚劉。丙子。王宿于褚氏。丁丑。王次于萑谷。庚辰。王入于胥靡。辛巳。王次于滑。晉知躒。趙鞅。帥師納王。使汝寬守闕塞。

九月。楚平王卒。令尹子常欲立子西。曰。大子壬弱。其母非適也。王子建實聘之。子西長而好善。立長則順。建善則治。王順國治。可不務乎。子西怒曰。是亂國而惡君王也。國有外援。不可瀆也。王有適嗣。不可亂也。敗親速讎亂嗣不祥。我受其名。賂吾以天下。吾滋不從也。楚國何為。必殺令尹。令尹懼。乃立昭王。

冬。十月。丙申。王起師于滑。辛丑。在郊。遂次于尸。

十一月。辛酉。晉師克鞏。召伯盈逐王子朝。王子朝及召氏之族。毛氏得。尹氏固。南宮嚚。奉周之典籍。以奔楚。陰忌奔莒以叛。召伯逆王于尸。及劉子單子盟。遂軍圉澤。次于隄上。癸酉。王入于成周。甲戌。盟于襄宮。晉師成公般戍周而還。

十二月。癸未。王入于莊宮。王子朝使告于諸侯曰。昔武王克殷。成王靖四方。康王息民。並建母弟。以蕃屏周。亦曰。吾無專享文武之功。且為後人之迷敗傾覆。而溺入于難。則振救之。至于夷王。王愆于厥身。諸侯莫不並走其望。以祈王身。至于厲王。王心戾虐。萬民弗忍。居王于彘。諸侯釋位。以間王政。宣王有志。而後效官。至于幽王。天不弔周。王昏不若。用愆厥位。攜王奸命。諸侯替之。而建王嗣。用遷郟鄏。則是兄弟之能用力於王室也。至于惠王。天不靖周。生頹禍心。施于叔帶。惠襄辟難。越去王都。則有晉鄭。咸黜不端。以綏定王家。則是兄弟之能率先王之命也。在定王六年。秦人降妖。曰。周其有髭王。亦克能脩其職。諸侯服享。二世共職。王室其有間王位。諸侯不圖。而受其亂災。至于靈王。生而有髭。王甚神聖。無惡於諸侯。靈王景王。克終其世。今王室亂。單旗。劉狄。剝亂天下。壹行不若。謂先王何常之有。唯余心所命。其誰敢請之。帥群不弔之人。以行亂于王室。侵欲無厭。規求無度。貫瀆鬼神。慢棄刑法。倍奸齊盟。傲很威儀。矯誣先王。晉為不道。是攝是贊。思肆其罔極。茲不穀震盪播越。竄在荊蠻。未有攸底。若我一二兄弟甥舅。獎順天法。無助狡猾。以從先王之命。毋速天罰。赦圖不穀。則所願也。敢盡布其腹心。及先王之經。而諸侯實深圖之。昔先王之命曰。王后無適。則擇立長。年鈞以德。德鈞以卜。王不立愛。公卿無私。古之制也。穆后及大子壽。早夭即世。單劉贊私立少。以間先王。亦唯伯仲叔季圖之。閔馬父聞子朝之辭曰。文辭以行禮也。子朝干景之命。遠晉之大。以專其志。無禮甚矣。文辭何為。齊有彗星。齊侯使禳之。晏子曰。無益也。祇取誣焉。天道不諂不貳。其命若之何。禳之。且天之有彗也。以除穢也。君無穢德。又何禳焉。若德之穢。禳之何損。詩曰。惟此文王。小心翼翼。昭事上帝。聿懷多福。厥德不回。以受方國。君無違德。方國將至。何患於彗。詩曰。我無所監。夏后及商。用亂之故。民卒流亡。若德回亂。民將流亡。祝史之為。無能補也。公說。乃止。齊侯與晏子坐于路寢。公歎曰。美哉室。其誰有此乎。晏子曰。敢問何謂也。公曰。吾以為在德。對曰。如君之言。其陳氏乎。陳氏雖無大德。而有施於民。豆區釜鍾之數。其取之公也薄。其施之民也厚。公厚斂焉。陳氏厚施焉。民歸之矣。詩曰。雖無德與女。式歌且舞。陳氏之施。民歌舞之矣。後世若少惰陳氏而不亡。則國其國也已。公曰。善哉。是可若何。對曰。唯禮可以已之。在禮家施不及國。民不遷晨。不移工。賈不變士。不濫官。不滔大夫。不收公利。公曰。善哉。我不能矣。吾今而後知禮之可以為國也。對曰。禮之可以為國也久矣。與天地並。君令臣共。父慈子孝。兄愛弟敬。夫和妻柔。姑慈婦聽。禮也。君令而不違。臣共而不貳。父慈而教。子孝而箴。兄愛而友。弟敬而順。夫和而義。妻柔而正。姑慈而從。婦聽而婉。禮之善物也。公曰善哉。寡人今而後聞此。禮之上也。對曰。先王所稟於天地。以為其民也。是以先王上之。

昭公二十七年

經二十有七年

春。公如齊。公至自齊。居于鄆。
夏。四月。吳弒其君僚。楚殺其大夫郤宛。
秋。晉士鞅。宋樂祁犁。衛北宮喜。曹人。邾人。滕人。會于扈。
冬。十月。曹伯午卒。邾快來奔。公如齊。公至自齊。居于鄆。

傳二十七年

春。公如齊。公至自齊。處于鄆。言在外也。吳子欲因楚喪而伐之。使公子掩餘。公子燭庸。帥師圍潛。使延州來季子聘于上國。遂聘于晉。以觀諸侯。楚莠尹然。工尹麇。帥師救潛。左司馬沈尹戌。帥都君子與王馬之屬。以濟師。與吳師遇于窮。令尹子常以舟師及沙汭而還。左尹郤宛。工尹壽。帥師至于潛。吳師不能退。吳公子光曰。此時也。弗可失也。告鱄設諸曰。上國有言曰。不索何獲。我王嗣也。吾欲求之。事若克。季子雖至。不吾廢也。鱄設諸曰。王可弒也。母老子弱。是無若我何。光曰。我爾身也。
夏。四月。光伏甲於堀室而享王。王使甲坐於道。及其門。門階戶席。皆王親也。夾之以鈹。羞者獻體改服於門外。執羞者坐行而入。執鈹者夾承之。及體以相授也。光偽足疾。入于堀室。鱄設諸寘劍於魚中以進。抽劍刺王。鈹交於胸。遂弒王。闔廬以其子為卿。季子至曰。苟先君無廢祀。民人無廢主。社稷有奉。國家無傾。乃吾君也。吾誰敢怨。哀死事生。以待天命。非我生亂。立者從之。先人之道也。復命哭墓。復位而待。吳公子掩餘奔徐。公子燭庸奔鍾吾。楚師聞吳亂而還。郤宛直而和。國人說之。鄢將師為右領。與費無極比而惡之。令尹子常賄而信讒。無極譖郤宛焉。謂子常曰。子惡欲飲子酒。又謂子惡。令尹欲飲酒於子氏。子惡曰。我賤人也。不足以辱令尹。令尹將必來辱。為惠已甚。吾無以酬之。若何。無極曰。令尹好甲兵。子出之。吾擇焉。取五甲五兵。曰。寘諸門。令尹至。必觀之。而從以酬之。及饗日。帷諸門左。無極謂令尹曰。吾幾禍子。子惡將為子不利。甲在門矣。子必無往。且此役也。吳可以得志。子惡取賂焉而還。又誤群帥。使退其師。曰。乘亂不祥。吳乘我喪。我乘其亂。不亦可乎。令尹使視郤氏。則有甲焉。不往。召鄢將師而告之。將師退。遂令攻郤氏。且爇之。子惡聞之。遂自殺也。國人弗爇。令曰。不爇郤氏。與之同罪。或取一編菅焉。或取一秉稈焉。國人投之。遂弗爇也。令尹炮之。盡滅郤氏之族黨。殺陽令終。與其弟完。及佗。與晉。陳。及其子弟。晉陳之族。呼於國曰。鄢氏費氏。自以為王。專禍楚國。弱寡王室。蒙王與令尹。以自利也。令尹盡信之矣。國將如何。令尹病之。

秋。會于扈。令戍周。且謀納公也。宋衛皆利納公。固請之。范獻子取貨於季孫。謂司城子梁與北宮貞子曰。季孫未知其罪。而君伐之。請囚請亡。於是乎不獲。君又弗克。而自出也。夫豈無備而能出君乎。季氏之復。天救之也。休公徒之怒。而啟叔孫氏之心。不然。豈其伐人而說甲執冰以游。叔孫氏懼禍之濫。而自同於季氏。天之道也。魯君守齊。三年而無成。季氏甚得其民。淮夷與之。有十年之備。有齊楚之援。有天之贊。有民之助。有堅守之心。有列國之權。而弗敢宣也。事君如在國。故鞅以為難。二子皆圖國者也。而欲納魯君。鞅之願也。請從二子以圍魯。無成。死之。二子懼。皆辭。乃辭小國。而以難復。孟懿子陽虎伐鄆。鄆人將戰。子家子曰。天命不慆久矣。使君亡者。必此眾也。天既禍之。而自福也。不亦難乎。猶有鬼神。此必敗也。嗚呼。為無望也夫。其死於此乎。公使子家子如晉。公徒敗于且知。楚郤宛之難。國言未已。進胙者莫不謗令尹。沈尹戌言於子常曰。夫左尹與中廄尹。莫知其罪。而子殺之。以興謗讟。至于今不已。戌也惑之。仁者殺人以掩謗。猶弗為也。今吾子殺人以興謗。而弗圖。不亦異乎。夫無極。楚之讒人也。民莫不知。去朝吳。出蔡侯宋。喪太子建。殺連尹奢。屏王之耳目。使不聰明。不然。平王之溫惠共儉。有過成莊。無不及焉。所以不獲諸侯。邇無及也。今又殺三不辜。以興大謗。幾及子矣。子而不圖。將焉用之。夫鄢將師矯子之命。以滅三族。國之良也。而不愆位。吳新有君。疆場日駭。楚國若有大事。子其危哉。知者除讒以自安也。今子愛讒以自危也。甚矣其惑也。子常曰。是瓦之罪。敢不良圖。
九月。己未。子常殺費無極與鄢將師。盡滅其族。以說于國。謗言乃止。冬。公如齊。齊侯請饗之子家子曰。朝夕立於其朝。又何饗焉。其飲酒也。乃飲酒。使宰獻而請安。子仲之子曰重。為齊侯夫人。曰。請使重見。子家子乃以君出。
十二月。晉籍秦致諸侯之戍于周。魯人辭以難。

昭公二十八年

經二十有八年

春。王三月。葬曹悼公。公如晉。次于乾侯。
夏。四月。丙戌。鄭伯寧卒。
六月。葬鄭定公。
秋。七月。癸巳。滕子寧卒。冬。葬滕悼公。

傳二十八年

春。公如晉。將如乾侯。子家子曰。有求於人。而即其安。人孰矜之。其造於竟。弗聽。使請逆於晉。晉人曰。天禍魯國。君淹恤在外。君亦不使一個。辱在寡人。而即安於甥舅。其亦使逆君。使公復于竟而後逆之。晉祁勝與鄔臧通室。祁盈將執之。訪於司馬叔游。叔游曰。鄭書有之。惡直醜正。實蕃有徒。無道立矣。子懼不免。詩曰。民之多辟。無自立辟。姑已若何。盈曰。祁氏私有討。國何有焉。遂執之。祁勝賂荀躒。荀躒為之言於晉侯。晉侯執祁盈。祁盈之臣曰。鈞將皆死。憖使吾君聞勝與臧之死也以為快。乃殺之。
夏。六月。晉殺祁盈及楊食我。食我。祁盈之黨也。而助亂。故殺之。遂滅祁氏。羊舌氏。初。叔向欲娶於申公巫臣氏。其母欲娶其黨。叔向曰。吾母多而庶鮮。吾懲舅氏矣。其母曰。子靈之妻。殺三夫。一君。一子。而亡一國。兩卿矣。可無懲乎。吾聞之。甚美必有甚惡。是鄭穆少妃。姚子之子。子貉之妹也。子貉早死無後。而天鍾美於是。將必以是。大有敗也。昔有仍氏生女。黰黑。而甚美。光可以鑑。名曰玄妻。樂正后夔取之。生伯封。實有豕心。貪惏無饜。忿纇無期。謂之封豕。有窮后羿滅之。夔是以不祀。且三代之亡。共子之廢。皆是物也。女何以為哉。夫有尤物。足以移人。苟非德義。則必有禍。叔向懼。不敢取。平公強使取之。生伯石。伯石始生。子容之母走謁諸姑。曰。長叔姒生男。姑視之。及堂。聞其聲而還。曰。是豺狼之聲也。狼子野心。非是。莫喪羊舌氏矣。遂弗視。

秋。晉韓宣子卒。魏獻子為政。分祁氏之田。以為七縣。分羊舌氏之田。以為三縣。司馬彌牟為鄔大夫。賈辛為祁大夫。司馬烏為平陵大夫。魏戊為梗陽大夫。知徐吾為塗水大夫。韓固為馬首大夫。孟丙為盂大夫。樂霄為銅鞮大夫。趙朝為平陽大夫。僚安為楊氏大夫。謂賈辛。司馬烏。為有力於王室。故舉之。謂知徐吾。趙朝。韓固。魏戊。餘子之不失職。能守業者也。其四人者。皆受縣而後見於魏子。以賢舉也。魏子謂成鱄。吾與戊也縣。人其以我為黨乎。對曰。何也。戊之為人也。遠不忘君。近不偪同。居利思義。在約思純。有守心而無淫行。雖與之縣不亦可乎。昔武王克商。光有天下。其兄弟之國者。十有五人。姬姓之國者。四十人。皆舉親也。夫舉無他。唯善所在。親疏一也。詩曰。唯此文王。帝度其心。莫其德音。其德克明。克明克類。克長克君。王此大國。克順克比。比于文王。其德靡悔。既受帝祉。施于孫子。心能制義曰度。德正應和曰莫。照臨四方曰明。勤施無私曰類。教誨不倦曰長。賞慶刑威曰君。慈和遍服曰順。擇善而從之曰比。經緯天地曰文。九德不愆。作事無悔。故襲天祿。子孫賴之。主之舉也。近文德矣。所及其遠哉。賈辛將適其縣。見於魏子。魏子曰。辛來。昔叔向適鄭。鬷蔑惡欲觀叔向。從使之收器者。而往立於堂下。一言而善。叔向將飲酒。聞之曰。必鬷明也。下執其手。以上曰。昔賈大夫惡。娶妻而美。三年不言不笑。御以如皋。射雉獲之。其妻始笑而言。賈大夫曰。才之不可以已。我不能射。女遂不言不笑夫。今子少不颺。子若無言。吾幾失子矣。言不可以已也如是。遂如故知。今女有力於王室。吾是以舉女。行乎敬之哉。毋墮乃力。仲尼聞魏子之舉也。以為義。曰。近不失親。遠不失舉。可謂義矣。又聞其命賈辛也。以為忠。詩曰。永言配命。自求多福。忠也。魏子之舉也。義其命也。忠其長有後於晉國乎。

冬。梗陽人有獄。魏戊不能斷。以獄上其大宗。賂以女樂。魏子將受之。魏戊謂閻沒女寬曰。主以不賄。聞於諸侯。若受梗陽。人賄莫甚焉。吾子必諫。皆許諾。退朝待於庭。饋入召之。比置三歎。既食使坐。魏子曰。吾聞諸伯叔諺曰。唯食忘憂。吾子置食之間。三歎何也。同辭而對曰。或賜二小人酒。不夕食。饋之始至。恐其不足。是以歎。中置自咎曰。豈將軍食之。而有不足。是以再歎。及饋之畢。願以小人之腹。為君子之心。屬厭而已。獻子辭梗陽人。

昭公二十九年

經二十有九年

春。公至自乾侯。居于鄆。齊侯使高張來唁公。公如晉。次于乾侯。

夏。四月。庚子。叔詣卒。

秋。七月。

冬。十月。鄆潰。

傳二十九年

春。公至自乾侯。處于鄆。齊侯使高張來唁公。稱主君。子家子曰。齊卑君矣。君祇辱焉。公如乾侯。

三月。己卯。京師殺召伯盈。尹氏固。及原伯魯之子。尹固之復也。有婦人遇之周郊。尤之曰。處則勸人為禍。行則數日而反。是夫也。其過三歲乎。

夏。五月。庚寅。王子趙車入于鄻以叛。陰不佞敗之。平子每歲賈馬。具從者之衣屨。而歸之于乾侯。公執歸馬者賣之。乃不歸馬。衛侯來獻其乘馬。曰啟服。塹而死。公將為之櫝。子家子曰。從者病矣。請以食之。乃以幃裹之。公賜公衍羔裘。使獻龍輔於齊侯。遂入羔裘。齊侯喜。與之陽穀。公衍。公為。之生也。其母偕出。公衍先生。公為之母曰。相與偕出。請相與偕告。三日。公為生。其母先以告。公為為兄。公私喜於陽穀。而思於魯。曰。務人為此。禍也。且後生而為兄。其誣也久矣。乃黜之而以公。衍為大子。

秋。龍見于絳郊。魏獻子問於蔡墨曰。吾聞之。蟲莫知於龍。以其不生得也。謂之知。信乎。對曰。人實不知。非龍實知。古者畜龍。故國有豢龍氏。有御龍氏。獻子曰。是二氏者。吾亦聞之。而知其故。是何謂也。對曰。昔有飂叔安有裔子。曰董父實。甚好龍。能求其耆欲以飲食之。龍多歸之。乃擾畜龍以服事帝舜。帝賜之姓。曰董氏。曰豢龍。封諸鬷川。鬷夷氏其後也。故帝舜氏世有畜龍。及有夏孔甲。擾于有帝。帝賜之乘龍。河漢各二。各有雌雄。孔甲不能食。而未獲豢龍氏。有陶唐氏既衰。其後有劉累學擾龍于豢龍氏。以事孔甲。能飲食之。夏后嘉之。賜氏曰御龍。以更豕韋之後。龍一雌死。潛醢以食。夏后。夏后饗之。既而使求之。懼而遷于魯縣。范氏其後也。獻子曰。今何故無之。對曰。夫物物有其官。官脩其方。朝夕思之。一日失職。則死及之。失官不食。官宿其業。其物乃至。若泯棄之。物乃坻伏。鬱湮不育。故有五行之官。是謂五官。實列受氏姓。封為上公。祀為貴神。社稷五祀。是尊是奉。木正曰句芒。火正曰祝融。金正曰蓐收。水正曰玄冥。土正曰后土。龍。水物也。水官棄矣。故龍不生得。不然。周易有之。在乾之姤曰。潛龍勿用。其同人曰。見龍在田。其大有曰。飛龍在天。其夬曰。亢龍有悔。其坤曰。見群龍無首。吉。坤之剝曰。龍戰于野。若不朝夕見。誰能物之。獻子曰。社稷五祀。誰氏之五官也。對曰。少皞氏有四叔。曰重。曰該。曰脩。曰熙。實能金木及水。使重為句芒。該為蓐收。脩及熙為玄冥。世不失職。遂濟窮桑。此其三祀也。顓頊氏有子曰犁。為祝融。共工氏有子曰句龍。為后土。此其二祀也。后土為社。稷。田正也。有烈山氏之子曰柱。為稷。自夏以上祀之。周棄亦為稷。自商以來祀之。

冬。晉趙鞅。荀寅。帥師城汝濱。遂賦晉國一鼓鐵。以鑄刑鼎。著范宣子所謂刑書焉。仲尼曰。晉其亡乎。失其度矣。夫晉國將守唐叔之所受法度。以經緯其民。卿大夫以序守之。民是以能尊其貴。貴是以能守其業。貴賤不愆。所謂度也。文公是以作執秩之官。為被廬之法。以為盟主。今棄是度也。而為刑鼎。民在鼎矣。何以尊貴。貴何業之守。貴賤無序。何以為國。且夫宣子之刑。夷之蒐也。晉國之亂制也。若之何以為法。蔡史墨曰。范氏。中行氏。其亡乎。中行寅為下卿。而干上令。擅作刑器。以為國法。是法姦也。又加范氏。焉易之。亡也。其及趙氏。趙孟與焉。然不得已。若德可以免。

昭公三十年

經三十年

春。王正月。公在乾侯。

夏。六月。庚辰。晉侯去疾卒。

秋。八月。葬晉頃公。

冬。十有二月。吳滅徐。徐子章羽奔楚。

傳三十年

春。王正月。公在乾侯。不先書鄆與乾侯。非公。且徵過也。

夏。六月。晉頃公卒。

秋。八月。葬鄭游吉弔。且送葬。魏獻子使士景伯詰之。曰。悼公之喪。子西弔。子蟜送葬。今吾子無貳。何故。對曰。諸侯所以歸晉君。禮也。禮也者。小事大。大字小之謂。事大在共其時命。字小在恤其所無。以敝邑居大國之間。共其職貢。與其備御。不虞之患。豈忘共命。先王之制。諸侯之喪。士弔。大夫送葬。唯嘉好聘享。三軍之事。於是乎使卿。晉之喪事。敝邑之間。先君有所。助執紼矣。若其不間。雖士大夫。有所不獲數矣。大國之惠。亦慶其加。而不討其乏。明厎其情。取備而已。以為禮也。靈王之喪。我先君簡公在楚。我先大夫印段實往。敝邑之少卿也。王吏不討。恤所無也。今大夫曰。女盍從舊。舊有豐有省。不知所從。從其豐。則寡君幼弱。是以不共。從其省。則吉在此矣。唯大夫圖之。晉人不能詰。吳子使徐人執掩餘。使鍾吾人執燭庸。二公子奔楚。楚子大封而定其徙。使監馬尹大心逆吳公子。使居養。莠尹然。左司馬沈尹。戌城之。取於城父與胡田以與之。將以害吳也。子西諫曰。吳光新得國而親其民。視民如子。辛苦同之。將用之也。若好吳邊疆。使柔服焉。猶懼其至。吾又疆其讎。以重怒之。無乃不可乎。吳。周之冑裔也。而棄在海濱。不與姬通。今而始大。比于諸華。光又甚文。將自同於先王。不知天將以為虐乎。使翦喪吳國。而封大異姓乎。其抑亦將卒以祚吳乎。其終不遠矣。我盍姑億吾鬼神。而寧吾族姓。以待其歸。將焉用自播揚焉。王弗聽。吳子怒。
冬。十二月。吳子執鍾吳子。遂伐徐。防山以水之。己卯。滅徐。徐子章禹斷其髮。攜其夫人。以逆吳子。吳子唁而送之。使其邇臣從之。遂奔楚。楚沈尹戌帥師救徐。弗及。遂城夷。使徐子處之。吳子問於伍員曰。初而言伐楚。余知其可也。而恐其使余往也。又惡人之有余之功也。今余將自有之矣。伐楚何如。對曰。楚執政衆而乖。莫適任患。若為三師之肄焉。一師至。彼必皆出。彼出則歸。彼歸則出。楚必道敝。亟肄以罷之。多方以誤之。既罷而後以三軍繼之。必大克之。闔廬從之。楚於是乎始病。

昭公三十一年

經三十有一年

春。王正月。公在乾侯。季孫意如會晉荀躒於適歷。
夏。四月。丁巳。薛伯穀卒。晉侯使荀躒唁公于乾侯。
秋。葬薛獻公。
冬。黑肱以濫來奔。
十有二月。辛亥。朔。日有食之。

傳三十一年

春。王正月。公在乾侯。言不能外內也。晉侯將以師納公。范獻子曰。若召季孫而不來。則信不臣矣。然後伐之。若何。晉人召季孫。獻子使私焉。曰。子必來。我受其無咎。季孫意如會晉荀躒于適歷。荀躒曰。寡君使躒謂吾子。何故出君。有君不事。周有常刑。子其圖之。季孫練冠麻衣跣行。伏而對曰。事君。臣之所不得也。敢逃刑命。君若以臣為有罪。請囚于費。以待君之察也。亦唯君。若以先臣之故。不絕季氏。而賜之死。若弗殺弗亡。君之惠也。死且不朽。若得從君而歸。則固臣之願也。敢有異心。
夏。四月。季孫從知伯如乾侯。子家子曰。君與之歸。一慚之不忍。而終身慚乎。公曰。諾。衆曰。在一言矣。君必逐之。荀躒以晉侯之命唁公。且曰。寡君使躒以君命討於意如。意如不敢逃死。君其入也。公曰。君惠顧先君之好。施及亡人。將使歸。糞除宗祧。以事君。則不能見夫人已。所能見夫人者。有如河。荀躒掩耳而走。曰。寡君其罪之恐。敢與知魯國之難。臣請復於寡君。退而謂季孫。君怒未怠。子姑歸祭。子家子曰。君以一乘入于魯師。季孫必與君歸。公欲從之。眾從者脅公不得歸。薛伯穀卒。同盟故書。
秋。吳人侵楚。伐夷。侵潛六。楚沈尹戌帥師救潛。吳師還。楚師遷潛於南岡而還。吳師圍弦。左司馬戌。右司馬稽。帥師救弦。及豫章。吳師還。始用子胥之謀也。
冬。邾黑肱以濫來奔。賤而書名。重地故也。君子曰。名之不可不慎也如是夫。有所有名。而不如其已。以地叛。雖賤必書。地以名其人。終為不義。弗可滅已。是故君子動則思禮。行則思義。不為利回。不為義疚。或求名而不得。或欲蓋而名章。懲不義也。齊豹為衛司寇。守嗣大夫。作而不義。其書為盜。邾庶其。莒牟夷。邾黑肱。以土地出。求食而已。不求其名。賤而必書。此二物者。所以懲肆而去貪也。若艱難其身。以險危大人。而有名章徹。攻難之士。將奔走之。若竊邑叛君。以徼大利。而無名。貪冒之民。將寘力焉。是以春秋書齊豹曰。盜。三叛人名。以懲不義。數惡無禮。其善志也。故曰。春秋之稱。微而顯。婉而辨。上之人能使昭明。善人勸焉。淫人懼焉。是以君子貴之。
十二月。辛亥。朔。日有食之。是夜也。趙簡子夢童子羸而轉以歌。旦占諸史墨曰。吾夢如是。今而日食。何也。對曰。六年。及此月也。吳其入郢乎。終亦弗克。入郢必以庚辰。日月在辰尾。庚午之日。日始有謫。火勝金。故弗克。

昭公三十二年

經三十有二年

春。王正月。公在乾侯取闞。
夏。吳伐越。
秋。七月。
冬。仲孫何忌會晉韓不信。齊高張。宋仲幾。衛世叔申。鄭國參。曹人。莒人。薛人。杞人。小邾人。城成周。

十有二月。己未。公薨于乾侯。

傳三十二年

春。王正月。公在乾侯。言不能外內。又不能用其人也。

夏。吳伐越。始用師於越也。史墨曰。不及四十年。越其有吳乎。越得歲而吳伐之。必受其凶。

秋。八月。王使富辛與石張如晉。請城成周。天子曰。天降禍于周。俾我兄弟。並有亂心。以為伯父憂。我一二親昵甥舅。不皇啟處。於今十年。勤戍五年。余一人無日忘之。閔閔焉如農夫之望歲。懼以待時。伯父若肆大惠。復二文之業。弛周室之憂。徼文武之福。以固盟主。宣昭令名。則余一人有大願矣。昔成王合諸侯。城成周。以為東都。崇文德焉。今我欲徼福假靈于成王。脩成周之城。俾戍人無勤。諸侯用寧。蝥賊遠屏。晉之力也。其委諸伯父。使伯父實重圖之。俾我一人。無徵怨于百姓。而伯父有榮。施先王庸之。范獻子謂魏獻子曰。與其戍周。不如城之。天子實云。雖有後事。晉勿與知可也。從王命以紓諸侯。晉國無憂。是之不務。而又焉從事。魏獻子曰善。使伯音對。曰。天子有命。敢不奉承。以奔告於諸侯。遲速衰序。於是焉在。

冬。十一月。晉魏舒。韓不信。如京師。合諸侯之大夫于狄泉。尋盟。且令城成周。魏子南面。衛彪傒曰。魏子必有大咎。干位以令大事。非其任也。詩曰。敬天之怒。不敢戲豫。敬天之渝。不敢馳驅。況敢干位。以作大事乎。己丑。士彌牟營成周。計丈數。揣高卑。度厚薄。仞溝洫。物土方。議遠邇。量事期。計徒庸。慮財用。書餱糧。以令役於諸侯。屬役賦丈。書以授帥。而效諸劉子。韓簡子臨之。以為成命。

十二月。公疾。遍賜大夫。大夫不受。賜子家子雙琥。一環。一璧。輕服。受之。大夫皆受其賜。己未。公薨。子家子反賜於府人曰。吾不敢逆君命也。大夫皆反其賜。書曰。公薨于乾侯。言失其所也。趙簡子問於史墨曰。季氏出其君。而民服焉。諸侯與之。君死於外。而莫之或罪也。對曰。物生有兩。有三有五。有陪貳。故天有三辰。地有五行。體有左右。各有妃耦。王有公。諸侯有卿。皆有貳也。天生季氏。以貳魯侯。為日久矣。民之服焉。不亦宜乎。魯君世從其失。季氏世脩其勤。民忘君矣。雖死於外。其誰矜之。社稷無常奉。君臣無常位。自古以然。故詩曰。高岸為谷。深谷為陵。三后之姓。於今為庶。王所知也。在易卦。雷乘乾曰。大壯。天之道也。昔成季友。桓之季也。文姜之愛子也。始震而卜。卜人謁之曰。生有嘉聞。其名曰友。為公室輔。及生如卜人之言。有文在其手。曰友。遂以名之。既而有大功於魯。受費以為上卿。至於文子。武子。世增其業。不費舊績。魯文公薨。而東門遂殺適立庶。魯君於是乎失國。政在季氏。於此君也。四公矣。民不知君。何以得國。是以為君。慎器與名。不可以假人。

定公

定公元年

經

元年。春。王三月。晉人執宋仲幾于京師。

夏。六月。癸亥。公之喪至自乾侯。戊辰。公即位。

秋。七月。癸巳。葬我君昭公。

九月。大雩。立煬宮。

冬。十月。隕霜殺菽。

傳

元年。春。王正月。辛巳。晉魏舒合諸侯之大夫于狄泉。將以城成周。魏子蒞政。衛彪傒曰。將建天子。而易位以令。非義也。大事奸義。必有大咎。晉不失諸侯。魏子其不免乎。是行也。魏獻子屬役於韓簡子。及原壽過。而田於大陸。焚焉。還。卒於甯。范獻子去其柏椁。以其未復命而田也。孟懿子會城成周。庚寅。栽。宋仲幾不受功曰。滕。薛。郳。吾役也。薛宰曰。宋為無道。絕我小國於周。以我適楚。故我常從宋。晉文公為踐土之盟曰。凡我同盟。各復舊職。若從踐土。若從宋亦唯命。仲幾曰。踐土固然。薛宰曰。薛之皇祖奚仲居薛。以為夏車正。奚仲遷于邳。仲虺居薛。以為湯左相。若復舊職。將承王官。何故以役諸侯。仲幾曰。三代各異物。薛焉得有舊。為宋役。亦其職也。士彌牟曰。晉之從政者新。子姑受功歸。吾視諸故府。仲幾曰。縱子忘之。山川鬼神。其忘諸乎。士伯怒謂韓簡子曰。薛徵於人。宋徵於鬼。宋罪大矣。且己無辭而抑我。以神誣我也。啟寵納侮。其此之謂矣。必以仲幾為戮。乃執仲幾以歸。

三月。歸諸京師。城三旬而畢。乃歸。諸侯之戍齊高張後。不從諸侯。晉女叔寬曰。周萇弘。齊高張。皆將不免。萇叔違天。高子違人。天之所壞。不可支也。衆之所為。不可奸也。

夏。叔孫成子逆公之喪于乾侯。季孫曰。子家子亟言於我。未嘗不中吾志也。吾欲與之從政。子必止之。且聽命焉。子家子不見叔孫。易幾而哭。叔孫請見子家子。子家子辭曰。羈未得見。而從君以出。君不命而薨。羈不敢見。叔孫使告之曰。公衍。公為。實使群臣不得事君。若公子宋主社稷。則群臣之願也。凡從君出而可以入者。將唯子是聽。子家氏未有後。季孫願與子從政。此皆季孫之願也。使不敢以告。對曰。若立君。則有卿大夫與守龜在。羈弗敢知。若從君者。則貌而出者。入可也。寇而出者。行可也。若羈也。則君知其出也。而未知其入也。羈將逃也。喪及壞隤。公子宋先入。從公者皆自壞隤反。

六月。癸亥。公之喪至自乾侯。戊辰公即位。季孫使役如闞。公氏將溝焉。榮駕鵝曰。生不能事。死又離之。以自旌也。縱子忍之。後必或恥之。乃止。季孫問於榮駕鵝曰。吾欲為君謚。使子孫知之。對曰。生弗能事。死又惡之。以自信也。將焉用之。乃止。

秋。七月。癸巳。葬昭公於墓道南。孔子之為司寇也。溝而合諸墓。昭公出故。季平子禱于煬公。

九月。立煬宮。周鞏簡公棄其子弟而好用遠人。

定公二年

經二年

春。王正月。

夏。五月。壬辰。雉門及兩觀災。

秋。楚人伐吳。
冬。十月。新作雉門及兩觀。
傳二年
夏。四月。辛酉。鞏氏之群子弟賊簡公。桐叛楚。吳子使舒鳩氏誘楚人曰。以師臨我。我伐桐。為我使之無忌。
秋。楚囊瓦伐吳師于豫章。吳人見舟于豫章。而潛師于巢。
冬。十月。吳軍楚師于豫章。敗之。遂圍巢。克之。獲楚公子繁。邾莊公與夷射姑飲酒。私出。閽乞肉焉。奪之杖以敲之。

定公三年

經三年
春。王正月。公如晉。至河乃復。
二月。辛卯。邾子穿卒。
夏。四月。
秋。葬邾莊公。
冬。仲孫何忌及邾子盟于拔。
傳三年
春。二月。辛卯。邾子在門臺。臨廷。閽以缾水沃廷。邾子望見之。怒。閽曰。夷射姑旋焉。命執之。弗得。滋怒。自投于床。廢于鑪炭。爛遂卒。先葬以車五乘。殉五人。莊公卞急而好潔。故及是。
秋。九月。鮮虞人敗晉師于平中。獲晉觀虎。恃其勇也。
冬。盟于郯。脩邾好也。蔡昭侯為兩佩與兩裘以如楚。獻一佩一裘於昭王。昭王服之。以享蔡侯。蔡侯亦服其一。子常欲之。弗與。三年止之。唐成公如楚。有兩肅爽馬。子常欲之。弗與。亦三年止之。唐人或相與謀。請代先從者。許之。飲先從者酒。醉之。竊馬而獻之子常。子常歸唐侯。自拘於司敗。曰。君以弄馬之故。隱君身。棄國家。群臣請相。夫人以償馬。必如之。唐侯曰。寡人之過也。二三子無辱。皆賞之。蔡人聞之。固請而獻佩于子常。子常朝見蔡侯之徒。命有司曰。蔡君之久也。官不共也。明日禮不畢。將死。蔡侯歸及漢。執玉而沈曰。余所有濟漢而南者。有若大川。蔡侯如晉。以其子元。與其大夫之子為質焉。而請伐楚。

定公四年

經四年

春。王二月。癸巳。陳侯吳卒。

三月。公會劉子。晉侯。宋公。蔡侯。衛侯。陳子。鄭伯。許男。曹伯。莒子。邾子。頓子。胡子。滕子。薛伯。杞伯。小邾子。齊國夏。于召陵。侵楚。

夏。四月。庚辰。蔡公孫姓帥師滅沈。以沈子嘉歸。殺之。

五月。公及諸侯盟于皐鼬。杞伯成卒于會。

六月。葬陳惠公。許遷于容城。

秋。七月。公至自會。劉卷卒。葬杞悼公。楚人圍蔡。晉士鞅衛孔圉帥師伐鮮虞。葬劉文公。

冬。十有一月。庚午。蔡侯以吳子及楚人戰于柏舉。楚師敗績。楚囊瓦出奔鄭。庚辰。吳入郢。

傳四年

春。三月。劉文公合諸侯于召陵。謀伐楚也。晉荀寅求貨於蔡侯。弗得。言於范獻子曰。國家方危。諸侯方貳。將以襲敵。不亦難乎。水潦方降。疾瘧方起。中山不服。棄盟取怨。無損於楚。而失中山。不如辭蔡侯。吾自方城以來。楚未可以得志。祇取勤焉。乃辭蔡侯。晉人假羽旄於鄭。鄭人與之。明日或旆以會。晉於是乎失諸侯。將會。衛子行敬子言於靈公曰。會同難。嘖有煩言。莫之治也。其使祝佗從。公曰善。乃使子魚。子魚辭曰。臣展四體。以率舊職。猶懼不給。而煩刑書。若又共二。徼大罪也。且夫祝。社稷之常隸也。社稷不動。祝不出竟。官之制也。君以軍行。祓社釁鼓。祝奉以從。於是乎出竟。若嘉好之事。君行師從。卿行旅從。臣無事焉。公曰行也。及皐鼬。將長蔡於衛。衛侯使祝佗私於萇弘曰。聞諸道路。不知信否。若聞蔡將先衛。信乎。萇弘曰。信。蔡叔。康叔之兄也。先衛。不亦可乎。子魚曰。以先王觀之。則尚德也。昔武王克商。成王定之。選建明德。以藩屏周。故周公相王室以尹天下。於周為睦。分魯公以大路大旂。夏后氏之璜。封父之繁弱。殷民六族。條氏。徐氏。蕭氏。索氏。長勺氏。尾勺氏。使帥其宗氏。輯其分族。將其類醜。以法則周公。用即命于周。是使之職事于魯。以昭周公之明德。分之土田倍敦。祝宗卜史。備物典策。官司彝器。因商奄之民。命以伯禽。而封於少皞之虛。分康叔以大路。少帛。綪茷。旃旌。大呂。殷民七族。陶氏。施氏。繁氏。錡氏。樊氏。饑氏。終葵氏。封畛土略。自武父以南。及圃田之北竟。取於有閻之土。以共王職。取於相土之東都。以會王之東蒐。聃季授土。陶叔授民。命以康誥。而封於殷虛。皆啟以商政。疆以周索。分唐叔以大路密須之鼓。闕鞏沽洗。懷姓九宗。職官五正。命以唐誥。而封於夏虛。啟以夏政。疆以戎索。三者皆叔也。而有令德。故昭之以分物。不然。文武成康之伯猶多。而不獲是分也。唯不尚年也。管蔡啟商。惎間王室。王於是乎殺管叔而蔡蔡叔。以車七乘。徒七十人。其子蔡仲。改行帥德。周公舉之。以為己卿士。見諸王。而命之以蔡。其命書云。王曰。胡。無若爾考之違王命也。若之何其使蔡先衛也。武王之母弟八人。周公為太宰。康叔為司寇。聃季為司空。五叔無官。豈尚年哉。曹。文之昭也。晉。武之穆也。曹為伯甸。非尚年也。今將尚之。是反先王也。晉文公為踐土之盟。衛成公不在。夷叔。其母弟也。猶先蔡。其載書云。王若曰。晉重。魯申。衛武。蔡甲午。鄭捷。齊潘。宋王臣。莒期。藏在周府。可覆視也。吾子欲復文武之略。而不正其德。將如之何。萇弘說。告劉子。與范獻子謀之。乃長衛侯於盟。反自召陵。鄭子大叔未至而卒。晉趙簡子為之臨甚哀。曰。黃父之會。夫子語我九言曰。無始亂。無怙富。無恃寵。無違同。無敖禮。無驕能。無復怒。無謀非德。無犯非義。沈人不會于召陵。晉人使蔡伐之。

夏。蔡滅沈。秋楚為沈故圍蔡。伍員為吳行人以謀楚。楚之殺郤宛也。伯氏之族出。伯州犁之孫嚭。為吳大宰以謀楚。楚自昭王即位。無歲不有吳師。蔡侯因之。以其子乾與其大夫之子為質於吳。

冬。蔡侯。吳子。唐侯。伐楚。舍舟于淮汭。自豫章與楚夾漢。左司馬戌謂子常曰。子沿漢而與之上下。我悉方城外以毀其舟。還塞大隧。直轅。冥阨。子濟漢而伐之。我自後擊之。必大敗之。既謀而行。武城黑謂子常曰。吳用木也。我用革也。不可久也。不如速戰。史皇謂子常。楚人惡子而好司馬。若司馬毀吳舟于淮。塞城口而入。是獨克吳也。子必速戰。不然不免。乃濟漢而陳。自小別至于大別。三戰。子常知不可。欲奔。史皇曰。安求其事。難而逃之。將何所入。子必死之。初罪必盡說。

十一月。庚午。二師陳于柏舉。闔廬之弟夫概王。晨請於闔廬曰。楚瓦不仁。其臣莫有死志。先伐之。其卒必奔。而後大師繼之。必克。弗許。夫概王曰。所謂臣義而行。不待命者。其此之謂也。今日我死。楚可入也。以其屬五千。先擊子常之卒。子常之卒奔。楚師亂。吳師大敗之。子常奔鄭。史皇以其乘廣死。吳從楚師。及清發。將擊之。夫概王曰。困獸猶鬥。況人乎。若知不免。而致死。必敗我。若使先濟者知免。後者慕之。蔑有鬥心矣。半濟而後可擊也。從之。又敗之。楚人為食。吳人及之。奔食而從之。敗諸雍澨。五戰及郢。己卯。楚子取其妹季芊。畀我。以出。涉睢。鍼尹固與王同舟。王使執燧象以奔吳師。庚辰。吳入郢。以班處宮。子山處令尹之宮。夫概王欲攻之。懼而去之。夫概王入之。左司馬戌及息而還。敗吳師于雍澨。傷。初。司馬臣闔廬。故恥為禽焉。謂其臣曰。誰能免吾首。吳句卑曰臣賤可乎。司馬曰。我實失子。可哉。三戰皆傷。曰。吾不用也已。句卑布裳。剄而裹之。藏其身而以其首免。楚子涉睢濟江。入于雲中。王寢。盜攻之。以戈擊王。王孫由于以背受之。中肩。王奔鄖。鍾建負季芊以從。由于徐蘇而從。鄖公辛之弟懷。將弒王曰。平王殺吾父。我殺其子。不亦可乎。辛曰。君討臣。誰敢讎之。君命天也。若死天命。將誰讎。詩曰。柔亦不茹。剛亦不吐。不侮矜寡。不畏彊禦。唯仁者能之。違彊陵弱。非勇也。乘人之約。非仁也。滅宗廢祀。非孝也。動無令名。非知也。必犯是。余將殺女。鬥辛與其弟巢。以王奔隨。吳人從之。謂隨人曰。周之子孫。在漢川者。楚實盡之。天誘其衷。致罰於楚。而君又竄之。周室何罪。君若顧報周室。施及寡人。以獎天衷。君之惠也。漢陽之田。君實有之。楚子在公宮之北。吳人在其南。子期似王。逃王。而己為王。曰。以我與之。王必免。隨人卜與之。不吉。乃辭吳曰。以隨之辟小。而密邇於楚。楚實存之。世有盟誓。至于今未改。若難而棄之。何以事君。執事之患。不唯一人。若鳩楚竟。敢不聽命。吳人乃退。鑪金初官於子期氏。實與隨人要言。王使見辭曰。不敢以約為利。王割子期之心。以與隨人盟。初。伍員與申包胥友。其亡也。謂申包胥曰。我必復楚國。申包胥曰。勉之。子能復之。我必能興之。及昭王在隨。申包胥如秦乞師。曰。吳為封豕長蛇。以荐食上國。虐始於楚。寡君失守社稷。越在草莽。使下臣告急曰。夷德無厭。若鄰於君。疆埸之患也。逮吳之未定。君其取分焉。若楚之遂亡。君之土也。若以君靈。撫之。世以事君。秦伯使辭焉。曰。寡人聞命矣。子姑就館。將圖而告。對曰。寡君越在草莽。未獲所伏。下臣何敢即安。立依於庭牆而哭。日夜不絕聲。勺飲不入口。七日。秦哀公為之賦無衣。九頓首而坐。秦師乃出。

定公五年

經五年

春。王三月。辛亥。朔。日有食之。

夏。歸粟于蔡。於越入吳。

六月。丙申。季孫意如卒。

秋。七月。壬子。叔孫不敢卒。

冬。晉士鞅帥師圍鮮虞。

傳五年

春。王人殺子朝于楚。

夏。歸粟於蔡。以周亟。矜無資。越入吳。吳在楚也。

六月。季平子行東野。還。未至。丙申。卒于房。陽虎將以璵璠斂。仲梁懷弗與。曰。改步改玉。陽虎欲逐之。告公山不狃。不狃曰。彼為君也。子何怨焉。既葬。桓子行東野。及費子洩為費宰。逆勞於郊。桓子敬之。勞仲梁懷。仲梁懷弗敬。子洩怒。謂陽虎。子行之乎。申包胥以秦師至。秦子蒲。子虎。帥車五百乘以救楚。子蒲曰。吾未知吳道。使楚人先與吳人戰。而自稷會之。大敗夫概王于沂。吳人獲薳射於柏舉。其子帥奔徒以從。子西敗吳師于軍祥。秋。

七月。子期。子蒲。滅唐。

九月。夫概王歸。自立也。以與王戰而敗。奔楚為堂谿氏。吳師敗楚師于雍澨。秦師又敗吳師。吳師居麇。子期將焚之。子西曰。父兄親暴骨焉。不能收。又焚之。不可。子期曰。國亡矣。死者若有知也。可以歆舊祀。豈憚焚之。焚之而又戰。吳師敗。又戰于公婿之谿。吳師大敗。吳子乃歸。囚闉輿罷。闉輿罷請先。遂逃歸。葉公諸梁之弟后臧。從其母於吳。不待而歸。葉公終不正視。乙亥。陽虎囚季桓子。及公父文伯。而逐仲梁。懷。

冬。十月。丁亥。殺公何藐。己丑。盟桓子于稷門之內。庚寅。大詛逐公父歜及秦遄。皆奔齊。楚子入于郢。初。鬥辛聞吳人之爭宮也。曰。吾聞之。不讓則不和。不和不可以遠征。吳爭於楚。必有亂。有亂則必歸。焉能定楚。王之奔隨也。將涉於成臼。藍尹亹涉其帑。不與王舟。及寧。王欲殺之。子西曰。子常唯思舊怨以敗。君何效焉。王曰。善。使復其所。吾以志前惡。王賞鬥辛。王孫由于。王孫圉。鍾建。鬥巢。申包胥。王孫賈。宋木。鬥懷。子西曰。請舍懷也。王曰。大德滅小怨。道也。申包胥曰。吾為君也。非為身也。君既定矣。又何求。且吾尤子旗。其又為諸。遂逃賞。王將嫁季芊。季芊辭曰。所以為女子。遠丈夫也。鍾建負我矣。以妻鍾建。以為樂尹。王之在隨也。子西為王輿服。以保路。國于脾洩。聞王所在。而後從王。王使由于城麇。復命子西問高厚焉。弗知。子西曰。不能如辭。城不知高厚小大。何知。對曰。固辭不能。子使余也。人各有能有不能。王遇盜於雲中。余受其戈。其所猶在。袒而示之背。曰。此余所能也。脾洩之事。余亦弗能也。晉士鞅圍鮮虞。報觀虎之役也。

定公六年

經六年

春。王正月。癸亥。鄭游速帥師滅許。以許男歸。

二月。公侵鄭公。至自侵鄭。

夏。季孫斯。仲孫何忌。如晉。

秋。晉人執宋行人樂祁犁。

冬。城中城。季孫斯。仲孫忌。帥師圍鄆。

傳六年

春。鄭滅許。因楚敗也。

二月。公侵鄭。取匡。為晉討鄭之伐胥靡也。往不假道於衛。及還。陽虎使季孟自南門入。出自東門。舍於豚澤。衛侯怒。使彌子瑕追之。公叔文子老矣。輦而如公。曰。尤人而效之。非禮也。昭公之難。君將以文之舒鼎。成之昭兆。定之鞶鑑。苟可以納之。擇用一焉。公子與二三臣之子。諸侯苟憂之。將以為之質。此群臣之所聞也。今將以小忿蒙舊德。無乃不可乎。大姒之子。唯周公康叔為相睦也。而效小人以棄之。不亦誣乎。天將多陽虎之罪以斃之。君姑待之。若何。乃止。

夏。季桓子如晉。獻鄭俘也。陽虎強使孟懿子。往報夫人之幣。晉人兼享之。孟孫立于房外。謂范獻子曰。陽虎若不能居魯。而息肩於晉所。不以為中軍司馬者。有如先君。獻子曰。寡君有官。將使其人。鞅何知焉。獻子謂簡子曰。魯人患陽虎矣。孟孫知其釁。以為必適晉。故強為之請。以取入焉。

四月。己丑。吳大子終纍敗楚舟師。獲潘子臣。小惟子。及大夫七人。楚國大惕。懼亡子期。又以陵師敗于繁揚。令尹子西喜曰。乃今可為矣。於是乎遷郢於鄀。而改紀其政。以定楚國。周儋翩率王子朝之徒。因鄭人將以作亂于周。鄭於是乎伐馮。滑。胥靡。負黍。狐人。闕外。

六月。晉閻沒戍周。且城胥靡。

秋。八月。宋樂祁言於景公曰。諸侯唯我事晉。今使不往。晉其憾矣。樂祁告其宰陳寅。陳寅曰。必使子往。他日。公謂樂祁曰。唯寡人說子之言。子必往。陳寅曰。子立後而行。吾室亦不亡。唯君亦以我為知難而行也。見溷而行。趙簡子逆而飲之酒於綿上。獻楊楯六十於簡子。陳寅曰。昔吾主范氏。今子主趙氏。又有納焉。以楊楯賈禍。弗可為也已。然子死。晉國子孫。必得志於宋。范獻子言於晉侯曰。以君命越疆而使。未致使而私飲酒。不敬二君。不可不討也。乃執樂祁。陽虎又盟公及三桓於周社。盟國人于亳社。詛于五父之衢。

冬。十二月。天王處于姑蕕。辟儋翩之亂也。

定公七年

經七年

春。王正月。

夏。四月。

秋。齊侯。鄭伯。盟于鹹。齊人執衛行人。北宮結。以侵衛。齊侯。衛侯。盟于沙。大雩。齊國夏帥師伐我西鄙。

九月。大雩。

冬。十月。

傳七年

春。二月。周儋翩入于儀栗以叛。齊人歸鄆陽關。陽虎居之以為政。

夏。四月。單武公。劉桓公。敗尹氏于窮谷。

秋。齊侯。鄭伯。盟于鹹。徵會于衛。衛侯欲叛晉。諸大夫不可。使北宮結如齊。而私於齊侯。曰。執結以侵我。齊侯從之。乃盟于瑣。齊國夏伐我。陽虎御季桓子。公斂處父御孟懿子。將宵軍齊師。齊師聞之。墮伏而待之。處父曰。虎不圖禍。而必死。苫夷曰。虎陷二子於難。不待有司。余必殺女。虎懼。乃還。不敗。

冬。十一月。戊午。單子。劉子。逆王于慶氏。晉籍秦逆王。己巳。王入于王城。館于公族黨氏。而後朝于莊宮。

定公八年

經八年

春。王正月。公侵齊。公至自侵齊。

二月。公侵齊。

三月。公至自侵齊。曹伯露卒。

夏。齊國夏帥師伐我西鄙。公會晉師于瓦。公至自瓦。

秋。七月。戊辰。陳侯柳卒。晉士鞅帥師侵鄭。遂侵衛。葬曹靖公。

九月。葬陳懷公。季孫斯。仲孫何忌。帥師侵衛。

冬。衛侯。鄭伯。盟于曲濮。從祀先公。盜竊寶玉大弓。

傳八年

春。王正月。公侵齊。門于陽州。士皆坐列。曰。顏高之弓六鈞。皆取而傳觀之。陽州人出。顏高奪人弱弓。籍丘子鉏擊之。與一人俱斃。偃且射子鉏。中頰。殪。顏息射人中眉。退曰。我無勇。吾志其目也。師退。冉猛偽傷足而先。其兄會乃呼曰。猛也殿。

三月。己丑。單子伐穀城。劉子伐儀栗。辛卯。單子伐簡城。劉子伐盂。以定王室。趙鞅言於晉侯曰。諸侯唯宋事晉。好逆其使。猶懼不至。今又執之。是絕諸侯也。將歸樂祁。士鞅曰。三年止之。無故而歸之。宋必叛晉。獻子私謂子梁曰。寡君懼不得事宋君。是以止子。子姑使溷代子。子梁以告陳寅。陳寅曰。宋將叛晉。是棄溷也。不如待之。樂祁歸卒於大行。士鞅曰。宋必叛。不如止其尸。以求成焉。乃止諸州。公侵齊。攻廩丘之郛。主人焚衝。或濡馬褐以救之。遂毀之。主人出。師奔。陽虎偽不見冉猛者。曰。猛在此必敗。猛逐之。顧而無繼。偽顛。虎曰。盡客氣也。苫越生子。將待事而名之。陽州之役獲焉。名之曰陽州。夏。齊國夏。高張。伐我西鄙。晉士鞅。趙鞅。荀寅。救我。公會晉師于瓦。范獻子執羔。趙簡子。中行文子。皆執鴈。魯於是始尚羔。晉師將盟衛侯于鄟澤。趙簡子曰。群臣誰敢盟衛君者。涉佗成何曰。我能盟之。衛人請執牛耳。成何曰。衛。吾溫原也。焉得視諸侯。將歃。涉佗捘衛侯之手及捥。衛侯怒。王孫賈趨進曰。盟以信禮也。有如衛君。其敢不唯禮是事。而受此盟也。衛侯欲叛晉。而患諸大夫。王孫賈使次于郊。大夫問故。公以晉詬語之。且曰。寡人辱社稷。其改卜嗣。寡人從焉。大夫曰。是衛之禍。豈君之過也。公曰。又有患焉。謂寡人必以而子。與大夫之子為質。大夫曰。苟有益也。公子則往。群臣之子。敢不皆負羈紲以從。將行。王孫賈曰。苟衛國有難。工商未嘗不為患。使皆行而後可。公以告大夫。乃皆將行之。行有日。公朝國人。使賈問焉。曰。若衛叛晉。晉五伐我。病何如矣。皆曰。五伐我。猶可以能戰。賈曰。然則如叛之。病而後質焉。何遲之有。乃叛晉。晉人請改盟。弗許。

秋。晉士鞅會成桓公侵鄭。圍蟲牢。報伊闕也。遂侵衛。

九月。師侵衛。晉故也。季寤。公鉏極。公山不狃。皆不得志於季氏。叔孫輒無寵於叔孫氏。叔仲志不得志於魯。故五人因陽虎。陽虎欲去三桓。以季寤更季氏。以叔孫輒更叔孫氏。己更孟氏。

冬。十月。順祀先公而祈焉。辛卯。禘于僖公。壬辰。將享季氏于蒲圃而殺之。戒都車曰。癸巳至。成宰公斂處父告孟孫曰。季氏戒都車。何故。孟孫曰。吾弗聞。處父曰。然則亂也。必及於子。先備諸。與孟孫以壬辰為期。陽虎前驅。林楚御桓子。虞人以鈹盾夾之。陽越殿。將如蒲圃。桓子咋謂林楚曰。而先皆季氏之良也。爾以是繼之。對曰。臣聞命後。陽虎為政。魯國服焉。違之徵死。死無益於主。桓子曰。何後之有。而能以我適孟氏乎。對曰。不敢愛死。懼不免主。桓子曰。往也。孟氏選圉人之壯者三百人。以為公期築室於門外。林楚怒。馬及衢而騁。陽越射之不中。築者闔門。有自門間射陽越。殺之。陽虎劫公與武叔以伐孟氏。公斂處父。帥成人。自上東門入與陽氏戰于南門之內。弗勝。又戰于棘下。陽氏敗。陽氏說甲如公宮。取寶玉大弓以出。舍于五父之衢。寢而為食其徒曰。追其將至。虎曰。魯人聞余出。喜於徵死。何暇追余。從者曰。嘻。速駕。公斂陽在。公斂陽請追之。孟孫弗許。陽欲殺桓子。孟孫懼而歸之。子言辨舍爵於季氏之廟而出。陽虎入于讙陽關以叛。鄭駟歂嗣子大叔為政。

定公九年

經九年

春。王正月。

夏。四月。戊申。鄭伯蠆卒。得寶玉大弓。

六月。葬鄭獻公。

秋。齊侯。衛侯。次于五民。秦伯卒。

冬。葬秦哀公。

傳九年

春。宋公使樂大心盟于晉。且逆樂祁之尸。辭。偽有疾。乃使向巢如晉盟。且逆子梁之尸。子明謂桐門。右師出曰。吾猶衰絰。而子擊鍾。何也。右師曰。喪不在此故也。既而告人曰。已衰絰而生子。余何故舍。鍾子明聞之。怒言於公曰。右師將不利戴氏。不肯適晉。將作亂也。不然無疾。乃逐桐門右師。鄭駟歂殺鄧析。而用其竹刑。君子謂子然於是不忠。苟有可以加於國家者。棄其邪可也。靜女之三章。取彤管焉。竿旄何以告之。取其忠也。故用其道不棄其人。詩云。蔽芾甘棠。勿翦勿伐。召伯所茇。思其人。猶愛其樹。況用其道。而不恤其人乎。子然無以勸能矣。
夏。陽虎歸寶玉大弓。書曰得。器用也。凡獲器用曰得。得用焉曰獲。
六月。伐陽關。陽虎使焚萊門。師驚。犯之而出。奔齊。請師以伐魯。曰。三加必取之。齊侯將許之。鮑文子諫曰。臣嘗為隸於施氏矣。魯未可取也。上下猶和。眾庶猶睦。能事大國。而無天菑。若之何取之。陽虎欲勤齊師也。齊師罷。大臣必多死亡。已於是乎奮其詐謀。夫陽虎有寵於季氏。而將殺季孫。以不利魯國而求容焉。親富不親仁。君焉用之。君富於季氏。而大於魯國。茲陽虎所欲傾覆也。魯免其疾。而君又收之。無乃害乎。齊侯執陽虎。將東之。陽虎願東。乃囚諸西鄙。盡借邑人之車。鍥其軸。麻約而歸之。載蔥靈。寢於其中而逃。追而得之。囚於齊。又以蔥靈逃。奔宋。遂奔晉。適趙氏。仲尼曰。 趙氏其世有亂乎。
秋。齊侯伐晉夷儀。敝無存之父將室之。辭。以與其弟。曰。此役也。不死。反必取於高國。先登。求自門出。死於霤下。東郭書讓登。犁彌從之。曰。子讓而左。我讓而右。使登者絕而後下。書左。彌先下。書與王猛息。猛曰。我先登。書斂甲曰。曩者之難。今又難焉。猛笑曰。吾從子。如驂之靳。晉車千乘。在中牟。衛侯將如五氏。卜過之。龜焦。衛侯曰。可也。衛車當其半。寡人當其半。敵矣。乃過中牟。中牟人欲伐之。衛褚師圃亡在中牟。曰。衛雖小。其君在焉。未可勝也。齊師克城而驕。其帥又賤。遇必敗之。不如從齊。乃伐齊師。敗之。齊侯致禚。媚。杏。於衛。齊侯賞犁彌。犁彌辭曰。有先登者。臣從之。晳幘而衣貍製。公使視東郭書。曰。乃夫子也。吾貺子。公賞東郭書。辭曰。彼賓旅也。乃賞犁彌。齊師之在夷儀也。齊侯謂夷儀人曰。得敝無存者。以五家免。乃得其尸。公三襚之。與之犀軒。與直蓋而先歸之。坐引者以師哭之。親推之三。

定公十年

經十年

春。王三月。及齊平。
夏。公會齊侯于夾谷。公至自夾谷。晉趙鞅帥師圍衛。齊人來歸鄆。讙。龜陰。田。叔孫州仇。仲孫何忌。帥師圍郈。
秋。叔孫州仇。仲孫何忌。帥師圍郈。宋樂大心出奔曹。宋公子地出奔陳。
冬。齊侯。衛侯。鄭游速。會于安甫。叔孫州仇如齊。宋公之弟辰。暨仲佗。石彄。出奔陳。

傳十年

春。及齊平。
夏。公會齊侯于祝其。實夾谷。孔丘相。犁彌言於齊侯曰。孔丘知禮而無勇。若使萊人以兵劫魯侯。必得志焉。齊侯從之。孔丘以公退。曰。士兵之。兩君合好。而裔夷之俘。以兵亂之。非齊君所以命諸侯也。裔不謀夏。夷不亂華。俘不干盟。兵不偪好。於神為不祥。於德為愆義。於人為失禮。君必不然。齊侯聞之。遽辟之。將盟。齊人加於載書曰。齊師出竟。而不以甲車三百乘從我者。有如此盟。孔丘使茲無還揖對曰。而不反我汶陽之田。吾以共命者。亦如之。齊侯將享公。孔丘謂梁丘。據。曰。齊魯之故。吾子何不聞焉。事既成矣。而又享之。是勤執事也。且犧象不出門。嘉樂不野合。饗而既具。是棄禮也。若其不具。用秕稗也。用秕稗君辱。棄禮名惡。子盍圖之。夫享所以昭德也。不昭不如其已也。乃不果享。齊人來歸鄆讙龜陰之田。晉趙鞅圍衛。報夷儀也。初。衛侯伐邯鄲午於寒氏。城其西北而守之。宵熸。及晉圍衛。午以徒七十人門於衛西門。殺人於門中。曰。請報寒氏之役。涉佗曰。夫子則勇矣。然我往。必不敢啟門。亦以徒七十人。旦門焉。步左右。皆至而立。如植。日中不啟門。乃退。反役。晉人討衛之叛故。曰。由涉佗成何。於是執涉佗以求成於衛。衛人不許。晉人遂殺涉佗。成何奔燕。君子曰。此之謂棄禮。必不鈞。詩曰。人而無禮。胡不遄死。涉佗亦遄矣哉。初。叔孫成子欲立武叔。公若藐固諫曰。不可。成子立之而卒。公南使賊射之。不能殺。公南為馬正。使公若為郈宰。武叔既定。使郈馬正侯犯。殺公若。不能。其圉人曰。吾以劍過朝。公若必曰。誰之劍也。吾稱子以告。必觀之。吾偽固。而授之末。則可殺也。使如之。公若曰。爾欲吳王我乎。遂殺公若。侯犯以郈叛。武叔懿子圍郈。弗 克。
秋。二子及齊師復圍郈。弗克。叔孫謂郈工師駟赤曰。郈非唯叔孫氏之憂。社稷之患也。將若之何。對曰。臣之業。在揚水卒章之四言矣。叔孫稽首。駟赤謂侯犯曰。居齊魯之際而無事。必不可矣。子盍求事於齊以臨民。不然。將叛。侯犯從之。齊使至。駟赤與郈人為之宣言於郈中。曰。侯犯將以郈易于齊。齊人將遷郈民。眾兇懼。駟赤謂侯犯曰。眾言異矣。子不如易於齊。與其死也。猶是郈也。而得紓焉。何必此。齊人欲以此偪魯。必倍與子地。且盍多舍甲於子之門。以備不虞。侯犯曰。諾。乃多舍甲焉。侯犯請易於齊。齊有司觀郈將至。駟赤使周走呼曰。齊師至矣。郈人大駭。介侯犯之門甲。以圍侯犯。駟赤將射之。侯犯止之。曰。謀免我。侯犯請行。許之。駟赤先如宿。侯犯殿。每出一門。郈人閉之。及郭門。止之曰。子以叔孫氏之甲出。有司若誅之。群臣懼死。駟赤曰。叔孫氏之甲有物。吾未敢以出。犯謂駟赤曰。子止而與之數。駟赤止而納魯人。侯犯奔齊。齊人乃致郈。宋公子地嬖蘧富臘。十一分其室。而以其五與之。公子地有白馬四。公嬖向魋。魋欲之。公取而朱其尾鬣以與之。地怒。使其徒抶魋而奪之。魋懼將走。公閉門而泣之目盡腫。母弟辰曰。子分室以與獵也。而獨卑魋。亦有頗焉。子為君禮。不過出竟。君必止子。公子地出奔陳。公弗止。辰為之請。弗聽。辰曰。是我廷吾兄也。吾以國人出。君誰與處。
冬。母弟辰。暨仲佗。石彄。出奔陳。武叔聘于齊。齊侯享之。曰。子叔孫。若使郈在君之他竟。寡人何知焉。屬與敝邑際。故敢助君憂之。對曰。非寡君之望也。所以事君。封疆社稷是以。敢以家隸。勤君之執事。夫不令之臣。天下之所惡也。君豈以為寡君賜。

定公十一年

經十有一年

春。宋公之弟辰。及仲佗。石彄。公子地。自陳入于蕭以叛。

夏。四月。

秋。宋樂大心自曹入于蕭。

冬。及鄭平。叔還如鄭蒞盟。

傳十一年

春。宋公母弟辰。暨仲佗。石彄。公子地。入于蕭以叛。

秋。樂大心從之。大為宋患。寵向魋故也。

冬。及鄭平。始叛晉也。

定公十二年

經十有二年

春。薛伯定卒。

夏。葬薛襄公。叔孫州仇帥師墮郈。衛公孟彄帥師伐曹。季孫斯。仲孫何忌。帥師墮費。

秋。大雩。

冬。十月。癸亥。公會齊侯盟于黃。

十有一月。丙寅。朔。日有食之。公至自黃。

十有二月。公圍成。公至自圍成。

傳十二年

夏。衛公孟彄伐曹。克郊還。滑羅殿。未出。不退于列。其御曰。殿而在列。其為無勇乎。羅曰。與其素厲。寧為無勇。仲由為季氏宰。將墮三都。於是叔孫氏墮郈。季氏將墮費。公山不狃。叔孫輒。帥費人以襲魯。公與三子入于季氏之宮。登武子之臺。費人攻之弗克。入及公側。仲尼命申句須。樂頎。下伐之。費人北。國人追之。敗諸姑蔑。二子奔齊。遂墮費。將墮成。公斂處父謂孟孫。墮成。齊人必至于北門。且成。孟氏之保障也。無成是無孟氏也。子 偽不知。我將不墮。

冬。十二月。公圍成弗克。

定公十三年

經十有三年

春。齊侯。衛侯。次于垂葭。

夏。築蛇淵囿。大蒐于比蒲。衛公孟彄帥師伐曹。晉趙鞅入于晉陽以叛。

冬。晉荀寅。士吉射。入于朝歌以叛。晉趙鞅歸于晉。薛弒其君比。

傳十三年

春。齊侯。衛侯。次于垂葭。實郥氏。使師伐晉。將濟河。諸大夫皆曰不可。邴意茲曰可。銳師伐河內。傳必數日而後及絳。絳不三月。不能出河。則我既濟水矣。乃伐河內。齊侯皆斂諸大夫之軒。唯邴意茲乘軒。齊侯欲與衛侯乘。與之宴。而駕乘廣。載甲焉。使告曰。晉師至矣。齊侯曰。比君之駕也。寡人請攝。乃介而與之乘。驅之。或告曰。無晉師。乃止。晉趙鞅謂邯鄲午曰。歸我衛貢五百家。吾舍諸晉陽。午許諾。歸告其父兄。父兄皆曰。不可。衛是以為邯鄲。而寘諸晉陽。絕衛之道也。不如侵齊而謀之。乃如之。而歸之于晉陽。趙孟怒。召午而囚諸晉陽。使其從者說劍而入。涉賓不可。乃使告邯鄲人曰。吾私有討於午也。二三子唯所欲立。遂殺午。趙稷。涉賓。以邯鄲叛。

夏。六月。上軍司馬籍秦圍邯鄲。邯鄲午荀寅之甥也。荀寅范吉射之姻也。而相與睦。故不與圍。邯鄲將作亂。董安于聞之。告趙孟曰。先備諸。趙孟曰。晉國有命。始禍者死。為後可也。安于曰。與其害於民。寧我獨死。請以我說。趙孟不可。

秋。七月。范氏中行氏伐趙氏之宮。趙鞅奔晉陽。晉人圍之。范皋夷無寵於范吉射。而欲為亂於范氏。梁嬰父嬖於知文子。文子欲以為卿。韓簡子與中行文子相惡。魏襄子亦與范昭子相惡。故五子謀將逐荀寅。而以梁嬰父代之。逐范吉射而以范皋夷代之。荀躒言於晉侯曰。君命大臣。始禍者死。載書在河。今三臣始禍。而獨逐鞅。刑已不鈞矣。請皆逐之。

冬。十一月。荀躒。韓不信。魏曼多。奉公以伐范氏。中行氏。弗克。二子將伐公。齊高彊曰。三折肱知為良醫。唯伐君為不可。民弗與也。我以伐君在此矣。三家未睦。可盡克也。克之。君將誰與。若先伐君。是使睦也。弗聽。遂伐公。國人助公。二子敗。從而伐之。丁未。荀寅。士吉射。奔朝歌。韓魏以趙氏為請。

十二月。辛未。趙鞅入于絳。盟于公宮。初。衛公叔文子朝而請享靈公。退見史鰌而告之。史鰌曰。子必禍矣。子富而君貪。其及子乎。文子曰。然。吾不先告子。是吾罪也。君既許我矣。其若之何。史鰌曰。無害。子臣。可以免。富而能臣。必免於難。上下同之。戌也驕。其亡乎。富而不驕者。鮮。吾唯子之見。驕而不亡者。未之有也。戌必與焉。及文子卒。衛侯始惡於公叔戌。以其富也。公叔戌又將去夫人之黨。夫人愬之曰。戌將為亂。

定公十四年

經十有四年

春。衛公叔戌來奔。衛趙陽出奔宋。

二月。辛巳。楚公子結。陳公孫佗人。帥師滅頓。以頓子牂歸。

夏。衛北宮結來奔。五月。於越敗吳于檇李。吳子光卒。公會齊侯。衛侯。于牽。公至自會。

秋。齊侯。宋公。會于洮。天王使石尚來歸脤。衛世子蒯聵出奔宋。衛公孟彄出奔鄭。宋公之弟辰。自蕭來奔。大蒐于比蒲。邾子來會公。城莒父及霄。

傳十四年

春。衛侯逐公叔戌與其黨。故趙陽奔宋。戌來奔。梁嬰父惡董安于謂知文子曰。不殺安于。使終為政於趙氏。趙氏必得晉國。盍以其先發難也。討於趙氏。文子使告於趙孟曰。范中行氏雖信為亂。安于則發之。是安于與謀亂也。晉國有命。始禍者死。二子既伏其罪矣。敢以告。趙孟患之。安于曰。我死而晉國寧。趙氏定。將焉用生。人誰不死。吾死莫矣。乃縊而死。趙孟尸諸市。而告於知氏曰。主命戮罪人。安于既伏其罪矣。敢以告。知伯從趙孟盟。而後趙氏定。祀安于於廟。頓子牂欲事晉。背楚而絕陳好。

二月。楚滅頓。

夏。衛北宮結來奔。公叔戌之故也。吳伐越。越子勾踐禦之。陳于檇李。勾踐患吳之整也。使死士再禽焉。不動。使罪人三行。屬劍於頸。而辭曰。二君有治。臣奸旗鼓。不敏於君之行前。不敢逃刑。敢歸死。遂自剄也。師屬之目。越子因而伐之。大敗之。靈姑浮以戈擊闔廬。闔廬傷將指。取其一屨還。卒於陘。去檇李七里。夫差使人立於庭。苟出入。必謂己曰。夫差。而忘越王之殺而父乎。則對曰。唯不敢忘。三年乃報越。晉人圍朝歌。公會齊侯。衛侯。于脾上梁之間。謀救范中行氏。析成鮒。小王桃甲。率狄師以襲晉。戰于絳中。不克而還。士鮒奔周。小王桃甲入于朝歌。
秋。齊侯。宋公。會于洮。范氏故也。衛侯為夫人南子召宋朝。會于洮。大子蒯聵獻盂于齊。過宋野。野人歌之曰。既定爾婁豬。盍歸吾艾豭。大子羞之。謂戲陽速曰。從我而朝少君。少君見我。我顧乃殺之。速曰諾。乃朝夫人。夫人見大子。大子三顧。速不進。夫人見其色。啼而走曰。蒯聵將殺余。公執其手以登臺。大子奔宋。盡逐其黨。故公孟彄出奔鄭。自鄭奔齊。大子告人曰。戲陽速禍余。戲陽速告人曰。大子則禍余。大子無道。使余殺其母。余不許。將戕於余。若殺夫人。將以余說。余是故許而弗為。以紓余死。諺曰。民保於信。吾以信義也。
冬。十二月。晉人敗范中行氏之師於潞。獲籍秦。高彊又敗鄭師。及范氏之師于百泉。

定公十五年

經十有五年

春。王正月。邾子來朝。鼷鼠食郊牛。牛死。改卜牛。
二月。辛丑。楚子滅胡。以胡子豹歸。
夏。五月。辛亥郊。壬申。公薨于高寢。鄭罕達帥師伐宋。齊侯。衛侯。次于渠蒢。邾子來奔喪。
秋。七月。壬申。姒氏卒。
八月。庚辰。朔。日有食之。
九月。滕子來會葬。丁巳。葬我君定公。雨不克葬。戊午。日下昃。

乃克葬。辛巳。葬定姒。
冬。城漆。

傳十五年

春。邾隱公來朝。子貢觀焉。邾子執玉高。其容仰。公受玉卑。其容俯。子貢曰。以禮觀之。二君者皆有死亡焉。夫禮。死生存亡之體也。將左右周旋。進退俯仰。於是乎取之。朝祀喪戎。於是乎觀之。今正月相朝。而皆不度。心已亡矣。嘉事不體。何以能久。高仰。驕也。卑俯。替也。驕近亂。替近疾。君為主。其先亡乎。吳之入楚也。胡子盡俘楚邑之近胡者。楚既定。胡子豹又不事楚。曰。存亡有命。事楚何為。多取費焉。二月。楚滅胡。
夏。五月。壬申。公薨。仲尼曰。賜不幸言而中。是使賜多言者也。
鄭罕達敗宋師于老丘。齊侯。衛侯。次于蘧挐。謀救宋也。
秋。七月。壬申。姒氏卒。不稱夫人。不赴且不祔也。葬定公。雨。不克襄事。禮也。葬定姒。不稱小君。不成喪也。
冬。城漆。書不時告也。

哀公

哀公元年

經元年

春。王正月。公即位。楚子。陳侯。隨侯。許男。圍蔡。鼷鼠食郊牛。改卜牛。
夏。四月。辛巳郊。
秋。齊侯。衛侯。伐晉。
冬。仲孫何忌帥師伐邾。

傳元年

春。楚子圍蔡。報柏舉也。里而栽。廣丈。高倍。夫屯。晝夜九日。如子西之素。蔡人男女以辨。使疆于江汝之間。而還。蔡於是乎請遷于吳。吳王夫差敗越于夫椒。報檇李也。遂入越。越子以甲楯五千。保于會稽。使大夫種因吳大宰嚭以行成。吳子將許之。伍員曰。不可。臣聞之。樹德莫如滋。去疾莫如盡。昔有過澆。殺斟灌以伐斟鄩。滅夏后相。后緡方娠。逃出自竇。歸于有仍。生少康焉。為仍牧正。惎澆能戒之。澆使椒求之。逃奔有虞。為之庖正。以除其害。虞思於是妻之以二姚。而邑諸綸。有田一成。有衆一旅。能布其德。而兆其謀。以收夏衆。撫其官職。使女艾諜澆。使季杼誘豷。遂滅過戈。復禹之績。祀夏配天。不失舊物。今吳不如過。而越大於少康。或將豐之。不亦難乎。句踐能親而務施。施不失人。親不棄勞。與我同壤。而世為仇讎。於是乎克而弗取。將又存之。違天而長寇讎。後雖悔之。不可食已。姬之衰也。日可俟也。介在蠻夷。而長寇讎。以是求伯。必不行矣。弗聽。退而告人曰。越十年生聚。而十年教訓。二十年之外。吳其為沼乎。

三月。越及吳平。吳入越不書。吳不告慶。越不告敗也。

夏。四月。齊侯。衛侯。救邯鄲。圍五鹿。吳之入楚也。使召陳懷公。懷公朝國人而問焉。曰。欲與楚者右。欲與吳者左。陳人從田。無田從黨。逢滑當公而進曰。臣聞國之興也以福。其亡也以禍。今吳未有福。楚未有禍。楚未可棄。吳未可從。而晉盟主也。若以晉辭。吳若何。公曰。國勝君亡。非禍而何。對曰。國之有是多矣。何必不復。小國猶復。況大國乎。臣聞國之興也。視民如傷。是其福也。其亡也。以民為土芥。是其禍也。楚雖無德。亦不艾殺其民。吳日敝於兵。暴骨如莽。而未見德焉。天其或者正訓楚也。禍之適吳。其何日之有。陳侯從之。及夫差克越。乃脩先君之怨。

秋。八月。吳侵陳。脩舊怨也。齊侯。衛侯。會于乾侯。救范氏也。師及齊師。衛孔圉鮮虞人伐晉。取棘蒲。吳師在陳。楚大夫皆懼曰。闔廬惟能用其民。以敗我於柏舉。今聞其嗣又甚焉。將若之何。子西曰。二三子恤不相睦。無患吳矣。昔闔廬食不二味。居不重席。室不崇壇。器不彤鏤。宮室不觀。舟車不飾。衣服財用。擇不取費。在國。天有菑癘。親巡其孤寡。而共其乏困。在軍。熟食者分而後敢食。其所嘗者。卒乘與焉。勤恤其民。而與之勞逸。是以民不罷勞。死不知曠。吾先大夫子常易之。所以敗我也。今聞夫差。次有臺榭陂池焉。宿有妃嬙嬪御焉。一日之行。所欲必成。玩好必從。珍異是聚。觀樂是務。視民如讎。而用之日新。夫先自敗也已。安能敗我。

冬。十一月。晉趙鞅伐朝歌。

哀公二年

經二年

春。王二月。季孫斯。叔孫州仇。仲孫何忌。帥師伐邾。取漷東田及沂西田。癸巳。叔孫州仇。仲孫何忌。及邾人盟于句繹。

夏。四月。丙子。衛侯元卒。滕子來朝。晉趙鞅帥師納衛世子蒯聵于戚。

秋。八月。甲戌。晉趙鞅帥師。及鄭罕達帥師。戰于鐵。鄭師敗績。

冬。十月。葬衛靈公。

十有一月。蔡遷于州來。蔡殺其大夫公子駟。

傳二年

春。伐邾。將伐絞。邾人愛其土。故賂以漷沂之田而受盟。初。衛侯遊于郊。子南僕。公曰。余無子。將立女。不對。他日又謂之。對曰。郢不足以辱社稷。君其改圖。君夫人在堂。三揖在下。君命祇辱。

夏。衛靈公卒。夫人曰。命公子郢為大子。君命也。對曰。郢異於他子。且君沒於吾手。若有之。郢必聞之。且亡人之子輒在。乃立輒。

六月。乙酉。晉趙鞅納衛大子于戚。宵迷。陽虎曰。右河而南必至焉。使大子絻。八人衰絰。偽自衛逆者。告於門。哭而入。遂居之。

秋。八月。齊人輸范氏粟。鄭子姚。子般。送之。士吉射逆之。趙鞅禦之。遇于戚。陽虎曰。吾車少。以兵車之旆。與罕駟兵車。先陳。罕駟自後隨而從之。彼見吾貌。必有懼心。於是乎會之。必大敗之。從之。卜戰。龜焦。樂丁曰。詩曰。爰始爰謀。爰契我龜。謀協以故。兆詢可也。簡子誓曰。范氏中行氏反易天明。斬艾百姓。欲擅晉國而滅其君。寡君恃鄭而保焉。今鄭為不道。棄君助臣。二三子順天明。從君命。經德義。除詬恥。在此行也。克敵者。上大夫受縣。下大夫受郡。士田十萬。庶人工商遂。人臣隸圉免。志父無罪。君實圖之。若其有罪。絞縊以戮。桐棺三寸。不設屬辟。素車樸馬。無入于兆。下卿之罰也。甲戌。將戰。郵無恤御簡子。衛太子為右。登鐵上。望見鄭師眾。大子懼。自投于車下。子良授大子綏而乘之。曰。婦人也。

簡子巡列。曰。畢萬匹夫也。七戰皆獲。有馬百乘。死於牖下。群子勉之。死不在寇。繁羽御趙羅。宋勇為右。羅無勇麇之。吏詰之。御對曰。痁作而伏。衛大子禱曰。曾孫蒯聵。敢昭告皇祖文王。烈祖康叔。文祖襄公。鄭勝亂從。晉午在難。不能治亂。使鞅討之。蒯聵不敢自佚。備持矛焉。敢告無絕筋。無折骨。無面傷。以集大事。無作三祖羞。大命不敢請。佩玉不敢愛。鄭人擊簡子中肩。斃于車中。獲其蜂旗。大子救之以戈。鄭師北。獲溫大夫趙羅。大子復伐之。鄭師大敗。獲齊粟千車。趙孟喜曰。可矣。傅傁曰。雖克鄭。猶有知在。憂未艾也。初。周人與范氏田。公孫尨稅焉。趙氏得而獻之。吏請殺之。趙孟曰。為其主也。何罪。止而與之田。及鐵之戰。以徒五百人。宵攻鄭師。取蜂旗於子姚之幕下。獻曰。請報主德。追鄭師。姚。般。公孫林。殿而射。前列多死。趙孟曰。國無小。既戰。簡子曰。吾伏弢嘔血。鼓音不衰。今日我上也。大子曰。吾救主於車。退敵於下。我右之上也。郵良曰。我兩靷將絕。吾能止之。我御之上也。駕而乘材。兩靷皆絕。吳洩庸如蔡納聘。而稍納師。師畢入。眾知之。蔡侯告大夫殺公子駟以說。哭而遷墓。冬。蔡遷于州來。

哀公三年

經三年

春。齊國夏。衛石曼姑。帥師圍戚。

夏。四月。甲午。地震。

五月。辛卯。桓宮僖宮災。季孫斯。叔孫州仇。帥師城啟陽。宋樂髡帥師伐曹。

秋。七月。丙子。季孫斯卒。蔡人放其大夫公孫獵于吳。

冬。十月。癸卯。秦伯卒。叔孫州仇。仲孫何忌。帥師圍邾。

傳三年

春。齊衛圍戚。求援于中山。

夏。五月。辛卯。司鐸火。火踰公宮。桓僖災。救火者皆曰顧府。南宮敬叔至。命周人出御書。俟於宮曰。庀女而不在死。子服景伯至。命宰人出禮書。以待命。命不共。有常刑。校人乘馬。巾車脂轄。百官官備。府庫慎守。官人肅給。濟濡帷幕。鬱攸從之。蒙葺公屋。自大廟始。外內以悛。助所不給。有不用命。則有常刑。無赦。公父文伯至。命校人駕乘車。季桓子至。御公立于象魏之外。命救火者。傷人則止。財可為也。命藏象魏。曰。舊章不可亡也。富父槐至。曰。無備而官辦者。猶拾瀋也。於是乎去表之稿。道還公宮。孔子在陳。聞火。曰。其桓僖乎。劉氏。范氏。世為婚姻。萇弘事劉文公。故周與范氏。趙鞅以為討。

六月。癸卯。周人殺萇弘。

秋。季孫有疾。命正常曰。無死。南孺子之子。男也。則以告而立之。女也。則肥也可。季孫卒。康子即位。既葬。康子在朝。南氏生男正常。載以如朝。告曰。夫子有遺言。命其圉臣曰。南氏生男。則以告於君。與大夫。而立之。今生矣。男也。敢告。遂奔衛。康子請退。公使共劉視之。則或殺之矣。乃討之。召正常。正常不反。

冬。十月。晉趙鞅圍朝歌。師于其南。荀寅伐其郛。使其徒自北門入。已犯師而出。癸丑。奔邯鄲。

十一月。趙鞅殺士皋夷。惡范氏也。

哀公四年

經四年

春。王二月。庚戌。盜殺蔡侯申。蔡公孫辰出奔吳。葬秦惠公。宋人執小邾子。

夏。蔡殺其大夫公孫姓。公孫霍。晉人執戎蠻子赤歸于楚。城西郛。

六月。辛丑。亳社災。

秋。八月。甲寅。滕子結卒。

冬。十有二月。葬蔡昭公。葬滕頃公。

傳四年

春。蔡昭侯將如吳。諸大夫恐其又遷也。承。公孫翩逐而射之。入於家人而卒。以兩矢門之。眾莫敢進。文之鍇後至。曰。如牆而進。多而殺二人。鍇執弓而先。翩射之。中肘。鍇遂殺之。故逐公孫辰。而殺公孫姓。公孫盱。

夏。楚人既克夷虎。乃謀北方。左司馬眅。申公壽餘。葉公諸梁。致蔡於負函。致方城之外於繒關。曰。吳將泝江入郢。將奔命焉。為一昔之期。襲梁及霍。單浮餘圍蠻氏。蠻氏潰。蠻子赤奔晉陰地。司馬起豐析與狄戎。以臨上雒。左師軍于菟和。右師軍于倉野。使謂陰地之命大夫士蔑曰。晉楚有盟。好惡同之。若將不廢。寡君之願也。不然。將通於少。習以聽命。士蔑請諸趙孟。趙孟曰。晉國未寧。安能惡於楚。必速與之。士蔑乃致九州之戎。將裂田以與蠻子而城之。且將為之卜。蠻子聽卜。遂執之。與其五大夫。以畀楚師于三戶。司馬致邑立宗焉。以誘其遺民。而盡俘以歸。

秋。七月。齊陳乞。弦施。衛甯跪。救范氏。庚午。圍五鹿。

九月。趙鞅圍邯鄲。

冬。十一月。邯鄲降。荀寅奔鮮虞。趙稷奔臨。

十二月。弦施逆之。遂墮臨。國夏伐晉。取邢。任。欒。鄗。逆時。陰人。盂。壺口。會鮮虞。納荀寅于柏人。

哀公五年

經五年

春。城毗。

夏。齊侯伐宋。晉趙鞅帥師伐衛。

秋。九月。癸酉。齊侯杵臼卒。

冬。叔還如齊。

閏月。葬齊景公。

傳五年

春。晉圍柏人。荀寅。士吉射。奔齊。初。范氏之臣王生。惡張柳朔。言諸昭子。使為柏人。昭子曰。夫非而讎乎。對曰。私讎不及。公好不廢。過惡不去。善義之經也。臣敢違之。及范氏出。張柳朔謂其子。爾從主。勉之。我將止死。王生授我矣。吾不可以僭之。遂死於柏人。

夏。趙鞅伐衛。范氏之故也。遂圍中牟。齊燕姬生子。不成而死。諸子。鬻姒之子荼嬖。諸大夫恐其為大子也。言於公曰。君之齒長矣。未有大子。若之何。公曰。二三子間於憂虞。則有疾疢。亦姑謀樂。

何憂於無君。公疾。使國惠子。高昭子。立荼。寘群公子於萊。
秋。齊景公卒。
冬。十月。公子嘉。公子駒。公子黔。奔衛。公子鉏。公子陽生。來奔。萊人歌之曰。景公死乎不與埋。三軍之事乎不與謀。師乎師乎。何黨之乎。鄭駟秦富而侈。嬖大夫也。而常陳卿之車服於其庭。鄭人惡而殺之。子思曰。詩曰。不解于位。民之攸塈。不守其位。而能久者鮮矣。商頌曰。不僭不濫。不敢怠皇。命以多福。

哀公六年

經六年

春。城邾瑕。晉趙鞅帥師伐鮮虞。吳伐陳。夏。齊國夏及高張來奔。叔還會吳于柤。
秋。七月。庚寅。楚子軫卒。齊陽生入于齊。齊陳乞弒其君荼。
冬。仲孫何忌帥師伐邾。宋向巢帥師伐曹。

傳六年

春。晉伐鮮虞。治范氏之亂也。吳伐陳。復脩舊怨也。楚子曰。吾先君與陳有盟。不可以不救。乃救陳。師于城父。齊陳乞偽事高國者。每朝必驂乘焉。所從必言。諸大夫曰。彼皆偃蹇。將棄子之命。皆曰。高國得君。必偪我。盍去諸。固將謀子。子早圖之。圖之莫如盡滅之。需事之下也。及朝。則曰。彼虎狼也。見我在子之側。殺我無日矣。請就之位。又謂諸大夫曰。二子者禍矣。恃得君而欲謀二三子。曰。國之多難。貴寵之由。盡去之而後君定。既成謀矣。盍及其未作也。先諸作而後悔。亦無及也。大夫從之。
夏。六月。戊辰。陳乞鮑牧及諸大夫以甲入于公宮。昭子聞之。與惠子乘如公。戰于莊。敗。國人追之。國夏奔莒。遂及高張晏圉。弦施來奔。
秋。七月。楚子在城父。將救陳。卜戰不吉。卜退不吉。王曰。然則死也。再敗楚師。不如死。棄盟逃讎。亦不如死。死一也。其死讎乎。命公子申為王。不可。則命公子結。亦不可。則命公子啟。五辭而後許。將戰。王有疾。庚寅。昭王攻大冥。卒于城父。子閭退曰。君王舍其子而讓。群臣敢忘君乎。從君之命。順也。立君之子。亦順也。二順不可失也。與子西。子期。謀潛師閉塗。逆越女之子章立之。而後還。是歲也。有雲如衆。赤烏夾日以飛。三日。楚子使問諸周大史。周大史曰。其當王身乎。若禜之。可移於令尹。司馬王曰。除腹心之疾。而寘諸股肱何益。不穀不有大過。天其夭諸。有罪受罰。又焉移之。遂弗禜。初。昭王有疾。卜曰。河為祟。王弗祭。大夫請祭諸郊。王曰。三代命祀。祭不越望。江漢睢章。楚之望也。禍福之至。不是過也。不穀雖不德。河非所獲罪也。遂弗祭。孔子曰。楚昭王知大道矣。其不失國也宜哉。夏書曰。惟彼陶唐。帥彼天常。有此冀方。今失其行。亂其紀綱。乃滅而亡。又曰。允出茲在茲。由己率常可矣。

八月。齊邴意茲來奔。陳僖子使召公子陽生。陽生駕而見南郭且于。曰。嘗獻馬於季孫。不入於上乘。故又獻此。請與子乘之。出萊門而告之故。闞止知之。先待諸外。公子曰。事未可知。反與壬也處。戒之。遂行。逮夜至於齊。國人知之。僖子使子士之母養之。與饋者皆入。

冬。十月。丁卯。立之。將盟。鮑子醉而往。其臣差車鮑點。曰。此誰之命也。陳子曰。受命于鮑子。遂誣鮑子曰。子之命也。鮑子曰。女忘君之為孺子牛。而折其齒乎。而背之也。悼公稽首曰。吾子奉義而行者也。若我可。不必亡一大夫。若我不可。不必亡一公子。義則進。否則退。敢不唯子是從。廢興無以亂。則所願也。鮑子曰。誰非君之子。乃受盟。使胡姬以安孺子如賴。去鬻姒。殺王甲。拘江說。囚王豹于句竇之丘。公使朱毛告於陳子曰。微子則不及此。然君異於器。不可以二。器二不匱。君二多難。敢布諸大夫。僖子不對而泣。曰。君舉不信群臣乎。以齊國之困。困又有憂。少君不可以訪。是以求長君。庶亦能容群臣乎。不然。夫孺子何罪。毛復命。公悔之。毛曰。君大訪於陳子。而圖其小。可也。使毛遷孺子於駘。不至。殺諸野幕之下。葬諸殳冒淳。

哀公七年

經七年

春。宋皇瑗帥師侵鄭。晉魏曼多帥師侵衛。

夏。公會吳于鄫。

秋。公伐邾。八月。己酉。入邾。以邾子益來。宋人圍曹。

冬。鄭駟弘帥師救曹。

傳七年

春。宋師侵鄭。鄭叛晉故也。晉師侵衛。衛不服也。

夏。公會吳于鄫。吳來徵百牢。子服景伯對曰。先王未之有也。吳人曰。宋百牢我。魯不可以後宋。且魯牢晉大夫過十。吳王百牢。不亦可乎。景伯曰。晉范鞅貪而棄禮。以大國懼敝邑。故敝邑十一牢之。君若以禮命於諸侯。則有數矣。若亦棄禮。則有淫者矣。周之王也。制禮上物。不過十二。以為天之大數也。今棄周禮。而曰必百牢。亦唯執事。吳人弗聽。景伯曰。吳將亡矣。棄天而背本。不與。必棄疾於我。乃與之。太宰嚭召季康子。康子使子貢辭。大宰嚭曰。國君道長。而大夫不出門。此何禮也。對曰。豈以為禮。畏大國也。大國不以禮命於諸侯。苟不以禮。豈可量也。寡君既共命焉。其老豈敢棄其國。大伯端委以治周禮。仲雍嗣之。斷髮文身。贏以為飾。豈禮也哉。有由然也。反自鄫。以吳為無能為也。季康子欲伐邾。乃饗大夫以謀之。子服景伯曰。小所以事大。信也。大所以保小。仁也。背大國不信。伐小國不仁。民保於城。城保於德。失二德者。危將焉保。孟孫曰。二三子以為何如。惡賢而逆之。對曰。禹合諸侯於塗山。執玉帛者萬國。今其存者。無數十焉。唯大不字小。小不事大也。知必危。何故不言。魯德如邾。而以眾加之。可乎。不樂而出。

秋·伐邾。及范門。猶聞鍾聲。大夫諫。不聽。茅成子請告於吳。不許。曰。魯擊柝聞於邾。吳二千里。不三月不至。何及於我。且國內豈不足。成子以茅叛。師遂入邾。處其公宮。眾師晝掠。邾眾保于繹。師宵掠。以邾子益來。獻于亳社。囚諸負瑕。負瑕故有繹。邾茅夷鴻以束帛乘韋。自請救於吳。曰。魯弱晉而遠吳。馮恃其眾而背君之盟。辟君之執事。以陵我小國。邾非敢自愛也。懼君威之不立。君威之不立。小國之憂也。若夏盟於鄫衍。秋而背之。成求 而不違。四方諸侯。其何以事君。且魯賦八百乘。君之貳也。邾賦六百乘。君之私也。以私奉貳。唯君圖之。吳子從之。宋人圍曹。鄭桓子思曰。宋人有曹。鄭之患也。不可以不救。

冬。鄭師救曹。侵宋。初。曹人或夢眾君子立于社宮。而謀亡曹。曹叔振鐸請待公孫彊。許之。旦而求之曹。無之。戒其子曰。我死。爾聞公孫彊為政。必去之。及曹伯陽即位。好田弋。曹鄙人公孫彊好弋。獲白鴈。獻之。且言田弋之說。說之。因訪政事。大說之。有寵使為司城以聽政。夢者之子乃行。彊言霸說於曹伯。曹伯從之。乃背晉而奸宋。宋人伐之。晉人不救。築五邑於其郊。曰。黍丘。揖丘。大城。鍾。邗。

哀公八年

經八年

春。王正月。宋公入曹。以曹伯陽歸。吳伐我。

夏。齊人取讙及闡。歸邾子益于邾。

秋。七月。

冬。十有二月。癸亥。杞伯過卒。齊人歸讙及闡。

傳八年

春。宋公伐曹。將還。褚師子肥殿。曹人詬之。不行。師待之。公聞之怒。命反之。遂滅曹。執曹伯。及司城彊以歸。殺之。吳為邾故。將伐魯。問於叔孫輒。叔孫輒對曰。魯有名而無情。伐之必得志焉。退而告公山不狃。公山不狃曰。非禮也。君子違不適讎國。未臣而有伐之。奔命焉。死之可也。所託也則隱。且夫人之行也。不以所惡廢鄉。今子以小惡而欲覆宗國。不亦難乎。若使子率。子必辭。王將使我子張疾之。王問於子洩。對曰。魯雖無與立。必有與斃。諸侯將救之。未可以得志焉。晉與齊楚輔之。是四讎也。夫魯。齊晉之脣。脣亡齒寒。君所知也。不救何為。三月。吳伐我。子洩率。故道險。從武城。初武城人或有因於吳竟田焉。拘鄫人之漚菅者。曰。何故使吾水滋。及吳師至。拘者道之。以伐武城。克之。王犯嘗為之宰。澹臺子羽之父好焉。國人懼。懿子謂景伯。若之何。對曰。吳師來。斯與之戰。何患焉。且召之而至。又何求焉。吳師克東陽而進。舍於五梧。明日。舍於蠶室。公賓庚。公甲叔子。與戰于夷。獲叔子與析朱鉏。獻於王。王曰。此同車。必使能。國未可望也。明日舍于庚宗。遂次于泗上。微虎欲宵攻王舍。私屬徒七百人。三踊於幕庭。卒三百人。有若與焉。及稷門之內。或謂季孫曰。不足以害吳。而多殺國士。不如已也。乃止之。吳子聞之。一夕三遷。吳人行成。將盟。景伯曰。楚人圍宋。易子而食。析骸而爨。猶無城下之盟。我未及虧。而有城下之盟。是棄國也。吳輕而遠。不能久。將歸矣。請少待之。弗從。景伯負載。造於萊門。乃請釋子服何於吳。吳人許之。以王子姑曹當之。而後止。吳人盟而還。齊悼公之來也。季康子以其妹妻之。即位而逆之。季魴侯通焉。女言其情。弗敢與也。齊侯怒。

夏。五月。齊鮑牧帥師伐我。取讙及闡。或譖胡姬於齊侯。曰。安孺子之黨也。

六月。齊侯殺胡姬。齊侯使如吳請師。將以伐我。乃歸邾子。邾子又無道。吳子使大宰子餘討之。囚諸樓臺栫之以棘。使諸大夫奉大子革以為政。

秋。及齊平。

九月。臧賓如如齊蒞盟。齊閭丘明來蒞盟。且逆季姬以歸。嬖。鮑牧又謂群公子曰。使女有馬千乘乎。公子愬之。公謂鮑子。或譖子。子姑居於潞以察之。若有之。則分室以行。若無之。則反子之所。出門。使以三分之一行。半道。使以二乘。及潞。麇之以入。遂殺之。

冬。十二月。齊人歸讙及闡。季姬嬖故也。

哀公九年

經九年

春。王二月。葬杞僖公。宋皇瑗帥師取鄭師于雍丘。

夏。楚人伐陳。

秋。宋公伐鄭。

冬。十月。

傳九年

春。齊侯使公孟綽辭師于吳。吳子曰。昔歲寡人聞命。今又革之。不知所從。將進受命於君。鄭武子賸之嬖。許瑕求邑。無以與之。請外取。許之。故圍宋雍丘。宋皇瑗圍鄭師。每日遷舍。壘合。鄭師哭。子姚救之。大敗。

二月。甲戌。宋取鄭師于雍丘。使有能者無死。以郟張與鄭羅歸。

夏。楚人伐陳。陳即吳故也。宋公伐鄭。

秋。吳城邗。溝通江淮。晉趙鞅卜救鄭。遇水適火。占諸史趙。史墨。史龜。史龜曰。是謂沈陽。可以興兵。利以伐姜。不利子商。伐齊則可。敵宋不吉。史墨曰。盈。水名也。子。水位也。名位敵。不可干也。炎帝為火師。姜姓其後也。水勝火。伐姜則可。史趙曰。是謂如川之滿。不可游也。鄭方有罪。不可救也。救鄭則不吉。不知其他。陽虎以周易筮之。遇泰之需曰。宋方吉不可與也。微子啟。帝乙之。元子也。宋。鄭。甥舅也。祉。祿也。若帝乙之元子。歸妹而有吉祿。我安得吉焉。乃止。

冬。吳子使。來儆師伐齊。

哀公十年

經十年

春。王二月。邾子益來奔。公會吳伐齊。

三月。戊戌。齊侯陽生卒。

夏。宋人伐鄭。晉趙鞅帥師侵齊。

五月。公至自伐齊。葬齊悼公。衛公孟彄自齊歸于衛。薛伯夷卒。

秋。葬薛惠公。

冬。楚公子結帥師伐陳。吳救陳。

傳十年

春。邾隱公來奔。齊甥也。故遂奔齊。公會吳子。邾子。郯子。伐齊南鄙。師于鄎。齊人弒悼公。赴于師。吳子三日哭于軍門之外。徐承帥舟師。將自海入齊。齊人敗之。吳師乃還。

夏·趙鞅帥師伐齊。大夫請卜之。趙孟曰。吾卜於此起兵。事不再令。

卜不襲吉。行也。於是乎取犁及轅。毀高唐之郭。侵及賴而還。
秋。吳子使來復儆師。
冬。楚子期伐陳。吳延州來季子救陳。謂子期曰。二君不務德。而力爭諸侯。民何罪焉。我請退。以為子名務德而安。民乃還。

哀公十一年

經十有一年

春。齊國書帥師伐我。
夏。陳轅頗出奔鄭。
五月。公會吳伐齊。甲戌。齊國書帥師及吳戰于艾陵。齊師敗績獲齊國書。
秋。七月。辛酉。滕子虞母卒。
秋。十有一月。葬滕隱公。衛世叔齊出奔宋。

傳十一年

春。齊為鄎故。國書。高無平。帥師伐我。及清。季孫謂其宰冉求。曰。齊師在清。必魯故也。若之何。求曰。一子守。二子從。公禦諸竟。季孫曰。不能。求曰。居封疆之間。季孫告二子。二子不可。求曰。若不可。則君無出。一子帥師。背城而戰。不屬者。非魯人也。魯之群室。眾於齊之兵車。一室敵車。優矣。子何患焉。二子之不欲戰也。宜政在季氏。當子之身。齊人伐魯。而不能戰。子之恥也。大不列於諸侯矣。季孫使從於朝。俟於黨氏之溝。武叔呼而問戰焉。對曰。君子有遠慮。小人何知。懿子強問之。對曰。小人慮材而言。量力而共者也。武叔曰。是謂我不成丈夫也。退而蒐乘。孟孺子洩帥右師。顏羽御。邴洩為右。冉求帥左師。管周父御。樊遲為右。季孫曰。須也弱。有子曰。就用命焉。季孫之甲七千。冉有以武城人三百。為己徒卒。老幼守宮。次于雩門之外。五日。右師從之。公叔務人見保者而泣曰。事充政重。上不能謀。士不能死。何以治民。吾既言之矣。敢不勉乎。師及齊師戰于郊。齊師自稷曲。師不踰溝。樊遲曰。非不能也。不信子也。請三刻而踰之。如之。眾從之。師入齊軍。右師奔。齊人從之。陳瓘。陳莊。涉泗。孟之側後入。以為殿。抽矢策其馬曰。

馬不進也。林不狃之伍曰。走乎。不狃曰。誰不如。曰。然則止乎。不狃曰。惡賢。徐步而死。師獲甲首八十。齊人不能師。宵諜曰。齊人遁。冉有請從之。三季孫弗許。孟孺子語人曰。我不如顏羽。而賢於邴洩。子羽銳敏。我不欲戰而能默。洩曰。驅之。公為與其嬖僮汪錡乘。皆死皆殯。孔子曰。能執干戈以衛社稷。可無殤也。冉有用矛於齊師。故能入其軍。孔子曰。義也。

夏。陳轅頗出奔鄭。初轅頗為司徒。賦封田。以嫁公女。有餘。以為己大器。國人逐之。故出道渴。其族轅咺。進稻醴。粱糗。腶脯焉。喜曰。何其給也。對曰。器成而具。曰。何不吾諫。對曰。懼先行。為郊戰。故公會吳子伐齊。

五月。克博。壬申。至于嬴。中軍從王。胥門巢將上軍。王子姑曹將下軍。展如將右軍。齊國書將中軍。高無平將上軍。宗樓將下軍。陳僖子謂其弟書。爾死。我必得志。宗子陽與閭丘明相厲也。桑掩胥御國子。公孫夏曰。二子必死。將戰。公孫夏命其徒歌虞殯。陳子行命其徒具含玉。公孫揮命其徒曰。人尋約。吳髮短。東郭書曰。三戰必死。於此三矣。使問弦多以琴。曰。吾不復見子矣。陳書曰。此行也。吾聞鼓而已。不聞金矣。甲戌。戰于艾陵。展如敗高子。國子敗胥門巢。王卒助之。大敗齊師。獲國書。公孫夏。閭丘明。陳書。東郭書。革車八百乘。甲首三千。以獻于公。將戰。吳子呼叔孫曰。而事何也。對曰。從司馬王賜之甲劍鈹。曰。奉爾君事。敬無廢命。叔孫未能對。衛賜進曰。州仇奉甲從君而拜。公使大史固。歸國子之元。寘之新篋。褽之以玄纁。加組帶焉。寘書于其上。曰。天若不識不衷。何以使下國。吳將伐齊。越子率其眾以朝焉。王及列士。皆有饋賂。吳人皆喜。唯子胥懼曰。是豢吳也夫。諫曰。越在我。心腹之疾也。壤地同而有欲於我。夫其柔服。求濟其欲也。不如早從事焉。得志於齊。猶獲石田也。無所用之。越不為沼。吳其泯矣。使醫除疾。而曰必遺類焉者。未之有也。盤庚之誥曰。其有顛越不共。則劓殄無遺育。無俾易種于茲邑。是商所以興也。今君易之。將以求大。不亦難乎。弗聽。使於齊。屬其子於鮑氏。為王孫氏。反役。王聞之。使賜之屬鏤以死。將死。曰。樹吾墓檟。檟可材也。吳其亡乎。三年。其始弱矣。盈必毀。

天之道也。
秋。季孫命脩守備。曰。小勝大。禍也。齊至無日矣。
冬。衛大叔疾出奔宋。初疾娶于宋子朝。其娣嬖。子朝出。孔文子使疾出其妻而妻之。疾使侍人誘其初妻之娣。寘於犁。而為之一宮。如二妻。文子怒。欲攻之。仲尼止之。遂奪其妻。或淫于外州。外州人奪之軒以獻。恥是二者。故出。衛人立遺。使室孔姞。疾臣向魋。納美珠焉。與之城鉏。宋公求珠。魋不與。由是得罪。及桓氏出。城鉏人攻大叔疾。衛莊公復之。使處巢。死焉。殯於鄖。葬於少禘。初。晉悼公子慭亡在衛。使其女僕而田。大叔懿子止而飲之酒。遂聘之。生悼子。悼子即位。故夏戊為大夫。悼子亡。衛人翦夏戊。孔文子之將攻大叔也。訪於仲尼。仲尼曰。胡簋之事。則嘗學之矣。甲兵之事。未之聞也。退命駕而行。曰。鳥則擇木。木豈能擇鳥。文子遽止之。曰。圉豈敢度其私。訪衛國之難也。將止。魯人以幣召之。乃歸。季孫欲以田賦。使冉有訪諸仲尼。仲尼曰。丘。不識也。三發。卒曰。子為國老。待子而行。若之何子之不言也。仲尼不對。而私於冉有曰。君子之行也。度於禮。施取其厚。事舉其中。斂從其薄。如是則以丘亦足矣。若不度於禮。而貪冒無厭。則雖以田賦。將又不足。且子季孫若欲行而法。則周公之典在。若欲苟而行。又何訪焉。弗聽。

哀公十二年

經十有二年

春。用田賦。
夏。五月。甲辰。孟子卒。公會吳于橐皋。
秋。公會衛侯。宋皇瑗。于鄖。宋向巢帥師伐鄭。
冬。十有二月。螽。

傳十二年

春。王正月。用田賦。
夏。五月。昭夫人孟子卒。昭公娶于吳。故不書姓。死不赴。故不稱夫人。不反哭。故言不葬小君。孔子與弔。適季氏。季氏不絻。放絰而拜。公會吳于橐皋。吳子使大宰嚭請尋盟。公不欲使。子貢對曰盟。

所以周信也。故心以制之。玉帛以奉之。言以結之。明神以要之。寡君以為苟有盟焉。弗可改也已。若猶可改。日盟何益。今吾子曰。必尋盟。若可尋也。亦可寒也。乃不尋盟。吳徵會于衛。初。衛人殺吳行人且姚而懼。謀於行人子羽。子羽曰。吳方無道。無乃辱吾君。不如止也。子木曰。吳方無道。國無道。必棄疾於人。吳雖無道。猶足以患衛。往也。長木之。斃無不摽也。國狗之瘈。無不噬也。而況大國乎。

秋。衛侯會吳于鄖。公及衛侯。宋皇瑗盟。而卒辭吳盟。吳人藩衛侯之舍。子服景伯謂子貢曰。夫諸侯之會。事既畢矣。侯伯致禮地主歸餼。以相辭也。今吳不行禮於衛。而藩其君舍以難之。子盍見大宰。乃請束錦以行。語及衛故。大宰嚭曰。寡君願事衛君。衛君之來也緩。寡君懼。故將止之。子貢曰。衛君之來。必謀於其眾。其眾或欲或否。是以緩來。其欲來者。子之黨也。其不欲來者。子之讎也。若執衛君。是墮黨而崇讎也。夫墮子者。得其志矣。且合諸侯而執衛君。誰敢不懼。墮黨崇讎。而懼諸侯。或者難以霸乎。大宰嚭說。乃舍衛侯。衛侯歸。效夷言。子之尚幼。曰。君必不免。其死於夷乎。執焉。而又說其言。從之固矣。

冬。十二月。螽。季孫問諸仲尼。仲尼曰。丘聞之。火伏而後蟄者畢。今火猶西流。司厤過也。宋鄭之間。有隙地焉。曰。彌作。頃丘。玉暢。嵒戈。鍚。子產與宋人為成曰。勿有是。及宋平元之族。自蕭奔鄭。鄭人為之城嵒戈鍚。

九月。宋向巢伐鄭。取鍚。殺元公之孫。遂圍嵒。

十二月。鄭罕達救嵒。丙申。圍宋師。

哀公十三年

經十有三年

春。鄭罕達帥師取宋師于嵒。

夏。許男成卒。公會晉侯及吳子于黃池。楚公子申帥師伐陳。於越入吳。

秋。公至自會。晉魏曼多帥師侵衛。葬許元公。

九月。螽。
冬。十有一月。有星孛于東方。盜殺陳夏區夫。
十有二月。螽。
傳十三年
春。宋向魋救其師。鄭子賸使徇曰。得桓魋者有賞。魋也逃歸。遂取宋師于嵒。獲成讙。郜延。以六邑為虛。
夏。公會單平公。晉定公。吳夫差于黃池。
六月。丙子。越子伐吳。為二隧。疇無餘。謳陽。自南方先及郊。吳大子友。王子地。王孫彌庸。壽於姚。自泓上觀之。彌庸見姑蔑之旗。曰。吾父之旗也。不可以見讎而弗殺也。大子曰。戰而不克。將亡國。請待之。彌庸不可。屬徒五千。王子地助之。乙酉。戰。彌庸獲疇無餘。地獲謳陽。越子至。王子地守。丙戌。復戰。大敗吳師。獲大子友。王孫彌庸。壽於姚。丁亥。入吳。吳人告敗于王。王惡其聞也。自剄七人於幕下。
秋。七月。辛丑。盟。吳晉爭先。吳人曰。於周室。我為長。晉人曰。於姬姓。我為伯。趙鞅呼司馬寅曰。日旰矣。大事未成。二臣之罪也。建鼓整列。二臣死之。長幼必可知也。對曰。請姑視之。反曰。肉食者無墨。今吳王有墨。國勝乎。大子死乎。且夷德輕。不忍久。請少待之。乃先晉人。吳人將以公見晉侯。子服景伯對使者曰。王合諸侯。則伯帥侯牧以見於王。伯合諸侯。則侯帥子男以見於伯。自王以下。朝聘玉帛不同。故敝邑之職貢於吳。有豐於晉。無不及焉。以為伯也。今諸侯會。而君將以寡君見晉君。則晉成為伯矣。敝邑將改職貢。魯賦於吳八百乘。若為子男。則將半邾。以屬於吳。而如邾以事晉。且執事以伯召諸侯。而以侯終之。何利之有焉。吳人乃止。既而悔之。將囚景伯。景伯曰。何也。立後於魯矣。將以二乘。與六人從。遲速唯命。遂囚以還。及戶牖。謂大宰曰。魯將以十月上辛。有事於上帝先王。季辛而畢。何。世有職焉。自襄以來。未之改也。若不會。祝宗將曰。吳實然。且謂魯不共。而執其賤者七人。何損焉。大宰嚭言於王曰。無損於魯。而祇為名。不如歸之。乃歸景伯。吳申叔儀。乞糧於公孫有山氏。曰。佩玉縈兮。余無所繫之。旨酒一盛兮。余與褐之父睨之。對曰。梁則無矣。麤則有之。若登首山以呼曰。庚癸乎。則諾王。欲伐宋殺其丈夫。而囚其婦人。大宰嚭曰。可勝也。而弗能居也。乃歸。

冬。吳及越平。

哀公十四年

經十有四年

春。西狩獲麟。小邾射以句繹來奔。

夏·四月。齊陳恆執其君。寘于舒州。庚戌叔還卒。

五月。庚申朔。日有食之。陳宗豎出奔楚。宋向魋入于曹以叛。莒子狂卒。

六月。宋向魋自曹出奔衛。宋向巢來奔。齊人弒其君壬于舒州。

秋。晉趙鞅帥師伐衛。

八月。辛丑。仲孫何忌卒。

冬。陳宗豎自楚復入于陳。陳人殺之。陳轅買出奔楚。有星孛。饑。

傳十四年

春。西狩于大野。叔孫氏之車子鉏商獲麟。以為不祥。以賜虞人。仲尼觀之。曰。麟也。然後取之。小邾射以句繹來奔。曰使季路要我。吾無盟矣。使子路。子路辭。季康子使冉有謂之曰。千乘之國。不信其盟。而信子之言。子何辱焉。對曰。魯有事于小邾。不敢問故。死其城下可也。彼不臣而濟其言。是義之也。由弗能。齊簡公之在魯也。闞止有寵焉。及即位。使為政。陳成子憚之。驟顧諸朝。諸御鞅言於公曰。陳闞不可並也。君其擇焉。弗聽。子我夕。陳逆殺人。逢之。遂執以入。陳氏方睦。使疾。而遺之潘沐。備酒肉焉。饗守囚者。醉而殺之。而逃。子我盟諸陳於陳宗。初。陳豹欲為子我臣。使公孫言已。已有喪而止。既而言之。曰。有陳豹者。長而上僂。望視。事君子必得志。欲為子臣。吾憚其為人也。故緩以告。子我曰。何害。是其在我也。使為臣。他日。與之言政。說遂有寵。謂之曰。我盡逐陳氏。而立女。若何。對曰。我遠於陳氏矣。且其違者。不過數人。何盡逐焉。遂告陳氏。子行曰。彼得君。弗先。必禍子。子行舍於公宮。

夏。五月。壬申。成子兄弟。四乘如公。子我在幄。出逆之。遂入。閉門。侍人禦之。子行殺侍人。公與婦人飲酒於檀臺。成子遷諸寢。公執戈。將擊之。大史子餘曰。非不利也。將除害也。成子出舍于庫。聞公猶怒。將出曰。何所無君。子行抽劍曰。需。事之賊也。誰非陳宗。所不殺子者。有如陳宗。乃止。子我歸。屬徒攻闈與大門。皆不勝。乃出。陳氏追之。失道於弇中。適豐丘。豐丘人執之以告。殺諸郭關。成子將殺大陸子方。陳逆請而免之。以公命取車於道。及耏。眾知而東之。出雍門。陳豹與之車。弗受。曰。逆為余請。豹與余車。余有私焉。事子我。而有私於其讎。何以見魯衛之士。東郭賈奔衛。庚辰。陳恆執公于舒州。公曰。吾早從鞅之言。不及此。宋桓魋之寵。害於公。公使夫人驟請享焉。而將討之。未及。魋先謀公。請以鞍易薄。公曰。不可。薄。宗邑也。乃益鞍七邑。而請享公焉。以日中為期。家備盡往。公知之。告皇野曰。余長魋也。今將禍余。請即救。司馬子仲曰。有臣不順。神之所惡也。而況人乎。敢不承命。不得左師不可。請以君命召之。左師每食擊鍾。聞鍾聲。公曰。夫子將食。既食。又奏。公曰。可矣。以乘車往。曰。跡人來告。曰。逢澤有介麇焉。公曰。雖魋未來。得左師吾與之田。若何。君憚告子。野曰。嘗私焉。君欲速。故以乘車逆子。與之乘。至。公告之故。拜不能起。司馬曰。君與之言。公曰。所難子者。上有天。下有先君。對曰。魋之不共。宋之禍也。敢不唯命是聽。司馬請瑞焉。以命其徒攻桓氏。其父兄故臣曰。不可。其新臣曰。從吾君之命。遂攻之子。頎騁而告桓司馬。司馬欲入。子車止之。曰。不能事君。而又伐國。民不與也。祇取死焉。向魋遂入于曹。以叛。

六月。使左師巢伐之。欲質大夫以入焉。不能。亦入于曹取質。魋曰。不可。既不能事君。又得罪于民。將若之何。乃舍之。民遂叛之。向魋奔衛。向巢來奔。宋公使止之。曰寡人與子有言矣。不可以絕向氏之祀。辭曰。臣之罪大。盡滅桓氏可也。若以先臣之故。而使有後。君之惠也。若臣則不可以入矣。司馬牛致其邑與珪焉。而適齊。向魋出於衛地。公文氏攻之。求夏后氏之璜焉。與之他玉。而奔齊。陳成子使為次卿。司馬牛又致其邑焉。而適吳。吳人惡之而反。趙簡子召之。陳成子亦召之。卒於魯郭門之外。阬氏葬諸丘輿。甲午。齊陳恆弒其君壬于舒州。孔丘三日齊。而請伐齊。三。公曰。魯為齊弱久矣。子之伐之。將若之何。對曰。陳恆弒其君。民之不與者半。以魯之眾。加齊之半。可克也。公曰。子告季孫。孔子辭。退而告人曰。吾以從大夫之後也。故不敢不言。初。孟孺子洩將圉馬於成。成宰公孫宿不受。曰孟孫為成之病。不圉馬焉。孺子怒。襲成。從者不得入。乃反。成有司使。孺子鞭之。

秋。八月。辛丑。孟懿子卒。成人奔喪。弗內。袒免哭于衢。聽共。弗許。懼。不歸。

哀公十五年

經十有五年

春。王正月。成叛。

夏。五月。齊高無平出奔北燕。鄭伯伐宋。

秋。八月。大雩。晉趙鞅帥師伐衛。

冬。晉侯伐鄭。及齊平。衛公孟彄出奔齊。

傳十五年

春。成叛于齊。武伯伐成。不克。遂城輸。

夏。楚子西。子期。伐吳。及桐汭。陳侯使公孫貞子弔焉。及良而卒。將以尸入。吳子使大宰嚭勞。且辭曰。以水潦之不時。無乃廩然隕大夫之尸。以重寡君之憂。寡君敢辭上介。芋尹蓋對曰。寡君聞楚為不道。荐伐吳國。滅厥民人。寡君使蓋備使。弔君之下吏。無祿。使人逢天之感。大命隕隊。絕世于良。廢日共積。一日遷次。今君命逆使人曰。無以尸造于門。是我寡君之命委于草莽也。且臣聞之。曰事死如事生。禮也。於是乎有朝聘而終。以尸將事之禮。又有朝聘而遭喪之禮。若不以尸將命。是遭喪而還也。無乃不可乎。以禮防民。猶或踰之。今大夫曰。死而棄之。是棄禮也。其何以為諸侯主。先民有言曰。無穢虐士。備使奉尸將命。苟我寡君之命。達于君所。雖隕于深淵。則天命也。非君與涉人之過也。吳人內之。

秋。齊陳瓘如楚。過衛。仲由見之。曰。天或者以陳氏為斧斤。既斲喪公室。而他人有之。不可知也。其使終饗之。亦不可知也。若善魯以待時。不亦可乎。何必惡焉。子玉曰。然。吾受命矣。子使告我弟。冬。及齊平。子服景伯如齊。子贛為介。見公孫成。曰人皆臣人。而有背人之心。況齊人雖為子役。其有不貳乎。子。周公之孫也。多饗大利。猶思不義。利不可得。而喪宗國。將焉用之。成曰。善哉。吾不早聞命。陳成子館客。曰。寡君使恆告曰。寡君願事君如事衛君。景伯揖子贛而進之。對曰。寡君之願也。昔晉人伐衛。齊為衛故。伐晉冠氏。喪車五百。因與衛地。自濟以西。禚媚杏。以南。書社五百。吳人加敝邑以亂。齊因其病。取讙與闡。寡君是以寒心。若得視衛君之事君也。則固所願也。成子病之。乃歸成。公孫宿以其兵甲入于嬴。衛孔圉取大子蒯聵之姊。生悝。孔氏之豎渾良夫。長而美。孔文子卒。通於內。大子在戚。孔姬使之焉。大子與之言曰。苟使我入獲國。服冕乘軒。三死無與。與之盟。為請於伯姬。
閏月。良夫與大子入。舍於孔氏之外圃。昏。二人蒙衣而乘。寺人羅御。如孔氏。孔氏之老欒寧問之。稱姻妾以告。遂入。適伯姬氏。既食。孔伯姬杖戈而先。大子與五人介。輿豭從之。迫孔悝於廁強盟之。遂劫以登臺。欒寧將飲酒。炙未熟。聞亂。使告季子。召獲駕乘車。行爵食炙。奉衛侯輒來奔。季子將入。遇子羔將出。曰。門已閉矣。季子曰。吾姑至焉。子羔曰。弗及。不踐其難。季子曰。食焉。不辟其難。子羔遂出。子路入。及門。公孫敢門焉。曰。無入為也。季子曰。是公孫也。求利焉而逃其難。由。不然。利其祿。必救其患。有使者出。乃入。曰大子焉用孔悝。雖殺之。必或繼之。且曰。大子無勇。若燔臺半。必舍孔叔大子聞之懼。下石乞。盂黶敵子路。以戈擊之。斷纓。子路曰。君子死。冠不免。結纓而死。孔子聞衛亂。曰。柴也。其來由也死矣。孔悝立莊公。莊公害故政。欲盡去之。先謂司徒瞞成曰。寡人離病於外久矣。子請亦嘗之。歸告褚師比。欲與之伐公。不果。

哀公十六年

經十有六年

春。王正月。己卯。衛世子蒯聵自戚入于衛。衛侯輒來奔。

二月。衛子還成出奔宋。

夏。四月。己丑。孔丘卒。

傳十六年

春。瞞成。褚師比。出奔宋。衛侯使鄢武子告于周。曰蒯聵得罪于君父君母。逋竄于晉。晉以王室之故。不棄兄弟。寘諸河上。天誘其衷。獲嗣守封焉。使下臣肸。敢告執事。王使單平公對曰。肸以嘉命。來告余一人。往謂叔父。余嘉乃成世。復爾祿次。敬之哉。方天之休。弗敬弗休。悔其可追。

夏。四月。己丑。孔丘卒。公誄之曰。旻天不弔。不憖遺一老。俾屏余一人以在位。煢煢余在疚。嗚呼。哀哉。尼父無自律。子贛曰。君其不沒於魯乎。夫子之言曰。禮失則昏。名失則愆。失志為昏。失所為愆。生不能用。死而誄之。非禮也。稱一人。非名也。君兩失之。六月。衛侯飲孔悝酒於平陽。重酬之。大夫皆有納焉。醉而送之。夜半而遣之。載伯姬於平陽而行。及西門。使貳車反祏於西圃。子伯季子。初為孔氏臣。新登于公。請追之。遇載祏者。殺而乘其車。許公為。反祏。遇之曰。與不仁人爭。明無不勝。必使先射。射三發。皆遠許為。許為射之。殪。或以其車從。得祏於橐中。孔悝出奔宋。楚大子建之遇讒也。自城父奔宋。又辟華氏之亂於鄭。鄭人甚善之。又適晉。與晉人謀襲鄭。乃求復焉。鄭人復之如初。晉人使諜於子木。請行而期焉。子木暴虐於其私邑。邑人訴之。鄭人省之。得晉諜焉。遂殺子木。其子曰勝。在吳。子西欲召之。葉公曰。吾聞勝也。詐而亂。無乃害乎。子西曰。吾聞勝也。信而勇。不為不利。舍諸邊竟。使衛藩焉。葉公曰。周仁之謂信。率義之謂勇。吾聞勝也。好復言。而求死士。殆有私乎。復言非信也。期死非勇也。子必悔之。弗從。召之使處吳竟。為白公。請伐鄭。子西曰。楚未節也。不然。吾不忘也。他日又請。許之。未起師。晉人伐鄭。楚救之。與之盟。勝怒曰。鄭人在此。讎不遠矣。勝自厲劍。子期之子平見之。曰。王孫何自厲也。曰。勝以直聞。不告女。庸為直乎。將以殺爾父。平以告子西。子西曰。勝如卵。余翼而長之。楚國第。我死。令尹司馬。非勝而誰。勝聞之曰。令尹之狂也。得死乃非我。子西不悛。勝謂石乞。曰王與二卿士。皆五百人當之。則可矣。乞曰。不可得也。曰。市南有熊宜僚者。若得之。可以當五百人矣。乃從白公而見之。與之言。說。告之故。辭。承之以劍。不動。勝曰。不為利諂。不為威惕。不洩人言。以求媚者。去之。吳人伐慎。白公敗之。請以戰備獻。許之。遂作亂。秋。七月。殺子西。子期。于朝。而劫惠王。子西以袂掩面而死。子期曰。昔者吾以力事君。不可以弗終。抉豫章以殺人。而後死。石乞曰。焚庫弒王。不然不濟。白公曰。不可。殺王不祥。焚庫無聚。將何以守矣。乞曰。有楚國而治其民。以敬事神。可以得祥。且有聚矣。何患弗從。葉公在蔡。方城之外皆曰。可以入矣。子高曰。吾聞之。以險徼幸者。其求無饜。偏重必離。聞其殺齊管脩也。而後入。白公欲以子閭為王。子閭不可。遂劫以兵。子閭曰。王孫若安靖楚國。匡正王室。而後庇焉。啟之願也。敢不聽從。若將專利。以傾王室。不顧楚國。有死不能。遂殺之。而以王如高府。石乞尹門。圉公陽穴宮。負王以如昭夫人之宮。葉公亦至。及北門。或遇之曰。君胡不冑。國人望君。如望慈父母焉。盜賊之矢若傷君。是絕民望也。若之何不冑。乃冑而進。又遇一人曰。君胡冑。國人望君。如望歲焉。日日以幾。若見君面。是得艾也。民知不死。其亦夫有奮心。猶將旌君以徇於國。而反掩面以絕民望。不亦甚乎。乃免冑而進。遇箴尹固。帥其屬將與白公。子高曰。微二子者。楚不國矣。棄德從賊。其可保乎。乃從葉公。使與國人以攻白公。白公奔山而縊。其徒微之生拘石乞。而問白公之死焉。對曰。余知其死所。而長者使余勿言。曰。不言將烹。乞曰。此事克則為卿。不克則烹。固其所也。何害。乃烹石乞。王孫燕奔頯黃氏。諸梁兼二事。國寧。乃使寧為令尹。使寬為司馬。而老於葉。衛侯占夢嬖人。求酒於大叔僖子。不得。與卜人比。而告公曰。君有大臣在西南隅。弗去。懼害。乃逐大叔遺。遺奔晉。衛侯謂渾良夫曰。吾繼先君。而不得其器。若之何。良夫代執火者而言。曰。疾與亡君。皆君之子也。召之。而擇材焉。可也。若不材。器可得也。

豎告大子。大子使五人輿豭從己。劫公而強盟之。且請殺良夫。公曰。其盟免三死。曰。請三之後。有罪殺之。公曰。諾哉。

哀公十七年

傳十七年

春。衛侯為虎幄於藉圃。成求令名者。而與之始食焉。大子請使良夫。良夫乘衷甸。兩牡。紫衣狐裘。至。袒裘不釋劍而食。大子使牽以退。數之以三罪。而殺之。

三月。越子伐吳。吳子禦之笠澤。夾水而陳。越子為左右句卒。使夜或左或右。鼓譟而進。吳師分以御之。越子以三軍濳涉。當吳中軍而鼓之。吳師大亂。遂敗之。晉趙鞅使告于衛曰。君之在晉也。志父為主。請君若大子來。以免志父。不然。寡君其曰。志父之為也。衛侯辭以難。大子又使椓之。

夏。六月。趙鞅圍衛。齊國觀。陳瓘。救衛。得晉人之致師者。子玉使服而見之。曰。國子實執齊柄。而命瓘曰。無辟晉師。豈敢廢命。子又何辱。簡子曰。我卜伐衛。未卜與齊戰。乃還。楚白公之亂。陳人恃其聚而侵楚。楚既寧。將取陳麥。楚子問帥於大師子穀。與葉公諸梁。子穀曰。右領差車。與左史老。皆相令尹司馬以伐陳。其可使也。子高曰。率賤。民慢之。懼不用命焉。子穀曰。觀丁父。鄀俘也。武王以為軍率。是以克州蓼。服隨唐。大啟群蠻。彭仲爽。申俘也。文王以為令尹。實縣申息。朝陳蔡。封畛於汝。唯其任也。何賤之有。子高曰。天命不諂。令尹有憾於陳。天若亡之。其必令尹之子是與。君盍舍焉。臣懼右領與左史。有二俘之賤。而無其令德也。王卜之。武城尹吉。使帥師取陳麥。陳人御之。敗。遂圍陳。

秋。七月。己卯。楚公孫朝帥師滅陳。王與葉公枚卜子良。以為令尹。沈尹朱曰。吉。過於其志。葉公曰。王子而相國。過將何為。他日改卜子國。而使為令尹。衛侯夢于北宮。見人登昆吾之觀。被髮北面而譟曰。登此昆吾之虛。綿綿生之瓜。余為渾良夫。叫天無辜。公親筮之。胥彌赦占之。曰。不害。與之邑。寘之。而逃奔宋。衛侯貞卜。其繇曰。如魚竀尾。衡流而方羊裔焉。大國滅之。將亡闔門塞竇。乃自後踰。
冬。十月。晉復伐衛。入其郛。將入城。簡子曰。止。叔向有言曰。怙亂滅國者無後。衛人出莊公。而與晉平。晉立襄公之孫般師而還。
十一月。衛侯自鄄入。般師出。初。公登城以望。見戎州。問之。以告。公曰。我姬姓也。何戎之有焉。翦之。公使匠久。公欲逐石圃。未及而難作。辛巳。石圃因匠氏攻公。公闔門而請。弗許。踰于北方而隊。折股。戎州人攻之。大子疾。公子青。踰從公。戎州人殺之。公入于戎州己氏。初。公自城上。見己氏之妻髮美。使髡之。以為呂姜髢。既入焉。而示之璧。曰。活我。吾與女璧。己氏曰。殺女。璧其焉往。遂殺之。而取其璧。衛人復公孫般師而立之。
十二月。齊人伐衛。衛人請平。立公子起。執般師以歸。舍諸潞。公會齊侯盟于蒙。孟武伯相。齊侯稽首。公拜。齊人怒。武伯曰。非天子。寡君無所稽首。武伯問於高柴曰。諸侯盟。誰執牛耳。季羔曰。鄫衍之役。吳公子姑曹。發陽之役。衛石魋。武伯曰。然則彘也。宋皇瑗之子麇。有友曰田丙。而奪其兄劖般邑。以與之。劖般慍而行。告桓司馬之臣子儀克。子儀克適宋。告夫人曰。麇將納桓氏。公問諸子仲。初。子仲將以杞姒之子。非我為子。麇曰。必立伯也。是良材。子仲怒。弗從。故對曰。右師則老矣。不識麇也。公執之。皇瑗奔晉。召之。

哀公十八年

傳十八年

春。宋殺皇瑗。公聞其情。復皇氏之族。使皇緩為右師。巴人伐楚。圍鄾。初。右司馬子國之卜也。觀瞻曰。如志。故命之。及巴師至。將卜師。王曰。寧如志。何卜焉。使帥師而行。請承。王曰。寢尹工尹。勤先君者也。
三月。楚公孫寧。吳由于。薳固。敗巴師于鄾。故封子國於析。君子曰。惠王知志。夏書曰。官占。唯能蔽志。昆命于元龜。其是之謂乎。志曰。聖人不煩卜筮。惠王其有焉。
夏。衛石圃逐其君起。起奔齊。衛侯輒自齊復歸。逐石圃。而復石魋。

與大叔遺。

哀公十九年

傳十九年

春。越人侵楚。以誤吳也。

夏。楚公子慶。公孫寬。追越師。至冥。不及。乃還。

秋。楚沈諸梁伐東夷。三夷男女。及楚師盟于敖。

冬。叔青如京師。敬王崩故也。

哀公二十年

傳二十年

春。齊人來徵會。夏。會于廩丘。為鄭故。謀伐晉。鄭人辭諸侯。

秋。師還。吳公子慶忌驟諫吳子曰。不改必亡。弗聽。出居于艾。遂適楚。聞越將伐吳。

冬。請歸平越。遂歸欲除不忠者以說于越。吳人殺之。

十一月。越圍吳。趙孟降於喪食。楚隆曰。三年之喪。親暱之極也。主又降之。無乃有故乎。趙孟曰。黃池之役。先主與吳王有質。曰。好惡同之。今越圍吳。嗣子不廢舊業。而敵之。非晉之所能及也。吾是以為降。楚隆曰。若使吳王知之。若何。趙孟曰。可乎。隆曰。請嘗之。乃往。先造于越軍曰。吳犯間上國多矣。聞君親討焉。諸夏之人。莫不欣喜。唯恐君志之不從。請入視之。許之。告于吳王曰。寡人之老無恤。使陪臣隆。敢展謝其不共。黃池之役。君之先臣志父。得承齊盟。曰。好惡同之。今君在難。無恤不敢憚勞。非晉國之所能及也。使陪臣敢展布之。王拜稽首曰。寡人不佞。不能事越。以為大夫憂。拜命之辱。與之一簞珠。使問趙孟。曰。句踐將生憂寡人。寡人死之不得矣。王曰。溺人必笑。吾將有問也。史黯何以得為君子。對曰。黯也。進不見惡。退無謗言。王曰。宜哉。

哀公二十一年

傳二十一年

夏。五月。越人始來。

秋。八月。公及齊侯。邾子。盟于顧。齊人責稽首。因歌之。曰。魯人之皋。數年不覺。使我高蹈。唯其儒書。以為二國憂。是行也。公先至于陽穀。齊閭丘息曰。君辱舉玉趾。以在寡君之軍。群臣將傳遽以告寡君。比其復也。君無乃勤。為僕人之未次。請除館於舟道。辭曰。敢勤僕人。

哀公二十二年

傳二十二年

夏。四月。邾隱公自齊奔越。曰。吳為無道。執父立子。越人歸之。大子革奔越。

冬。十一月。丁卯。越滅吳。請使吳王居甬東。辭曰。孤老矣。焉能事君。乃縊。越人以歸。

哀公二十三年

傳二十三年。

春。宋景曹卒。季康子使冉有弔。且送葬。曰。敝邑有社稷之事。使肥與有職競焉。是以不得助執紼。使求從輿人。曰。以肥之得備彌甥也。有不腆先人之產馬。使求薦諸夫人之宰。其可以稱旌繁乎。

夏。六月。晉荀瑤伐齊。高無平帥師御之。知伯視齊師。馬駭遂驅之。曰。齊人知余旗。其謂余畏而反也。及壘而還。將戰。長武子請卜。知伯曰。君告於天子。而卜之以守龜於宗祧。吉矣。吾又何卜焉。且齊人取我英丘。君命瑤。非敢耀武也。治英丘也。以辭伐罪足矣。何必卜。壬辰。戰于犂丘。齊師敗績。知伯親禽顏庚。

秋。八月。叔青如越。始使越也。越諸鞅來聘。報叔青也。

哀公二十四年

傳二十四年

夏。四月。晉侯將伐齊。使來乞師。曰。昔臧文仲以楚師伐齊取穀。宣叔以晉師伐齊。取汶陽。寡君欲徼福於周公。願乞靈於臧氏。臧石帥師會之。取廩丘。軍吏令繕。將進。萊章曰。君卑政暴。往歲克敵。今又勝都。天奉多矣。又焉能進。是躗言也。役將班矣。晉師乃還。餼臧石牛。大史謝之。曰。以寡君之在行。牢禮不度。敢展謝之。邾子又無道。越人執之以歸。而立公子何。何亦無道。公子荊之母嬖。將以為夫人。使宗人釁夏獻其禮。對曰。無之。公怒曰。女為宗司。立夫人。國之大禮也。何故無之。對曰。周公及武公娶於薛。孝。惠。娶於商。自桓以下娶於齊。此禮也。則有若以妾為夫人。則固無其禮也。公卒立之。而以荊為大子。國人始惡之。

閏月。公如越。得大子適郢。將妻公。而多與之地。公孫有山。使告于季孫。季孫懼。使因大宰嚭。而納賂焉。乃止。

哀公二十五年

傳二十五年

夏。五月。庚辰。衛侯出奔宋。衛侯為靈臺于藉圃。與諸大夫飲酒焉。褚師聲子襪而登席。公怒。辭曰。臣有疾異於人。若見之。君將嘔之。是以不敢。公愈怒。大夫辭之。不可。褚師出。公戟其手。曰。必斷而足。聞之。褚師與司寇亥乘。曰。今日幸而後亡。公之入也。奪南氏邑。而奪司寇亥政。公使侍人納公文懿子之車于池。初。衛人翦夏丁氏。以其帑賜彭封彌子。彌子飲公酒。納夏戊之女。嬖。以為夫人。其弟期大叔疾之從孫甥也。少畜於公。以為司徒。夫人寵衰。期得罪公使三匠久。公使優狡盟拳彌。而甚近信之。故褚師比。公孫彌牟。公文要。司寇亥。司徒期。因三匠與拳彌以作亂。皆執利兵。無者執斤。使拳彌入于公宮。而自大子疾之宮。譟以攻公。鄄子士請禦之。彌援其手曰。子則勇矣。將若君何。不見先君乎。君何所不逞欲。且君嘗在外矣。豈必不反。當今不可。眾怒難犯。休而易間也。乃出。將適蒲。彌曰。晉無信。不可。將適鄄。彌曰。齊晉爭我。不可。將適泠。彌曰。魯不足與。請適城鉏。以鉤越。越有君。乃適城鉏。彌曰。衛盜不可知也。請速。自我始。乃載寶以歸。公為支離之卒。因祝史揮以侵衛。衛人病之。懿子知之。見子之。請逐揮。文子曰。無罪。懿子曰。彼好專利而妄。夫見君之入也。將先道焉。若逐之。必出於南門。而適君所。夫越新得諸侯。將必請師焉。揮在朝。使吏遣諸其室。揮出。信弗內。五日。乃館諸外里。遂有寵。使如越請師。六月。公至自越。季康子。孟武伯。逆於五梧。郭重僕。見二子曰。惡言多矣。君請盡之。公宴於五梧。武伯為祝。惡郭重曰。何肥也。季孫曰。請飲彘也。以魯國之密邇仇讎。臣是以不獲從君。克免於大行。又謂重也肥。公曰。是食言多矣。能無肥乎。飲酒不樂。公與大夫始有惡。

哀公二十六年

傳二十六年

夏。五月。叔孫舒帥師會越皋如。后庸。宋樂茷。納衛侯。文子欲納之。懿子曰。君愎而虐。少待之。必毒於民。乃睦於子矣。師侵外州。大獲。出禦之。大敗。掘褚師定子之墓。焚之于平莊之上。文子使王孫齊私於皋如。曰。子將大滅衛乎。抑納君而已乎。皋如曰。寡君之命無他。納衛君而已。文子致眾而問焉。曰。君以蠻夷伐國。國幾亡矣。請納之。眾曰。勿納。曰。彌牟亡而有益。請自北門出。眾曰。勿出。重賂越人。申開守陴而納公。公不敢入。師還。立悼公。南氏相之。以城鉏與越人。公曰。期則為此。令苟有怨於夫人者報之。司徒期聘於越。公攻而奪之幣。期告王。王命取之。期以眾取之。公怒。殺期之甥之為大子者。遂卒于越。宋景公無子。取公孫周之子得。與啟。畜諸公宮。未有立焉。於是皇緩為右師。皇非我為大司馬。皇懷為司徒。靈不緩為左師。樂茷為司城。樂朱鉏為大司寇。六卿三族降聽政。因大尹以達。大尹常不告。而以其欲。稱君命以令。國人惡之。司城欲去大尹。左師曰。縱之。使盈其罪。重而無基。能無敝乎。
冬十月。公游于空澤。辛巳。卒于連中。大尹興空澤之士千甲。奉公自空桐入。如沃宮。使召六子曰。聞下有師。君請六子畫。六子至。

以甲劫之。曰君有疾病。請二三子盟。乃盟于少寢之庭。曰無為公室不利。大尹立啟。奉喪殯于大宮。三日而後國人知之。司城茷使宣言于國曰。大尹惑蠱其君而專其利。令君無疾而死。死又匿之。是無他矣。大尹之罪也。得夢啟。北首而寢於盧門之外。已為鳥而集於其上。味加於南門。尾加於桐門。曰。余夢美。必立。大尹謀。曰。我不在盟。無乃逐我。復盟之乎。使祝為載書。六子在唐孟。將盟之。祝襄以載書告皇非我。皇非我因子潞。門尹得。左師謀曰。民與我。逐之乎。皆歸授甲。使徇于國曰。大尹惑蠱其君。以陵虐公室。與我者。救君者也。衆曰。與之。大尹徇曰。戴氏。皇氏。將不利公室。與我者。無憂不富。衆曰。無別。戴氏皇氏欲伐公。樂得曰。不可。彼以陵公有罪。我伐公。則甚焉。使國人施于大尹。大尹奉啟以奔楚。乃立得司城為上卿。盟曰。三族共政。無相害也。衛出公自城鉏。使以弓問子贛。且曰。吾其入乎。子贛稽首受弓。對曰。臣不識也。私於使者曰。昔成公孫於陳。甯武子。孫莊子。為宛濮之盟。而君入。獻公孫於衛齊。子鮮。子展。為夷儀之盟。而君入。今君再在孫矣。內不聞獻之親。外不聞成之卿。則賜不識所由入也。詩曰。無競惟人。四方其順之。若得其人。四方以為主。而國於何有。

哀公二十七年

傳二十七年

春。越子使后庸來聘。且言邾田。封于駘上。

二月。盟于平陽。三子皆從。康子病之。言及子贛。曰。若在此。吾不及此夫。武伯曰。然何不召。曰。固將召之。文子曰。他日請念。

夏。四月。己亥。季康子卒。公弔焉。降禮。晉荀瑤帥師伐鄭。次于桐丘。鄭駟弘請救于齊。齊師將興。陳子屬孤子。三日朝。設乘車兩馬。繫五邑焉。召顏涿聚之子晉。曰。隰之役。而父死焉。以國之多難。未女恤也。今君命女以是邑也。服車而朝。毋廢前勞。乃救鄭。及留舒。違穀七里。穀人不知。及濮。雨不涉。子思曰。大國在敝邑之宇下。是以告急。今師不行。恐無及也。成子衣製杖戈。立於阪上。馬不出者。助之鞭之。知伯聞之。乃還。曰。我卜伐鄭。不卜敵齊。

使謂成子曰。大夫陳子。陳之自出。陳之不祀。鄭之罪也。故寡君使瑤察陳衷焉。謂大夫其恤陳乎。若利本之顛。瑤何有焉。成子怒曰。多陵人者皆不在。知伯其能久乎。中行文子告成子。曰。有自晉師告寅者。將為輕車千乘。以厭齊師之門。則可盡也。成子曰。寡君命恆曰。無及寡。無畏眾。雖過千乘。敢辟之乎。將以子之命告寡君。文子曰。吾乃今知所以亡。君子之謀也。始衷終皆舉之。而後入焉。今我三不知而入之。不亦難乎。公患三桓之侈也。欲以諸侯去之。三桓亦患公之妄也。故君臣多間。公游于陵阪。遇孟武伯於孟氏之衢。曰。請有問於子。余及死乎。對曰。臣無由知之。三問。卒辭不對。公欲以越伐魯。而去三桓。

秋。八月。甲戌。公如公孫有陘氏。因孫於邾。乃遂如越。國人施公孫有山氏。悼之四年。晉荀瑤帥師圍鄭。未至鄭駟弘曰。知伯愎而好勝。早下之。則可行也。乃先保南里以待之。知伯入南里。門于桔柣之門。鄭人俘酅魁壘。賂之以知政。閉其口而死。將門。知伯謂趙孟。入之。對曰。主在此。知伯曰。惡而無勇。何以為子。對曰。以能忍恥。庶無害趙宗乎知伯不悛。趙襄子由是惎知伯。遂喪之。知伯貪而愎。故韓魏反而喪之。

Also Available from JiaHu Books

尚書 – 9781909669635

易經 - 9781909669383

Ιλιάς - The Iliad (Ancient Greek) - 9781909669222

Οδύσσεια - The Odyssey (Ancient Greek) - 9781909669260

Ἀνάβασις - Anabasis (Ancient Greek) 9781909669321

Μήδεια – Βάκχαι Medea and Bacchae (Ancient Greek) – 9781909669765

Νεφέλαι – Λυσιστράτη Clouds and Lysistrata (Ancient Greek) - 9781909669956

De rerum natura – Lucretius - 9781909669970

Metamorphoses – Ovid (Latin) 9781909669352

Satyricon (Latin) - 9781909669789

Metamorphoses – Asinus Aureus (Latin)

Plays of Terence (Latin)

Complete Works of Pliny the Younger (Latin)

Egils Saga (Old Norse)

Egils Saga (Icelandic)

Brennu-Njáls saga (Icelandic)

Laxdæla Saga (Icelandic)

अभीज्ञानशाकुन्ताकम्- Recognition of Sakuntala (Sanskrit) – 9781909669192

www.ingramcontent.com/pod-product-compliance
Lightning Source LLC
LaVergne TN
LVHW091247080426
835510LV00007B/152
9781909669390